Danielle Steel

Auf den Flügeln der Freih

Danielle Steel

Auf den Flügeln der Freiheit

Roman

Aus dem Amerikanischen
von Inge Wehrmann

Blanvalet

Die Originalausgabe erschien unter dem Titel »Wings«
bei Delacorte Press, Bantam Doubleday Dell Publishing Group, Inc.,
New York.

Umwelthinweis
Dieses Buch und der Schutzumschlag wurden auf
chlorfrei gebleichtem Papier gedruckt.
Die Einschrumpffolie (zum Schutz vor Verschmutzung) ist aus
umweltschonender und recyclingfähiger PE-Folie.

Der Blanvalet Verlag
ist ein Unternehmen der Verlagsgruppe Bertelsmann

1. Auflage

Satz: IBV Satz- und Datentechnik GmbH, Berlin
Druck und Bindung: Graphischer Großbetrieb Pößneck
Printed in Germany
ISBN 3-7645-0765-9

An das Flieger-As meines Herzens,
den Piloten meiner Träume …
Freude meines Lebens
Du bist der Ort des Friedens,
den ich im Dunkel der Nacht aufsuche,
die strahlende Morgensonne
meiner Seele
in der Morgendämmerung …
der helle, glänzende Stern
an meinem Himmel,
meine Liebe,
mein Herz,
mein gesamtes Wesen,
nur für dich, geliebter Popeye,
mit meinem ganzen Herzen und meiner Liebe,
für immer,
Olive.

I

Die schmale Straße zum O'Malley-Flugplatz wand sich in sanften Kurven zwischen Viehweiden und Maisfeldern dahin. Der Flugplatz war ein kleiner Streifen trockenes Land in der Nähe von Good Hope, McDonough County, etwa zweihundert Meilen südwestlich von Chicago. Als Pat O'Malley das Land im Herbst 1918 zum erstenmal sah, waren diese neunundsiebzig unfruchtbaren Morgen für ihn das Schönste, was er je gesehen hatte. Kein Farmer mit einem Funken Verstand hätte das Land gewollt, aber es war spottbillig, und Pat O'Malley bezahlte es mit einem Großteil seiner Ersparnisse. Der Rest ging beim Kauf einer verbeulten kleinen Curtiss Jenny drauf, die noch aus Beständen der Luftwaffe stammte. Die Jenny war ein zweisitziges Flugzeug mit doppelter Steuervorrichtung. Er benutzte sie, um einem der seltenen Besucher ein, zwei Flugstunden zu erteilen. Ab und zu flog er auch einen Passagier nach Chicago oder beförderte kleinere Frachtstücke in die verschiedensten Orte.

Die Curtiss Jenny hätte ihn beinahe ruiniert, und nur Oona, seine hübsche, kleine, rothaarige Frau, mit der er seit mehr als zehn Jahren verheiratet war, hielt ihn als einzige nicht für vollkommen verrückt. Sie wußte, wie versessen er auf die Fliegerei war, seit er zum erstenmal ein Flugzeug auf einem kleinen Landeplatz in New Jersey gesehen hatte. Die Flugstunden hatte er sich nur durch Überstunden und Nebenjobs leisten können. 1915 hatte er sie bis nach San Francisco geschleift, wo er auf der Panama-Pazifik-

Ausstellung die Bekanntschaft von Lincoln Beachey machen wollte. Beachey hatte Pat in seinem Flugzeug mitgenommen. Als er zwei Monate später nach drei atemberaubenden Loopings mit seiner neuentwickelten Maschine ums Leben kam, war Pat untröstlich gewesen.

Bei der Ausstellung hatte Pat auch den berühmten Flieger Art Smith kennengelernt, und einen Haufen von Flugbesessenen, die seine Passion teilten. Sie waren eine Bande von Teufelskerlen, und die meisten von ihnen taten nichts lieber als fliegen. Die Fliegerei war ihr Leben, ihr ein und alles, ihr ganz großer Traum. Sie wußten nicht nur alles über das komplizierte Innenleben jeder einzelnen, jemals gebauten Flugmaschine, sondern auch, wie sie am besten zu fliegen war. Sie erzählten sich Fliegergeschichten und gaben sich gegenseitig Tips und Ratschläge. Bis ins kleinste Detail diskutierten sie über neue und alte Flugzeuge und abstruse Neukonstruktionen. Da die meisten von ihnen sich ausschließlich für die Fliegerei interessierten, hielten sie es nie lange bei Jobs aus, die wenig oder nichts mit Flugzeugen zu tun hatten. Und Pat war immer dabei, schilderte irgendein unglaubliches neues Kunststück oder beschrieb ein bemerkenswertes Flugzeug, das die vorangehenden Modelle übertraf. Eines Tages würde er sein eigenes Flugzeug haben, vielleicht sogar eine ganze Flotte, schwor er immer. Seine Freunde lachten ihn aus, und seine Verwandten hielten ihn für verrückt. Nur die süße, liebevolle Oona glaubte ihm. Voller Treue und Bewunderung stand sie zu allem, was er sagte oder tat. Und bei der Geburt ihrer kleinen Töchter versuchte Pat, der sich nichts sehnlicher wünschte als einen Sohn, seine Enttäuschung zu verbergen, denn er wollte ihre Gefühle nicht verletzen.

Aber wie sehr er seine Frau auch liebte, so war Pat O'Malley nicht der Mann, der viel Zeit mit seinen Töchtern verschwendete. Er war ein männlicher Mann, der sich durch Präzision und Sachverstand auszeichnete. Das Geld für die Flugstunden hatte sich sehr bald ausgezahlt. Er gehörte zu den Piloten, die fast jede Maschine instinktiv fliegen konnten, und niemand war überrascht, als er sich als einer der ersten Amerikaner freiwillig zur Luftwaffe meldete, noch bevor die USA in den großen Krieg eintraten. Er kämpfte mit der Lafayette-Schwadron und wechselte danach zum 94. Luftgeschwader unter dem Kommando Eddie Rickenbackers.

Das waren seine aufregenden Jahre. Mit dreißig war er einer der Ältesten gewesen, die sich 1916 freiwillig gemeldet hatten. Auch Rickenbacker hatte die dreißig bereits überschritten. Er und Pat waren nicht nur im selben Alter, sondern teilten auch die gleiche Begeisterung für die Fliegerei. Wie Rickenbacker wußte Pat genau, was er tat. Er war zäh, clever und absolut zuverlässig, und ihm wurde nachgesagt, daß er mehr Mumm in den Knochen hatte als alle anderen Flieger seines Geschwaders. Alle flogen sie gern mit ihm, und Rickenbacker selbst hatte ihn wiederholt als einen der weltbesten Piloten bezeichnet. Nach Kriegsende versuchte er, Pat zum Weitermachen zu überreden, und sprach von neuen Zielen, Herausforderungen und neuen Welten, die es zu erobern gab.

Aber Pat war sich bewußt, daß diese Art von Fliegen für ihn vorbei war. Mochte er auch ein noch so guter Pilot sein, so gehörte seine große Zeit der Vergangenheit an, denn er mußte jetzt für Oona und die Mädchen sorgen. Er war zweiunddreißig Jahre alt, als der Krieg 1918 zu Ende war, und er mußte an die Zukunft denken. Sein Vater war mittlerweile gestorben und hatte ihm eine kleine Summe hinterlassen. Auch Oona hatte ein wenig Geld zurückgelegt. Diese bescheidenen finanziellen Mittel hatte er bei sich, als er sich westlich von Chicago nach einem geeigneten Stück Land umschaute. Einer seiner Fliegerkameraden hatte ihm erzählt, daß es dort spottbilliges Land gab, besonders wenn es nicht landwirtschaftlich genutzt werden konnte. Und damit hatte alles angefangen.

Er erstand neunundsiebzig Morgen miserables Farmland zu einem guten Preis und malte selbst das Schild, das auch achtzehn Jahre später noch dort stand. »O'Malley's Airport« hatte er einfach geschrieben, und in den vergangenen achtzehn Jahren waren ein »I« und das »y« fast verblaßt.

Mit seinem letzten Geld hatte er 1918 die Curtiss Jenny gekauft, und kurz vor Weihnachten konnte er Oona und die Mädchen nachkommen lassen. Am Rande seines Grundstücks, in der Nähe eines Flüßchens, stand eine windschiefe Hütte zwischen ein paar alten Bäumen. Und dort lebten sie, während er jeden flog, der den Preis bezahlen konnte. Häufig erledigte er auch Postflüge mit der alten Jenny. Sie war ein verläßliches kleines Flugzeug, und er sparte jeden Pfennig, so daß er im Frühling eine Havilland D. H. 4 A kaufen konnte, mit der er Post und Frachtgüter transportieren konnte.

Die Regierungsaufträge für Postflüge waren sehr profitabel, aber er war dadurch ständig unterwegs. Manchmal mußte Oona den Flugplatz ganz allein betreuen und sich gleichzeitig um die Kinder kümmern. Sie hatte gelernt, Flugzeuge aufzutanken und wickelte Verträge und Buchungen ab. Häufig mußte Oona auch hinaus auf das schmale Rollfeld, um anderen Flugzeugen die Flaggensignale zur Landung zu geben, während Pat Post, Passagiere oder Frachtgüter transportierte.

Die meisten Piloten erschraken, wenn sie feststellten, daß sie von einer hübschen, jungen, rothaarigen Frau eingewunken wurden, besonders in jenem ersten Jahr, als sie offenkundig schwanger war. Diesmal war sie besonders ausladend geworden und hatte zunächst an Zwillinge gedacht, aber Pat war anderer Ansicht. Sein Lebenstraum würde in Erfüllung gehen ... ein Sohn, der mit ihm fliegen und ihm beim Betreiben des Flugplatzes helfen konnte. Endlich würde er den Sohn bekommen, auf den er seit zehn Jahren gewartet hatte.

Pat half Oona bei der Entbindung in der kleinen Hütte, die sie nach und nach ein wenig erweitert hatten. Sie hatten zu der Zeit bereits ihr eigenes Schlafzimmer, und die drei Mädchen schliefen im anderen Zimmer. Es gab eine warme, gemütliche Küche und ein geräumiges Wohnzimmer. Die Innenausstattung des Hauses war sehr schlicht, sie hatten nur wenige Dinge mitgebracht, denn all ihre Mittel flossen in den Flugplatz.

Die Geburt ihres vierten Kindes dauerte nur eine gute Stunde und verlief ohne jegliche Komplikationen. Davor hatten sie einen langen Spaziergang um die Maisfelder ihrer Nachbarn gemacht. Er hatte vom Kauf eines neuen Flugzeugs gesprochen, und sie hatte ihm erzählt, wie sehr sich die Mädchen auf das Baby freuten. Sie waren zu diesem Zeitpunkt fünf, sechs und acht Jahre alt, und für sie war es, als warteten sie auf eine neue Puppe statt auf ein richtiges Geschwisterchen. Auch Oona fühlte sich ein bißchen wie die Mädchen, denn es war schon fünf Jahre her, seit sie zum letztenmal ein Baby in den Armen gehalten hatte, und sie konnte seine Ankunft kaum erwarten. Kurz vor Mitternacht war es dann endlich da und begrüßte seine Eltern mit einem kräftigen Schrei. Als Oona das Kind zum erstenmal anschaute, schluchzte sie laut auf und brach in Tränen aus, denn sie wußte, wie enttäuscht Pat sein mußte. Es war nicht Pats langersehnter Sohn, sondern ein weiteres Mädchen. Ein großes, dickes, wunderschönes, gut acht

Pfund schweres Mädchen mit großen blauen Augen, Pfirsichhaut und kupferrotem Haar. Aber wie hübsch sie auch sein mochte, so wußte Oona nur allzugut, wie sehr er sich einen Sohn gewünscht hatte und wie verzweifelt er jetzt war, daß er keinen bekommen hatte.

»Mach dir nichts draus, mein Kleines«, sagte er und sah, wie sie sich abwandte, während er seine neugeborene Tochter wickelte. Sie war ein hübsches Kind, wahrscheinlich die hübscheste von allen, aber sie war nicht der Junge, auf den er gehofft hatte. Er strich seiner Frau über die Wange, dann faßte er sie am Kinn und zwang sie, ihm in die Augen zu sehen. »Es ist einerlei, Oona. Sie ist ein gesundes kleines Mädchen. Eines Tages wird sie dir viel Freude machen.«

»Und was ist mit dir?« fragte sie traurig. »Du kannst den Flugplatz doch nicht für alle Zeiten allein betreiben.« Er lachte über ihre Besorgnis. Ihr bitterliches Weinen rührte ihn. Sie war eine gute Frau, und er liebte sie, und wenn es ihnen nicht bestimmt war, Söhne zu bekommen, dann war daran nichts zu ändern. Aber er spürte einen kleinen Stich im Herzen, wenn er an den verlorenen Traum von einem Sohn dachte, und ein weiteres Kind stand nicht zur Debatte. Sie hatten jetzt vier Kinder und damit mehr als genug Mäuler zu stopfen. Mit seinem Flugplatz verdiente er keine Reichtümer.

»Du mußt mir eben weiter beim Auftanken der Flugzeuge helfen, Oonie. Daran ist nichts zu ändern«, neckte er sie, gab ihr einen Kuß und verließ den Raum, um sich einen Whisky zu genehmigen. Den hatte er verdient. Später, als Oona und das Baby eingeschlafen waren, stand er am Fenster und blickte in die Nacht hinaus und sann über die Launen des Schicksals nach, das ihm vier Töchter und keine Söhne beschert hatte. Es erschien ihm nicht gerecht, aber er hatte keine Zeit, verlorenen Träumen nachzuhängen. Er mußte einen Flugplatz betreiben und eine Familie ernähren. In den folgenden sechs Wochen war er so beschäftigt, daß er seine Familie kaum zu sehen bekam, und die Trauer um den ersehnten Sohn, der sich als hübsches, gesundes Töchterchen entpuppt hatte, war vergessen.

Als er zum nächsten Mal wieder Notiz von ihr nahm, schien sie doppelt so groß geworden zu sein, und Oona hatte wieder ihre mädchenhafte Figur von früher. Frauen waren wirklich unverwüstlich. Vor sechs Wochen war sie noch schwerfällig und reizbar gewesen, verheißungsvoll und unförmig. Jetzt sah sie wieder jung und hübsch aus, und das Baby war bereits ein feuriger, rothaariger kleiner Derwisch. Wenn ihre Mutter und ihre Schwestern ihre Bedürfnisse nicht augenblicklich befriedigten, konnte man es in ganz Illinois und halb Iowa hören.

»Ich würde sagen, sie ist die lauteste von allen, meinst du nicht auch, Liebling?« sagte Pat eines Abends, als er von einem langen Flug nach Indiana zurückgekehrt war. »Sie hat starke Lungen.« Über den Rand seines Whiskyglases grinste er seine Frau an.

»Es war heiß heute, und sie ist wund.« Oona hatte immer eine Erklärung, wenn eines der Kinder unleidlich war. Pat bewunderte ihre scheinbar unerschütterliche Geduld. Aber mit ihm war sie genauso geduldig. Sie war eine ruhige Frau, die wenig redete, viel sah und fast nie ein unfreundliches Wort sagte. In den elf Jahren ihrer Ehe hatten sie fast nie gestritten. Bei ihrer Heirat war sie achtzehn gewesen, und im Laufe der Jahre hatte sie sich als ideale Partnerin erwiesen. Sie hatte immer Verständnis für seine Flugleidenschaft gehabt und sich in all seine Verrücktheiten und seine wilden Pläne gefügt.

Ein paar Tage später, nach einer stickigen Juninacht, in

der sie vor lauter Babygeschrei kaum Schlaf gefunden hatten, mußte Pat wegen eines eiligen Fluges nach Chicago lange vor Sonnenaufgang aufstehen. Am Nachmittag kam er erschöpft zurück, nur um zu erfahren, daß er in zwei Stunden noch eine unvorhergesehene Postsendung auszuliefern hatte. Es waren schwere Zeiten, und er konnte jeden Auftrag brauchen. An einem Tag wie diesem wünschte er sich noch mehr als sonst einen tüchtigen Helfer, aber es gab nur wenige, denen er seine wertvollen Flugzeuge anvertraut hätte, und bis jetzt hatte es noch keinen passenden Bewerber gegeben.

»Kann man bei Ihnen ein Flugzeug mieten, Mister?« grummelte eine rauhe Stimme, während Pat über seinem Logbuch brütete und die Papiere auf dem Schreibtisch durchsah. Wie immer wollte er erklären, daß er seine Flugzeuge nur höchstpersönlich flog. Aber dann blickte er seinem Gegenüber ins Gesicht und grinste erstaunt.

»Du Hundesohn.« Erfreut lächelte Pat einem fröhlichen Jungen zu, dessen dunkles Haar ihm fast in die blauen Augen hing. Dieses Gesicht kannte er gut, und während ihrer turbulenten gemeinsamen Zeit im 94. Luftgeschwader hatte er es sehr liebgewonnen. »Was ist los, Junge? Kannst du dir nicht mal einen Haarschnitt leisten?« Nick Galvin hatte dickes, glattes, schwarzes Haar und war einer jener gutaussehenden, blauäugigen, schwarzhaarigen Iren. Für Pat war er fast wie ein Sohn gewesen, als sie zusammen geflogen waren. Mit siebzehn hatte er sich freiwillig gemeldet, und jetzt war er achtzehn, trotzdem gehörte er zu den hervorragendsten Piloten des Geschwaders, und Pat hatte sich immer auf ihn verlassen können. Zweimal hatten die Deutschen ihn erwischt, und beide Male war es ihm trotz Motorschaden und ausgefallener Steuerung gelungen, das Flugzeug und sich selbst wieder sicher auf den Boden zu bringen. Daraufhin gaben ihm die Männer des Geschwaders den Spitznamen »Stick«, Steuerknüppel, aber Pat nannte ihn meist »Sohn«. Nachdem auch sein letztes Kind wieder ein Mädchen geworden war, fragte sich Pat jetzt, ob Nick ihm vielleicht den Sohn ersetzen könnte, den er sich immer so sehnlich gewünscht hatte.

»Was machst du hier?« fragte Pat und lehnte sich zurück. Lächelnd betrachtete er den Jungen, der dem Tod fast genausooft die Stirn geboten hatte wie er selbst.

»Nur einen alten Freund besuchen. Ich wollte sehen, ob du alt und fett geworden bist. Ist das deine Havilland da draußen?«

»Ja. Hab ich letztes Jahr gekauft, dafür gab's keine neuen Schuhe für die Kinder.«

»Da hat sich deine Frau sicher gefreut«, Nick grinste, und Pat mußte an all die Mädchen in Frankreich denken, die sich nach ihm verzehrt hatten. Nick Galvin war ein hübscher Bursche, und die Frauen fanden ihn unwiderstehlich. In Europa war er kein Kind von Traurigkeit gewesen. Meist hatte er behauptet, Mitte Zwanzig zu sein, und anscheinend hatten es alle geglaubt oder wollten es glauben.

Oona war ihm nach dem Krieg einmal in New York begegnet und hatte ihn ganz bezaubernd gefunden. Errötend hatte sie gestanden, wie beeindruckt sie von seiner Erscheinung war. Was das Aussehen anbelangte, so konnte Pat nicht mit Nick mithalten, aber er strahlte Sicherheit und Geborgenheit aus und war auf seine Weise anziehend. Er sah zwar nicht aus wie ein Filmstar, aber er war auch nicht häßlich. Er hatte dunkelblondes Haar und warmherzige braune Augen, und mit seinem typisch irischen Lächeln hatte er Oonas Liebe gewonnen. Aber Nick war der Typ, dem die Mädchenherzen zuflogen.

»Ist Oona mittlerweile zur Vernunft gekommen und hat

dich verlassen? Jetzt, wo du sie in diese öde Gegend geschleppt hast, würde mich das überhaupt nicht wundern«, sagte Nick beiläufig, während er sich eine Zigarette anzündete, sich auf einen Stuhl fallen ließ und sein alter Freund statt einer Antwort lachend den Kopf schüttelte.

»Ehrlich gesagt habe ich auch befürchtet, sie könnte mir den Laufpaß geben. Aber sie ist bei mir geblieben, frag mich nicht, wieso. Zuerst haben wir hier in einem Schuppen gehaust, in den mein Großvater nicht mal seine Kühe gestellt hätte. Ich hätte ihr nicht mal eine Zeitung kaufen können, wenn sie eine gewollt hätte. Gott sei Dank wollte sie keine. Sie ist wirklich eine verdammt bemerkenswerte Frau.« Das hatte er auch immer während des Krieges über sie gesagt, und Nick mußte ihm zustimmen, als er sie kennenlernte. Seine Eltern waren tot, und er hatte auch sonst keine Familie. Nach Kriegsende hatte er sich treiben lassen. Von einem Flugplatz zum anderen war er gezogen und hatte sich mit kurzfristigen Jobs über Wasser gehalten. Mit seinen achtzehn Jahren wußte er nicht, wohin er gehen sollte, und hatte kein Zuhause. Es hatte Pat immer ein wenig leid getan, wenn die Männer von ihren Familien erzählten. Nick hatte keine Geschwister, und seine Eltern waren gestorben, als er vierzehn war. Er hatte in einem staatlichen Waisenhaus gelebt, bevor er sich freiwillig meldete. Der Krieg veränderte sein Leben, und er hatte sich in der Armee sehr wohl gefühlt. Aber jetzt hatte er kein Zuhause, wohin er gehen konnte.

»Wie geht's den Kindern?« Nick war sehr nett zu ihnen gewesen, als er sie kennengelernt hatte. Er liebte Kinder, und im Waisenhaus war er sehr vielen begegnet. Ständig hatte er sich um die Kleineren gekümmert, ihnen vorgelesen und sie mitten in der Nacht getröstet, wenn sie vor Sehnsucht nach ihren Müttern nicht schlafen konnten.

»Es geht ihnen gut.« Pat zögerte einen kurzen Moment. »Im letzten Monat haben wir noch eine bekommen. Noch ein Mädchen. Ein ganz schöner Brocken im Vergleich zu den anderen. Hab erst gedacht, es könnte ein Junge werden, aber es hat wieder nicht geklappt.« Es sollte beiläufig klingen, aber Nick spürte seine Enttäuschung und konnte sie verstehen.

»Dann mußt du wohl deinen Mädchen demnächst das Fliegen beibringen, was, Ace?« sagte Nick schelmisch, und Pat verdrehte entnervt die Augen. Er hatte noch nie etwas von weiblichen Fliegern gehalten, mochten sie auch noch so exzellent sein.

»Wohl kaum, mein Sohn. Was ist mit dir? Welche Maschinen fliegst du denn so im Moment?«

»Klapperkisten. Kriegsausschuß. Alles, was ich in die Finger kriege. An jeder Ecke stehen Maschinen aus Armeebeständen herum, und es gibt viele Jungs, die sich mit Fliegen ihr Geld verdienen wollen. Ich habe mich die meiste Zeit auf Flugplätzen herumgetrieben. Hast du jemanden, der mit dir hier arbeitet?« fragte er gespannt, in der Hoffnung, daß dies nicht der Fall war.

Pat schüttelte den Kopf und fragte sich, ob Nick rein zufällig oder mit bestimmten Absichten hierhergekommen war. Er war immer noch sehr jung, und im Krieg war er ein Desperado gewesen. Er liebte die Gefahr und scheute kein Risiko. Er ging mit Flugzeugen nicht gerade zimperlich um, aber noch härter war er gegen sich selbst. Nick Galvin hatte nichts zu verlieren und niemanden, für den er lebte. Pat hatte alles, was er besaß, in diese beiden Flugzeuge gesteckt, und er durfte nicht riskieren, sie zu verlieren, wie sehr er den Jungen auch mochte und ihm helfen wollte.

»Bist du noch immer so ein Teufelsbraten wie früher und

scheust kein Risiko?« Einmal hätte Pat ihn am liebsten umgebracht, nachdem er bei einem Sturm viel zu schnell durch die dichte Wolkendecke hindurch auf das Rollfeld zugeschossen war. Er hatte ihn durchprügeln wollen, bis ihm Hören und Sehen verging, aber er war heilfroh, daß Nick überlebt hatte, und begnügte sich damit, ihm vor versammelter Mannschaft die Leviten zu lesen. Nicks Risikobereitschaft grenzte an Wahnsinn, aber auf diese Weise war er zu Ruhm und Ehren gelangt – im Krieg. Aber in Friedenszeiten konnte sich niemand seine halsbrecherischen Kapriolen leisten. Flugzeuge waren zu teuer, um damit zu spielen.

»Ich gehe nur noch Risiken ein, wenn es sein muß, Ace.« Nick liebte Pat. Er bewunderte ihn mehr als jeden anderen.

»Und wenn es nicht sein muß, Stick? Spielst du immer noch gern den Helden?« Die beiden Männer sahen sich in die Augen. Nick wußte, worauf Pat hinauswollte, und er wollte ihn nicht belügen. Er war immer noch ein Draufgänger, liebte die Gefahr und das Risiko, aber er hatte großen Respekt vor Pat und hätte nie etwas getan, was ihm schaden könnte. So erwachsen war er in der Zwischenzeit schon geworden. Und jetzt, da er die Flugzeuge anderer Leute flog, war er auch vorsichtiger geworden. Er liebte immer noch den Nervenkitzel, aber nicht so sehr, daß er dafür Pats Zukunft aufs Spiel gesetzt hätte. Nick hatte sein letztes Geld zusammengekratzt, um hierherzukommen und Pat nach einem Job zu fragen.

»Ich kann mich zusammenreißen, wenn ich muß«, sagte er ruhig, während seine eisblauen Augen Pats prüfendem Blick tapfer standhielten. Nick wirkte jungenhaft und liebenswert, und doch war er ein Mann. Und einmal waren sie fast wie Brüder gewesen. Keiner von beiden konnte das jemals vergessen. Sie würden ein Leben lang verbunden sein, und das wußten sie.

»Wenn du dich schlecht benimmst, dann schmeiß ich dich, ohne lange zu fackeln, bei zehntausend Fuß aus der Jenny. Darauf kannst du Gift nehmen!« sagte Pat finster. »Ich lasse es nicht zu, daß mir irgend jemand das kaputtmacht, was ich hier aufbauen will.« Er seufzte. »Aber ich will ehrlich sein, die Arbeit hier wächst mir auf die Dauer über den Kopf. Und wenn es mit den Postaufträgen so weitergeht, wird es für einen oder sogar für zwei bald wirklich zuviel. Ich bin ständig unterwegs und komme mit der Arbeit nicht nach. Ich könnte jemanden gebrauchen, der mir ein paar Flüge abnimmt, aber sie sind hart und lang. Schlechte Wetterverhältnisse, besonders im Winter, und niemand schert sich einen Dreck darum, keiner will wissen, wie schwer es ist. Die Post muß ankommen. Und dann all die übrigen Sachen, die Frachttransporte, die Passagiere, ein paar kürzere Flüge hierhin und dorthin, ab und zu eine Flugstunde, und manchmal sucht einer nur ein bißchen Nervenkitzel und will sich die Welt von oben betrachten.«

»Anscheinend hast du alle Hände voll zu tun«, sagte Nick grinsend und freute sich über das, was er zu hören bekam. Aus diesem Grund war er gekommen. Und wegen Ace. Nick brauchte dringend Arbeit, und Pat war froh über seine Hilfe.

»Das hier ist kein Spiel. Ich versuche hier ein solides Geschäft aufzuziehen, und eines Tages möchte ich, daß *O'Malley's Airport* auf der Landkarte steht. Aber das wird niemals geschehen, wenn du all meine Flugzeuge zu Schrott fliegst, Nick, oder auch nur ein einziges. Ich habe mein ganzes Geld in die beiden Maschinen da draußen gesteckt, und in diesen Flecken trockenes Land mit dem

Schild, das du beim Reinfahren gesehen hast.« Nick nickte und hatte vollstes Verständnis für alles, was Pat sagte, und mochte ihn mehr als je zuvor. So war das bei den Fliegern, sie hielten zusammen wie sonst niemand. Es war etwas, das nur sie verstehen konnten, jener ganz besondere Ehrenkodex der Flieger.

»Soll ich ein paar von den längeren Touren für dich übernehmen? Du hättest dann mehr Zeit für Oona und die Kinder, und ich könnte die Nachtflüge machen. Das wär doch was für den Anfang, dann kannst du ja weitersehen«, sagte Nick nervös. Er wollte um jeden Preis für Pat arbeiten und hatte Angst, daß vielleicht doch nichts daraus werden könnte. Aber Pat O'Malley hatte sich längst entschlossen, ihn einzustellen. Nick sollte sich nur über die Grundregeln im klaren sein. Er hätte alles für ihn getan, ihm ein Zuhause gegeben, einen Job, ihn, falls nötig, sogar adoptiert.

»Die Nachtflüge wären nicht schlecht für den Anfang. Obwohl ...«, er sah seinen jungen Freund wehmütig an. »In manchen Nächten würde ich lieber im Flugzeug sein. Wenn unser neues Baby nicht bald durchschläft, dann mische ich ihr zur Beruhigung einen Whisky in die Milch. Oona meint zwar, es liegt an der Hitze oder am wunden Po, aber ich bin davon überzeugt, es ist dieses rote Haar und der entsprechende Charakter. Oona ist zwar auch rothaarig und trotzdem ruhig und sanft, aber sie ist wohl die absolute Ausnahme. Ich sage dir, die Kleine ist ein temperamentvolles Biest.« Trotz seiner Klagen schien Pat jedoch recht angetan von ihr zu sein, und die Enttäuschung über den Sohn, der ihm versagt geblieben war, war so gut wie überwunden. Besonders jetzt, wo Nick da war. Seine Ankunft war wie ein Geschenk des Himmels.

»Wie heißt sie?« fragte Nick amüsiert. Er liebte Pats Familie, seit er sie zum erstenmal gesehen hatte.

»Cassandra Maureen. Wir nennen sie Cassie.« Pat sah auf die Uhr. »Ich bring dich rüber zum Haus, dann können wir mit Oona und den Mädchen was essen. Ich muß um halb sechs wieder hier sein.« Er machte ein bedauerndes Gesicht. »Und du mußt dir in der Stadt ein Zimmer suchen. Die alte Mrs. Wilson hat welche zu vermieten, denn hier kann ich dir keine Unterkunft anbieten. Das Feldbett neben der Jenny im Flugzeugschuppen kann ich dir wohl nicht zumuten.«

»Ach, das geht schon. Warm genug ist es ja. Ich könnte sogar auf dem Rollfeld schlafen.«

»Hinter dem Schuppen ist eine alte Dusche, und hier ist eine Toilette, aber es ist alles ziemlich primitiv«, sagte Pat zögernd.

Nick zuckte nur die Schultern und grinste. »Das entspricht meinen finanziellen Mitteln.«

»Du kannst auch bei uns auf dem Sofa schlafen, wenn Oona nichts dagegen hat. Sie hat sowieso eine Schwäche für dich. Ständig schwärmt sie mir vor, was für ein hübscher Kerl du bist und wie sie all deine Mädchen beneidet. Sie überläßt dir ganz bestimmt das Sofa, bis du dir ein Zimmer bei Mrs. Wilson mieten kannst.«

Aber Nick tat weder das eine noch das andere. Er machte es sich zunächst im Flugzeugschuppen bequem, und einen Monat später hatte er eine eigene Behausung zusammengezimmert. Es war eigentlich nur ein Verschlag, aber er war groß genug für ihn, und Nick hielt ihn sauber und ordentlich. Die meiste Zeit verbrachte er ohnehin in der Luft und half Pat beim Aufbau seines Unternehmens.

Im darauffolgenden Frühling konnten sie ein weiteres Flugzeug kaufen, eine Handley Page. Sie hatte eine größere Reichweite als die Jenny und die Havilland, und sie faßte mehr Passagiere und Ladung. Nick verbrachte die meiste Zeit damit, sie zu fliegen, während Pat die kürzeren Touren übernahm und den Flugplatz verwaltete. Mit dieser Aufteilung waren beide sehr zufrieden. Es war, als ob alles, was sie anpackten, sich in Gold verwandelte. Das Geschäft lief hervorragend, was sich im ganzen Mittleren Westen schnell herumsprach. Bald wußte jeder, daß in Good Hope zwei bekannte Fliegerasse ein blühendes Transportunternehmen leiteten, Frachtgut, Passagiere und Post beförderten und Flugunterricht erteilten. Und nach relativ kurzer Zeit konnten sie bereits recht ansehnliche Gewinne einstreichen.

Und dann wurde das Glück wirklich perfekt. Dreizehn Monate nach Cassies Geburt erblickte Christopher Patrick O'Malley das Licht der Welt. Er war ein winziger, schrumpliger, kreischender Säugling, aber er war das Schönste, was seine Eltern je gesehen hatten, und seine vier Schwestern staunten nicht schlecht über seine ungewohnte Anatomie. Selbst die Wiederkehr Christi hätte auf dem O'Malley-Flugplatz kein größeres Aufsehen erregt als die Ankunft von Christopher Patrick O'Malley.

Eine riesige blaue Flagge wurde gehißt, und jeder Pilot, der im Laufe des folgenden Monats vorbeikam, bekam vom strahlenden Vater eine Zigarre überreicht. Das Warten hatte sich gelohnt. Nach fast zwölfjähriger Ehe hatte sein größter Traum sich endlich erfüllt: ein Sohn, der seine Flugzeuge fliegen und seinen Flughafen leiten würde.

»Ich kann jetzt wohl besser gleich meine Sachen packen und gehen«, sagte Nick einen Tag nach Chris' Geburt mit gespielter Verdrießlichkeit. Er hatte soeben einen riesigen Auftrag für Frachtgut erhalten, das bis Sonntag an die Westküste gebracht werden mußte. Es war ihr bisher größter Auftrag, ein richtiger Triumph.

»Was sagst du da? Du willst *gehen?*« fragte Pat voller Panik. Er hatte die Geburt seines Sohnes ein wenig zu feuchtfröhlich gefeiert und plagte sich jetzt mit einem schrecklichen Kater herum. »Was, zum Teufel, soll das nun wieder bedeuten?«

»Nun, jetzt wo Chris da ist, sind meine Tage hier wohl gezählt, dachte ich.« Nick grinste. Er freute sich mit Pat über das Baby und war ganz begeistert, daß er Chris' Pate geworden war. Aber sein Liebling war Cassie. Vom ersten Moment an hatte sie sein Herz erobert. Sie war genau so, wie Pat sie beschrieben hatte: ein kleines Biest, das sämtliche Vorurteile über Rothaarige bestätigte. Und Nick vergötterte sie. Manchmal schien es ihm fast so, als sei sie seine kleine Schwester, und er hätte sie nicht mehr lieben können, wenn sie sein eigenes Kind gewesen wäre.

»Ja, deine Tage sind gezählt«, grummelte Pat, »etwa für die nächsten fünfzig Jahre. Also setz gefälligst deinen faulen Hintern in Bewegung, Nick Galvin, und kümmer dich um den Postsack, den sie uns gerade aufs Rollfeld geworfen haben.«

»Ja, Sir... Aye, Sir... Euer Ehren... Eure Exzellenz...«

»Ach, spar dir doch die plumpen Schmeicheleien!« rief Pat ihm nach und goß sich noch eine Tasse Kaffee ein, während Nick aufs Rollfeld rannte, um vor dem Start mit dem Piloten zu reden. Nick hatte sich tatsächlich als Geschenk des Himmels erwiesen, und im vergangenen Jahr hatte er sich keinerlei Mätzchen erlaubt. Wie Pat hatte er im Winter so manchen gefährlichen Schlechtwetterflug absolviert, und beide hatten sie des öfteren notlanden müssen. Aber Pat konnte sich nicht beklagen, denn Nick hatte nicht anders gehandelt, als er selbst es getan hätte. Kein einziges Mal hatte er Pats wertvolle Flugzeuge durch unnötige Risiken in Gefahr gebracht. Er liebte diese Flugzeuge genausosehr wie Pat, und ohne ihn wäre Pat beim Aufbau seines Unternehmens nicht halb so erfolgreich gewesen.

Und so machten sie in den folgenden siebzehn Jahren weiter. Die Zeit war nur so dahingejagt, schneller als ihre Flugzeuge, die auf den vier sorgfältig gewarteten Rollfeldern des O'Malley-Flughafens starteten und landeten. Drei der Rollfelder bildeten ein Dreieck und das vierte verlief von Nord nach Süd genau durch die Mitte, so daß sie fast bei jeder Windrichtung landen konnten. Auch bei viel Betrieb mußten sie den Flughafen nicht schließen, denn ihre Landebahnen wurden nie durch herumstehende Flugzeuge blockiert. Sie hatten jetzt eine Flotte von zehn Maschinen. Zwei davon hatte Nick gekauft, und die anderen gehörten Pat. Nick war noch immer bei ihm angestellt, aber Pat war ihm gegenüber sehr großzügig gewesen. In all den Jahren, in denen sie zusammen gearbeitet und den Flughafen aufgebaut hatten, waren sie enge Freunde geworden, und mehr als einmal hatte Pat Nick eine Partnerschaft angeboten, aber Nick sagte, daß ihm die Verantwortung zu groß wäre. Er fühlte sich als Pats Angestellter recht wohl, wie er immer wieder betonte, obwohl jeder wußte, daß Nick und Pat ein festes Team waren und gemeinsam entschieden. Wer sich mit einem von beiden überwarf, hatte auch vom anderen nichts mehr zu erwarten. Pat O'Malley war ein ganz besonderer Mensch, und Nick liebte ihn wie einen Vater, Bruder und Freund, und er liebte seine Kinder, als wären es seine eigenen. Er mochte einfach alles an ihm.

Außer seiner Liebe zu Pat und seiner Familie fielen Nick Freundschaften und Bindungen schwer. 1922 hatte er geheiratet, aber die Ehe hatte nicht einmal ein halbes Jahr gedauert, bevor seine achtzehnjährige Braut zurück zu ihren Eltern nach Nebraska geflohen war. Nick hatte sie bei einem seiner nächtlichen Postflüge kennengelernt, als er im einzigen Restaurant der Stadt, das ihren Eltern gehörte, zu Abend gegessen hatte.

Sie haßte Illinois, aber noch mehr haßte sie alles, was mit der Fliegerei zu tun hatte. Jedesmal wenn Nick sie im Flugzeug mitnahm, wurde ihr schlecht, und immer wenn er fliegen mußte, heulte und tobte sie. Kurz, sie paßte überhaupt nicht zu ihm, und als ihre Eltern kamen, um sie zurück nach Hause zu holen, war er noch erleichterter als sie. Noch nie zuvor hatte er sich so elend gefühlt, und er schwor, daß so etwas nie wieder geschehen würde. Es hatte seitdem zwar Frauen gegeben, sogar eine ganze Reihe, aber Nick schwieg darüber. Einmal wurde ihm sogar ein Verhältnis mit einer verheirateten Frau nachgesagt, obwohl dieses Gerücht nie bestätigt wurde. Pat erzählte er jedenfalls nichts darüber. Aus dem hübschen Jungen von einst war ein attraktiver Mann geworden, über dessen Liebesleben niemand etwas Genaues wußte. Die Frauen in seinem Leben traten nicht in Erscheinung. Man konnte nichts über ihn sagen, außer daß er hart arbeitete und viel mit den O'Malleys zusammen war. Immer noch verbrachte er die meiste freie Zeit mit ihnen und ihren Kindern, für die er wie ein Onkel war. Schon vor längerer Zeit hatte Oona es aufgegeben, ihn mit einer ihrer Freundinnen zu verkuppeln. Sie hatte sogar versucht, ihn mit ihrer jüngsten Schwester zusammenzubringen, als diese vor Jahren zu Besuch gekommen war. Sie war eine hübsche, junge Frau und verwitwet. Aber es war offensichtlich, daß Nick Galvin an einer weiteren Ehe nicht interessiert war. Nick interessierte sich in erster Linie für Flugzeuge, für die O'Malleys und eine gelegentliche, diskrete Liebesaffäre. Er lebte allein, arbeitete hart und kümmerte sich um seinen eigenen Kram.

»Er hätte ein besseres Leben verdient«, hatte Oona jahrelang geklagt.

»Glaubst du denn, ein verheirateter Mann ist so viel besser dran als er?« hatte Pat sie aufgezogen. Aber wie sehr sie Nick auch eine gute Ehefrau wünschte, so brachte selbst Oona dieses Thema nach ein paar Jahren nicht mehr zur Sprache. Mit seinen fünfunddreißig Jahren war Nick zufrieden mit dem, was er hatte, außerdem war er viel zu beschäftigt, um sich nach einer Frau und Kindern zu sehnen. An den meisten Tagen verbrachte er fünfzehn oder sechzehn Stunden auf Pats Flughafen. Und der einzige Mensch, der dort genausooft war wie Pat und Nick, war Cassie.

Mittlerweile war sie siebzehn, und seit vielen Jahren gehörte sie zum festen Flughafeninventar. Sie konnte fast jedes Flugzeug auftanken, Flugzeuge zur Landung einweisen und die Kontrollen vor dem Start durchführen. Sie fegte die Rollfelder, hielt die Flugzeughallen sauber und spritzte die Flugzeuge ab. Jede freie Minute verbrachte sie mit den Piloten. Sie kannte die Motoren und das Innenleben ihrer Flugzeuge, und sie hatte einen unfehlbaren Spürsinn für ihre Wehwehchen. Kein noch so winziges, kniffliges Detail entging ihrer Aufmerksamkeit, um welchen Flugzeugtyp es sich auch handelte. Wahrscheinlich hätte sie mit geschlossenen Augen gewußt, welche Maschine im Anflug war. Sie war bemerkenswert in mehr als einer Beziehung, und Pat mußte meist endlos mit ihr schimpfen, damit sie nach Hause ging und ihrer Mutter im Haushalt half. Ständig redete sie sich damit heraus, daß ihre Hilfe nicht benötigt würde, weil ihre Schwestern da waren, aber Pat wollte sie sich vom Hals schaffen. Sie sollte nach Hause gehen, wo sie hingehörte. Aber selbst wenn sie sich tatsächlich einmal vertreiben ließ, so nur, um am nächsten Morgen Punkt sechs Uhr wieder am Flughafen zu sein und vor der Schule ein, zwei Stunden dort zu arbeiten. Irgendwann gab Pat es auf und ignorierte sie.

Cassie war ein hübsches Mädchen, groß und schlank, mit strahlend blauen Augen und leuchtendrotem Haar, aber sie hatte nur eines im Sinn, und das waren Flugzeuge. Obwohl Nick sie niemals fliegen gesehen hatte, wußte er, daß sie eine geborene Fliegerin war. Seiner Meinung nach mußte auch Pat es wissen, aber wenn Cassie ihn um Flugunterricht bat, blieb er beharrlich bei seinem Nein. Und er scherte sich einen Dreck um Amelia Earhart, Jackie Cochran, Nancy Love, Louise Tarden und all die anderen weiblichen Piloten. Keine seiner Töchter würde fliegen, und das war sein letztes Wort. Ab und zu stritt Nick sich mit ihm darüber, aber sogar Nick mußte einsehen, daß es keinen Sinn hatte. Mitte der dreißiger Jahre gab es in der Luftfahrt eine ansehnliche Zahl von Frauen, von denen viele recht ordentliche Leistungen erbrachten, aber für Pat O'Malleys Geschmack ging dies entschieden zu weit, und er war der festen Überzeugung, daß keine Frau jemals so gut fliegen würde wie ein Mann. Und keine Frau würde jemals seine Flugzeuge fliegen. Mit Sicherheit nicht Cassie O'Malley.

Nick hatte ihm mehr als einmal widersprochen und erklärt, daß es seiner Meinung nach mittlerweile einige weibliche Piloten gab, die besser flogen als Lindbergh. Pat hatte sich furchtbar aufgeregt und hätte Nick am liebsten verprügelt. Charles Lindbergh war Pats Herrgott und kam gleich an zweiter Stelle nach Rickenbacker, dem sagenhaften Piloten aus dem Weltkrieg. Pat hatte sogar ein Foto, auf dem er zusammen mit Lindy zu sehen war, als dieser 1927 während einer dreimonatigen Tour durch die Vereinigten Staaten auf dem O'Malley-Flughafen gelandet war. Obwohl es mittlerweile staubig und vergilbt war, hing das Foto neun Jahre später immer noch an einem Ehrenplatz über Pats Schreibtisch. Pat hielt es für völlig unmöglich, daß irgendeine weibliche Fliegerin Lindbergh je das Wasser reichen könnte, schließlich war Lindberghs eigene Frau nur Fluglotsin und Funkerin. Für Pat war Lindy eine Art Gott, und ihn mit irgend jemandem gleichzusetzen, bedeutete ein Sakrileg, das er sich nicht einmal von Nick Galvin bieten lassen wollte. Nick fand Pats Entrüstung sehr erheiternd und zog ihn immer wieder gern mit dem Thema auf. Aber er wußte, daß er bei diesem Thema auf Granit biß, denn nach Pats Meinung taugten Frauen einfach nicht als Piloten, mochten sie noch so viele Rekorde brechen und Rennen gewinnen, und mochten ihnen die Fliegeruniformen auch noch so gut stehen. Patrick O'Malley war der festen Überzeugung, daß Frauen nicht an den Steuerknüppel eines Flugzeugs gehörten.

»Und *du*«, sagte er wütend zu Cassie, die in diesem Moment mit einem alten Overall bekleidet vom Rollfeld kam, wo sie gerade eine Ford-Tri-Motor vor dem Abflug nach Roosevelt Field auf Long Island aufgetankt hatte, »du solltest zu Hause sein und deiner Mutter beim Essenkochen helfen.« Es war die alte Leier, und wie immer tat sie so, als hätte sie nicht zugehört. Sie ging durchs Büro, und Pat fiel auf, daß sie fast so groß war wie die meisten seiner Männer. Ihr schulterlanges Haar war leuchtend rot, und ihre lebhaften blauen Augen blickten hilfesuchend zu Nick, der sie hinter dem Rücken ihres Vaters schelmisch angrinste.

»Ich gehe ja gleich nach Hause, Dad. Ich wollte hier nur noch ein paar Sachen erledigen.« Mit ihren siebzehn Jahren war sie bereits eine richtige Schönheit, was ihr jedoch überhaupt nicht bewußt war, wodurch sie noch charmanter wirkte. Der alte Overall ließ ihre hübsche Figur ahnen, was ihren Vater noch mehr verärgerte. Seiner Meinung nach gehörte sie einfach nicht hierher. Diese Ansicht würde er niemals ändern, und alle Mitarbeiter und Besucher des O'Malley-Flughafens kannten ihre Querelen nur allzugut, und auch jetzt war es nicht anders. Es war ein heißer Junitag, und die Sommerferien hatten gerade begonnen. Fast alle ihrer Freundinnen hatten Sommerjobs im Drugstore, im Café oder in einem Laden angenommen. Aber sie wollte nichts anderes, als umsonst auf dem Flughafen auszuhelfen. Das war ihr Leben. Nur ein einziges Mal hatte sie woanders gearbeitet, weil sie unbedingt etwas Geld brauchte. Aber durch keinen Job, keine Freundin, keinen Jungen und kein Vergnügen ließ sie sich lange vom Flughafen fernhalten. Sie konnte einfach nicht anders.

»Warum kannst du zur Abwechslung nicht mal was Nützliches tun, statt hier ständig im Wege zu stehen?« rief ihr Vater ihr vom anderen Ende des Büros aus zu. Niemals dankte er ihr für ihre Arbeit. Er wollte sie einfach nicht dahaben.

»Ich wollte nur eines von den Frachtlogbüchern holen, Dad. Ich muß eine Eintragung machen«, sagte sie ruhig und suchte nach dem Buch und der richtigen Seite. Sie war mit allen Logbüchern und allen Geschäftsvorgängen vertraut.

»Finger weg von meinen Logbüchern! Du hast ja keine Ahnung davon!« Wie immer war er wütend auf sie. Im Laufe der Jahre war er immer jähzorniger geworden, obwohl er auch mit fünfzig noch zu den besten Piloten gehörte. Was seine Prinzipien und seine Ideale anging, so war er unnachgiebig und halsstarrig, aber niemand kümmerte sich groß darum, nicht einmal Cassie. Auf dem Flughafen hatte er das Sagen, aber sein Kampf gegen weibliche Piloten und seine Streitereien mit ihr führten zu nichts. Sie war klug genug, nicht mit ihm zu streiten. Die meiste Zeit hörte sie ihm anscheinend nicht einmal zu. Sie ging einfach still und unauffällig ihren Interessen nach. Und das einzige, das

Cassie wirklich interessierte, war der Flughafen ihres Vaters.

Als kleines Mädchen hatte sie sich nachts manchmal heimlich aus dem Haus geschlichen, um die im Mondlicht schimmernden Flugzeuge zu betrachten. Sie waren so wunderschön, daß sie sie anschauen mußte. Er hatte sie einmal dort gefunden, nachdem er sie eine Stunde lang gesucht hatte, aber sie war so voller Bewunderung für seine Flugzeuge gewesen, daß er nicht das Herz gehabt hatte, sie zu schlagen, wie sehr sie ihn und Oona auch durch ihr Verschwinden geängstigt hatte. Er hatte ihr eingeschärft, nachts im Hause zu bleiben, und sie zurück zu ihrer Mutter gebracht. Danach hatte er nie wieder darüber gesprochen.

Auch Oona wußte, wie sehr Cassie Flugzeuge liebte, aber wie Pat fand sie es sehr unpassend. Was sollten die Leute denken, so wie sie aussah und roch, wenn sie nach dem Auftanken von Flugzeugen, dem Verladen von Post und Frachtstücken, oder schlimmer noch, nach der Reparatur eines Motors vom Flughafen heimkam. Aber Cassie wußte mehr über das Innenleben eines Flugzeugs als die meisten Männer über ihre eigenen Autos. Sie war einfach fasziniert davon. Sie konnte eine Maschine schneller auseinandernehmen und wieder zusammensetzen als die meisten Männer, und sie hatte mehr Bücher übers Fliegen gelesen, als ihre Eltern oder Nick ahnen konnten. Flugzeuge waren ihre ganz große Leidenschaft.

Nick war offenbar der einzige, der ihre Begeisterung für die Fliegerei verstehen konnte, aber auch er konnte Pat nicht davon überzeugen, daß es eine passende Freizeitbeschäftigung für sie sein könnte. Jetzt zuckte er nur die Achseln und wandte sich den Papieren auf seinem Schreibtisch zu, während Cassie wieder hinaus aufs Rollfeld lief. Sie hatte längst herausgefunden, daß sie sich stundenlang auf dem Flughafen herumtreiben konnte, wenn sie Pat aus dem Weg ging.

»Ich weiß nicht, was mit ihr los ist... es ist unnatürlich...«, klagte Pat. »Ich glaube, sie will nur ihren Bruder ärgern.« Aber Nick wußte nur allzugut, daß es Chris einerlei war. Er hatte an der Fliegerei ebensoviel Interesse wie an einer Reise zum Mond oder an einem Maiskolben. Ab und an ließ er sich auf dem Flughafen sehen, um seinem Dad eine Freude zu machen. Da er mittlerweile sechzehn war, nahm er Flugstunden, damit Pat zufrieden war, aber im Grunde genommen hatte Chris nicht die geringste Ahnung von Flugzeugen. Sie interessierten ihn genausowenig wie der große gelbe Bus, mit dem er jeden Morgen zur Schule fuhr. Aber Pat glaubte felsenfest, oder redete es sich zumindest ein, daß Chris eines Tages ein großartiger Pilot werden würde.

Chris teilte weder Cassies Instinkt fürs Fliegen, noch ihre Leidenschaft für Motoren und Maschinen. Er hoffte nur, daß sein Vater ihn durch Cassies Interesse an Flugzeugen in Ruhe lassen würde, aber das Gegenteil war der Fall, und Pat redete von nichts anderem als von Chris' zukünftiger Karriere als Pilot. Chris sollte so werden wie Cassie, aber das war unmöglich. Chris wollte Architekt werden und Gebäude errichten, statt in der Gegend herumzufliegen, aber bis jetzt hatte er sich noch nicht getraut, es seinem Vater zu sagen. Cassie wußte es. Sie liebte seine Zeichnungen und seine Modelle. Einmal hatte er eine ganze Stadt aus winzig kleinen Schachteln, Dosen und Gläsern gebaut. Er hatte sogar Flaschenverschlüsse und alle möglichen kleinen Gerätschaften aus Oonas Küche in sein Modell integriert. Wochenlang hatte sie ständig nach irgendwelchen Sachen gesucht. Schraubverschlüsse, kleine Werkzeuge und wichtige Utensilien waren plötzlich wie vom Erdboden verschwunden. Und dann kam alles in Chris' bemerkenswerter Konstruktion wieder ans Tageslicht. Ihr Vater hatte nichts weiter dazu gesagt, sondern nur gefragt, warum Chris denn keinen Flughafen entworfen hätte. Das war eine verlockende Idee, und Chris wollte sie vielleicht irgendwann in die Tat umsetzen. Aber in Wahrheit reizte ihn die Fliegerei in keinster Weise. Er war klug, gewissenhaft und rücksichtsvoll, und die Flugstunden, die er notgedrungen absolvierte, fand er unerträglich langweilig. Nick hatte ihn schon zigmal fliegen lassen, und er konnte auf eine ansehnliche Zahl von Flugstunden zurückblicken. Aber er hatte kein Interesse daran. Für ihn war es wie Autofahren: Es bedeutete ihm nichts. Und für Cassie bedeutete es mehr als alles andere. Es war ihr Leben, und es war mehr als das, es war Magie.

Für den Rest des Nachmittags mied sie das Büro ihres Vaters. Gegen sechs Uhr sah Nick, wie sie am äußersten Ende des Rollfeldes ein Flugzeug einwinkte und danach mit dem Piloten in einer der Flugzeughallen verschwand. Als er sie kurze Zeit später aufspürte, hatte sie Maschinenöl im Gesicht, und ihr Haar war zu einem Knoten aufgesteckt. Sie hatte einen riesigen Schmierfleck auf der Nase, und ihre Hände starrten vor Dreck. Ihr Anblick war so abenteuerlich, daß er lachen mußte.

»Was gibt's zu lachen?« Erschöpft und glücklich lächelte sie ihn an. Er war immer wie ein Bruder für sie gewesen. Sie war sich zwar bewußt, wie gut er aussah, aber das war für sie ohne Bedeutung. Sie waren gute Freunde, und sie mochte ihn sehr gern.

»Du bist lustig. Hast du in letzter Zeit mal in den Spiegel geguckt? In deinem Gesicht ist mehr Öl als im Getriebe meiner Bellanca. Dein Vater wird begeistert sein.«

»Wenn's nach meinem Vater ginge, dann würde ich den ganzen Tag im Kittel rumlaufen und Kartoffeln kochen.«

»Auch das ist wichtig.«

»Ach ja?« Sie legte den Kopf schief und sah lächerlich und gleichzeitig sehr hübsch aus. »Kannst du Kartoffeln kochen, Stick?« So nannte sie ihn manchmal, und wie immer mußte er darüber lächeln.

»Wenn ich muß, kann ich kochen, weißt du.«

»Aber du mußt nicht. Und wann hast du zum letzten Mal geputzt?«

»Ich weiß nicht...« Er machte ein nachdenkliches Gesicht.

»Vor zehn Jahren vielleicht... 1926?« Er grinste sie an, und sie mußten beide lachen.

»Verstehst du jetzt, was ich meine?«

»Ja. Trotzdem kann ich auch deinen Vater verstehen. Ich bin nicht verheiratet und habe keine Kinder. Und er will einfach nicht, daß es dir so ergeht wie mir. Du sollst dein Leben nicht in einem Schuppen neben dem Rollfeld fristen und nachts Postsäcke nach Cleveland fliegen.« Sein »Schuppen« war in Wahrheit mittlerweile sehr komfortabel, um nicht zu sagen, luxuriös.

»Hört sich doch gut an.« Sie grinste. »Die Postflüge, meine ich.«

»Das ist ja das Problem.«

»*Er* ist das Problem«, widersprach sie. »Es gibt jede Menge Fliegerinnen, die ein interessantes Leben führen. Sieh dir nur die Ninety-Nines an.« Sie sprach von einer Organisation, die von neunundneunzig weiblichen Piloten gegründet worden war.

»Mich brauchst du nicht zu überzeugen. Ihm mußt du es sagen.«

»Es hat keinen Sinn«, erwiderte sie entmutigt und sah zu

ihrem alten Freund auf. »Ich hoffe nur, daß ich den ganzen Sommer hier draußen sein kann.« Dies war zu Beginn der dreimonatigen Sommerferien ihr einziger Wunsch. Sie würde ihrem Vater die ganze Zeit aus dem Weg gehen müssen, um Streit zu vermeiden.

»Kannst du dir nicht woanders einen Job suchen, damit er uns nicht verrückt macht?« Aber sie wußten beide, daß sie um keinen Preis auch nur eine Stunde auf dem Flughafen versäumen wollte.

»Ich will keinen anderen Job.«

»Ich weiß.« Er kannte das Ausmaß ihrer Besessenheit besser als jeder andere. Er hatte unter derselben Krankheit gelitten, aber er hatte Glück gehabt. Der Krieg, sein Geschlecht und Pat O'Malley hatten es ihm ermöglicht, sein Leben mit der Fliegerei zu verbringen. Er fürchtete, daß Cassie O'Malley nicht soviel Glück haben würde. Manchmal stach ihn der Hafer, und er hätte sie am liebsten mit hinaufgenommen, nur um zu sehen, wie gut sie fliegen würde, aber das würde ihm nichts als Ärger einbringen, und Pat würde ihn in der Luft zerfetzen. Nein, es war besser, sich nicht in Pats Familienleben einzumischen, dachte er seufzend und machte sich wieder an die Arbeit.

Als Nick am Schreibtisch saß und den übrigen Papierkram erledigte, sah er Chris kommen. Er war ein hübscher blonder Junge, der die feingeschnittenen Gesichtszüge seiner Mutter und den kräftigen Körperbau seines Vaters und dessen warmherzige braune Augen geerbt hatte. Er war klug, freundlich und beliebt, einen besseren Sohn konnte man sich nicht wünschen. Sein einziger Fehler war sein mangelndes Interesse für die Fliegerei. Den Sommer über arbeitete er bei der Lokalzeitung und war heilfroh, daß er nicht auf dem Flughafen aushelfen mußte.

»Ist meine Schwester hier?« fragte er Nick zögernd, fast so, als würde er auf eine verneinende Antwort hoffen. Er sah aus, als ob er es nicht erwarten könnte, den Flughafen wieder zu verlassen. Aber Cassie hatte bereits über eine Stunde auf ihn gewartet und Nick immer wieder gefragt, ob er ihn schon gesehen hätte.

»Natürlich ist sie hier«, erwiderte Nick lächelnd. Er sprach leise, um Pat nicht zu verärgern, falls er in der Nähe war. »Sie ist in der hinteren Flugzeughalle bei einem Piloten, der gerade gelandet ist.«

»Ich werd sie schon finden.« Chris winkte Nick zu, der ihm nach seiner Rückkehr aus San Diego eine Flugstunde versprach. »Gut. Ich wollte heute schon mal ein bißchen üben«, sagte er ernsthaft.

»Ich bin beeindruckt.« Nick zog anerkennend die Brauen hoch. Der Junge gab sich wirklich alle Mühe, seinem Vater eine Freude zu machen. Nick wußte, daß Chris eigentlich keinen Spaß an den Flugstunden hatte. Er hatte zwar keine Angst, aber sie langweilten ihn, denn die Fliegerei bedeutete ihm nichts. »Bis dann.«

Chris hatte keine Schwierigkeiten, Cassie zu finden, die sich von ihrem neuen Freund verabschiedete, sobald sie ihren Bruder sah. Sofort bombardierte sie ihn mit Vorwürfen. »Warum kommst du erst jetzt? Wenn wir zu spät zum Abendessen kommen, kriegen wir fürchterlichen Ärger mit Dad.«

»Dann lassen wir's eben«, sagte er achselzuckend. Eigentlich hätte er bei der Zeitung noch einiges zu tun gehabt, aber er hatte die Verabredung eingehalten, weil sie ihm sonst an die Kehle gesprungen wäre.

»Komm jetzt endlich«, zischte sie wütend. »Ich habe schon den ganzen Tag auf dich gewartet.« Sie warf ihm einen bitterbösen Blick zu, und er seufzte. Er kannte sie nur allzugut. Wenn Cassie sich etwas in den Kopf gesetzt hatte, gab es kein Entrinnen. »Ich gehe nicht eher nach Hause ... «

»Ist ja schon gut. Aber wir können nicht so lange oben bleiben.«

»Eine halbe Stunde«, bettelte sie und sah ihm flehentlich in die sanften braunen Augen.

»Ja, ja. Aber wenn du irgendwelche Mätzchen machst, Cass, dann bring ich dich um, verlaß dich drauf. Wenn Dad wüßte, was wir machen, würde er mir das Fell über die Ohren ziehen.«

»Versprochen. Ich stelle nichts an.« Er sah ihr prüfend in die Augen und hätte ihr gern geglaubt, aber das konnte er nicht. Zusammen gingen sie zur alten Jenny ihres Vaters. Ursprünglich war es ein Militärflugzeug und hatte für die Ausbildung von Piloten gedient. Jetzt durfte Chris es jederzeit zum Üben benutzen. Er mußte nur Nick Bescheid sagen, und das hatte er soeben getan. Chris besaß einen Zweitschlüssel, den er aus der Tasche zog. Cassie starrte ihn aufgeregt an. Sie stand dicht neben ihm und spürte ihr Herz schneller schlagen, als Chris die Tür des offenen Fliegers öffnete.

»Hör sofort damit auf!« sagte er verärgert. »Was regst du dich so auf und pustest mir deinen heißen Atem in den Nacken? Du bist ja nicht ganz richtig im Kopf!« Während sie Leitungen und Querruder überprüften, war ihm, als würde er einem Süchtigen zu seinem Stoff verhelfen. Chris setzte Helm und Flugbrille auf und zwängte sich auf den hinteren Sitz, und Cassie kletterte behende auf den Vordersitz und bemühte sich, wie ein Passagier auszusehen, aber es wollte ihr nicht gelingen. Selbst auf dem vorderen Sitz wirkte sie zu gewandt und professionell, besonders nachdem sie Helm und Brille angelegt hatte.

Sie schnallten sich an, und Cassie wußte, daß der Tank voll war, denn nach ihrer Abmachung mit Chris mußte sie alle schmutzigen Arbeiten für ihn erledigen, und sie selbst hatte die Jenny am Nachmittag aufgetankt. Alles war bereit. Sie atmete tief ein und genoß den vertrauten Kastorölgeruch der Jenny. Und fünf Minuten später glitten sie über das Rollfeld, während Cassie die Nase über Chris' mangelnde Geschicklichkeit rümpfte. Immer war er zu vorsichtig, zu langsam. Schließlich drehte sie sich um und gab ihm ein Zeichen, schneller zu fahren und abzuheben. Es war ihr gleichgültig, ob jemand sie sah. Es würde sie ohnehin niemand beachten. Alles, was sie wußte, hatte sie vom Zuhören und Zuschauen gelernt. Sie hatte ihren Vater und Nick beobachtet und jeden durchreisenden Piloten und Flugschaustar. Dabei hatte sie ein paar wichtige Kenntnisse aufgeschnappt sowie ein paar Tricks. Das Fliegen lag ihr im Blut, instinktiv wußte sie, wie sie fliegen mußte. Chris hatte zwar Flugunterricht erhalten, aber Cassie wußte genau, was zu tun war, und beiden war klar, daß sie das Flugzeug jederzeit ohne ihn fliegen konnte, und zwar besser als er.

Irgendwann rief sie ihm über den Motorenlärm hinweg etwas zu, und er nickte in der Hoffnung, daß sie nichts Unbedachtes tun würde. Aber sie wußten beide ganz genau, warum sie gestartet waren. Chris nahm bei Nick Flugstunden und sollte das Gelernte an Cassie weitergeben. In Wahrheit war es jedoch so, daß Chris seine Schwester im Flugzeug mitnahm und sie dann fliegen ließ, wobei sie ihn unterrichtete oder einfach die Gelegenheit zu fliegen genoß. Sie schien alles so viel besser zu können als Chris, sie war ein wahres Naturtalent. Und sie zahlte ihm zwanzig Dollar im Monat für die Möglichkeit, das Flugzeug ihres Vaters zu fliegen. Er brauchte das Geld für seine Rendezvous' und hatte eingewilligt. Und sie hatte den ganzen Winter über hart gearbeitet, Lebensmittel ausgeliefert, auf Kinder aufgepaßt und sogar Schnee geschaufelt, um das Geld zusammenzusparen.

Gelassen bediente Cassie die Steuerung. Sie flog ein paar S-Kurven und Schleifen, dann setzte sie vorsichtig zu einigen Steilkurven an, die sie präzise ausführte. Sogar Chris war von ihrem umsichtigen, weichen Flugstil beeindruckt. Plötzlich war er ihr dankbar, denn ihr Können würde ihm die Bewunderung eventueller Zuschauer einbringen. Sie war eine hervorragende Pilotin. Dann setzte sie zu einem Looping an, und er wurde ein wenig nervös. Sie waren schon mehrmals zusammen geflogen, und er haßte es, wenn sie waghalsig wurde. Sie war zu gut, zu schnell, und er fürchtete, sie könnte sich vergessen und etwas wirklich Riskantes tun. Für zwanzig Dollar hatte er keine Lust, sich von ihr in Angst und Schrecken versetzen zu lassen. Aber sie nahm ihn schon gar nicht mehr wahr und konzentrierte sich voll und ganz aufs Fliegen. So starrte er nur wütend auf die Rückseite ihres Helms und sah ihr rotes Haar im Flugwind flattern. Schließlich hatte er genug von ihren Eskapaden und schlug ihr heftig auf die Schulter. Es war Zeit, zurückzukehren, und sie wußte es. Aber für ein paar Minuten tat sie einfach so, als sei er nicht da.

Sie wollte das Flugzeug trudeln lassen, aber dazu war keine Zeit, und sie wußte, daß Chris ihr an die Gurgel gehen würde, wenn sie es dennoch tat.

Aber wenn er ehrlich war, mußte Chris zugeben, daß seine Schwester eine sehr gute Pilotin war, auch wenn sie ihn ständig in Angst und Schrecken versetzte, und er traute ihr einfach nicht über den Weg. Jeden Moment konnte ihr etwas völlig Verrücktes in den Sinn kommen. Die Flugzeuge hatten irgend etwas an sich, das ihr zu Kopf stieg und sie jegliche Vernunft vergessen ließ.

Jetzt ging sie jedoch vorsichtig herunter und überließ Chris vor der Landung die Steuerung, aber seine Landung war natürlich längst nicht so weich, wie ihre es gewesen wäre. Der Bodenkontakt war zu abrupt, und die Jenny torkelte das Rollfeld entlang. Sie versuchte ihn zu einer anständigen Landung zu bewegen, aber Chris verfügte nicht über ihren Instinkt und ließ die Maschine zu früh durchsacken, was zu einer Bauchlandung führte.

Als sie aus dem Flugzeug kletterten, waren sie beide überrascht, Nick und ihren Vater neben dem Rollfeld stehen zu sehen. Pat grinste Chris wohlwollend an, Nick schien jedoch nur Augen für Cassie zu haben.

»Gute Arbeit, mein Sohn«, sagte Pat strahlend. »Du bist ein Naturtalent.« Pat war vor Stolz ganz aus dem Häuschen und äußerte sich nicht zu der schäbigen Landung. Auch Nick hatte Chris angesehen, aber er interessierte sich offenbar viel mehr für Cassie. »Wie gefällt es dir, wenn dein Bruder dich mit hinaufnimmt, Cass?« fragte ihr Vater sie lächelnd.

»Ziemlich gut, Dad. Es hat wirklich Spaß gemacht.« Nick fiel auf, wie sehr ihre Augen strahlten, während sie Pat und Chris schweigend ins Büro folgten.

»Du fliegst wohl gern mit ihm, stimmt's, Cass?« fragte Nick vorsichtig, als sie langsam in Richtung Büro schlenderten.

»O ja, sehr gern.« Sie strahlte Nick an, und er spürte den unwiderstehlichen Drang, sie zu packen und zu schütteln. Er wußte, daß sie nicht die Wahrheit sagte, und er fragte sich, warum sich Pat so leicht an der Nase herumführen ließ. Vielleicht wollte er es glauben. Aber derartige Spiele konnten gefährlich werden und sogar tödlich enden.

»Kein schlechter Looping«, sagte Nick in ruhigem Ton.

»War auch kein schlechtes Gefühl«, sagte sie, ohne ihn anzusehen.

»Das kann ich mir vorstellen«, sagte er und sah sie kopfschüttelnd an, bevor er in sein Büro ging.

Ein paar Minuten später fuhr Pat mit seinen Kindern nach Hause. Als Nick den Wagen abfahren hörte, lehnte er sich in seinem Schreibtischstuhl zurück und dachte über sie nach, insbesondere über den Flug, den er soeben gesehen hatte. Er lächelte wehmütig und schüttelte den Kopf. Eines wußte er mit hundertprozentiger Sicherheit. Chris O'Malley hatte dieses Flugzeug nicht geflogen. Er mußte unwillkürlich lächeln, als ihm klar wurde, daß Cassie tatsächlich einen Weg gefunden hatte, um fliegen zu können. Und vielleicht – nach all der harten Arbeit, durch die sie so weit gekommen war – vielleicht verdiente sie es ja tatsächlich. Vielleicht würde er sie eine Weile nicht zur Rede stellen. Vielleicht würde er einfach zusehen und abwarten, welche Fortschritte sie machte. Wieder mußte er lächeln, als er an ihren Looping dachte. Bald würde sie in einer Flugschau fliegen. Und warum eigentlich nicht? Warum nicht, zum Teufel? Ihm war schon seit langem klar, daß sie ein Naturtalent war. Und sie war mehr als das. Ob sie nun eine Frau war oder nicht, er spürte instinktiv, daß sie fliegen *mußte*, genau wie er konnte sie einfach nicht anders.

2

Als Pat, Cassie und Chris an diesem Abend ins Haus kamen, waren Cassies Schwestern in der Küche und halfen ihrer Mutter. Glynnis sah aus wie Pat, und mit fünfundzwanzig war sie seit sechs Jahren verheiratet und hatte schon vier kleine Töchter. Megan war genauso schüchtern wie ihre Mutter und sah auch genauso aus, ihr Haar war jedoch braun. Sie war dreiundzwanzig und hatte ein halbes Jahr später geheiratet als Glynnis. Mittlerweile hatte sie drei Söhne. Die Ehemänner der beiden waren Farmer, deren Farmen ganz in der Nähe lagen. Sie waren anständige, fleißige Männer, und die Mädchen waren sehr glücklich mit ihnen. Colleen war zweiundzwanzig und blond, sie hatte einen kleinen Jungen und ein kleines Mädchen, die beide kaum laufen konnten. Seit drei Jahren war sie mit dem Englischlehrer der Dorfschule verheiratet. Sie wollte aufs College, aber sie war schon wieder schwanger, und mit drei kleinen Kindern hatte sie keine andere Wahl, als zu Hause zu bleiben, es sei denn, sie hätte sie mitgenommen. Es wäre nicht fair gewesen, die drei jeden Tag zu ihrer Mutter zu bringen, nur damit sie zur Schule gehen konnte, außerdem hätte ihr Vater es ohnehin nicht erlaubt. Vielleicht gab es eine Möglichkeit, wenn die Kinder erst ein wenig älter waren. Im Augenblick war ihr Traum vom College in weite Ferne gerückt. In der Realität mußte sie sich um drei Babys kümmern und sich mit chronischem Geldmangel herumschlagen. Ab und zu machte ihr Vater ihnen kleine »Geschenke«, aber Colleens Ehemann hatte seinen

Stolz und nahm sie nicht gern an. Doch bei seinem geringen Lohn und dem neuen Baby, das in ein paar Wochen kommen würde, waren sie auf jede Hilfe angewiesen, und Colleen hatte am Nachmittag von ihrer Mutter etwas Geld bekommen. Oona wußte, daß sie noch ein paar Sachen für das Baby brauchten. Die Löhne an den Schulen waren durch die Wirtschaftskrise minimal, und von dem Geld, das David verdiente, wurden sie kaum satt. Nur weil ihre Eltern ihnen regelmäßig etwas Geld zusteckten und ihre Schwestern sie mit Nahrungsmitteln von der Farm versorgten, kamen sie einigermaßen über die Runden.

Die drei jungen Frauen blieben zum Abendessen, ihre Ehemänner hatten an diesem Abend andere Pläne. Sie besuchten ihre Eltern gern und oft, und Oona liebte ihre Enkelkinder über alles, aber wenn sie alle da waren, wurde es beim Essen immer laut und chaotisch.

Pat wollte sich umziehen, und Chris ging auf sein Zimmer, während Cassie versuchte, die Kinder zu beschäftigen, damit die anderen kochen konnten. Ihre Neffen und Nichten fanden ihr ölverschmiertes Gesicht unglaublich komisch, und sie jagte sie um den Eßtisch und spielte ein Monster. Chris kam erst ins Wohnzimmer, als das Essen auf dem Tisch stand. Der wütende Blick, den er Cassie zuwarf, sprach Bände. Er war ihr noch immer böse wegen des Loopings, andererseits hatte ihr halsbrecherisches Unterfangen ihm das Lob seines Vaters eingebracht, weshalb er sich nicht allzulaut beklagen wollte, und so hatten sie beide ihren Nutzen von der Abmachung: Cassie wollte fliegen, und er wollte das Geld, und die Anerkennung seines Vaters war ein zusätzlicher Bonus.

Eine halbe Stunde später kam das Abendessen auf den Tisch: Gemüsemais und Schweinebraten, Maisbrot und Kartoffelpüree. Glynnis hatte das Schweinefleisch gebracht und Megan den Mais. Die Kartoffeln stammten aus Oonas Garten. Sie waren weitgehend Selbstversorger, und was sie sonst noch brauchten, kauften sie bei Strongs. Das war der einzige Laden weit und breit und dazu der beste in der ganzen Gegend. Trotz der harten Zeiten konnten sich die Strongs über steigende Umsätze freuen. Oona äußerte sich gegen Ende der Mahlzeit lobend über das solide Geschäft, und fast im selben Moment hörte Cassie ein bekanntes Motorengeräusch näher kommen. Sie brauchte sich nicht zu fragen, wer es war, denn er schaute fast jeden Abend nach dem Essen herein, besonders jetzt in den Sommerferien.

Cassie kannte Bobby Strong, den einzigen Sohn des Lebensmittelhändlers, schon seit ihrer Kindheit. Er war ein guter Junge, und sie waren schon seit Jahren befreundet, aber in den letzten beiden Jahren war es mehr gewesen als das, obwohl Cassie sich über ihre Gefühle nicht so recht im klaren war. Ihre Mutter und Megan erinnerten sie jedoch ständig daran, daß sie beide mit siebzehn geheiratet hatten. Cassie sollte sich ihrer Meinung nach endlich Gedanken darum machen, wie es mit ihrer Beziehung zu Bobby Strong weitergehen sollte. Er war ernsthaft und verantwortungsbewußt, und ihre Eltern mochten ihn gern. Aber Cassie war sich nicht sicher, ob sie ihn liebte.

Sie war gern mit ihm zusammen, sie mochte ihn und seine Freunde. Sie mochte seine guten Manieren und seine sanfte Art. Er hatte ein gutes Herz, und ihr gefiel es, wie er mit ihren Neffen und Nichten umging. Sie mochte vieles an ihm, dennoch war er längst nicht so aufregend wie ein Flugzeug. Vielleicht gab es auch keinen Jungen, für den sie sich genauso begeistern konnte, sie hatte jedenfalls noch keinen getroffen. Vielleicht mußte sie sich einfach damit abfinden. Aber sie hätte gern einen Jungen kennengelernt, der so aufregend war wie eine »Gee Bee Super Sportster« oder eine »Beech Staggerwing« oder eine »Wedell Williams«. Bobby war ein netter Kerl, aber kein Vergleich zu ihren geliebten Flugzeugen.

»Hallo, Mrs. O'Malley... Glynn... Meg... Colleen... du liebe Güte! Jetzt ist es ja wohl bald soweit!« Colleens Umfang war beeindruckend. Oona mußte ihr helfen, die Kinder einzufangen, denn sie wollte nach Hause.

»Wenn ich noch mehr von Mamas köstlichem Apfelkuchen in mich reinstopfe, dann passiert es noch heute Nacht«, antwortete Colleen grinsend. Sie war nur fünf Jahre älter als Cassie und Bobby, aber Cassie hatte manchmal das Gefühl, als seien sie Lichtjahre voneinander entfernt. Ihre Schwestern waren alle verheiratet. Sie waren so anders, so etabliert. Cassie spürte instinktiv, daß sie niemals so sein könnte. Manchmal fragte sie sich, ob sie mit einem Fluch belegt war. Vielleicht hatte ihr Vater sich so sehr nach einem Sohn gesehnt, daß sie schon vor der Geburt einen Schaden bekommen hatte. Vielleicht war sie ja nicht ganz normal. Sie mochte Bobby sehr. Aber Flugzeuge und ihre Unabhängigkeit waren ihr viel wichtiger als er.

Bobby gab ihrem Vater die Hand und sagte hallo zu Chris. Dann belegten ihn die Kinder mit Beschlag. Nach einer Weile gingen ihre Mutter und ihre älteren Schwestern in die Küche, um abzuwaschen. Cassie war von dieser Pflicht befreit und durfte sich zu Bobby setzen. Zumindest hatte sie mittlerweile ihr Gesicht gewaschen, aber Spuren von Maschinenöl waren noch zu erkennen.

»Wie war dein Tag?« fragte er sie und lächelte schüchtern. Er war ein wenig linkisch, aber liebenswert, und er versuchte, ihre Begeisterung für die Flugzeuge ihres Vaters zu tolerieren. Er gab sich interessiert, während sie von der

»Vega« ihres Vaters schwärmte und von einem neuen Flugzeugtyp erzählte. Aber im Grunde genommen war es ihm einerlei, wovon sie redete, solange er nur in ihrer Nähe sein konnte. Treu und brav kam er fast jeden Abend vorbei, und trotzdem tat Cassie jedesmal überrascht, worüber ihre Eltern und Geschwister sich schon lustig machten.

Cassie war einfach noch nicht bereit für eine feste Bindung, die er sich offensichtlich erhoffte. Bis zu ihrem Schulabschluß dauerte es nur noch ein Jahr, und wenn er weiterhin fast täglich vorbeikam, würde er vielleicht bald um ihre Hand anhalten und erwarten, daß sie ihn direkt nach der Schule heiratete. Allein dieser Gedanke versetzte sie in Angst und Schrecken, denn sie konnte es sich einfach nicht vorstellen. Sie wollte so viel mehr als das. Sie wollte ihre Freiheit, sie wollte aufs College gehen, und sie liebte das Gefühl, wenn sie das Flugzeug trudeln ließ oder wenn sie einen Looping flog. Das Zusammensein mit Bobby war wie eine Fahrt nach Ohio. Sicher, solide und ereignislos. Kein Vergleich zum Fliegen. Dennoch wußte sie, daß sie ihn vermissen würde, wenn er sie nicht mehr besuchen käme.

»Heute hat Chris mich in der alten Jenny mitgenommen«, sagte sie betont beiläufig. Sie vermied ernsthafte Gespräche mit Bobby, denn sie machten ihr angst. »Es hat Spaß gemacht. Wir sind ein paar Schleifen und einen Looping geflogen.«

»Chris scheint den Bogen langsam raus zu haben«, sagte Bobby höflich, obwohl er sich für Flugzeuge genausowenig begeistern konnte wie Chris. »Was hast du sonst noch gemacht?« Er interessierte sich sehr für sie und fand sie insgeheim wunderschön, nicht wie die anderen Jungen, denen sie zu groß war und die ihr Haar zu rot fanden oder sie nur wegen ihrer hübschen Figur mochten. Viele mokierten sich auch über ihr umfangreiches Wissen über Flugzeuge.

Bobby mochte sie so, wie sie war, obwohl er es manchmal schwierig fand, sie zu verstehen. Aber gerade das machte ihn so anziehend für sie. Vieles an ihm fand sie sehr liebenswert, und ihre Gefühle für ihn verwirrten sie. Auch ihrer Mutter war es als junges Mädchen nicht anders ergangen. Es sei immer ein schwieriger Entschluß, sich zu binden, sagte Oona, und dadurch wurde es für Cassie noch schwieriger. Sie konnte ihre Gefühle für Bobby einfach nicht einordnen.

»Ach, ich weiß nicht ...«, begann Cassie seine Frage zu beantworten und ließ den Tag Revue passieren. Den ganzen Tag hatte sie sich mit Flugzeugen beschäftigt. »Ich habe mehrere Flugzeuge aufgetankt und hab ein bißchen an der Jenny herumgebastelt, bevor wir gestartet sind. Könnte sein, daß sie wieder einwandfrei funktioniert.« Sie deutete verlegen auf ihr Gesicht. Dann sagte sie grinsend: »Dabei hab ich eine Menge Schmieröl abbekommen. Mein Dad hat zuviel gekriegt, als er mich gesehen hat. Ich hab es nicht ganz runter bekommen. Du hättest mich mal vor dem Abendessen sehen sollen!«

»Oh, und ich dachte schon, du hättest ein paar Leberflecke bekommen«, spottete er, und sie mußte lachen. Er war ein guter Kumpel, und er wußte, wieviel ihre Träume, zum Beispiel der Traum vom College, ihr bedeuteten, obwohl er selbst nicht aufs College wollte. Er wollte zu Hause bleiben und seinem Vater im Geschäft helfen, so wie er es jeden Tag nach der Schule und den ganzen Sommer über tat.

»Wußtest du schon, daß Fred Astaires neuer Film *Follow the Fleet* am Samstagabend im Kino kommt? Sollen wir hingehen? Soll ein großartiger Film sein.« Bobby sah sie erwartungsvoll an, sie nickte langsam und lächelte.

»Ja, gerne.«

Ein paar Minuten später verabschiedeten sich auch ihre

beiden ältesten Schwestern mit ihren Kindern, und Cassie und Bobby saßen wieder einmal allein auf der Veranda. Ihre Eltern waren im Wohnzimmer. Vom Sofa aus hatten sie einen guten Blick auf die Veranda, aber sie waren sehr tolerant, was Bobbys Besuche anbelangte. Sie mochten ihn gern, und Pat hätte eine Hochzeit im kommenden Juni begrüßt. Solange ihnen vorher kein Malheur passierte, durften sie von ihm aus soviel auf der Veranda herumsäuseln, wie sie wollten. Ihm war es recht. Besser, als wenn sie ständig im Hangar herumhing.

Im Haus schwärmte Pat von Chris' Looping. Er war sehr stolz auf ihn. »Der Junge ist ein Naturtalent, Oonie.« Er grinste, und sie lächelte ihn an. Sie war glücklich, daß er schließlich doch noch den Sohn bekommen hatte, den er sich immer gewünscht hatte.

Auf der Veranda schilderte Bobby seinen Tag im Laden. Er erklärte Cassie, daß die Lebensmittelpreise durch die Depression im ganzen Land gestiegen seien, nicht nur in Illinois. Er träumte davon, eines Tages in mehreren Städten Lebensmittelläden zu eröffnen, vielleicht sogar in Chicago. Sie hatten beide ihre Träume, aber Cassies Träume waren viel fantastischer, und es fiel ihr schwer, darüber zu sprechen. Seine Pläne klangen einfach jung und ehrgeizig.

»Hast du schon jemals was ganz anderes machen wollen als dein Vater?« fragte sie ihn, obwohl sie selbst nichts lieber wollte, als in Pats Fußstapfen zu treten. Aber dieser Weg war ihr versperrt, wodurch er ihr um so reizvoller erschien.

»Nein, eigentlich nicht«, antwortete Bobby. »Ich mag sein Geschäft. Die Leute brauchen was zu essen, und sie brauchen gutes Essen. Unsere Arbeit ist sehr wichtig für die Menschen, selbst wenn sie nicht sonderlich aufregend ist. Aber vielleicht könnte sie es eines Tages werden.«

»Ja, vielleicht«, sagte Cassie lächelnd, während sie ein vertrautes Motorengeräusch am Himmel wahrnahm. »Das ist Nick... er ist unterwegs nach San Diego mit ein paar Frachtstücken. Auf dem Rückweg macht er eine Zwischenlandung in San Francisco und liefert einen Postsack ab.« Am Klang des Motors hatte sie die Handley Page erkannt.

»Auch das ist er bestimmt manchmal leid«, erwiderte Bobby altklug. »Für uns klingt es aufregend, aber für ihn ist es wahrscheinlich nichts weiter als ein Job, genau wie der von meinem Vater.«

»Vielleicht«, sagte Cassie, obwohl sie es besser wußte. »Piloten sind eine andere Sorte von Menschen. Sie lieben ihre Arbeit und können sich überhaupt nicht vorstellen, etwas anderes zu tun, als zu fliegen. Es liegt ihnen im Blut. Es ist ihr Leben. Für sie ist es schöner als alles andere.« Ihre Augen glänzten, als sie das sagte.

»Mag sein.« Ihre Worte hatten Bobby offenbar verwirrt. »Ich fürchte, ich kann das nicht so recht verstehen.«

»Das können wohl die wenigsten... es ist eine rätselhafte Faszination. Eine wunderbare Gabe. Den Piloten bedeutet die Fliegerei mehr als alles andere.«

Er lachte leise. »Ich denke, du hast eine allzu romantische Vorstellung davon. Die Flieger sehen das womöglich ganz anders. Glaub mir, für sie ist es wahrscheinlich nur ein Job.«

»Vielleicht.« Sie wollte nicht mit ihm streiten, obwohl sie viel mehr über dieses Thema wußte, als sie zugeben mochte. Die Fliegerei war wie eine geheime Bruderschaft, zu der sie um jeden Preis gehören wollte. Bis jetzt war es ihr verwehrt worden, also mußte sie sich an die kurzen Augenblicke klammern, in denen Chris sie fliegen ließ.

Lange Zeit saß sie da und dachte darüber nach. Sie starrte schweigend hinaus in die Dunkelheit und vergaß

Bobbys Anwesenheit. Erst als er sich bewegte, erinnerte sie sich wieder an ihn.

»Ich sollte wohl besser gehen. Wahrscheinlich bist du müde, nachdem du heute so viele Flugzeuge aufgetankt hast«, sagte er neckend. Aber im Grunde wollte sie lieber allein sein und darüber nachdenken, was für ein Gefühl es war, als sie die Jenny geflogen hatte. Diese paar Minuten waren einfach wundervoll gewesen. »Bis morgen, Cass.«

»Gute Nacht.« Er nahm ihre Hand und hauchte ihr einen Kuß auf die Wange. Dann ging er zu dem alten Lieferwagen seines Vaters, auf dem »Strong's Groceries« stand. Tagsüber benutzten sie ihn für Auslieferungen, und abends durfte Bobby ihn fahren. »Bis morgen.«

Sie lächelte und winkte ihm nach. Dann ging sie langsam zurück ins Haus und beneidete Nick, der durch die Nacht in Richtung San Diego flog.

3

Am späten Sonntagabend kehrte Nick von der Westküste nach Good Hope zurück, nachdem er auf dem Rückflug noch Frachtgut und Post in Detroit und Chicago abgeliefert hatte. Um sechs Uhr am Montagmorgen saß er schon wieder an seinem Schreibtisch und wirkte ausgeruht und energiegeladen. Es gab viel zu tun, denn sie hatten ein paar neue Aufträge bekommen, und die Post- und Frachtflüge nahmen ständig zu. Mittlerweile beschäftigten sie mehrere Piloten, aber Nick übernahm die längeren und schwierigeren Flüge immer noch am liebsten selbst. Zu gern kletterte er ins Cockpit und flog hinaus in die Nacht, insbesondere bei schlechtem Wetter. Nick und Pat ergänzten sich hervorragend, denn Pat verstand sich meisterhaft auf die geschäftliche Seite des Unternehmens. Er flog immer noch gern, aber er kam nicht mehr so oft dazu, außerdem fehlten ihm mitunter die Nerven. Er konnte sich furchtbar aufregen, wenn etwas mit dem Flugzeug nicht in Ordnung war, wenn sie Verspätung hatten und ihren Terminplan nicht genau einhalten konnten. Für die kleinen Schrullen und Macken der Piloten zeigte er keinerlei Verständnis. Bei ihm mußten sie auf die Minute spuren, sonst konnten sie sich einen neuen Job suchen.

»Paß bloß auf, Ace, du hörst dich schon fast so an wie der alte Rickenbacker«, zog Nick ihn mitunter auf.

»Na und, von ihm könnten wir uns beide noch eine Scheibe abschneiden, Stick«, grummelte Pat dann immer und redete Nick mit seinem alten Spitznamen aus dem Krieg an. Was seine Laufbahn bei der Luftwaffe anbelangte, so brauchte Nick sich nicht hinter Pat zu verstecken. Einmal hatte er sich mit dem bekannten deutschen Fliegeras Ernst Udet ein Duell geliefert. Trotz einer Verwundung hatte er sein Flugzeug wieder sicher auf die Erde gebracht. Aber all das lag hinter ihnen. Nick dachte nur noch an den Krieg, wenn er durch ein Schlechtwettergebiet fliegen mußte oder wenn er mit Motorenschaden notlanden mußte. In den siebzehn Jahren, die er für Pat geflogen war, hatte es ein paar heikle Situationen gegeben, aber das war kein Vergleich zu seinen Kriegsabenteuern.

Als sich am Nachmittag im Osten ein Sturm zusammenbraute, kam Nick eines dieser Abenteuer in den Sinn, und er sprach Pat darauf an. Während des Krieges war er einmal in einen furchtbaren Sturm geraten, und um unter die Wolken zu kommen, war er so niedrig geflogen, daß er fast den Boden gestreift hätte. Pat mußte lachen, als er daran erinnert wurde; er hatte Nick die Hölle heiß gemacht, weil er so tief geflogen war, aber Nick konnte sich selbst und das Flugzeug retten. Zwei andere Flieger hatten den Sturm nicht überlebt. »Ich hatte damals ganz schönes Fracksausen«, gab Nick fast zwei Jahrzehnte später zu.

»Du warst ein bißchen blaß um die Nase, als du wieder unten warst, daran kann ich mich erinnern«, stichelte Pat, während sich am Horizont schwarze Wolken auftürmten. Nick hatte den langen Rückflug von der Westküste noch in den Knochen, aber er mußte trotzdem einige wichtige Papiere durchsehen. Als er mit Pat zurück ins Büro ging, nachdem er ein paar Flugzeuge überprüft hatte, sah er Chris und Cassie in einiger Entfernung stehen und miteinander sprechen. Sie waren so in ihre Unterhaltung vertieft, daß sie ihn nicht bemerkten. Er hatte keine Ahnung, worüber sie redeten und es kümmerte ihn auch nicht. Bei diesem Wetter würde Chris niemals auf die Idee kommen zu fliegen, weder allein noch mit ihm.

Auch nachdem Nick im Büro verschwunden war, redeten Cassie und Chris noch miteinander, und Cassie mußte schreien, um das Motorengeräusch eines landenden Flugzeugs zu übertönen.

»Stell dich nicht so an! Wir gehen nur für ein paar Minuten rauf. Der Sturm ist doch noch meilenweit entfernt. Ich habe den ganzen Morgen die Wetterberichte gehört. Sei doch nicht so ein Schißhase, Chris!«

»Ich möchte bei solchem Wetter einfach nicht starten, Cass. Wir können doch morgen fliegen.«

»Ich will aber jetzt.« Die dunklen Wolken, die über ihren Köpfen dahinjagten, schienen sie noch mehr anzustacheln. »Es würde bestimmt Spaß machen.«

»Nein, das würde es nicht. Und wenn ich die Jenny zu Schrott fliege, wäre Dad stinksauer auf mich.« Er kannte seinen Vater nur allzugut.

»Sei doch nicht blöd. Wir gehen kein Risiko ein, die Wolken sind noch ganz hoch. Wenn wir jetzt starten, können wir in einer halben Stunde zurück sein, und nichts wird uns passieren. Vertrau mir.« Unglücklich sah er ihr in die Augen und verfluchte ihre Überredungskünste. So war es immer gewesen, schließlich war sie seine große Schwester. Am Ende hatte er sich immer gefügt, und häufig waren mittlere Katastrophen die Folge gewesen, besonders wenn sie ihn bekniet hatte, ihr zu vertrauen. Von allen Schwestern war sie die waghalsigste, während er lieber Vorsicht walten ließ und sich zurückhielt. Aber vernünftige Argumente stießen bei Cassie auf taube Ohren. Meist war es einfacher, nachzugeben, als sich stundenlang mit ihr zu streiten. Der flehentliche Blick ihrer blauen Augen sagte ihm, daß sie kein Nein als Antwort hinnehmen würde.

»Also gut, eine Viertelstunde, aber keine Sekunde länger«, gestand er ihr schließlich resigniert zu. »Und ich bestimme, wann wir zurückkehren. Und es ist mir egal, wenn du dann noch nicht genug hast. Eine Viertelstunde, dann sind wir wieder unten. Das ist mein letztes Wort, Cass. Sonst kannst du's vergessen. Verstanden?«

»Einverstanden. Ich möchte nur ein Gefühl für das Wetter kriegen.« Wie ein frischverliebtes Mädchen strahlte sie ihn voller Begeisterung an.

»Du bist verrückt«, sagte er mürrisch. Er wollte die Sache so schnell wie möglich hinter sich bringen, bevor der Sturm lostoben würde.

Sie gingen zu der Flugzeughalle, in der die Jenny stand, schoben sie nach draußen, wo sie die notwendigen Kontrollen durchführten und danach auf ihre Sitze kletterten. Cassie saß wieder vorn, und Chris saß hinter ihr auf dem Platz des Fluglehrers. Theoretisch war sie also wieder nur ein Passagier, doch da vor beiden Sitzen eine Steuerung war, konnte niemand sehen, wer das Flugzeug flog.

Ein paar Minuten später hörte Nick das Brummen eines Flugzeugmotors in der Luft, ohne sich darum zu kümmern. Wahrscheinlich wieder so ein Irrer, der nicht auf die Wetterberichte gehört hat, dachte er kopfschüttelnd. Aber diesmal war es nicht sein Problem. Alle seine Piloten waren am Boden, nachdem vor einer halben Stunde im Radio eine Sturmwarnung durchgegeben worden war. Aber plötzlich kam ihm das Motorengeräusch verdächtig bekannt vor, und er hätte schwören können, daß es die alte Jenny war. Er ging zum Fenster, und dann sah er sie. Cassies leuchtendrotes Haar flatterte im Wind, und hinter ihr saß Chris. Er flog die Maschine. Der Wind setzte ihnen schwer zu und warf sie direkt nach dem Abheben fast aus der Flugbahn. Sie jagten erstaunlich schnell dahin. Dann sah Nick sie plötzlich steil aufsteigen, was wahrscheinlich auf einen starken Aufwind zurückzuführen war. Er sah ihnen nach und konnte kaum glauben, daß Chris so mutig und töricht zugleich war, bei einem derartigen Wind zu starten. Als er sie in den tiefhängenden Wolken verschwinden sah, fing es plötzlich an, wie aus Eimern zu gießen.

»Shit!« murmelte er und stürzte nach draußen. Er starrte an die Stelle, wo die Jenny in den Wolken verschwunden war, aber er konnte nichts sehen. Der Wind wurde von Minute zu Minute stärker, mit beängstigenden Sturmböen und zuckenden Blitzen. Innerhalb weniger Minuten war er naß bis auf die Haut, und von Chris und Cassie war weit und breit nichts zu sehen.

Chris kämpfte mit der Steuerung, während sie höher stiegen, und Cassie hatte sich herumgedreht und schrie etwas, aber Chris konnte sie bei dem Sturm und dem Lärm der Maschine nicht verstehen.

»Laß mich übernehmen!« rief sie. Da sie ihre Worte mit wilden Gesten begleitete, verstand er sie schließlich. Er schüttelte den Kopf, aber sie nickte ihm heftig zu. Es war ganz offensichtlich, daß er den Naturgewalten nicht viel länger standhalten konnte. Er wurde mit den kräftigen Sturmböen einfach nicht fertig, und das Flugzeug wurde wie ein Kinderspielzeug hin und her geschleudert. Ohne ein Wort zu sagen, konzentrierte sie sich auf die Steuerung und nahm sie ihm aus der Hand. Ihre Hände waren einfach stärker als seine, und innerhalb kürzester Zeit flog die Jenny trotz der tückischen Böen ein wenig ruhiger. Da lehnte Chris sich nicht länger gegen sie auf. Den Tränen nah, ließ er seine Steuerung los und überließ ihr das Kommando. Sie wußte vielleicht weniger als er, aber sie war in einer Weise mit dem Flugzeug verwachsen, wie er es niemals sein würde. Und er wußte, daß sie in den sicheren Tod flogen, wenn er die Steuerung nicht aus der Hand gab. Wenn Cassie flog, hatten sie vielleicht eine Chance. Mit geschlossenen Augen stieß er ein kurzes Gebet aus und wünschte, er hätte sich nie von ihr überreden lassen, trotz des Sturms zu starten.

In dem offenen Cockpit wurden sie schnell klatschnaß, und das Flugzeug wurde immer wieder von beängstigenden Abwinden in die Tiefe gerissen. Sie fielen dann fast fünfzig Meter tief, um dann wieder langsam aufzusteigen. Es war, als würden sie von einem hohen Gebäude hinuntergestoßen und müßten dann mühsam wieder hinaufklettern, nur um erneut hinabgestoßen zu werden.

Mittlerweile waren die Wolken fast schwarz, und Cassie kämpfte immer noch mit dem Steuerknüppel. Instinktiv konnte sie ihre Flughöhe einschätzen. Sie hatte ein untrügliches Gespür für das, was sie dem Flugzeug zumuten konnte, und es schien, als könnte sie es ihrem Willen unterwerfen. Aber sie wußten schon längst nicht mehr, wo sie sich befanden, wie weit sie geflogen waren oder wie hoch sie genau waren. Der Höhenmesser spielte verrückt. Cassie hatte eine gewisse Vorstellung, aber sie hatten den Boden schon lange nicht mehr gesehen, und durch die schnell dahintreibenden Wolken hatten sie vollkommen die Orientierung verloren.

»Alles in Ordnung«, rief sie Chris ermutigend zu, aber er konnte sie nicht hören. »Wir werden's schaffen«, redete sie sich ein, und dann fing sie an, mit der Jenny zu sprechen, so als könne das kleine Flugzeug ihren Anordnungen Folge leisten. Sie hatte früher immer die Ohren gespitzt, wenn ihr Vater und Nick von ihren Flugabenteuern erzählt hatten. So kannte sie ein paar Tricks, wenn auch nur vom Hörensagen. Und sie wußte, es gab einen Trick, durch den sie aus dem Schlamassel herauskommen konnten. Sie mußte sich dabei auf ihren Instinkt verlassen und sich ganz, ganz sicher sein ... redete sie sich ein, als sie mit der Jenny zu einem dramatischen Sturzflug ansetzte. Sie suchte nach dem unteren Rand der Wolken, aber wenn sie zu tief hingen und sie zu schnell hinunterging oder wenn sie auch nur für den Bruchteil einer Sekunde die Kontrolle verlor ... man nannte es Wolkenjagd, und wer das Rennen verlor, mußte mit dem Leben bezahlen. So einfach war das. Beide wußten sie das, als die kleine Jenny, so schnell wie Cassie es zuließ, nach unten stürzte.

Bald hatten sie ein atemberaubendes Tempo erreicht. Das Heulen des Sturmes war ohrenbetäubend, während sie durch die tintenschwarze, feuchte Dunkelheit flogen. Es war, als stürzten sie in ein bodenloses Nichts, voll von furchteinflößenden Geräuschen und schauderhaften Gefühlen, und ganz plötzlich, sie spürte es eher, als daß sie es sah, tauchten die Baumkronen auf, dann der Boden und der Flughafen. Sie riß den Steuerknüppel herum und kurz bevor sie die Bäume streiften, gelang es ihr, die Maschine wieder hochzuziehen. Erneut tauchten sie in die Wolken ein, aber sie wußte jetzt, wo sie waren und wie sie den Flughafen anfliegen mußte. Eine Sekunde lang schloß sie die Augen, um ein Gefühl dafür zu bekommen, wo sie sich befand und wie schnell sie heruntergehen konnte. Und wieder sah sie die Bäume, aber diesmal hatte sie alles unter Kontrolle. Sie flog direkt über den Baumkronen dahin, aber der Wind fuhr unter die Flügel, und sie mußte wieder aufsteigen. Ein paarmal kreiste sie über dem Flughafen und fragte sich, ob sie überhaupt landen konnten oder ob eine Landung bei derart unberechenbaren Sturmböen womöglich gar nicht zu bewerkstelligen war. Sie hatte keine Angst, sie war vollkommen ruhig und dachte nach, und dann sah sie ihn. Es war Nick, der ihr verzweifelt zuwinkte. Nick hatte gesehen, wie sie aus den Wolken geschossen war und fast auf dem Boden aufgeschlagen wäre, denn sie war keine zwanzig Meter über dem Flugfeld gewesen. Er rannte auf das äußere Rollfeld, wo sie nach seinen Berechnungen wieder auftauchen mußte, und versuchte, sie einzuwinken. Der Fallwind war dort eine Idee schwächer, so daß sie eine atemberaubende Landung zustande brachte. Die Bremsen der kleinen Jenny kreischten, als sie aufsetzten, der Wind schlug ihnen ins Gesicht, und Cassie biß die Zähne so fest zusammen, daß ihr der Kiefer weh tat. Ihr Haar war vom Regen klatschnaß und klebte ihr am Kopf, und ihre Hände waren ganz taub, so fest hatte sie den Steuerknüppel umklammert. Chris saß mit geschlossenen Augen hinter ihr. Bei der Landung schlugen sie ziemlich hart auf, und erst da traute er sich, die Augen wieder zu öffnen. Er konnte es nicht fassen, daß Cassie sie heruntergebracht hatte, denn die ganze Zeit über hatte er gedacht, sie seien so gut wie tot; er stand immer noch unter Schock, als Nick auf sie zugerannt kam und ihn buchstäblich aus dem Flugzeug zerrte, während Cassie zitternd dasaß.

»Was, zum Teufel, habt ihr Idioten euch dabei gedacht? Wolltet ihr euch umbringen? Oder wolltet ihr den Flughafen demolieren?« Kurz vor der Landung hatten sie fast eines der Dächer gestreift, aber Cassie hatte sich nicht darum gekümmert. Sie war noch immer erstaunt, daß es ihr tatsächlich gelungen war, die Maschine sicher zu landen, und es fiel ihr schwer, ein erleichtertes Grinsen zu unterdrücken. Sie hatte furchtbare Angst ausgestanden, und dennoch war ein Teil von ihr vollkommen ruhig geblieben. Kühl und besonnen hatte sie nach einem Ausweg aus dem Dilemma gesucht und auf das kleine Flugzeug eingeredet. »Seid ihr wahnsinnig?« Nick schüttelte Chris und funkelte Cassie böse an. In diesem Moment kam Pat aus dem Bürogebäude gerannt.

»Kann mir einer sagen, was hier los ist?« schrie er. Noch immer heulte der Wind, und Cassie machte sich Sorgen um das Flugzeug. Sie wollte nicht, daß es umgeweht und beschädigt wurde, während sie sich auf dem Rollfeld herumstritten.

»Diese beiden Volltrottel, deine Kinder, mußten bei diesem Wetter einen Ausflug machen. Sie wollten sich entweder umbringen oder deine Flugzeuge zu Schrott fliegen. Was auch immer, jedenfalls haben sie eine ordentliche Tracht Prügel verdient.« Nick war so außer sich, daß er kaum sprechen konnte, und Pat traute seinen Augen nicht.

Er starrte Chris ungläubig an. »Du bist bei *diesem* Wetter losgeflogen?

»Ich ... äh ... ich wollte nur kurz hoch und dann wieder landen ... und ... «, beinahe hätte er losgeheult. »Aber, Daddy, Cassie hat mich gezwungen ... « Weiter sagte er jedoch nichts, und sein Vater konnte seinen Stolz auf ihn kaum verbergen. Der Junge hatte Mumm, und er war ein verdammt guter Pilot.

»Und du bist bei diesem Wetter gelandet? Weißt du denn nicht, wie gefährlich solche Böen und Fallwinde sind? Ihr hättet dabei draufgehen können.« In Pats Worten schwang Stolz mit.

»Ich weiß, Dad. Es tut mir leid.« Chris konnte nur mit Mühe die Tränen zurückhalten, und Cassie beobachtete ihren Vater. Stolz spiegelte sich in seinem Gesicht, Stolz auf die vermeintlichen Fähigkeiten seines Sohnes, Stolz, der eigentlich ihr galt, den er aber Chris gegenüber empfand, weil er ein Junge war, so lagen die Dinge nun einmal. Was auch immer sie im Leben tun würde, sie mußte es für sich selbst tun, nicht für ihn, weil er es niemals verstehen oder anerkennen würde. Für ihn war sie »nur ein Mädchen«, und das war alles, was sie jemals für ihn sein würde.

Pat wandte sich von Chris ab und sah Cassie an, fast war es, als hätte er ihre Gedanken gehört. Und dann fixierte er wieder seinen Sohn mit einem wütenden Blick. »Du hättest sie niemals bei solchem Wetter mitnehmen dürfen. Für Passagiere ist es viel zu gefährlich bei so einem Sturm. Du hättest nicht mal allein fliegen sollen. Aber merk dir eines, mein Sohn, du darfst nie Passagiere mitnehmen, wenn es brenzlig werden könnte.« Als Frau mußte sie beschützt werden und nicht bewundert, das war nun einmal ihr Schicksal.

»Ja, Sir.« Chris hatte Tränen in den Augen, aber sein Vater betrachtete voller Bewunderung seinen Sohn und das Flugzeug.

»Bringt sie in die Halle.« Damit stapfte er davon, und Nick sah zu, wie Chris und Cassie das Flugzeug fortschafften. Chris war so erschüttert, daß er kaum gehen konnte, aber Cassie wirkte völlig ruhig, während sie das Flugzeug trockenrieb und die Maschine überprüfte. Ihr Bruder warf ihr einen vernichtenden Blick zu und stolzierte davon, fest entschlossen, ihr niemals zu verzeihen, daß sie ihn um ein Haar getötet hätte. Er würde nie vergessen, wie knapp sie dem Tode entronnen waren, und das alles nur wegen einer ihrer Launen. Sie war vollkommen verrückt, das hatte sie heute bewiesen.

Als sie das Werkzeug wegräumen wollte, war sie überrascht, daß Nick noch immer hinter ihr stand. Er wirkte kaum anders als der Sturm, den sie soeben durchflogen hatten. Ihr Bruder war fort, und ihr Vater wartete im Büro auf sie.

»So etwas darfst du niemals wieder machen, du verdammte Närrin, ihr könntet beide tot sein. Dieser kleine

Trick funktioniert nur ab und zu mal, und dann auch nur bei den wahren Könnern, und oft genug nicht einmal bei ihnen. Bei dir wird er nicht noch einmal glücken, Cass. Versuch es erst gar nicht.« Aber auch ihm hatte der Trick mehr als einmal aus der Patsche geholfen. Und vor Jahren war Pat beim Zusehen genauso wütend geworden, wie Nick es heute war. Er fixierte sie mit stahlhartem Blick. Er war zornig, aber noch etwas anderes konnte sie in seinem Gesicht erkennen, und ihr Herz machte einen kleinen Sprung, als sie es bemerkte. Es war das, was sie von Pat ersehnt hatte und von dem sie wußte, daß sie es nie bekommen würde: Bewunderung und Anerkennung. Es war alles, was sie wollte.

»Ich weiß nicht, was du meinst.« Sie mied seinen Blick. Jetzt, wo sie wieder festen Boden unter den Füßen hatte, fühlte sie sich erschöpft. Die Erleichterung war fast verflogen, und die Erinnerung an Angst und Verzweiflung kam wieder hoch.

»Du weißt verdammt gut, was ich meine!« schrie er sie an und packte ihren Arm. Sein nasses schwarzes Haar hing ihm wild in die Stirn. Er hatte dagestanden und zu ihrem Flugzeug hinaufgestarrt und sie beschworen, den Weg durch die Wolken zu finden und die Landung zu schaffen. Er hätte es nicht ertragen können, beide zu verlieren, sie sterben zu sehen, und das alles wegen einer Vergnügungstour. Im Krieg hatten sie keine andere Wahl gehabt, aber das hier war etwas anderes.

»Laß mich los.« Sie war wütend auf ihn, auf alle war sie wütend. Auf ihren Bruder, der hochgelobt wurde, obwohl er keine Ahnung vom Fliegen hatte, auf ihren Vater, der so besessen von ihm war, daß er nichts anderes wahrnahm, und auf Nick, der sich für überaus klug hielt. Sie waren wie ein Geheimbund, ihnen gehörten alle Spielsachen, und sie würden sie niemals mitspielen lassen. Sie war gut genug, um ihre Maschinen aufzutanken, ihre Motoren zu reparieren und das Schmieröl ins Haar zu bekommen, aber ihre Flugzeuge durfte sie nicht fliegen. »Laß mich in Ruhe!« schrie sie ihn an, woraufhin er auch noch ihren anderen Arm packte. Er hatte sie noch nie so erlebt, und er wußte nicht, ob er sie verprügeln oder in den Arm nehmen sollte.

»Cassie, ich hab gesehen, was du da oben gemacht hast!« brüllte er. »Ich bin doch nicht blind. Chris könnte niemals so fliegen. Ich weiß, daß du geflogen bist... aber du bist verrückt. Du hättest dabei draufgehen können... so was darfst du nicht machen...« Ihr Blick war so verzweifelt, daß es ihm ins Herz schnitt. Am liebsten hätte er sie windelweich geprügelt, weil sie ein derartiges Risiko eingegangen war, aber statt dessen tat sie ihm leid. Erst in diesem Augenblick konnte er wirklich verstehen, was sie wollte und wie sehr sie es wollte. Heute hatte sie ihm gezeigt, daß sie bereit war, alles zu tun, um ihr Ziel zu erreichen.

»Cassie, bitte...« Er hielt ihre Arme umklammert und zog sie näher an sich. »Bitte... so etwas darfst du niemals wieder tun. Ich gebe dir Unterricht, ich verspreche es. Laß Chris in Ruhe. Tu ihm das nicht an. Ich gebe dir Unterricht, wenn dir soviel daran liegt, dann mache ich es.« Er hielt sie in den Armen und wiegte sie wie ein kleines Mädchen, während er Gott dankte, daß sie bei ihrem tollkühnen Flugkunststück nicht ums Leben gekommen war. Niemals hätte er das überwinden können. Unglücklich sah er sie an. Der Schreck steckte beiden noch in den Gliedern. Traurig schüttelte sie den Kopf, denn sie wußte, daß es unmöglich war. Wenn sie fliegen wollte, dann mußte sie es heimlich tun.

»Mein Vater würde es nie erlauben, Nick«, erwiderte sie resigniert. Sie gab jetzt nicht mehr vor, daß Chris geflogen war. Nick wußte Bescheid, und es hatte keinen Sinn, ihn zu belügen.

»Ich habe nicht gesagt, daß ich ihn darum bitten will, Cass, ich habe gesagt, daß ich es tue. Aber nicht hier.« Er lächelte wehmütig und reichte ihr ein sauberes Handtuch, damit sie sich die Haare trocknen konnte. »Du siehst aus wie eine ertrunkene Ratte.«

»Wenigstens habe ich zur Abwechslung mal kein Schmieröl im Gesicht«, sagte sie schüchtern. Sie fühlte sich ihm näher als je zuvor, und anders. Während sie sich das Haar trockenrubbelte, sah sie ihn an. Sie konnte nicht glauben, was er da gesagt hatte. »Was meinst du mit ›nicht hier‹? Wo könnten wir denn sonst hingehen?« Sie fühlte sich plötzlich ungeheuer erwachsen, durch ein geheimes Komplott mit ihm verbunden: Ihr Verhältnis zu ihm hatte sich verändert.

»Es gibt verschiedene Behelfslandeplätze in dieser Gegend. Es wird vielleicht nicht ganz einfach sein, aber nach der Schule könntest du den Bus nach Prairie City nehmen, und ich könnte dort auf dich warten. Vielleicht könnte Chris dich jetzt im Sommer auch hin und wieder hinfahren. Wahrscheinlich würde er das lieber machen, als wenn er ein paarmal die Woche bei deinen heimlichen Trainingsflügen sein Leben aufs Spiel setzen muß.« Cassie grinste. Der arme Chris. Sie hatte ihn in Angst und Schrecken versetzt, das war ihr wohl bewußt. Aber sie hatte sich alles so schön ausgemalt, und ein paar Minuten lang hatte es ja auch Spaß gemacht. Aber danach war es beängstigender und aufregender gewesen als alles, was sie jemals erlebt hatte.

»Meinst du es ernst?« Sie war verblüfft. Aber auch Nick

staunte über sich selbst und war ein wenig erschrocken über das Angebot, das er ihr soeben gemacht hatte.

»Ja, ich denke schon. Ich dachte nie, daß ich so etwas machen würde. Aber ein wenig Flugunterricht könnte dir vielleicht eine Menge Ärger ersparen. Und wenn du eine Weile anständig geflogen bist«, sagte er mit strengem Blick, »könnten wir vielleicht mit Pat reden und ihn fragen, ob du auch von hier aus starten darfst. Er wird es schon irgendwann einsehen. Er muß einfach.«

»Das kann ich mir nicht vorstellen«, erwiderte sie finster, während sie durch den Regen zum Büro ihres Vaters gingen. Und dann, kurz bevor sie dort waren, schon wieder naß bis auf die Haut, blieb sie stehen und schenkte Nick ein Lächeln, das ihm direkt ins Herz ging. Er wollte nicht so für sie fühlen, und er erschrak über sich selbst. Aber sie hatten gerade etwas zusammen durchgemacht, das sie einander nähergebracht hatte.

»Danke, Nick.«

»Sei bloß still, verstanden?« Ihr Vater würde ihm den Hals umdrehen, wenn er von den geplanten Flugstunden erführe. Er zerzauste ihr das nasse Haar und ging mit ihr in das Büro ihres Vaters. Chris saß zitternd da und war grau im Gesicht, und gerade hatte ihm sein Vater einen Schluck Brandy eingeflößt.

»Alles in Ordnung, Cass?« Pat wunderte sich, daß sie längst nicht so mitgenommen aussah wie ihr Bruder. Aber schließlich hatte er die ganze Verantwortung getragen und die riskante Landung zustande gebracht, dachte Pat, und Chris hatte ihm nichts anderes erzählt.

»Mir geht's gut, Dad«, versicherte sie ihm.

»Du bist ein tapferes Mädchen«, sagte er anerkennend, aber nicht anerkennend genug. Nick dagegen hatte sie verstanden. Nick hatte ihr das versprochen, wovon sie immer geträumt hatte. Ihr Traum würde Wirklichkeit werden. Plötzlich war sie froh, daß sie trotz des Sturms gestartet waren. Sie war zwar ein ungeheures Risiko eingegangen, aber vielleicht hatte es sich am Ende ja gelohnt.

Pat fuhr Chris und Cassie nach Hause, wo ihre Mutter schon mit dem Essen wartete. Sobald sie am Tisch saßen, erzählte Pat seiner Frau die ganze Geschichte, oder das, was er für die ganze Geschichte hielt. »Nerven wie Drahtseile hat der Junge. Natürlich war es Wahnsinn, bei diesem Sturm zu starten, aber er hatte alles im Griff und ist sicher gelandet«, prahlte Pat mit den vermeintlichen Heldentaten seines Sohnes. Chris sagte kein Wort und ging nach dem Essen sofort auf sein Zimmer, wo er sich heulend aufs Bett warf.

Nach einer Weile wollte Cassie nach ihm sehen. Immer wieder mußte sie anklopfen, bis er sie endlich hereinließ. Auf seinem Gesicht lag eine Mischung aus Furcht und Zorn.

»Was willst du?«

»Ich wollte dir sagen, wie leid es mir tut, daß ich dir solche Angst gemacht habe... wir hätten dabei umkommen können. Es tut mir leid, Chris. Ich hätte es nicht machen dürfen.« Ihr Großmut kannte keine Grenzen, da Nick ihr versprochen hatte, ihr ihren sehnlichsten Wunsch zu erfüllen.

»Nie wieder steige ich mit dir in ein Flugzeug«, sagte er finster und funkelte sie böse an. Er führte sich auf wie ein Bruder, der von seiner weitaus älteren, gerissenen Schwester benutzt und betrogen worden war.

»Das mußt du auch nicht«, sagte sie ruhig und setzte sich auf die Bettkante. Er starrte sie ungläubig an.

»Du willst die Fliegerei aufgeben?« Das konnte er sich nicht vorstellen.

»Vielleicht... fürs erste...« Sie zuckte die Achseln, als ob es ihr einerlei sei, aber er kannte sie zu gut.

»Ich glaube dir nicht.«

»Wir werden sehen. Im Moment spielt es keine Rolle. Ich wollte dir nur sagen, wie leid es mir tut.«

»Das sollte es auch«, fuhr er sie an, aber dann gab er klein bei und streichelte ihren Arm. »Trotzdem muß ich dir wohl dankbar sein... schließlich hast du unsere Haut gerettet. Ich hatte schon mit allem abgeschlossen.«

»Ich auch.« Sie grinste. »Einen Moment lang hab ich auch gedacht, es wär alles vorbei.« Plötzlich kicherte sie.

»Du bist irre«, sagte er kopfschüttelnd. Dann fuhr er bewundernd fort: »Du bist eine verdammt gute Pilotin, Cass. Aber du mußt es richtig lernen, ohne all die Geheimniskrämerei hinter Dads Rücken. Er muß dich fliegen lassen. Du fliegst zehnmal besser, als ich es jemals könnte. Ich möchte wetten, du bist schon genausogut wie er.«

»Das bezweifle ich, aber sei unbesorgt. Du bist ein tüchtiger Pilot, Chris. Du mußt nur die Finger von den schwierigen Sachen lassen.«

»Vielen Dank auch«, er grinste sie an und hatte nicht mehr den Wunsch, ihr den Hals umzudrehen. »Ich werd dich dran erinnern, wenn du mich das nächste Mal mitnehmen willst und mir nach dem Leben trachtest.«

»Das wird fürs erste nicht mehr passieren«, sagte sie sanft, aber er traute ihr nicht.

»Was soll das nun wieder? Du hast doch irgendwas vor, Cass!«

»Nein. Ich bin ganz brav... zumindest eine Zeitlang.«

»Gott steh uns bei! Sag mir aber Bescheid, wenn du wieder durchdrehst. Dann halte ich mich vom Flughafen fern. Vielleicht solltest du das auch eine Weile tun. Ich könnte schwören, daß dir die Gase dort zu Kopf gestiegen sind.«

»Vielleicht«, sagte sie verträumt. Aber es war mehr als das. Sie hatte die Fliegerei im Blut, in den Knochen, und sie wußte ganz genau, daß sie ihr niemals entkommen konnte.

Auch an diesem Abend kam Bobby Strong nach dem Essen vorbei und war entsetzt, als er die Horrorgeschichte ihres Vaters hörte. Als Chris ihm kurze Zeit später über den Weg lief, war er außer sich.

»Wenn du mein Mädchen noch einmal mitnimmst und sie fast umbringst, dann wirst du mich kennenlernen«, sagte er und versetzte Chris und Cassie in Erstaunen. »Wie konntest du nur so etwas Dummes machen?« Chris hätte ihm am liebsten gesagt, daß Cassie es gewollt hatte, und er hätte ihm gern noch ein paar andere Dinge gesagt, aber er tat es natürlich nicht.

»Ja, ja«, murmelte er vage und ging zurück in sein Zimmer. Sie waren alle verrückt. Bobby, Cass, sein Vater, Nick. Keiner von ihnen wußte, was Sache war, keiner von ihnen wußte, wer schuld war und wer nicht. Cassie führte sie alle an der Nase herum, aber nur Cassie kannte die ganze Wahrheit, und Nick, jetzt, wo er versprochen hatte, ihr Flugstunden zu geben.

Bobby hielt ihr an diesem Abend noch einen Vortrag darüber, wie gefährlich und wie töricht das Fliegen war; alle Männer, die sich damit beschäftigten, seien wie unreife Kinder. »Der heutige Abend war dir hoffentlich eine Lehre, und in Zukunft wirst du wohl vernünftiger sein und nicht mehr ständig auf dem Flughafen herumhängen. Ich meine es ernst«, sagte er streng. »So kann es doch nicht weitergehen. Immer, wenn ich dich sehe, hast du ein ölverschmiertes Gesicht. Dein Bruder braucht nur mit dem Finger zu schnippen, und schon bist du bereit, dein Leben aufs Spiel zu setzen. Außerdem bist du schließlich ein Mädchen, und das alles gehört sich einfach nicht.«

Sie versuchte nicht ihm zu widersprechen, denn sie wußte, er meinte es gut. Aber sie war erleichtert, als er sich verabschiedete. Sie legte sich früh zu Bett, und während sie so dalag und dem prasselnden Regen zuhörte, konnte sie nur an das denken, was Nick ihr versprochen hatte, und sie konnte ihre erste Flugstunde kaum erwarten. Stundenlang lag sie wach und dachte daran. Sie erinnerte sich, wie ihr der Wind entgegenfegte, als sie mit der Jenny durch die Wolken heruntergeschossen war auf der Suche nach einem Ausweg, wie sie fast aufgeschlagen waren und sie das Flugzeug wieder hochgerissen hatte und über die Baumwipfel dahingerast war, um am Ende doch noch sicher zu landen. Es war ein außergewöhnlicher Tag gewesen, und sie wußte, daß sie die Fliegerei niemals aufgeben würde. Sie konnte es einfach nicht. Selbst wenn man ihr hundertmal erzählte, wie gefährlich und unweiblich das Fliegen war, so würde sie doch nie und nimmer damit aufhören. Um keinen Preis der Welt.

4

Drei Tage nach dem Sturm, der sich zu einem richtigen Orkan entwickelt hatte, stand Cassie auf und erledigte ihre häuslichen Pflichten. Als sie das Haus verließ, sagte sie ihrer Mutter, sie wolle in die Bibliothek und sich danach mit einer ehemaligen Schulfreundin treffen, die im Frühjahr geheiratet hatte und jetzt ihr erstes Kind erwartete. Danach würde sie noch am Flughafen vorbeischauen. Sie hatte sich einen Apfel und ein Butterbrot eingepackt und sich heimlich einen Dollar von ihren Ersparnissen eingesteckt. Sie wußte nicht genau, was der Fahrschein kosten würde, aber sie wollte sichergehen, daß sie genug für die Fahrt nach Prairie City dabei hatte. Sie hatte Nick versprochen, um zwölf Uhr mittags dort zu sein. Auf dem Weg zur Bushaltestelle ärgerte sie sich, daß sie keinen Hut aufgesetzt hatte, denn die Junisonne war heiß. Aber dann hätte ihre Mutter womöglich Verdacht geschöpft, denn sie trug fast nie einen Hut.

Sie sah aus wie ein großes, schlaksiges Schulmädchen auf dem Weg zu einer Verabredung. Trotz ihrer Jugend war sie bereits außergewöhnlich hübsch. Sie war sogar noch hübscher als ihre Mutter es gewesen war, größer und schlanker, mit einer atemberaubenden Figur. Aber an ihr Aussehen verschwendete Cassie keinen Gedanken. Das war nur etwas für Mädchen, die nichts anderes im Kopf hatten, oder für Mädchen wie ihre Schwestern, die heiraten und Kinder bekommen wollten. Auch sie wollte vielleicht eines Tages Kinder, aber es gab so viele andere Dinge, die sie zuerst haben wollte, Dinge, die sie wahrscheinlich nie bekommen würde, nämlich ein aufregendes Leben, Freiheit und die Fliegerei. Sie verschlang Bücher über Pilotinnen, und sie las alles über Amelia Earhart und Jackie Cochran. Sie hatte Lindberghs Buch *We* über seine Atlantiküberquerung im Jahre 1927 gelesen und das Buch seiner Frau *North to the Orient,* das im Jahr zuvor erschienen war, und Earharts Buch *The Fun of It.* Alle Fliegerinnen waren ihre Heldinnen. Häufig fragte sie sich, warum sie das tun konnten, wovon sie nur träumen durfte. Aber jetzt, mit Nicks Hilfe ... vielleicht ... wenn sie nur fliegen konnte ... wenn sie nur aufsteigen könnte, um für immer am blauen Himmel dahinzuschweben.

So sehr war sie in ihre Gedanken vertieft, daß sie fast den Bus verpaßt hätte, und sie mußte loslaufen, um ihn noch zu erwischen. Voller Erleichterung stellte sie fest, daß niemand einstieg, den sie kannte. Der klapprige Bus brauchte fünfundvierzig Minuten für die Fahrt nach Prairie City, der Fahrpreis betrug fünfzehn Cents. Cassie schaute aus dem Fenster und träumte von ihren Flugstunden.

Von der Bushaltestelle bis zum Behelfslandeplatz war es ziemlich weit, aber Nick hatte ihr den Weg genau beschrieben. Er war davon ausgegangen, daß jemand sie ein Stück mitnehmen würde, aber sie legte die zwei Meilen bis zu ihrem Treffpunkt zu Fuß zurück. Als sie bei ihm ankam, war sie verschwitzt und staubig. Er saß auf einem Stein und trank Cola, während die gute alte Jenny am Ende der verlassenen Landebahn wartete. Außer ihnen war niemand in der Nähe. Der Flugplatz wurde gelegentlich von herumreisenden Politikern angeflogen, wenn sie im ganzen Land auf Stimmenfang gingen. Obwohl er nur selten benutzt wurde, war er in einem guten Zustand. Alles in allem war er der ideale Ort für ihre Flugstunden.

»Alles in Ordnung?« Er sah sie liebevoll an, während sie sich die schweißnassen roten Locken aus der Stirn strich. Die Sonne brannte. »Du bist ja völlig verschwitzt. Hier, trink erst mal was.« Er reichte ihr seine Flasche und sie nahm dankbar einen großen Schluck. Voller Bewunderung betrachtete er sie. Ihr Hals war lang und anmutig. Beim Anblick ihrer hellen, seidenweichen Haut mußte er an feinsten hellrosa Carrara-Marmor denken. Sie war ein umwerfendes Mädchen, und in letzter Zeit wünschte er sich manchmal, sie wäre nicht Pats Tochter. Aber selbst das würde nichts ändern, denn schließlich war er fünfunddreißig und sie erst siebzehn Jahre alt. Er hätte ihr Vater sein können. Dennoch gab es gewisse Momente, in denen er der Versuchung kaum widerstehen konnte. »Wo hast du dich nur wieder rumgetrieben, du kleines Trampeltier?« fragte er, um die Stimmung ein wenig aufzulockern. Es war eine seltsame Situation, ganz allein mit ihr an diesem abgelegenen Ort zu sein, in geheimer Mission. »Bist du den ganzen Weg von Good Hope zu Fuß gegangen?«

»Nein«, sagte sie grinsend und sichtlich erfrischt durch die Cola. »Nur von Prairie City aus. Es war weiter, als ich dachte, und heißer.«

»Tut mir leid«, sagte er. Er bedauerte, sie zum geheimen Rendezvous mit dem Flugzeug ihres Vaters in diese Einöde gelockt zu haben. Aber ihm war kein besserer Ort für ihre heimlichen Flugstunden eingefallen.

»Es braucht dir nicht leid zu tun«, sagte sie grinsend und nahm noch einen Schluck von seiner Cola. »Die Sache ist es mir wert.« In ihren Augen sah er, wieviel es ihr bedeutete. Sie war verrückt nach Flugzeugen und vollkommen hingerissen von der Fliegerei, genauso war er selbst in ihrem Alter gewesen. Von einem Flugplatz zum anderen war er gezogen, hatte jeden Job angenommen, nur um ab und zu fliegen zu können. Durch den Krieg hatten sich seine Träume erfüllt. Er war im 94. Geschwader geflogen, zusammen mit Männern, die fast alle zu Helden geworden waren. Sie tat ihm leid, denn für sie würde es nicht so einfach werden, besonders wenn Pat ihr weiterhin das Fliegen verbot. Nick hoffte, ihn eines Tages zur Einsicht zu bringen. Bis es soweit war, wollte er ihr zumindest ein paar wichtige Dinge beibringen, damit sie sich nicht bei gefährlichen Experimenten das Genick brach oder mit ihrem Bruder eine Wolkenjagd veranstaltete. Es entsetzte ihn noch immer, wenn er daran dachte, wie sie vor ein paar Tagen aus den Wolken geschossen kam und fast den Boden berührt hatte. Zumindest würde sie beim nächsten Mal wissen, was sie tat.

»Wollen wir's mal probieren?« fragte er und deutete auf die Jenny. Wie eine alte Freundin stand sie da und erwartete sie. Während sie über das Rollfeld auf das vertraute Flugzeug zugingen, konnte sie vor Aufregung nichts sagen. Unzählige Male hatte sie die alte Mühle aufgetankt, ihren Motor gereinigt, ihre Flügel liebevoll gewaschen und sie mehrmals geflogen, während Chris so getan hatte, als mache er mit seiner Schwester einen Vergnügungsflug. Aber noch nie war ihr die Jenny so wunderschön erschienen wie in diesem Augenblick. Sie betrachteten sie zuerst von allen Seiten und überprüften das Fahrwerk auf mögliche Landungsschäden. Die Jenny war ein niedriggebautes Flugzeug mit breiter Spannweite, wodurch man trotz ihrer bescheidenen Größe das Gefühl hatte, ein größeres Flugzeug zu fliegen. Behende schwang sich Cassie auf den Vordersitz und schnallte sich an. Sie wußte, daß ihr bald der Himmel gehören würde, sie hatte ein Recht darauf, genau wie alle anderen. Und danach würde sie sich durch nichts und niemanden mehr aufhalten lassen.

»Alles klar?« rief Nick ihr über den Motorenlärm hinweg zu. Cassie nickte grinsend, und er sprang auf den hinteren Sitz. Zuerst wollte er die Maschine fliegen, und sobald sie sicher in der Luft waren, würde er ihr die Steuerung überlassen. Anders als bei ihren Flügen mit Chris mußte Cassie diesmal die Steuerung nicht gewaltsam an sich reißen. Diesmal ging alles offen und ehrlich zu. Während sie die Startbahn entlangrollten, drehte sich Cassie zu ihm um. Nicks Gesicht war ihr vertraut, aber als sie ihn in diesem Moment ansah, fühlte sie sich so glücklich wie nie zuvor. Am liebsten hätte sie ihm die Arme um den Hals geschlungen und ihn geküßt.

»Was?« Sie hatte etwas zu ihm gesagt, und er konnte sie zuerst nicht verstehen. Es schien jedoch alles in Ordnung zu sein, denn sie sah überglücklich aus. Er beugte sich nach vorn, um besser hören zu können. Sein dunkles Haar flatterte im Wind, und seine Augen waren genauso blau wie der Sommerhimmel. Wegen des grellen Sonnenlichts mußte er blinzeln, wodurch seine Lachfältchen deutlich hervortraten. »Ich hab danke gesagt!« schrie sie, und die Freude in ihren Augen rührte ihn. Er streichelte ihr sanft über die Schulter. Dann schaute sie wieder nach vorn und legte die Hände auf die Steuerung, obwohl Nick die Maschine flog. Er schob den Gashebel nach vorn und betätigte die Seitensteuerung. Wenige Sekunden später hoben sie sanft vom Rollfeld ab und stiegen mühelos auf. Cassie spürte, wie ihr Herz sich mit der alten Jenny in die Lüfte schwang. Sie fühlte dieselbe Begeisterung, die sie immer beim Start fühlte. Sie *flog!*

Er flog eine leichte Linkskurve und verließ den Luftraum über dem kleinen Behelfsflugplatz. Dann fing er die Maschine ab und tippte Cassie auf die Schulter. Sie sah sich um, und er zeigte auf sie, was bedeutete, daß sie die Steuerung übernehmen sollte. Sie nickte und begann, fast instinktiv das Flugzeug zu steuern. Sie wußte, was sie zu tun hatte, und sie glitten sanft am strahlend blauen Himmel dahin, als wäre sie schon ihr Leben lang geflogen, was sie in gewisser Weise ja auch getan hatte. Er staunte über ihre Fertigkeiten und ihre natürliche Begabung. Durch einfaches Zusehen hatte sie sich bei ihm und ihrem Vater eine Menge Kniffe abgeschaut, und offenbar hatte sie auch schon ihren eigenen Stil, der überraschend weich und souverän war. Mit der Steuerung des kleinen Flugzeugs schien sie vollkommen vertraut zu sein, und Nick beschloß, sich in ihrer ersten Flugstunde ein Bild von ihren Fähigkeiten zu machen.

Er ließ sie Kurven und Seitenneigungen fliegen, zuerst nach links, dann nach rechts; er wollte sie darauf hinweisen, wie wichtig es war, daß sie das Flugzeug dabei hochzog, um auf derselben Höhe zu bleiben, aber anscheinend wußte sie instinktiv, daß die Jenny in den Kurven an Höhe verlor, und zog sie hoch, ohne daß er ihr etwas sagen mußte. Sie hatte ein unsagbares Gefühl für das Flugzeug. Mit sicherer Hand verringerte sie den Druck auf den Steuerknüppel, wodurch die Jenny in den Kurven auf gleicher Höhe blieb.

Dann ließ er sie ein paar S-Kurven fliegen, wobei ihnen eine schmale Schotterstraße als Richtschnur diente. Offensichtlich bereitete es ihr keinerlei Schwierigkeiten, die Flughöhe beizubehalten. Nur selten blickte sie auf die Instrumente und wußte dennoch, wann sie ausgleichen mußte. Sie flog nach Gefühl und Sicht, ein sicheres Zeichen, an dem man ein Naturtalent erkennen konnte. Eine Begabung wie die ihre war äußerst selten, und er hatte nur sehr wenige Piloten gesehen, die es mit ihr aufnehmen konnten.

Als nächstes sollte sie Kreise fliegen, um ein Silo herum,

das sie auf einer abgelegenen Farm entdeckt hatten. Sie fand das furchtbar langweilig, aber er hatte ihre Präzision testen wollen. Sie war vorsichtig und präzise und erstaunlich akkurat, insbesondere wenn man bedachte, wie selten sie bisher geflogen war. Und schließlich durfte sie auch einen Looping ausprobieren, und sogar den doppelten Looping, mit dem sie ihren Bruder erschrecken wollte. Danach brachte er ihr bei, das Flugzeug nach einem »überzogenen« Flug abzufangen, was weitaus wichtiger war. Aber auch das schien sie instinktiv zu beherrschen. Er war beeindruckt, wie ruhig sie blieb, als die Jenny mit der Nase voraus nach unten sauste. Aber nach wenigen Sekunden lockerte sie den Druck auf den Steuerknüppel, der den Sturzflug verursacht hatte, und ließ das Flugzeug fast senkrecht hinabstürzen. Er hatte ihr erklärt, was dabei zu beachten war. Offensichtlich machte es ihr keinerlei Schwierigkeiten, und auch der nötige Mut fehlte ihr nicht. Die meisten jungen Piloten wurden durch den Sturzflug und die plötzliche Schwerelosigkeit in Angst und Schrecken versetzt. Cassie dagegen ließ sich nicht aus der Ruhe bringen. Sie ließ die Jenny hinabstürzen, und in dem Moment, als sie genügend Geschwindigkeit erreicht hatte, drückte sie den Gashebel durch und riß sie wieder hoch, um dann erneut sanft dahinzugleiten, als sei nichts gewesen.

Nick war niemals zuvor in seinem Leben so beeindruckt gewesen. Er forderte eine Wiederholung, denn er wollte sehen, ob sie auch beim zweitenmal so kühl und wohlüberlegt handeln würde, oder ob sie beim erstenmal einfach nur Glück gehabt hatte. Aber der zweite Sturzflug und das anschließende Abfangen erfolgten fast noch reibungsloser und eleganter als das erste Mal. Sie war gut. Sie war sogar sehr gut. Sie war ganz hervorragend.

Dann ließ er sie ein paar Schleifen und einen Immelmann-Turn fliegen. Als letzte Lektion des Tages brachte er ihr das Trudeln bei, das dem Sturzflug nicht unähnlich war. Sie mußte dazu die rechte Seitensteuerung betätigen, wodurch die Jenny anfing zu trudeln. Beim Abfangen kam dann die linke Seitensteuerung zum Einsatz. Sie meisterte es perfekt, und Nick grinste von einem Ohr zum anderen, als er das Flugzeug landete, und Cassie tat es ihm gleich. Sie hatte noch nie zuvor in ihrem Leben soviel Spaß gehabt. Am liebsten hätte sie noch Rollen gelernt, aber er hatte es nicht erlaubt. Er fand, daß sie für den ersten Tag genug gemacht hatten. Schließlich müßten sie sich auch noch etwas fürs nächste Mal aufheben, hatte er scherzhaft gesagt. Sie wollte auch unbedingt eine Landung mit abgeschaltetem Motor, eine sogenannte »dead stick landing« lernen, seine Spezialität, die ihm seinen Spitznamen Stick eingebracht hatte, aber auch dafür war später noch Zeit. Für alles würden sie Zeit haben. Sie war eine fantastische Schülerin.

Einen Augenblick lang blieb er im Flugzeug sitzen und sah sie an. Er konnte kaum glauben, wieviel sie sich im Laufe der Jahre allein durch Zuschauen angeeignet hatte. Immer wenn Pat sie mitgenommen hatte oder wenn er selbst sie irgendwohin geflogen hatte, jede Minute, jede Bewegung, jeden Handgriff hatte sie aufgesogen. Sie war ein wahres Naturtalent, genau wie er es schon immer vermutet hatte. Die geborene Pilotin. Es wäre ein Verbrechen, ihr das Fliegen zu verwehren.

»Wie war ich?« Erwartungsvoll drehte sie sich zu ihm um, nachdem die Jenny ausgerollt war und er den Motor abgestellt hatte.

»Schrecklich«, sagte er grinsend und konnte noch immer kaum fassen, was er soeben erlebt hatte. Sie hatte ein natürliches Gespür für Flughöhe und Flugrichtung. Instinktiv brachte sie das Flugzeug dazu, so zu fliegen, wie sie es wollte. Sie wußte genau, was sie tat. »Glaub bloß nicht, daß ich mich noch mal mit dir ins Flugzeug setze!« neckte er sie, aber sein Gesichtsausdruck strafte seine Worte Lügen, und sie stieß einen lauten Freudenschrei aus, der auf dem stillen Landeplatz widerhallte. In ihrem ganzen Leben war sie noch nie so glücklich gewesen. Und Nick war der beste Freund, den sie je gehabt hatte. Er hatte ihren sehnlichsten Wunsch erfüllt, und dies war erst der Anfang. »Du bist gut, Mädchen«, sagte er ruhig und reichte ihr eine Cola. Sie trank einen großen Schluck, prostete ihrem neuen Lehrer zu und gab ihm die Flasche zurück. »Aber es darf dir nicht zu Kopf steigen. Zu großes Lob kann gefährlich sein. Du darfst niemals zu selbstsicher sein und dich niemals überschätzen. Du darfst niemals denken, daß du alles tun kannst, was du willst. Das kannst du nämlich nicht. Dieser Vogel hier ist nur eine Maschine, und wenn du größenwahnsinnig wirst, endest du ganz schnell in einer Bruchlandung auf dem Boden der Tatsachen. Waghalsigkeit und Selbstüberschätzung können dich das Leben kosten, ehe du dich versiehst, schreib dir das hinter die Ohren.«

»Ja, Sir.« Aber sie war zu glücklich, um sich von seinen Warnungen bekümmern zu lassen. Sie wußte, wie wichtig es war, vorsichtig zu sein, aber sie wußte auch, daß sie eine geborene Fliegerin war, und Nick wußte es jetzt auch. Vielleicht konnte er ja eines Tages ihren Vater überzeugen. Bis es soweit war, wollte sie alles lernen, was es zu lernen gab, und die beste Fliegerin aller Zeiten werden. Besser als Jean Batten oder Louise Thaden und wie sie alle hießen. »Wann können wir das noch einmal machen?« fragte sie gespannt. Sie konnte es kaum erwarten, wieder loszufliegen. Nick zahlte den Treibstoff, und sie wollte ihn nicht in allzugroße Unkosten stürzen. Aber sie war wie eine Süchtige und wollte so schnell wie möglich mehr, und das wußte er.

»Am liebsten würdest du gleich morgen wieder fliegen, stimmt's?« fragte er grinsend. In ihrem Alter war er nicht besser gewesen. Er war etwa genauso alt wie sie gewesen, als er nach dem Krieg durchs ganze Land gezogen war, um auf den Flughäfen nach Arbeit zu suchen, bis er dann nach Illinois gekommen war, um für seinen alten Freund Pat O'Malley zu fliegen.

»Ich weiß nicht, Cass.« Nick dachte kurz nach. »Vielleicht in ein paar Tagen. Ich will nicht, daß Pat sich fragt, was ich mit der alten Jenny will. Sonst fliege ich sie nämlich fast nie.« Pat durfte sie keinesfalls verdächtigen. Cassie sollte jede Menge guten, soliden Flugunterricht erhalten, bevor Pat von ihren Fähigkeiten erfahren durfte. Nick hatte keinerlei Zweifel an ihrer Begabung. Sie war tausendmal besser als ihr Bruder und tausendmal besser als die meisten, die er bisher unterrichtet hatte. Aber sie mußten Pat davon überzeugen, was keine leichte Aufgabe sein würde, wie sie beide nur allzugut wußten.

»Sag ihm doch einfach, du gibst hier draußen Unterricht. Er braucht ja nicht zu wissen, daß ich deine Schülerin bin. Dann könntest du die Jenny jederzeit benutzen.«

»Und wo bleibt das Geld, mein Fräulein? Dein Dad soll schließlich nicht denken, daß ich ihn übers Ohr haue.« Sie hatten eine Gewinnbeteiligung ausgehandelt, wenn einer die Flugzeuge des anderen benutzte, oder wenn Nick Flugunterricht erteilte und in dieser Zeit nicht für O'Malley fliegen konnte.

Cassie war niedergeschlagen. »Vielleicht könnte ich dich bezahlen... ich hab noch ein bißchen gespart...« Sie wirkte sehr besorgt, und Nick strich ihr übers Haar.

»Keine Sorge, ich werd sie schon kriegen. Wir werden jede Menge Flugstunden machen. Versprochen.« Cassie blickte zu ihm auf und lächelte sanft. Sein Herz machte einen kleinen Sprung. Ihr glückliches Lächeln war die einzige Bezahlung, die er brauchte.

Er half ihr beim Aussteigen und entdeckte in der Nähe ein schattiges Plätzchen unter einem Baum. »Hast du was zu essen mitgebracht?« Sie nickte, und sie setzten sich unter den Baum. Sie teilte ihr Butterbrot mit ihm, und er bot ihr mehr von seiner Cola an, denn anders als Pat, der ab und zu einen guten Whisky schätzte, war Nick nie ein großer Trinker gewesen. Er verbrachte zuviel Zeit in der Luft, weshalb er es nicht riskieren konnte, viel zu trinken. Ständig wurde er mitten in der Nacht wegen eines Notfalls oder eines unvorhergesehenen Postfluges aus dem Bett geholt. Wäre er betrunken oder auch nur verkatert gewesen, hätte er all diese Flüge nicht machen können. Auch Pat war vorsichtig. Er trank nie etwas, wenn er wußte, daß er fliegen mußte.

Sie redeten über die Fliegerei, und er erzählte ihr, wieviel ihre Familie ihm bedeutet hatte, als er vor achtzehn Jahren nach Illinois gekommen war.

»Ich bin den ganzen Weg von New York hierhergekommen, nur weil ich gehofft habe, daß ich für deinen Dad fliegen kann. Schon während des Krieges war er sehr gut zu mir … ich war so kindisch gewesen … und ein verdammter Idiot. Ich bin froh, daß dir so was erspart bleibt. In dreitausend Meter Höhe haben wir uns Duelle mit einem Haufen verrückter Deutscher geliefert. Es war fast wie ein Spiel, manchmal vergaß man, daß es Wirklichkeit war … es war so verdammt aufregend.« Seine Augen glänzten, als er davon erzählte. Für viele war es eine großartige Zeit gewesen, und im Vergleich dazu war alles andere nichtssagend und bedeutungslos. Manchmal hatte sie das Gefühl, ihr Vater würde so denken. Wahrscheinlich war es auch für Nick nicht viel anders.

»Danach ist dir alles andere bestimmt entsetzlich langweilig vorgekommen… die Jenny zu fliegen… oder die Frachtflüge nach Kalifornien mit der Handley. Das ist bestimmt nicht besonders aufregend für dich.«

»Nein, das ist es nicht. Aber ich fühle mich wohl. Ich bin da, wo ich hingehöre. Auf dem Boden fühle ich mich nie so wohl, Cass, ich weiß, es klingt verrückt, aber da oben, das ist mein Leben.« Er blickte zum Himmel hinauf, während er das sagte. »Es ist das einzige, was ich gut kann«, sagte er seufzend und lehnte sich an den Baumstamm. »Alles andere kann ich nicht so gut.«

»Was denn zum Beispiel?« Er hatte sie neugierig gemacht; sie kannte ihn schon solange sie denken konnte, und er hatte sie immer wie ein Kind behandelt, aber jetzt, da sie ein Geheimnis miteinander teilten, fühlte sie sich zum erstenmal fast mit ihm auf einer Stufe.

»Ach, ich weiß nicht. Mit der Ehe, mit anderen Menschen, mit Freunden komme ich nicht so gut klar. Bis auf die Piloten, mit denen ich zusammenarbeite.«

»Mit uns bist du doch immer prima klargekommen.« Sie sah zu ihm auf und lächelte unschuldig.

»Das ist etwas anderes. Ihr seid meine Familie. Aber ich weiß nicht… manchmal fällt es mir schwer, mit Leuten umzugehen, die nicht fliegen, es fällt mir schwer, sie zu verstehen. Und für sie ist es wahrscheinlich noch schwieriger, mich zu verstehen… besonders für Frauen.« Er grinste. Es störte ihn nicht, denn so war sein Leben nun mal, und er war damit zufrieden. Es gab Erdmenschen, die an die Erde gefesselt waren, eingesperrt in ihre Körper und Gedanken… und es gab die anderen.

»Was ist mit Bobby?« fragte er plötzlich unvermittelt. Er hatte ihren Freund schon oft gesehen, wenn er die O'Malleys besuchte. »Was würde er von deiner Fliegerei halten? Du bist gut, Cass. Wenn du dir Mühe gibst, könntest du es wirklich schaffen.« Aber was sollte sie schaffen? Da lag das Problem. Was konnte eine Frau machen, außer vielleicht neue Rekorde aufzustellen? »Was würde er dazu sagen?« fragte Nick beharrlich.

»Das, was alle anderen sagen: daß ich verrückt bin.« Cassie lachte ihn an. »Aber ich bin ja nicht mit ihm verheiratet. Er ist nur ein Freund.«

»Meinst du, er will für alle Zeiten ›nur ein Freund‹ bleiben? Früher oder später wird er mehr sein wollen. Dein Vater denkt das jedenfalls.« Sie wußte, daß alle anderen dasselbe dachten.

»Was du nicht sagst!« Ihre Worte klangen plötzlich so steif, daß Nick über ihre Förmlichkeit lachen mußte.

»Nun hab dich doch nicht so. Du weißt genau, worauf ich hinauswill. Es wird nicht einfach für dich, wenn du eine zweite Amelia Earhart werden willst. Stell dir das nicht so leicht vor.« Das wußte er nur allzugut. Es gab plötzlich so vieles, über das er gern mit ihr geredet hätte. Er fand die neue Entwicklung ihrer Freundschaft einerseits spannend, andererseits machte sie ihm angst, und er fragte sich, wohin das Ganze führen mochte.

»Was soll denn schon dabei sein?« fragte sie aufsässig und dachte über Nicks Fragen nach ihrer Beziehung zu Bobby nach. Sie konnte es nicht verstehen. Was war so falsch an der Fliegerei?

»Ich denke, es liegt daran, daß wir so anders sind«, erklärte Nick. »Menschen sind nun mal so geschaffen, daß sie auf der Erde herumlaufen. Wenn du ständig wie ein Vogel in der Luft herumfliegen willst, dann fragen sie sich vielleicht, warum du keine Federn hast, oder sie halten dich ganz einfach für merkwürdig. Was weiß denn ich?« Er lächelte sie an und streckte seine langen Beine aus. Es machte Spaß, sich mit ihr zu unterhalten, sie war so klug und jung und lebendig, so voller Erwartungen und Zukunftsträume. Er beneidete sie darum. In ihrem Leben gab es so viele Herausforderungen und Perspektiven. Obwohl er mit seinen fünfunddreißig Jahren noch nicht alt war, schien die aufregendste Zeit seines Lebens bereits hinter ihm zu liegen.

»Ich glaube, die meisten Leute haben eine falsche Vorstellung vom Fliegen. Schließlich geht es doch nur um Flugzeuge. Und wir sind normale Menschen«, erwiderte sie.

»Nein, das sind wir nicht«, sagte er sachlich. »Für die anderen sind wir Superhelden, weil wir etwas tun, was sie nicht können und wovor die meisten von ihnen Angst haben. Für sie sind wir Löwenbändiger oder Drahtseilartisten ... das klingt doch ziemlich geheimnisvoll und aufregend, nicht wahr?« Er ließ ihr Zeit, darüber nachzudenken. Schließlich nickte sie und reichte ihm die Colaflasche. Er trank einen Schluck und zündete sich eine Zigarette an. Ihr bot er jedoch keine an. Sie mochte vielleicht fliegen lernen, aber so erwachsen war sie nun doch wieder nicht.

»Irgendwie muß es wohl tatsächlich geheimnisvoll und aufregend sein«, stimmte sie ihm zu. »Vielleicht bin ich deshalb so begeistert davon. Aber es ist auch so ein tolles Gefühl ... so frei ... so lebendig ... so ...« Sie fand nicht die rechten Worte, und er lächelte. Er wußte ganz genau, was sie meinte, denn er fühlte dasselbe. Jedesmal wenn sein Flugzeug vom Boden abhob, wobei es keine Rolle spielte, welche Maschine er gerade flog, fühlte er jenen Nervenkitzel, jenes wilde Freiheitsgefühl. Alles andere wirkte dagegen fade und uninteressant. Es hatte sein ganzes Leben verändert, alles, was er tat, mit wem er zusammen war, was er wollte. Und eines Tages würde es auch ihr Leben verändern. Er hatte das Gefühl, sie warnen zu müssen, aber er wußte nicht, was er sagen sollte. Sie war noch so jung und hoffnungsvoll, und er wollte ihren Optimismus nicht trüben.

»Es wird dein Leben verändern, Cass«, war alles, was er herausbrachte. »Darauf mußt du gefaßt sein.«

Sie nickte und dachte, sie hätte ihn verstanden. »Ich weiß, aber ich will es so«, sagte sie und schaute ihn an. Die Gewißheit in ihren Augen machte ihm beinahe angst. »Deshalb bin ich hier. Ich kann nicht auf der Erde leben... wie die anderen.« Sie war eine von ihnen, wollte sie ihm sagen, und er wußte, daß es so war. Aus diesem Grund hatte er sich bereit erklärt, ihr Flugunterricht zu erteilen.

Sie redeten noch lange an diesem Tag, und er ließ sie nur ungern zurück, wohl wissend, daß sie noch den weiten einsamen Weg zur Bushaltestelle vor sich hatte, aber er hatte keine andere Wahl. Er sah ihr lange nach, bis sie ihm noch einmal zuwinkte und hinter einer Wegbiegung verschwand. Kurz darauf startete er und flog zum Abschied eine langsame Rolle für sie. Verträumt sah sie ihn mit der Jenny davonfliegen und konnte noch immer kaum glauben, was er für sie getan hatte. An einem einzigen Nachmittag hatte er ihr ganzes Leben verändert. Es war ein riskantes Unternehmen für sie beide, aber beide hatten sie der Versuchung nicht widerstehen können.

Leichtfüßig ging sie die Landstraße entlang, ohne sich um Hitze und Staub zu kümmern. Die ganze Zeit dachte sie an die Flugfiguren, die sie soeben gelernt hatte, und an das Gefühl beim Fliegen... und an Nicks bewundernden Blick. Er war stolz auf sie. Sie hatte sich noch nie besser gefühlt als in diesem Augenblick.

Beim Einsteigen schenkte sie dem Busfahrer ein strahlendes Lächeln und hätte fast vergessen, die fünfzehn Cents für die Fahrkarte zu bezahlen. Als sie zurück nach Good Hope kam, war es zu spät, um noch zum Flughafen zu gehen. Statt dessen ging sie nach Hause und half ihrer Mutter. Selbst die Haushaltspflichten erschienen ihr nicht so unerträglich wie sonst. Ihr Herzenswunsch hatte sich erfüllt, und sie war bereit, jeden Preis dafür zu zahlen.

Beim Abendessen war sie ziemlich still, was jedoch niemandem auffiel. Jeder hatte etwas zu erzählen; Chris war völlig begeistert von seiner Arbeit bei der Zeitung, ihr Vater hatte gerade mit der Regierung einen neuen Vertrag für weitere Postflüge abgeschlossen, und ihre Mutter war ganz aus dem Häuschen, weil Colleens Baby in der letzten Nacht endlich das Licht der Welt erblickt hatte. Nur Cassie war außergewöhnlich schweigsam, obwohl ihr Leben heute eine überaus aufregende Wendung genommen hatte, von der sie jedoch niemandem erzählen durfte.

Wie immer schaute Bobby nach dem Abendessen herein, aber Cassie hatte auch für ihn nicht viele Worte. Sie hing ihren eigenen Gedanken nach, und sie sagte nur, wie sehr sie sich auf die Flugschau freuen würde. In diesem Jahr fand sie direkt nach dem vierten Juli statt, und Bobby war noch nie dort gewesen. Aber diesmal hatte er vor zu kommen, und Cassie sollte ihm alles über die Flugzeuge erzählen. Aber die Aussicht, mit einem Neuling zur Flugschau zu gehen und ihm alles zu erklären, war nicht gerade verlockend für sie. Sie wäre viel lieber mit Nick hingegangen und hätte ihm zugehört. Trotzdem ahnte sie noch nicht, daß die Veränderungen, von denen Nick gesprochen hatte, längst begonnen hatten. An diesem Nachmittag hatte sie die Segel für eine lange und interessante, aber einsame Reise gesetzt.

5

Bis Anfang Juli fanden noch viele heimliche Flugstunden statt. Cassies Begeisterung für die Flugschau war allerdings kein Geheimnis. Alle wollten hingehen – ihre Familie, Nick, ein paar Piloten, die für ihren Vater flogen, und Bobby und seine jüngere Schwester. Für alle war es das große Ereignis des Sommers, aber nichts war für Cassie so wichtig wie ihre Flugstunden mit Nick, nicht einmal die Blandinsville-Flugschau. Ende Juni hatte sie bereits eine eindrucksvolle Landung mit abgeschaltetem Motor gemeistert. Sie beherrschte auch schon Rollen, Splits und Loopingachten und noch eine Reihe komplizierterer Kunststücke.

Cassie war der Traum eines jeden Fluglehrers. Wie ein Schwamm sog sie alles Wissen und alle Fertigkeiten in sich auf. Sie konnte fast perfekt fliegen, und im August kam Nick mit der Bellanca statt mit der Jenny, weil sie schwieriger zu fliegen war und er ihr eine weitere Herausforderung bieten wollte. Die Bellanca war auch schnell genug, um schwierigere Figuren zu fliegen. Pat hatte noch immer keinen Verdacht geschöpft, und abgesehen von der langen Busfahrt und dem weiten Fußweg, liefen die Flugstunden wunderbar.

Im August waren Cassie und Nick zutiefst erschüttert, als einer von Pats Piloten auf dem Rückflug von Nebraska abstürzte und ums Leben kam. Sie gingen alle zur Beerdigung, und während der darauffolgenden Flugstunde war Cassie noch immer niedergeschlagen. Ihr Vater hatte einen guten Freund und seine D.H. 4 verloren. Auf dem O'Malley-Flughafen herrschte eine gedrückte Stimmung.

»Du darfst nie vergessen, daß so etwas passieren kann, Cass«, sagte Nick ernst. Es war der letzte Tag im August, und sie saßen nach der Flugstunde unter ihrem Lieblingsbaum und aßen ein Butterbrot. Für sie war es ein wundervoller Sommer gewesen. Noch nie hatte sie sich ihm so nah gefühlt. Er war ihr liebster Freund, ihr einziger wirklicher Freund und Lehrer. »Es kann jeden von uns jederzeit erwischen. Motorschaden, schlechtes Wetter, Pech ... wir alle leben mit diesem Risiko. Damit mußt du dich abfinden.«

»Ich weiß«, sagte sie traurig und dachte daran, daß der wunderbarste Sommer ihres Lebens nun fast zu Ende war. »Aber ich glaube, ich würde lieber so sterben als irgendwo anders. Ich will nichts lieber tun als fliegen, Nick«, sagte sie, um ihn zu überzeugen. Aber sie brauchte ihn nicht zu überzeugen. Er zweifelte nicht an ihrem Talent, ihrer natürlichen Begabung, ihrer außerordentlichen Lernfähigkeit und ihrer großen Flugleidenschaft.

»Ich weiß, Cass.« Er sah sie lange und intensiv an. Abgesehen von Pat und den anderen Piloten, war sie der einzige Mensch, in dessen Nähe er sich wirklich wohl fühlte. Sie war die einzige Frau, die seine Vorstellungen und Träume teilte. Warum war sie nur so jung und ausgerechnet die Tochter seines besten Freundes? So gab es keine Hoffnung, daß sie je mehr für ihn sein könnte. Aber er redete gern mit ihr und war gern mit ihr zusammen, und es bedeutete ihm viel, daß er ihr das Fliegen beigebracht hatte. Längst hatte sie die ersten Alleinflüge hinter sich. »Was wird aus unseren Flugstunden, wenn die Schule wieder anfängt?« fragte er nach dem Lunch. Am Tag darauf fing ihr letztes Schuljahr an. Er konnte kaum glauben, daß sie schon in die letzte High-School-Klasse kam. Bis vor kurzem war sie für ihn noch ein kleines Mädchen gewesen, obwohl er sie inzwischen besser kennengelernt hatte. In mancherlei Hinsicht war sie erwachsener als die meisten seiner männlichen Bekannten, und sie war sehr weiblich. Aber sie hatte sich auch etwas Kindliches bewahrt. Sie hatte manchmal nichts als Unsinn im Kopf und machte sich liebend gern über ihn lustig. So war sie in gewisser Weise nicht anders als das kleine Mädchen, das er schon immer gekannt hatte.

»Vielleicht geht es ja an den Wochenenden?« fragte sie.

Nach Ende der Ferien würden sie zwangsläufig seltener fliegen können, aber sie hoffte, daß es zumindest einmal die Woche möglich sein würde. Beide mochten sie diese ruhigen gemeinsamen Stunden nicht mehr missen. Ihr Vertrauen zu ihm war unerschütterlich, und ihm war es eine Freude, ihr den Traum vom Fliegen zu ermöglichen.

»Samstags könnte ich es einrichten«, sagte er beiläufig, obwohl er Mühe hatte, ihr zu verbergen, daß er sich durch nichts und niemanden daran hindern lassen würde. Sie war jetzt seine beste Schülerin, und, was noch wichtiger war, sie war seine beste Freundin. Sie waren Komplizen bei einer Verschwörung, die ihnen beiden lieb und teuer war. Keiner von beiden hätte diese Verbindung aufgeben wollen, und sie hatten nicht die Absicht, sie zu lösen. »Ich denke nur an den weiten Fußweg von der Bushaltestelle hierher. Was ist, wenn das Wetter schlechter wird?« Manchmal sorgte er sich, wenn er an den langen, einsamen Weg dachte. Sie hätte sich bestimmt über seine Besorgnis lustig gemacht, denn sie war kein bißchen ängstlich und glaubte felsenfest, daß sie mit allem fertigwerden würde. Aber wenn er sich vorstellte, wie sie mutterseelenallein die einsame Landstraße entlangging, wurde er nervös.

»Mein Dad leiht mir bestimmt den Laster … oder Bobby …« Er nickte zustimmend, aber der Gedanke an

Bobby behagte ihm nicht. Er hatte natürlich kein Recht, ihre Verehrer zu kritisieren, aber Bobby schien ihm einfach nicht der Richtige für sie zu sein. Er war so langweilig und so verdammt erdverbunden.

»Ja, vielleicht«, sagte er unverbindlich und rief sich ins Gedächtnis, daß Bobby genauso alt war wie sie, während er selbst doppelt so alt war.

»Ich mach das schon.« Unbefangen lächelte sie ihn an, und er konnte sich ihres Zaubers kaum erwehren.

Beide fragten sich manchmal, wie lange ihre heimlichen Flugstunden auf dem verlassenen Rollfeld noch so weitergehen konnten. Bisher hatte es ja recht gut funktioniert, aber sie wußten, daß es im Winter schwieriger werden würde. Schon allein das Wetter konnte ein großes Problem werden.

Überraschenderweise lief alles jedoch erstaunlich gut, und sie trafen sich regelmäßig am Samstagnachmittag. Sie sagte ihrem Vater, daß sie zu einer Schulfreundin wolle, um gemeinsam zu lernen, und bekam Samstagnachmittags den Laster. Niemand hatte etwas dagegen, denn sie kam immer pünktlich heim, schwer bepackt mit Büchern und Ordnern und allerbester Laune.

Ihre Flugtechnik hatte sich noch weiter verbessert, und Nick war mit Recht stolz auf sie. Immer wieder sagte er, wie sehr er sich wünsche, sie zu einer Flugschau anzumelden. Chris bereitete sich gerade auf die nächste vor. Er war präzise und verläßlich, aber er hatte keinerlei Schwung, und ihm fehlte Cassies natürliche Begabung. Hätte Pat ihn nicht so gedrängt, wäre Chris wahrscheinlich nie auf die Idee gekommen zu fliegen, und schon öfter hatte er Nick gegenüber zugegeben, daß er keine große Lust dazu hatte.

Cassie und Nick setzten sich zum Essen in den Laster, als

es kühler wurde. Bei schönem Wetter gingen sie manchmal in der Nähe des Rollfeldes spazieren.

Im September redeten sie über Louise Thaden, die als erste Frau zum Bendix-Trophy-Wettbewerb zugelassen worden war. Im Oktober schwärmten sie von Jean Batten, die von England nach Neuseeland geflogen war. Sie redeten über viele Dinge. Manchmal saßen sie stundenlang auf einem Baumstamm und unterhielten sich. Im Laufe der Monate kamen sie sich immer näher. In erstaunlich vielen Dingen stimmten sie überein, obwohl sie seine politische Meinung ziemlich konservativ fand, während er sie tadelte, weil sie schon mit Jungen ausging. Sie machte sich über ihn lustig, und er fand ihre respektlose Art einfach köstlich. »Also, dieses Mädchen, mit dem du kürzlich aus warst, so was Häßliches hab ich noch nie gesehen!« neckte sie ihn. Aber er blieb ihr nichts schuldig und machte sich über Bobby Strongs Fadheit lustig. Cassie ahnte nicht, wie ernst er es im Grunde meinte. Es machte ihnen einfach Spaß, miteinander zu fliegen, zu reden und ihre Gedanken auszutauschen. Sie hatten so vieles gemeinsam, Interessen und Ängste, ihre Leidenschaft fürs Fliegen, selbst ihr Sinn für Humor war sehr ähnlich. Immer waren es bittersüße Momente, wenn sie sich am späten Nachmittag voneinander verabschiedeten, denn sie wußten, daß sie sich erst in einer Woche wieder treffen konnten. Und manchmal konnte er gar nicht kommen, weil er sich nach einem längeren Frachtflug verspätet hatte. Aber das kam nur selten vor, denn er hatte seinen Flugplan so abgestimmt, daß er die Samstagnachmittage meist frei hatte.

Wie jedes Jahr verbrachte er Thanksgiving mit ihrer Familie, und Cassie neckte ihn ohne Gnade. Sie hatten einander schon immer gern geärgert, aber ihre Wortgefechte waren seit ihren gemeinsamen Flugstunden scharfsinniger und vertraulicher geworden. Pat schalt sie ein unmögliches Pärchen, aber Oona fragte sich, ob nicht womöglich mehr dabei im Spiel war. Es war schwer vorstellbar nach all den Jahren, aber sie schienen sich näherzustehen als je zuvor. Als Oona Colleen darauf ansprach, lachte diese nur und meinte, daß Cassie sich nur ein wenig amüsieren würde. Nick sei doch immer wie ein großer Bruder für sie gewesen. Aber Oona hatte nicht unrecht. Die Zeit, die sie miteinander verbracht hatten, all die Dinge, die er ihr beigebracht hatte, und die endlosen Gespräche unter ihrem Baum neben dem verlassenen Rollfeld, dies alles hatte sie einander unweigerlich nähergebracht.

Nick lag auf der Couch und meinte, er müsse sterben nach dem allzu reichlichen Essen. Cassie saß neben ihm und erinnerte ihn daran, daß Völlerei eine Sünde war, weshalb er besser zur Beichte gehen solle. Sie wußte, wie ungern er zur Kirche ging, und er tat so, als würde er ihr nicht zuhören, trotzdem konnte er sich das Lachen kaum verkneifen. Just in diesem Augenblick kam Bobby zur Tür herein und klopfte sich die ersten Schneeflocken von den Schultern. Er war ein großer, gutaussehender Junge, und Nick fühlte sich plötzlich tausend Jahre älter.

»Eine Kälte ist das heute«, klagte Bobby. Dann schenkte er allen ein warmherziges Lächeln, nur Nick gegenüber war er ein wenig reserviert. Irgend etwas behagte ihm nicht an Nick, obwohl er nicht sagen konnte, was es eigentlich war. Vielleicht lag es daran, daß Cassie zu ihm so ein vertrautes Verhältnis hatte. »Seid ihr alle satt geworden?« fragte er in die Runde, denn er war stolz, daß er ihnen einen zehn Kilo schweren Truthahn geliefert hatte. Ein allgemeines Stöhnen war die Antwort. Sie hatten ihn zum Essen eingeladen, aber er war lieber bei seinen Eltern und seiner Schwester geblieben.

Er fragte Cassie, ob sie Lust zu einem Spaziergang habe, aber sie wollte lieber im Wohnzimmer bleiben und dem Klavierspiel ihrer Mutter zuhören. Glynnis sang, und bald fielen auch Megan und ihr Mann mit ein. Megan hatte ihnen soeben eröffnet, daß sie wieder ein Kind erwartete. Cassie freute sich für sie, obwohl sie sich bei solchen Neuigkeiten immer besonders fremd und andersartig fühlte. Sie konnte sich einfach nicht vorstellen zu heiraten und Kinder zu bekommen. Dieser Gedanke war für sie noch unendlich weit entfernt. Für Kinder war in ihrer Lebensplanung einfach noch kein Platz, und sie fragte sich, ob sie überhaupt jemals eine eigene Familie haben wollte. Aber was sollte sie sonst mit ihrem Leben anfangen? Sie wußte auch, daß sie keine zweite Amelia Earhart, Bobbi Trout oder Amy Mollison werden würde. Sie waren Stars, und sie würde niemals einer werden. Es schien einfach keinen Mittelweg zu geben. Sie konnte tun, was ihre Schwestern getan hatten: direkt nach der Schule heiraten, Kinder bekommen und ein ödes Leben führen. Die andere Alternative war, fortzulaufen und eine Art Superstar zu werden. Aber sie hatte kein Geld für teure Flugzeuge, mit denen sie neue Rekorde aufstellen könnte. Selbst wenn ihr Vater ihre Pläne unterstützen würde, hätte ihr das nicht viel genutzt. Seine Flugzeuge waren zwar zweckmäßig und zuverlässig, aber weltberühmt könnte sie damit niemals werden.

Immer öfter hatte sie in letzter Zeit mit Nick über ihre Zukunftspläne gesprochen. In sechs Monaten würde sie die Schule beenden. Und was dann? Auf dem Flughafen gab es keinen Job für sie. Sie hatte sich mit ihrer Lehrerin unterhalten und wußte jetzt ein wenig besser, was sie wollte. Wenn sie schon nicht beruflich fliegen konnte, dann wollte sie zumindest aufs College gehen. Sie wollte vielleicht Lehrerin werden und freute sich, als sie herausfand, daß man in verschiedenen Lehrercolleges Maschinenbau und Aeronautik studieren konnte. Die besten Studienbedingungen für diese Fächer gab es am Bradley College in Peoria. Sie wollte sich dort für das kommende Wintersemester bewerben, und wenn sie ein Stipendium bekam, was ihre Lehrer für sehr wahrscheinlich hielten, wollte sie Maschinenbau im Hauptfach und Flugwesen im Nebenfach studieren. Wenn sie sich als Frau ihren Lebensunterhalt schon nicht als Fliegerin verdienen konnte, so konnte sie zumindest ihren späteren Schüler den Flugzeugbau näherbringen. Ihren Eltern hatte sie noch nichts von ihrem Plan erzählt, aber sie hielt ihn für gut. Nur Nick wußte davon, und bei ihm waren ihre Geheimnisse sicher aufgehoben. Jetzt stand er auf, um sich zu verabschieden und schenkte Cassie ein herzliches Lächeln. Bobby schwärmte gerade in den höchsten Tönen von dem hervorragenden Kürbiskuchen seiner Mutter, woraufhin Nick ihm einen geringschätzigen Blick zuwarf. Irgendwie schaffte dieser Bobby Strong es immer, ihm auf die Nerven zu gehen.

Nick gab Cassie einen Kuß auf die Wange und machte sich auf den Heimweg. Als er fort war, wirkte Bobby sichtlich entspannter. Dieser Mann machte ihn nervös. Aber Cassie war plötzlich teilnahmslos und gedankenverloren, nachdem Nick gegangen war. Als Bobby auf den bevorstehenden Schulabschluß zu sprechen kam, blieb sie wortkarg und das Gespräch erstarb. Sie wollte jetzt einfach nicht über dieses Thema sprechen. Alle anderen hatten konkrete Pläne, nur sie nicht. Sie hatte nichts als Hoffnungen und Träume und Geheimnisse.

Es war schon ziemlich spät, als Bobby nach Hause fuhr. Sobald er fort war, fing Chris an, sie zu necken, und fragte, ob sie schon die Einladungskarten für ihre Hochzeit geschrieben hätte. Cassie schnitt nur eine Grimasse.

»Kümmer dich um deine eigenen Sachen«, grummelte sie, und ihr Vater fing an zu lachen.

»Ich finde, der Junge hat nicht ganz unrecht, Cassie. Schließlich kommt er dich schon seit zwei Jahren jeden Abend besuchen. Wenn das nichts zu bedeuten hat! Ich staune, daß er dich noch nicht gefragt hat.« Aber Cassie war froh, daß er es nicht getan hatte. Sie wußte nicht, was sie ihm antworten sollte, obwohl ihr natürlich klar war, welche Antwort er und alle anderen von ihr erwarteten. Aber eine Heirat paßte einfach nicht in ihren Lebensentwurf, der als nächstes das Studium am Lehrerseminar vorsah. Vielleicht danach, wenn er so lange warten würde. Aber konnte sie erwarten, daß er vier Jahre lang auf sie wartete? Sie schob die Gedanken beiseite und wollte sich fürs erste nicht weiter den Kopf darüber zerbrechen.

Trotz des frostigen Wetters verzichteten Cassie und Nick an den folgenden drei Samstagen nicht auf ihre Flugstunden. Zwei Tage vor Weihnachten starteten sie mit der Bellanca, und nach wenigen Minuten waren die Tragflächen vereist. Cassies Hände waren trotz der Handschuhe vor Kälte ganz steif. Nur mit Mühe konnte sie den Steuerknüppel festhalten, und plötzlich hörte sie, daß der Motor versagte. Im nächsten Moment sackte die Maschine auch schon ab, und sie stürzten wie ein Stein ab. Alles ging unglaublich schnell. Nick hatte die Steuerung übernommen, hatte aber offensichtlich damit zu kämpfen, und sie kam ihm zu Hilfe. Wie durch ein Wunder gelang es ihnen, den Sturzflug abzufangen, aber dann versagte der Propeller seinen Dienst, und sie wußte sofort, was das bedeutete. Sie würden notlanden müssen. Der Wind heulte und machte eine Verständigung unmöglich, aber sie wußte instinktiv, was er vorhatte. Sie konnte nichts weiter tun, als ihm den Rücken zu stärken, aber plötzlich wurde ihr klar, daß sie zu schnell herunterkamen. Sie drehte sich um und gab ihm ein Zeichen, einen kurzen Moment zögerte er, aber dann nickte er und beschloß, sich auf ihre Einschätzung zu verlassen. Er zog die Maschine hoch, so gut es ging, aber sie rasten zu schnell auf den Boden zu. Eine Sekunde lang dachte sie, sie würden aufschlagen, aber im allerletzten Augenblick streifte er ein paar Baumkronen, und der Fall verlangsamte sich. Es war eine harte Landung, aber sie waren unverletzt, und das Flugzeug hatte nur einen kleinen Schaden am Rad. Ihnen war bewußt, daß sie soeben unsagbares Glück gehabt hatten. Zitternd saßen sie da und konnten kaum glauben, daß sie mit dem Leben davongekommen waren.

Als sie aus dem Flugzeug kletterten, zitterte Cassie noch am ganzen Leibe, was sowohl auf die Kälte als auch auf die durchgestandene Angst zurückzuführen war. Nick sah sie an und zog sie erleichtert in seine Arme. Kurz zuvor hatte er sich noch verzweifelt gefragt, was er tun sollte, um sie zu retten.

»Es tut mir so leid, Cass. Wir hätten niemals bei dieser Kälte starten dürfen. Du hast dir einen Trottel als Fluglehrer ausgesucht. Ich hätte wissen müssen, daß mit diesem Wetter nicht zu spaßen ist. Und danke, daß du mir ein Zeichen gegeben hast, als wir zu schnell runtergegangen sind.« Ihr untrügliches Gespür für Flughöhe und Geschwindigkeit hatte ihnen das Leben gerettet. »Ich schwöre, daß ich dich nie wieder in eine solche Situation bringen werde.« Auch er zitterte noch, während er sie im Arm hielt. Es fiel ihm schwer, seine Gefühle für sie zu ignorieren, und als er zu ihr herunterblickte, begann sein Herz schneller zu schlagen. Während der bangen Minuten hatte er nur daran gedacht, wie er ihr Leben retten konnte, nicht das seine, denn er hätte sein Leben bereitwillig für sie hingegeben.

Sie sah zu ihm auf und grinste, während er sie noch immer in den Armen hielt. »Es hat Spaß gemacht«, sagte sie kichernd, und er hatte nicht übel Lust, sie zu erwürgen.

»Du bist ja verrückt. Glaub bloß nicht, daß ich noch mal mit dir fliege!« Aber während er sie zögernd freigab, wurde ihm klar, daß ihm dieses verrückte Mädchen mehr bedeutete als alles andere auf der Welt.

»Vielleicht sollte ich dir zur Abwechslung mal ein paar Flugstunden geben«, neckte sie ihn. Aber dann half sie ihm, die Bellanca an einen Baum zu binden und die Räder mit Steinen zu sichern. Sie stiegen in den Laster und fuhren zurück zum Flughafen ihres Vaters. Dort schien sich niemand über ihre gemeinsame Ankunft zu wundern, und Nick schickte sie sofort nach Hause, damit sie wieder warm wurde, denn er fürchtete um ihre Gesundheit. Er machte sich auf den Weg ins Büro, um sich ein Glas von Pats irischem Whisky zu genehmigen. Er war immer noch erschüttert, daß sie durch seine Schuld um ein Haar ums Leben gekommen wäre.

»Und was hast du den ganzen Nachmittag so getrieben?« fragte ihr Vater, als sie heimkam. Er hatte soeben einen Weihnachtsbaum besorgt, und ihre Neffen und Nichten wollten beim Schmücken helfen und zum Abendessen bleiben.

»Nichts Besonderes«, sagte sie betont beiläufig, aber sie hatte sich im Flugzeug ihren Handschuh zerrissen, und ihre Hände waren ölverschmiert.

»Warst du wieder im Hangar?«

»Nur ein paar Minuten.« Sie fragte sich, ob er ihr auf die Schliche gekommen war, aber er nickte nur und stellte den Weihnachtsbaum in den Ständer. Er war anscheinend bester Laune und hatte nicht vor, Cassie weiter auszufragen.

Sie nahm ein heißes Bad und dachte an ihr gefährliches Abenteuer. Sie hatte Angst gehabt, aber merkwürdigerweise fand sie die Vorstellung, in einem Flugzeug zu sterben, gar nicht so furchtbar. Es war der Ort, wo sie am allerliebsten war, und sie wäre lieber dort gestorben als irgendwo anders. Aber nichtsdestotrotz war sie natürlich froh, daß sie überlebt hatten.

Auch Nick war froh. Er war noch immer verstört wegen dem, was fast passiert wäre. Gegen zehn Uhr abends saß er dann sturzbetrunken bei sich zu Hause im Wohnzimmer und fragte sich, ob Pat je damit fertiggeworden wäre, wenn sein bester Freund seine Tochter getötet hätte. Plötzlich hatte er Zweifel, ob er wieder mit ihr fliegen sollte. Aber er wußte, daß er nicht damit aufhören konnte. Er mußte es einfach tun, nicht nur um ihretwillen. Er brauchte sie, ihren Witz, ihre Klugheit, ihre großen, blauen Augen. Jedesmal wenn er sie wiedersah, erschien sie ihm schöner und begehrenswerter. Er war begeistert von ihrer Flugweise, von ihrer instinktiven Fähigkeit und ihrem unglaublichen Lerneifer. Durch die dramatischen Ereignisse des heutigen Nachmittags war ihm jedoch schmerzlich bewußt geworden, daß seine Gefühle für sie entschieden zu weit gingen.

Der Weihnachtsbaum der O'Malleys war wunderschön. Die Kinder hatten sich beim Schmücken viel Mühe gegeben, und ihre Tanten und Onkel und Großeltern hatten ihnen geholfen. Sie hatten Popcorn und Preiselbeeren zu Ketten aufgefädelt und ihren alten, selbstgebastelten Baumschmuck aufgehängt. Oona fertigte jedes Jahr ein paar neue Stücke an. Besonders stolz war sie diesmal auf einen neuen, handgearbeiteten Seidenengel, der einen Ehrenplatz an der Spitze des Baumes bekam. Cassie sah sich ihn gerade voller Bewunderung an, als Bobby mit einer großen Tüte selbstgebackener Lebkuchen und ein paar Flaschen Apfelpunsch hereinkam.

Ihre Mutter machte viel Aufhebens um ihn, und ihre Schwestern fuhren kurz darauf nach Hause, um die Kinder zu Bett zu bringen. Pat und Chris waren in den Schuppen gegangen, um mehr Brennholz zu holen, und plötzlich saß Cassie allein mit Bobby in der Küche.

»Wirklich lieb von dir, daß du uns Lebkuchen und Punsch mitgebracht hast«, sagte sie lächelnd.

»Deine Mutter hat mir erzählt, daß du als kleines Mädchen ganz verrückt nach Pfeffernüssen warst«, sagte er verlegen. Sein blondes Haar glänzte, und seine Augen hatten etwas Kindliches. Gleichzeitig war er so groß und ernsthaft, daß er sehr männlich wirkte. Er war erst achtzehn, aber man konnte sich schon gut vorstellen, wie er mit fünfundzwanzig oder dreißig aussehen würde. Sein Vater war mit fünfundvierzig noch immer ein gutaussehender Mann, und seine Mutter war sehr hübsch. Bobby war ein netter Junge, und ihre Eltern hätten ihn nur allzugern zum Schwiegersohn bekommen. Er hatte eine gesicherte Zukunft, eine anständige Familie, gute Manieren, sah gut aus und war sogar katholisch.

Cassie lächelte und dachte an die Lebkuchen. »Einmal hab ich so viele gegessen, daß ich richtig krank wurde. Zwei Tage lang konnte ich nicht zur Schule. Ich dachte, ich wäre gestorben... aber zum Glück hab ich's überlebt.« Am Nachmittag hätte sie um ein Haar nicht überlebt... Um ein Haar wäre sie zusammen mit Nick im Flugzeug ums Leben gekommen, und jetzt saß sie mit Bobby am Küchentisch und redete über Süßigkeiten. Das Leben war manchmal schon seltsam, so absurd und belanglos, und dann plötzlich wieder so aufregend.

»Ich... äh...« Er sah sie unsicher an und wußte nicht

recht, was er zu ihr sagen sollte und ob es überhaupt richtig war. Er hatte zuerst mit seinem Vater darüber gesprochen, und Tom Strong hatte ihm Mut gemacht. Aber jetzt war es viel schwieriger, als Bobby gedacht hatte. Cassie sah wundervoll aus in ihrer dunklen Hose, dem weiten hellblauen Pullover und mit dem feuerroten, lockigen Haar, das ihr Gesicht sanft umschmeichelte. »Cass... ich weiß nicht so recht, wie ich es dir sagen soll, aber... ich... äh...« Er rückte ein wenig näher und nahm ihre Hand. Ihr Vater und Chris waren mittlerweile ins Wohnzimmer zurückgekehrt, aber sie hüteten sich, das junge Pärchen in der Küche zu stören. »Ich... äh... ich liebe dich, Cass«, sagte er, und seine Stimme klang plötzlich männlicher und erwachsener als zuvor. »Ich liebe dich sehr... und ich möchte dich gern im Juni nach unserer Abschlußfeier heiraten.« So, jetzt war es heraus. Er war richtig stolz auf sich, während Cassie ihn anstarrte. Ihr Gesicht war bleich geworden, und ihre blauen Augen waren vor Schreck geweitet. Ihre schlimmsten Befürchtungen hatten sich erfüllt, und jetzt mußte sie sich ihnen stellen.

»Ich... äh... danke«, sagte sie unsicher und wünschte, sie wäre am Nachmittag abgestürzt. Das wäre einfacher gewesen.

»Nun?« Er sah sie erwartungsvoll an und hoffte sehnsüchtig auf ein Ja. »Was meinst du?« Er war so stolz auf seinen Mut, daß er es am liebsten laut herausgeschrien hätte. Aber seine Erregung wirkte nicht ansteckend. Alles, was Cassie fühlte, war Bestürzung und Angst.

»Ich mag dich wirklich sehr«, begann sie zögernd, und ihre Worte versetzten ihn in schiere Begeisterung. »Es ist wirklich lieb, daß du mich fragst. Ich... äh... ich weiß bloß noch nicht, was ich im Juni machen werde. Ich... Bobby, ich will aufs College.« Die letzten Worte hatte sie geflüstert, denn sie hatte furchtbare Angst, ihr Vater könnte sie hören.

»Warum denn das?« Er sah überrascht aus. Ihre Schwestern waren alle nicht aufs College gegangen und ihre Eltern sicherlich auch nicht. So war es nur natürlich, daß er sich wunderte, und sie wußte nicht, was sie darauf sagen sollte. »Weil ich nicht Berufsfliegerin werden kann« wäre wohl keine gute Antwort gewesen. Und direkt nach der Schule zu heiraten war ihr nie besonders erstrebenswert erschienen.

»Ich denke, es wäre richtig für mich. Vor ein paar Wochen habe ich mit Mrs. Wilcox darüber gesprochen, und sie meinte auch, ich sollte gehen. Danach könnte ich unterrichten.« Und ich müßte nicht sofort heiraten und Kinder kriegen, dachte sie im stillen.

»Hast du das vor?« fragte er verwundert; er hatte nie damit gerechnet, daß sie aufs College wollte, aber offenbar war es ihr Wunsch, und er mußte sich fügen. Und schließlich konnte sie auch als verheiratete Frau das College besuchen. Er kannte Leute, die es so gemacht hatten. »Du willst Lehrerin werden?«

»Ich bin mir noch nicht sicher. Ich möchte nur nicht sofort nach der Schule heiraten und Kinder kriegen und hier versauern. Das reicht mir einfach nicht.« Sie wollte es ihm gern erklären, aber es war viel einfacher, es Nick zu erklären. Er war so viel älter und klüger als Bobby.

»Du könntest mir im Geschäft helfen. Im Laden gäbe es viele Aufgaben für dich. Und mein Vater will sich in ein paar Jahren zur Ruhe setzen.« Dann kam ihm plötzlich eine Idee. »Du könntest Buchführung lernen und dich um die Geschäftsbücher kümmern. Nun, was sagst du dazu?«

Sie mochte ihn gern. Aber sie hatte keine Lust, ihm die Bücher zu führen. »Ich will Maschinenbau studieren«, sagte sie, und er schaute noch verwirrter drein als zuvor. Sie steckte wirklich voller Überraschungen, aber so war sie schon immer gewesen. Zumindest wollte sie nicht eine zweite Amelia Earhart werden. Sie hatte kein Wort übers Fliegen gesagt, sondern nur vom College gesprochen, und jetzt plötzlich Maschinenbau. Auch das war ein wenig verrückt, und er wußte nicht, wie er das seinem Vater erklären sollte.

»Was willst du denn mit einem Diplom in Maschinenbau anfangen, Cass?« fragte er verständnislos.

»Ich weiß es noch nicht.«

»Darüber solltest du aber nachdenken.« Er setzte sich an den Küchentisch und zog sie neben sich auf die Bank. Er hielt ihre Hand und versuchte, sie für ihre gemeinsame Zukunft zu begeistern. »Wenn wir heiraten, könntest du doch trotzdem weiterhin zur Schule gehen.«

»Bis ich schwanger werde. Und das würde bestimmt nicht lange dauern.« Ihre Offenheit trieb ihm das Blut in die Wangen, und er mochte offenbar nicht weiter auf dieses Thema eingehen. »Ich würde wahrscheinlich nicht mal das erste Jahr zu Ende machen können. Und dann ergeht es mir so wie Colleen. Ständig redet sie davon, daß sie weiter zur Schule gehen will und kriegt ein Kind nach dem anderen.«

»Wir brauchen doch nicht so viele zu bekommen wie sie. Meine Eltern hatten auch nur zwei.« Er klang immer noch hoffnungsvoll.

»Das sind immer noch zwei mehr, als ich in den nächsten Jahren haben will. Bobby, ich kann einfach nicht ... noch nicht. Es wäre dir gegenüber nicht fair. Ich würde immer denken, ich hätte etwas verpaßt, und das wäre für keinen von uns gut.«

»Hat die Fliegerei etwas damit zu tun?« fragte er argwöhnisch, aber sie schüttelte den Kopf. Sie konnte ihm nichts von ihren heimlichen Flugstunden erzählen. Und auch das war ein Problem. Wie konnte sie einen Mann heiraten, dem sie nicht vertraute? Nick und sie waren nur Freunde, aber es gab nichts, was sie ihm nicht sagen konnte.

»Ich bin einfach noch nicht soweit«, sagte sie schließlich.

»Und wann wirst du soweit sein?« fragte er traurig. Es war eine große Enttäuschung für ihn, und auch seine Eltern würden enttäuscht sein. Sein Vater hatte ihm bei der Auswahl des Verlobungsrings helfen wollen und hatte versprochen, ein wenig Geld beizusteuern. Aber jetzt sah es so aus, als würde es keinen Ring geben.

»Ich weiß nicht. Ich glaube, es wird noch lange dauern.«

»Wenn du das College schon hinter dir hättest, meinst du, dann würdest du mich heiraten?« fragte er, und sie erschrak über die Frage.

»Wahrscheinlich«, sagte sie unsicher. Sie mochte ihn wirklich sehr, aber sie wollte einfach nicht heiraten, noch nicht, wahrscheinlich noch lange nicht. Aber plötzlich schöpfte Bobby neue Hoffnung.

»Dann werde ich warten.«

»Aber das ist verrückt.« Sie schämte sich, weil sie ihn ermutigt hatte. Wie sollte sie wissen, was sie nach Beendigung des Colleges für ihn empfinden würde?

»Sieh mal, ich bin in dich verliebt, aber du mußt ja nicht unbedingt schon im Juni meine Frau werden. Wenn ich warten muß, dann warte ich eben. Aber ich würde natürlich nicht gern die ganzen vier Collegejahre auf dich warten. Vielleicht könnten wir uns ja auf ein, zwei Jahre einigen. Dann könntest du die Schule zu Ende machen, wenn wir schon verheiratet sind. Denk wenigstens mal darüber nach. So schrecklich, wie du es darstellst, muß es nicht werden. Und wir müssen ja nicht sofort ein Baby kriegen«, sagte er errötend. »Auch dagegen gibt es ein sicheres Mittel«, fügte er hinzu, und es klang fast wie ein Schluchzen. Seine Worte und sein Großmut rührten sie so sehr, daß sie ihm die Arme um den Hals legte und ihn küßte.

»Danke ... für dein Verständnis ... «

»Ich liebe dich«, sagte er aufrichtig. Nach all den Dingen, die er ihr gerade gesagt hatte, war er noch immer feuerrot im Gesicht. Noch nie war ihm etwas so schwergefallen, wie ihr einen Antrag zu machen und dann zurückgewiesen zu werden.

»Ich liebe dich auch«, flüsterte sie, überwältigt von Schuldgefühlen, Zuneigung und einer Woge von widersprüchlichen Empfindungen.

»Mehr wollte ich nicht wissen«, sagte er ruhig. Noch lange Zeit saßen sie zusammen in der Küche und redeten über andere Dinge. Zum Abschied küßte er sie und hatte ein recht gutes Gefühl. Sie würde ihn zwar nicht im nächsten Jahr heiraten, aber ganz bestimmt in ein paar Jahren. Und jetzt mußte er sie nur noch davon überzeugen, daß es besser war, nicht allzulange zu warten. In der Hitze des Augenblicks erschien ihm dies eine leichte Aufgabe.

6

Die Schüler der Abschlußklasse des Jahres 1937 gingen langsam durch den Mittelgang der Aula der Thomas-Jefferson-Schule. Jungen und Mädchen gingen paarweise Hand in Hand, und die Mädchen hatten Margeritensträußchen im Haar. Die Mädchen sahen so hübsch und unschuldig aus und die Jungen so jung und hoffnungsvoll. Als er sie sah, mußte Pat an all die Jungen denken, die im Krieg unter seinem Kommando geflogen waren. Sie waren genauso alt gewesen, und viele von ihnen waren gestorben, obwohl sie noch halbe Kinder waren.

Ein letztes Mal sangen alle Schulabgänger gemeinsam die Schulhymne. Die Mädchen weinten und ihre Mütter erst recht. Selbst die Väter hatten Tränen in den Augen, als die Abschlußzeugnisse verteilt wurden. Dann war die Zeremonie auch schon vorbei, und es herrschte ein fröhliches Treiben. Mehr als dreihundert Jugendliche hatten die Schule abgeschlossen und zogen hinaus ins Leben. Die meisten würden sehr bald heiraten und Kinder bekommen. Von den dreihundertundvierzehn Schulabgängern wollten nur einundvierzig aufs College. Unter diesen einundvierzig waren nur drei Mädchen, und eine davon war natürlich Cassie, die als einzige nicht auf die staatliche Hochschule in Macomb wollte, sondern aufs Bradley-College in Peoria. Es war ein weiter Weg dorthin, und mit dem alten Laster brauchte sie eine gute Stunde, aber sie war davon überzeugt, daß es sich lohnte, denn nur dort konnte sie Aeronautik- und Maschinenbauseminare belegen.

Es war ein harter Kampf gewesen. Cassies Vater hielt das Ganze für reine Zeitverschwendung und fand, sie solle lieber sofort heiraten. Er schäumte vor Wut, als er hörte, daß sie Bobby Strongs Heiratsantrag abgelehnt hatte, und Oona hatte alle Mühe, ihn zu beschwichtigen. Ihrer Meinung nach hatte es keinen Sinn, Cassie zu drängen. Irgendwann würden die beiden schon heiraten, Cassie brauchte nur ein wenig Zeit. So ließ sich Pat schließlich von Oona überreden, Cassie den Collegebesuch zu erlauben. Als Zugeständnis an ihren Vater wählte Cassie Englisch als Hauptfach und nicht wie geplant Maschinenbau. Nach vier Jahren konnte sie die Lehrerprüfung ablegen, falls sie nicht vorher absprang. Im Nebenfach hatte sie sich jedoch für Aeronautik eingeschrieben. Noch nie hatte sich eine Frau für dieses Fach angemeldet, und der Professor wollte zuerst ein Gespräch mit ihr führen, um dann zu entscheiden, ob sie dafür in Frage kam.

Nach der Zeugnisübergabe fand in der High-School ein Empfang statt, und natürlich war Cassie zuvor schon mit Bobby zum Abschlußball gegangen. In den vergangenen sechs Monaten hatte Bobby nicht mit seinem Schicksal gehadert, aber nach der Abschlußfeier kam er wieder auf das alte Thema zu sprechen, in der Hoffnung, sie habe ihre Pläne vielleicht geändert.

»Und, willst du immer noch aufs College?« fragte er.

»Ja, das will ich«, sagte sie mit einem sanften Lächeln. Er war so treu und ernsthaft, daß sie sich ihm gegenüber oft schuldig fühlte. Aber sie hatte nun einmal einen anderen Entschluß gefaßt, und zu dem wollte sie stehen, mochte Bobby auch noch so lieb und gütig sein, mochte ihr Vater ihn auch noch so sympathisch finden.

Er verabschiedete sich an diesem Abend ziemlich früh, denn seine Großmutter war zu Besuch gekommen, und er mußte nach Hause. Als Bobby fort war, sah Pat seine Tochter kopfschüttelnd an. Sie hatte noch immer das weiße Kleid an, das sie unter ihrer schwarzen Robe getragen hatte, und es stand ihr ausgezeichnet.

»Cassie O'Malley, du wirst dich noch schwarz ärgern, wenn dir dieser Junge durch die Lappen geht.«

»Das wird er nicht, Dad.« Eine andere Antwort fiel ihr nicht ein. Es klang eingebildet, aber hätte sie sagen sollen, daß es ihr einerlei war? Das hätte ihren Vater erst recht verärgert. Und im Grunde war es ihr auch nicht einerlei. Es gab Momente, da glaubte sie wirklich, ihn zu lieben, besonders wenn er sie küßte.

»Sei dir da bloß nicht so sicher«, schimpfte ihr Vater. »Du kannst von keinem Mann erwarten, daß er ewig wartet. Aber wenn du erst eine fertige Lehrerin bist, dann ist es dir womöglich egal. Hast du etwa vor, ein altes, verschrobenes Schulfräulein zu werden? Das fehlte gerade noch!« Er hatte noch immer nicht viel mit ihren Collegeplänen im Sinn. Während die Väter der anderen beiden Mädchen stolz auf ihre Töchter waren, hielt er Cassies Studium für Unsinn. Aber Nick freute sich für sie. Schon seit langem wußte er, wie klug und begabt sie war, und es erschien ihm falsch, sie zu einer frühen Heirat zu drängen. Er war erleichtert, daß sie sich nicht direkt nach der High-School von Bobby Strong vor den Traualtar zerren ließ, denn dann hätte sich alles geändert, und er wäre untröstlich gewesen. Auch so würde sich einiges ändern, aber zumindest würden ihnen die geliebten Flugstunden am Samstagnachmittag bleiben.

Nachdem alle zu Bett gegangen waren, schaltete Cassie das Radio ein. Das hatte sie schon den ganzen Nachmittag tun wollen, aber sie hatte ihren Vater nicht verärgern wollen. Vor wenigen Stunden war Amelia Earhart zusammen mit ihrem Copiloten Fred Noonan mit einer zweimotorigen Lockheed Electra von Miami aus zu einem Flug um die Erde gestartet. Ihr Ehemann George Putnam hatte dafür gesorgt, daß das Unternehmen reichlich Publicity erhielt. Der Zeitpunkt ihrer Reise war wegen der latenten Kriegsgefahr denkbar ungünstig, und sie war gezwungen, viele Gebiete zu meiden. Sie hatten die längste Strecke in Höhe des Äquators gewählt, wobei gefährliche, isolierte und unterentwickelte Länder überflogen werden mußten. In dieser Region gab es nur wenige Landeplätze, und mit der Treibstoffversorgung sah es schlecht aus. Sie hatte sich ein schwieriges Ziel gesteckt, und Cassie bewunderte sie von ganzem Herzen. Mit ihrem Mut und ihrer Abenteuerlust war Amelia Earhart zum Schwarm aller jungen Mädchen geworden. Auf der ganzen Welt hatte sie Bewunderer.

»Warum gehst du nicht zu Bett, mein Schatz?« fragte ihre Mutter, die noch einmal überall nach dem Rechten sehen wollte. Es war ein anstrengender Tag für sie gewesen, und Cassie sah ebenfalls müde aus.

»Ich will nur hören, ob es was Neues über Amelia Earhart gibt.«

»So spät bestimmt nicht mehr«, sagte ihre Mutter lächelnd. »Morgen werden sie auf allen Kanälen über sie berichten. Sie ist ein tapferes Mädchen.« Ein Mädchen war sie längst nicht mehr, denn sie würde im kommenden Monat ihren vierzigsten Geburtstag feiern. Damit war sie in Cassies Augen natürlich uralt, aber nichtsdestotrotz ungeheuer aufregend.

»Sie hat es gut«, sagte Cassie leise und wünschte, sie könnte dasselbe tun wie ihr Idol: um die Welt reisen, Rekorde aufstellen, riesige Entfernungen zurücklegen und über fremden Ländern und unbekannten Gewässern dahinfliegen – wie gern hätte sie das getan! Es machte ihr kein bißchen Angst. Sie fand es nur ungeheuer aufregend.

Das sagte sie am Tag darauf zu Nick, nachdem sie über ihrem geheimen Rollfeld einige Runden gedreht hatten.

»Du bist genauso verrückt wie sie«, sagte er kopfschüttelnd. »Sie ist gar nicht so großartig, wie Putnam immer behauptet. Sie hat schon jede Menge Bruchlandungen fabriziert, und ich wette mit dir, daß sie mit ihrer Electra über jede Landebahn hinausdonnert. Es ist ein schwerer Kasten, Cass, mit dem schwersten Motor, den Lockheed auftreiben konnte. So zart wie die Earhart ist, kann sie sie kaum bewältigen. Auf Biegen und Brechen will sie als erste Frau die Welt umrunden. Bisher hat das nur eine Handvoll Männer geschafft. Das ganze Unternehmen bringt die Luftfahrt keinen Schritt weiter, aber es bringt Amelia Earhart in die Schlagzeilen!«

Aber Cassie ließ sich von seinen verächtlichen Worten nicht beirren. »Manchmal kannst du ein ganz schönes Ekel sein, Nick. Du bist ja nur sauer, weil sie eine Frau ist.«

»Nein, das stimmt nicht. Wenn Jackie Cochran den Turn fliegen würde, dann hätte ich nichts dagegen. Aber ich glaube, die Earhart hat einfach nicht das Zeug dazu. Ich hab kürzlich mit einem Bekannten in Chicago gesprochen. Er kennt sie und meint, daß sie noch nicht soweit ist, genausowenig wie das Flugzeug. Aber Putnam will aus der Sache soviel Publicity wie möglich gewinnen. Im Grunde tut sie mir leid. Ich glaube, ihr Mann benutzt sie und schert sich nicht um die Risiken.«

»Du bist ein richtiger Miesmacher, Nick«, widersprach Cassie, während sie zusammen eine Flasche Cola tranken. Ihre gemeinsamen Flüge waren zu einem geliebten Ritual geworden, das beide um keinen Preis mehr missen wollten. Ein ganzes Jahr ging das nun schon so. »Ihr neuer Rekord wird deine Worte Lügen strafen«, sagte Cassie zuversichtlich.

»Darauf würde ich nicht wetten.« Dann lächelte er. »Ich glaube, ich warte noch ein paar Jährchen und setze mein Geld auf dich«, sagte er verschmitzt, aber in seinen Worten lag ein Körnchen Wahrheit.

»Gute Idee. Und mein Vater nimmt die Wetten an!« Sie wußten immer noch nicht, wie sie Pat beibringen sollten, daß Cassie unter die Flieger gegangen war, auch wenn Nick sie für eine der besten Pilotinnen hielt, die er kannte. Aber er hatte ihr versprochen, möglichst bald einen günstigen Moment abzupassen und es Pat zu sagen.

In zwei Wochen fand die Peoria-Flugschau statt, für die er schon fleißig mit Chris trainierte. Chris war so zuverlässig wie immer und genauso desinteressiert wie eh und je. Er wollte versuchen, einen neuen Höhenrekord aufzustellen, obwohl er Zweifel an seinen Fähigkeiten hatte. Kunstfliegen war nicht Chris' starke Seite, und die halsbrecherischen Kapriolen jagten ihm Angst ein. Aber sie hatten das Getriebe von Nicks Bellanca verstärkt und den Motor mit einem Turbokompressor ausgestattet.

»Ich wünschte, ich könnte auch dabeisein«, sagte Cassie sehnsuchtsvoll, und Nick wünschte sich genau dasselbe.

»Ich auch. Nächstes Jahr klappt es bestimmt«, versprach er.

»Meinst du wirklich?« fragte sie überwältigt. Jetzt hatte sie etwas, auf das sie sich wirklich freuen konnte.

»Warum denn nicht, Cass? Du fliegst besser als die ganzen Jungs da draußen. Du könntest ihnen zeigen, was eine Harke ist. Glaub mir, sie haben's verdient.«

»Die Jungs bei der Flugschau sind aber auch nicht schlecht«, sagte Cassie anerkennend. Im Laufe der Jahre hatte sie eine Reihe großartiger Flieger gesehen, aber sie wußte auch, daß sie mittlerweile genausogut oder sogar besser fliegen konnte als die meisten dieser Männer. Cassie hatte auch schon schlimme Dinge mitansehen müssen. Unglücksfälle waren keine Seltenheit bei den Flugschauen. Oona hatte Pat endlich dazu gebracht, auf die Teilnahme zu verzichten, weil die Flugkunststücke einfach zu gefährlich waren. Aber er schaute immer noch gern zu.

»Willst du noch mal hoch und mir ein paar billige Tricks zeigen?« fragte Nick nach dem Lunch. Bei gutem Wetter und wenn sie genug Zeit hatten, flogen sie eine zweite Runde. »Bei Seitenwind lassen deine Starts und Landungen noch ein wenig zu wünschen übrig.«

»Blödsinn. Meine Landungen sind besser als deine«, widersprach sie ihm grinsend.

»Wie bescheiden du wieder bist!« Er strich ihr übers Haar und ließ sie diesmal hinten einsteigen, und wie immer enttäuschte sie ihn nicht. Sie war ganz einfach fabelhaft. Und erneut bedauerte er, daß sie nicht an der diesjährigen Flugschau teilnehmen konnte.

Aber zwei Tage vor dem großen Tag saß Cassie vor dem Radio und konnte kaum glauben, was sie hörte. Amelia Earhart war abgestürzt, irgendwo im südlichen Pazifik, in der Nähe von Howland Island. Wie alle anderen Zuhörer konnte sie die Nachricht kaum fassen. Nur ihr Vater fand seine Ansicht bestätigt und erzählte jedem, daß Frauen in die Küche gehörten und nicht in ein Flugzeug, außer vielleicht als Stewardeß, und selbst das schien ihm unpassend. Aber Cassie mußte auch an das denken, was Nick über Earharts Schwierigkeiten mit schweren Flugzeugen gesagt hatte. Vielleicht war sie tatsächlich noch nicht soweit gewesen. Es war eine furchtbare Tragödie, und die Regierung leitete sofort eine umfassende Suchaktion ein. Aber am Tag der Flugschau hatte man sie noch immer nicht gefunden, obwohl seit dem Absturz bereits achtundvierzig Stunden vergangen waren.

Das Unglück hatte Cassie sehr mitgenommen. Teilnahmslos stand sie unter den Zuschauern der Flugschau und sah sich die Flugkunststücke der Piloten an.

»Kopf hoch!« hörte sie eine vertraute Stimme hinter sich sagen. »Mach nicht so ein trauriges Gesicht.« Es war Nick. In der einen Hand hatte er einen Hot dog und in der anderen ein Bier, auf dem Kopf trug er einen bunten Papphut, der noch vom Nationalfeiertag stammte. Die Flugschau war immer ein fröhliches Fest.

»Tut mir leid«, sagte sie entschuldigend und lächelte müde. Seit zwei Tagen hatte sie kaum geschlafen und auf eine Nachricht gehofft. Aber es gab keine. Man hatte nicht die geringste Spur von ihr und dem Flugzeug gefunden. »Ich mußte nur immer wieder daran denken.«

»Ich weiß, woran du gedacht hast. Seit sie gestartet ist, hast du an nichts anderes gedacht. Aber es bringt nichts, wenn du dich zu sehr in diese Tragödie hineinsteigerst. Weißt du noch, was ich dir vor langer Zeit schon mal gesagt habe? Wir alle gehen ein hohes Risiko ein. Und wir sind uns dessen bewußt und akzeptieren es. Und auch sie hat um die Gefahr gewußt. Sie hat das getan, was sie tun wollte.« Er hielt ihr seinen Hot dog hin. Sie nahm einen Bissen und kaute nachdenklich darauf herum. Vielleicht hatte er recht. Vielleicht hatte sie ja das Recht gehabt, auf diese Weise zu sterben.

Vielleicht hätte ihr ja die Vorstellung von einem geruhsamen Pensionistendasein im Schaukelstuhl so wenig behagt, daß sie den schnellen Tod in einer Lockheed vorgezogen hatte. Trotzdem mochte Cassie nicht an ihren Absturz denken, denn mit Amelia Earhart war eine Legende gestorben.

»Vielleicht hast du recht«, sagte Cassie leise. »Es ist nur so traurig.«

»Das ist es«, stimmte er ihr zu. »Das hat auch keiner je bestritten. Es ist immer traurig, wenn einer abstürzt. Aber dieses Risiko nehmen wir alle in Kauf, und einige von uns lieben es sogar. Du auch.« Er legte ihr die Hand auf die Schulter und sah ihr fest in die Augen, um ihr ins Gedächtnis zu rufen, wie gern sie flog und wie willig auch sie die Risiken in Kauf nahm. »Du wärst verrückt genug, dasselbe zu tun, wenn dir jemand die Chance dazu geben würde. Diese verdammten Flüge um die Welt! Wenn du dich je zu so etwas überreden läßt, dann zünde ich dein Flugzeug an. Verlaß dich drauf!«

»Vielen Dank.« Sie sah grinsend zu ihm auf.

Plötzlich zupfte er aufgeregt an ihrem Ärmel. »Jetzt sieh dir das an... das ist Chris... komm schon... Nase rauf...« Chris plante einen Höhenrekord in Nicks Flugzeug, und jetzt war er schon so hoch, daß sie ihn kaum noch sehen konnten. Er hatte eine ruhige Hand. Seine ernsthafte, beharrliche Art machte ihn zu einem vielversprechenden Kandidaten für einen derartigen Wettbewerb, aber er hatte weder Cassies Begeisterung noch ihren Mut. Als er wieder gelandet war, konnte Nick kaum glauben, welche Höhe er erreicht hatte. Sie eilten auf die andere Seite des Rollfelds, wo Pat und Oona und Cassies Schwestern mit ihren Kindern standen. Glynnis und Megan waren beide wieder hochschwanger, und Colleen war in letzter Zeit ein wenig blaß um die Nase, was Oona vermuten ließ, daß auch sie wieder schwanger war. Sie waren eine fruchtbare Familie. Megan und Colleen erwarteten ihr viertes und Glynnis ihr fünftes Kind.

»Wär auch kein Beinbruch, wenn ich gar keine Kinder bekomme«, flüsterte Cassie Nick zu. »Sollen sie doch so viele kriegen, wie sie wollen, mir soll's recht sein.« In letzter Zeit fragte sie sich, ob sie überhaupt jemals einen Ehemann und Kinder haben wollte.

»Auch du wirst Kinder bekommen, mach dir doch nichts vor. Warum solltest du keine kriegen?« Nick glaubte ihr nicht, wenn sie sagte, daß sie niemals heiraten und Kinder bekommen wollte. Im Grunde glaubte sie es selbst nicht. Aber sie wußte, daß es – wenn überhaupt – noch lange, lange dauern würde, bis sie Kinder wollte. Alles, was sie wollte, waren Flugzeuge.

»Wieso bist du dir so sicher, daß ich Kinder bekommen werde, Nick?« fragte sie herausfordernd.

»Weil sich alle in deiner Familie wie die Karnickel vermehren.«

»Oh, vielen Dank.« Sie lachte noch immer, als Bobby Strong auf sie zukam und Nick einen argwöhnischen Blick zuwarf. Er hatte das ungute Gefühl, daß Nick ihn nicht ausstehen konnte. Nach wenigen Minuten ließ Nick die beiden allein und ging zu den anderen Piloten.

Eine halbe Stunde später wurde bekanntgegeben, daß Chris einen neuen Höhenrekord aufgestellt hatte, und sein Vater war außer sich vor Begeisterung. Er machte sich auf die Suche nach Chris, und Oona ging mit ihren Töchtern und Enkelkindern zum Getränkestand. Bobby blieb neben Cassie stehen und sah sich mit ihr die Flugschau an. Winzige rote, blaue und silberne Flugzeuge flogen Rollen, Schrauben, Loopings und hochgezogene Kehrtkurven und Kunststücke, die Cassie noch nie gesehen hatte. Allein vom Zuschauen blieb ihr die Spucke weg, und mehr als einmal hielt die Menge den Atem an, wenn ein Absturz drohte, um dann zu jubeln, wenn der Pilot die Maschine im letzten Moment abfangen konnte. Für Cassie war das nichts Neues, aber sie fand es immer wieder aufregend.

»Woran hast du gerade gedacht?« wollte Bobby plötzlich wissen. Hingerissen hatte sie einem perfekt ausgeführten Überschlag zugeschaut, ein beeindruckendes Kunststück, das James Doolittle zehn Jahre zuvor entwickelt hatte. Danach ging der Pilot in eine hochgezogene Kehrtkurve über, um dann gekonnt zu landen. Fasziniert hatte Bobby ihren Gesichtsausdruck studiert. Schließlich sah sie ihn an und lächelte wehmütig.

»Ich habe mir gewünscht, da oben zu sein und dasselbe zu machen«, sagte sie aufrichtig. »Es macht bestimmt ungeheuren Spaß.« Wie gern hätte sie dazugehört!

»Ich glaube, mir würde schlecht«, sagte er ebenso aufrichtig, und sie grinste ihn an, während ein Verkäufer seine Zuckerwatte feilbot.

»Das wäre nur normal. Mir wurde auch schon ein paarmal fast übel.« Beinahe hätte sie sich verplappert. »Am schlimmsten ist ein Seitenrutsch, wenn das Flugzeug nach einem Sturzflug abgefangen wird. Es ist ein Gefühl, als ob dir der Magen aus dem Mund fliegen würde.« Sie grinste.

»Ich kann nicht verstehen, wieso du Spaß an all diesen Dingen hast, Cass. Schon allein die Vorstellung versetzt mich in Angst und Schrecken.«

»Es liegt mir wohl im Blut«, erwiderte sie.

Er nickte und fragte sich besorgt, ob dies tatsächlich der Fall war. »Tut mir leid, was mit Amelia Earhart passiert ist.«

»Ja, mir auch. Nick sagt, daß sich jeder Pilot mit solchen Risiken abfinden muß. Es kann jeden treffen.« Sie blickte hinauf in den Himmel. »Auch jeden hier. Wahrscheinlich finden sie, es lohnt sich.«

»Es lohnt sich nie, sein Leben aufs Spiel zu setzen«, widersprach Bobby. »Es sei denn, man muß, wie im Krieg oder um einen anderen Menschen zu retten.«

»Das ist das Problem«, Cassie sah ihn an und lächelte traurig. »Die meisten Piloten würden alles riskieren, um zu fliegen. Aber die anderen Leute können es nicht verstehen.«

»Vielleicht sollten Frauen aus diesem Grund nicht fliegen, Cass«, sagte er ruhig, und sie seufzte.

»Du redest wie mein Vater.«

»Vielleicht solltest du auf ihn hören.«

»Das kann ich nicht«, hätte sie am liebsten gesagt, verkniff es sich aber. Das konnte sie nur zu Nick sagen. Er war der einzige Mensch, der alles über sie wußte und es akzeptierte. Niemand anders kannte sie so genau, und Bobby schon gar nicht.

In diesem Moment sah sie Chris näher kommen und rannte ihm entgegen. Er hatte seine Medaille in der Hand und platzte fast vor Stolz. Pat folgte ihm und wandelte wie auf Wolken.

»Mit siebzehn schon die erste Medaille!« sagte er jedem, der es wissen wollte. »Das ist mein Junge!« Er spendierte ein Bier nach dem anderen und klopfte jedem auf die Schulter, einschließlich Chris und Bobby. Chris sonnte sich in der Liebe und Anerkennung seines Vaters. Cassie beobachtete die Szene, und wie immer wurde ihr schmerzlich bewußt, wieviel ihrem Vater an Chris' Flugerfolgen lag, während er ihr das Fliegen rigoros verwehrte. Sie war als Pilotin zehnmal so gut wie Chris, wenn nicht noch besser, aber ihr Vater würde ihre Fähigkeiten niemals anerkennen, wahrscheinlich würde er sogar nie davon erfahren.

Nick kam herüber, um Chris zu gratulieren. Der Junge war ungeheuer stolz auf seinen Sieg und begleitete Nick, der ihm ein paar Piloten vorstellen wollte. Es war ein aufregender Tag für ihn, ein Tag, auf den Pat O'Malley seit einundfünfzig Jahren gewartet hatte. Und dies sollte erst der

Anfang sein. Statt einzusehen, daß Chris heute die Grenzen seiner Fähigkeiten erreicht hatte, wollte er mehr sehen. Er redete bereits vom nächsten Jahr, und Cassie hatte Mitleid mit Chris. Sie wußte, wieviel ihm sein Vater bedeutete und daß er alles tun würde, um seine Erwartungen zu erfüllen.

Der O'Malley-Clan war allerbester Stimmung. Fast als letzte verließen sie die Flugschau, und Bobby wurde zum Essen eingeladen. Nick ging mit den anderen Fliegern etwas trinken und war schon ziemlich angetrunken, als er das Feld verließ. Aber Chris flog die Bellanca zurück zum O'Malley-Flughafen, und er konnte in Pats Laster mitfahren. So brauchte er weder zu fliegen noch zu fahren.

Oona war früh aufgestanden und hatte für alle Hähnchen gebraten. Dazu gab es gekochte Maiskolben, Salat und Folienkartoffeln und einen Schinken. Als sie zurückkamen, backte sie noch schnell ein paar Blaubeerkuchen und machte eine Schüssel Vanilleeis. Es war ein richtiges Festessen, und Pat goß Chris ein Glas irischen Whisky ein.

»Trink aus, mein Junge, auf das nächste Fliegeras in dieser Familie!« Chris würgte den Whisky hinunter, und Cassie sah ihn traurig an. Irgendwie fühlte sie sich ausgeschlossen. Sie hätte mit ihnen fliegen sollen, dann hätte ihr Vater auf sie stolz sein können, aber das war unmöglich. Für sie schien nichts zu bleiben als das Schicksal ihrer Schwestern, die jedes Jahr ein Kind bekamen und für immer ans Haus gefesselt waren. Ihr Leben erschien Cassie unsagbar öde, und obwohl sie ihre Schwestern und ihre Mutter sehr gern hatte, wäre sie lieber gestorben, als so zu leben wie sie.

Cassie bemerkte auch, wie liebenswürdig Bobby zu allen war. Er war nett zu ihren Schwestern und ganz reizend zu den Kindern. Mit seiner gütigen, sanften Art würde er einen wunderbaren Ehemann abgeben. Das sagte auch ihre Mutter, als Cassie ihr beim Abwasch half. Später machte sie mit Bobby einen langen Spaziergang, und zu ihrer Überraschung kam er auf die Fliegerei zu sprechen.

»Ich habe dich heute beobachtet, Cass, und ich weiß, wieviel dir all das bedeutet. Meinetwegen kannst du mich für verrückt halten, aber ich möchte, daß du mir versprichst, dich niemals auf so etwas einzulassen. Ich möchte auf gar keinen Fall, daß du fliegst. Ich will dir nicht den Spaß verderben, aber ich möchte einfach nicht, daß dir was passiert. So wie Amelia Earhart ... « Er fühlte sich im Recht, und seine Besorgnis rührte sie. Aber der Gedanke, jemandem zu versprechen, mit der Fliegerei aufzuhören, war ihr unvorstellbar.

»Ich werde nicht um die Welt fliegen, falls du das befürchtest«, sagte sie und lächelte nervös. Aber er schüttelte den Kopf, und sie wußte, daß er mehr gemeint hatte als das.

»Das meine ich nicht. Ich will, daß du überhaupt nicht fliegst.« Zuerst hatte er nur eine vage Vorstellung davon, wie gefährlich die Fliegerei war, aber die Kapriolen bei der Flugschau hatten ihn restlos überzeugt. Zweifellos war das Fliegen nicht ungefährlich, und zwei Jahre zuvor hatte es bei derselben Flugschau einen schlimmen Unfall gegeben. Bobby war nicht dumm, und ihm war nicht entgangen, wie sehr die Fliegerei Cassie faszinierte. Er wollte sie nicht verlieren, so einfach war das. »Ich möchte nicht, daß du Flugstunden nimmst, Cass. Ich weiß, du willst es gern, aber es ist einfach zu gefährlich. Dein Vater hat recht. Und für eine Frau ist es erst recht zu gefährlich.«

»Ich finde deine Bitte ziemlich unvernünftig«, erwiderte sie ruhig. Sie wollte ihn nicht belügen, aber sie wollte ihm auch nicht von ihren regelmäßigen Flugstunden mit Nick erzählen. »Ich finde, das solltest du mir überlassen.«

»Ich will, daß du mir versprichst, nicht mehr zu fliegen«, sagte er so eindringlich und streng, wie sie ihn noch nie zuvor erlebt hatte. Seine Willenskraft beeindruckte sie, trotzdem wollte sie ihm nicht das gewünschte Versprechen geben.

»Das ist doch Unsinn. Du weißt, wie gern ich fliege.«

»Deshalb sollst du es mir versprechen, Cass. Ich fürchte, du bist der Typ, der alle Warnungen in den Wind schlägt.«

»Glaub mir, das würde ich nicht tun. Ich bin vorsichtig... und ich bin gut... das heißt, ich würde gut sein. Du darfst das nicht von mir verlangen, Bobby...«

»Dann möchte ich, daß du wenigstens darüber nachdenkst. Es ist mir wirklich sehr wichtig.« Und die Fliegerei ist wichtig für mich, hätte sie am liebsten geschrien. Es war das einzige, das ihr etwas bedeutete, und er wollte es ihr wegnehmen. Warum waren sie bloß so? Bobby, ihr Vater und sogar Chris? Warum wollten sie ihr etwas nehmen, was ihr soviel bedeutete? Nur Nick hatte Verständnis.

Aber just in diesem Augenblick war Nick Galvin in den Armen eines Mädchens gelandet, das sich ihm auf der Flugschau an den Hals geworfen hatte. Sie hatte leuchtendrotes Haar und grell geschminkte Lippen. Lächelnd schmiegte er sich an sie und flüsterte leise und sehnsuchtsvoll Cassies Namen.

7

Am Bradley College hatte Cassie ein weitaus schwierigeres Lernpensum zu bewältigen als in der Oberstufe der High-School, aber sie schaffte es, obwohl sie sich nun meist zweimal wöchentlich mit Nick traf, immer samstags und an einem Werktagmorgen. Ihr Vater interessierte sich nicht für ihren Stundenplan und machte ihnen keine Schwierigkeiten. Außerdem arbeitete sie als Kellnerin, um Nick den Treibstoff zu bezahlen. Ansonsten nahm er keine Bezahlung von ihr an. Er unterrichtete sie, weil es ihm Spaß machte, und weil er sie gern mochte.

Mit jeder Flugstunde wurde sie besser und verfeinerte ihren Flugstil. Sie flog die verschiedensten Flugzeuge, um sich an ihre Unterschiede und Eigenheiten zu gewöhnen. Sie flog die Jenny, die alte Gypsy Moth, Nicks Bellanca, die de Havilland 4 und sogar die schwerfällige alte Handley. Nick bestand darauf, daß sie so viele Flugzeugtypen wie möglich kennenlernte und ihre Flugtechnik präzisierte und verfeinerte. Er hatte ihr sogar ein paar Bergungstechniken gezeigt und erzählte ihr detailliert von seinen schwierigen Notlandungen und Beinaheabstürzen während des Krieges. Bald kannte sie die Jenny und die Bellanca in- und auswendig und hatte auch keinerlei Schwierigkeiten mit der Handley, die Nick manchmal mitbrachte, weil sie mit ihren zwei Motoren viel mehr Gewicht hatte und viel schwerer zu fliegen war.

Sie verbrachte jetzt längst nicht mehr soviel Zeit auf dem Flughafen ihres Vaters, da sie einen weiteren Schulweg hatte. Dennoch war sie dort, sooft sie konnte, und lächelte Nick verschwörerisch zu, wenn sie ihm begegnete.

Eines Tages reparierte sie gerade eine Maschine in der hinteren Flugzeughalle, als sie zu ihrer Überraschung Nick mit ihrem Vater hereinkommen sah. Sie waren in ein Gespräch über den Kauf eines neuen Flugzeuges vertieft, das ihr Vater für zu teuer hielt. Es war eine gebrauchte Lockheed Vega.

»Sie ist ihren Preis wert, Pat. Ein schweres Flugzeug mit einer hervorragenden Maschine. Ich hab mir in Chicago eine angesehen.«

»Und wer soll sie fliegen? Du und ich. Und die anderen fliegen sie zu Schrott. Es ist ein verdammt schönes Flugzeug, Nick. Und es gibt hier keine fünf Piloten, denen ich sie anvertrauen würde. Vielleicht gibt es nicht einmal zwei.«

Aber noch bevor ihr Vater ausgeredet hatte, spürte Cassie, daß Nick ihr einen seltsamen Blick zuwarf, und sie fühlte Panik in sich aufsteigen. Sofort ahnte sie, was er vorhatte, und wollte ihm Einhalt gebieten, aber andererseits wollte sie, daß er es aussprach. Sie konnte sich schließlich nicht für alle Zeiten verstecken. Früher oder später würde ihr Vater es ohnehin erfahren, zumal Nick ständig von ihrer Teilnahme an der nächsten Flugschau redete.

»Mag sein, daß es hier keine fünf Männer gibt, die sie fliegen könnten, Pat. Aber ich weiß eine Frau, die es könnte, selbst mit geschlossenen Augen.«

»Was soll das nun wieder heißen?« fragte Pat gereizt. Wie konnte Nick nur behaupten, irgendeine Frau könne jedes beliebige Flugzeug fliegen, sogar eines, das er nicht mal seinen eigenen Männern anvertrauen würde?

Nick wirkte völlig ruhig, und Cassie betete, daß ihr Vater auf ihn hören würde. »Deine Tochter fliegt besser als jeder andere, Pat. Seit einem Jahr fliege ich mit ihr, seit anderthalb Jahren, um genauer zu sein. Seit 1917 habe ich keinen besseren Piloten gesehen, und das ist mein voller Ernst.«

»*Was* hast du getan?« Außer sich vor Zorn starrte Pat seinen alten Freund und Kompagnon an. »Du bist mit ihr geflogen? Obwohl du wußtest, was ich davon halte? Wie konntest du es wagen?«

»Wenn ich es nicht gewagt hätte, hätte sie es gewagt. Letztes Jahr hat sie sich schon fast um Kopf und Kragen geflogen. Sie hat ihren Bruder so lange bekniet, bis er sie mit raufgenommen hat, oben hat sie dann die Steuerung übernommen. Glaub mir, sie ist wirklich ein Naturtalent. Und du bist ein verdammter Narr, wenn du dir nicht zeigen läßt, was sie kann. Gib ihr eine Chance. Wenn sie ein Junge wäre, würdest du es sofort erlauben.«

»Ihr beide lügt doch wie gedruckt«, schrie Pat. »Ich verbiete dir ein für allemal zu fliegen, Cassandra Maureen.« Er sah ihr direkt in die Augen, während er das sagte. Dann wandte er sich an Nick. »Und von dir will ich kein Wort mehr hören, Nick Galvin. Hast du mich verstanden, du Vollidiot?«

»Du machst einen großen Fehler!« sagte Nick beharrlich, aber Pat hörte ihm nicht mehr zu.

»Es ist mir vollkommen egal, was du denkst. Du bist ja noch wahnsinniger als sie. Jedenfalls wird sie nicht von meinem Flughafen aus starten. Und mit meinen Flugzeugen schon gar nicht. Und wenn du so blöd bist und sie woanders mit deinem Flugzeug fliegen läßt, dann ist es deine Schuld, wenn sie dabei draufgeht, und es ist dein persönliches Pech, wenn du ums Leben kommst, weil sie dein Flugzeug zu Schrott fliegt. Und das wird zweifellos passieren. Es gibt keine einzige Frau, die halbwegs vernünftig fliegen kann, und das weißt du auch.« Mit einem Satz hatte er die Leistungen einer ganzen Generation hervorragender Pilotinnen, einschließlich seiner eigenen Tochter, für null und nichtig erklärt. Aber das kümmerte ihn nicht. Es war nun mal seine Überzeugung, und niemand konnte ihn vom Gegenteil überzeugen.

»Laß mich mit ihr fliegen, dann kannst du es mit eigenen Augen sehen, Pat. Sie kann jede Maschine fliegen, die wir haben. Sie hat ein hervorragendes Gespür für Geschwindigkeit und Höhe. Sie verläßt sich hauptsächlich auf ihre Augen und auf ihr Gefühl und nicht in erster Linie auf die Instrumente. Pat, sie ist hervorragend.«

»Ihr werdet mir gar nichts zeigen, denn ich will es nicht sehen. Ihr verdammten Idioten... sie hat dich wohl um den Finger gewickelt.« Voller Zorn sah er seine Tochter an. Seiner Meinung nach war alles ihre Schuld. Sie war ein störrisches kleines Biest und wollte sich partout mit einem von seinen Flugzeugen umbringen, am besten noch auf seinem eigenen Flughafen.

»Sie hat mich keineswegs um den Finger gewickelt. Ich hab sie letztes Jahr bei der Wolkenjagd gesehen, in diesem Sturm, in den sie mit Chris geraten war. Ich wußte, daß er nicht geflogen sein konnte, und ich mußte einfach einschreiten, sonst hätte sie sich und ihren Bruder womöglich um Kopf und Kragen geflogen. Deshalb habe ich ihr Flugstunden gegeben.«

»Chris ist letztes Jahr bei dem Sturm geflogen«, widersprach ihr Vater trotzig.

»Nein!« schrie Nick. Pats starrsinniges Festhalten an überholten Ansichten raubte ihm den letzten Nerv. »Wie kannst du nur so blind sein? Der Junge hat keinen Mut, kein Gefühl. Alles, was er kann, ist rauf- und runtergehen wie ein Fahrstuhl, das hat er dir bei der Flugschau

gezeigt. Wie kommst du nur auf die Idee, er hätte sich und Cassie lebend aus dem Sturm gebracht? Das war Cassie.« Er sah sie besitzergreifend an und stellte überrascht fest, daß sie vor ihrem zornigen Vater weinte.

»Ich war es wirklich, Dad«, sagte sie ruhig. »Ich bin geflogen. Nick hat es gewußt. Nach der Landung hat er mich zur Rede gestellt, und ... «

»Ich hör mir das nicht länger an. Zu allem Überfluß fängst du auch noch an zu lügen, Cassandra Maureen, und schmückst dich mit den Lorbeeren deines Bruders.« Seine Anschuldigungen raubten ihr den Atem. Und erneut wurde ihr klar, wie hoffnungslos der Versuch war, ihn zu überzeugen. Vielleicht irgendwann mal, aber noch nicht jetzt, und wahrscheinlich würde es ihr nie gelingen.

»Gib ihr eine Chance, Pat«, sagte Nick beruhigend, aber es hatte keinen Sinn. »Bitte, sie will dir doch nur zeigen, was sie kann. Das hat sie verdient. Und nächstes Jahr würde ich sie gern für die Flugschau anmelden.«

»Ihr seid alle beide verrückt. Blauäugige Narren seid ihr, und sonst gar nichts. Weißt du, was dabei rauskommt? Sie wird umkommen, und mich und dich und einen Haufen anderer wird sie bei der Flugschau mit in den Tod nehmen!«

»Ich bin der festen Überzeugung, daß sie besser ist als alle Flieger, die ich dort je gesehen habe.« Nick bemühte sich, ruhig zu bleiben, aber seine Geduld war langsam zu Ende. Pat war ein halsstarriger Mensch, und das Thema war höchst explosiv. »Zum Teufel noch mal, sie fliegt besser als Rickenbacker. Sie kann es dir zeigen.« Aber mit der Nennung des berühmten Luftgeschwaderkommandanten hatte er ein Sakrileg begangen, und Nick wußte, daß er zu weit gegangen war. Wortlos drehte Pat sich um und ging zurück in sein Büro.

Sie weinte jetzt bitterlich, und Nick nahm sie in die Arme.

»Teufel noch mal, dein Vater ist vielleicht ein sturer Brocken. Wenn er sich was in den Kopf gesetzt hat, geht er nicht davon ab. Aber ich kriege ihn schon rum. Versprochen.« Er drückte sie an sich, und sie lächelte ihn durch ihre Tränen hindurch an. Wäre sie Chris gewesen, dann hätte sie ihrem Vater alles zeigen können, was sie wollte. Es war so ungerecht, aber er würde sich nie ändern.

»Er wird niemals nachgeben, Nick.«

»Das muß er auch nicht. Du bist achtzehn und du kannst tun und lassen, was du willst. Du tust doch nichts Ungesetzliches. Du nimmst Flugstunden. Na und? Nimm es nicht so schwer.« Und sehr bald würde sie ihren Flugschein haben. Sie hätte ihn schon längst machen können. Als Pat im Jahre 1914 mit der Fliegerei angefangen hatte, brauchte man noch gar keinen Flugschein.

»Und wenn er mich rauswirft?« fragte sie ängstlich, und Nick mußte lachen. So ein Typ war Pat nicht. Er schlug zwar eine Menge Krach und beharrte stur auf seinen Ansichten, aber er liebte seine Kinder über alles.

»Das tut er ganz bestimmt nicht, Cass. Er wird dir eine Weile das Leben schwermachen, aber er wird dich nicht hinauswerfen. Dafür liebt er dich viel zu sehr.«

»Er liebt Chris«, erwiderte sie trübsinnig.

»Und dich liebt er auch. Er ist nur ein bißchen altmodisch und stur wie ein alter Esel. Manchmal macht er mich wahnsinnig.«

»Mich auch.« Sie lächelte und schneuzte sich. Dann blickte sie besorgt zu Nick auf. »Willst du mich weiter unterrichten?«

»Aber natürlich.« Er grinste ihr verschwörerisch zu, wodurch sein Gesicht jungenhaft und schelmisch wirkte.

»Aber bilde dir jetzt bloß nichts ein«, sagte er streng. »Du fliegst noch lange nicht so gut wie der Kommandant des vierundneunzigsten Geschwaders. Aber eines Tages könntest du ihn sogar übertreffen, wenn du fleißig deine Kehren übst und immer schön auf deinen Fluglehrer hörst.«

»Ja, Sir.«

»Wasch dir das Gesicht, du siehst ja furchtbar aus... Wir sehen uns morgen auf dem Rollfeld, Cass.« Er lächelte. »Vergiß nicht, daß wir für die nächste Flugschau trainieren müssen.« Voller Dankbarkeit sah sie ihm nach und fragte sich, wie Pat O'Malley zur Vernunft gebracht werden könnte.

Beim Abendessen sagte er kein einziges Wort zu ihr. Er erzählte Oona, was sie getan hatte, und Oona fing sofort an zu weinen, denn Pat hatte sie schon vor vielen Jahren davon überzeugt, daß Frauen die geistigen und körperlichen Voraussetzungen zum Fliegen fehlten.

»Es ist einfach zu gefährlich«, erklärte sie Cassie später in ihrem Zimmer. Da ihre Schwestern verheiratet und von zu Hause fort waren, hatte Cassie schon seit langem ihr eigenes Schlafzimmer.

»Wieso sollte es für mich gefährlicher sein als für Chris?« fragte Cassie unter Tränen. Die Streitereien mit ihren Eltern hatten sie erschöpft, und sie wußte, daß sie niemals gewinnen konnte. Selbst Chris hatte nichts zu ihrer Verteidigung gesagt. Er haßte es, mit seinen Eltern zu streiten.

»Natürlich ist es das«, widersprach ihre Mutter. »Chris ist ein Mann. Für Männer ist das Fliegen nicht so gefährlich wie für eine Frau.« Treu und brav betete Oona die Worte ihres Mannes nach, als handle es sich dabei um ein unumstößliches Naturgesetz.

»Wie kannst du so was sagen? Das ist doch Unsinn.«

»Das ist kein Unsinn. Dein Vater sagt, daß wir Frauen uns nicht genug konzentrieren können.«

»Das ist eine Lüge, Mama, glaub mir. Sieh dir doch all die Frauen an, die fliegen. Sie sind großartig.«

»Und was ist mit Amelia Earhart, mein Schatz? Ihr Schicksal ist der beste Beweis für die Worte deines Vaters. Offenbar hat sie da draußen die Orientierung verloren, oder den Verstand. Und den armen Copiloten hat sie mit in den Tod gerissen.«

»Woher willst du wissen, daß sie nicht durch seine Schuld umgekommen sind?« widersprach Cassie beharrlich. »Er war der Navigator, nicht sie. Und vielleicht wurden sie ja auch abgeschossen«, fügte sie traurig hinzu. Die Unterhaltung führte zu nichts. Ihre Mutter war felsenfest von dem überzeugt, was ihr Mann ihr gesagt hatte.

»Du darfst dich nicht weiter so aufführen, Cassie. Ich hätte dir verbieten müssen, dich ständig auf dem Flughafen herumzutreiben. Aber es hat dir solchen Spaß gemacht, und ich dachte, dein Vater würde sich freuen. Aber du mußt dir diese verrückten Träume aus dem Kopf schlagen, Cassie. Du gehst jetzt aufs College, und eines Tages bist du Lehrerin. Du kannst doch nicht bis in alle Ewigkeit wie eine Zigeunerin durch die Welt fliegen.«

»O doch, das kann ich ... verdammt noch mal, das kann ich!« schrie Cassie ihre Mutter an. Im nächsten Moment stand ihr Vater in der Tür und wies sie erneut zurecht. Er bestand darauf, daß sie sich bei ihrer Mutter entschuldigte. Mittlerweile hatten beide Frauen angefangen zu weinen, und Pat war fuchsteufelswild.

»Es tut mir leid, Mama«, sagte sie kläglich.

»Das sollte es auch«, schrie ihr Vater, bevor er die Tür hinter sich zuknallte. Ihre Mutter folgte ihm, und Cassie warf sich schluchzend aufs Bett.

Als Bobby Strong kurz danach vorbeikam, ließ Cassie ihm von Chris ausrichten, sie habe schlimme Kopfschmerzen. Er fuhr besorgt nach Hause und hinterließ ihr eine Nachricht, daß er ihr gute Besserung wünsche und versprach, am nächsten Tag wiederzukommen.

»Vielleicht bin ich morgen schon tot«, sagte sie mißmutig, nachdem Chris ihr Bobbys Nachricht überbracht hatte. »Das wäre vielleicht gar nicht so schlecht.«

»Kopf hoch, Schwesterherz. Sie werden sich schon damit abfinden«, sagte Chris aufmunternd.

»Nein. Dad wird es nie und nimmer zulassen. Er will einfach nicht wahrhaben, daß Frauen fliegen können. Seiner Meinung nach können wir nichts als stricken und Kinder kriegen.«

»Hört sich doch gut an. Wie steht's übrigens mit deinen Strickkünsten? Machst du Fortschritte?« neckte er sie und schlüpfte schnell zur Tür hinaus, bevor ihn der Schuh treffen konnte, den sie nach ihm geworfen hatte.

Am Tag darauf ging es ihr bereits wieder ein wenig besser. Sobald sie mit Nick mit der Bellanca gestartet war, fühlte sie sich wieder wie ein Mensch. Ihre Laune besserte sich zusehends, während sie mit Nick dahinflog. Als sie sich danach in den Laster setzten und sich unterhielten, war Cassie wieder ein wenig bedrückt, denn die Reaktion ihres Vaters auf ihre Flugstunden ging ihr nicht aus dem Sinn.

»Genauso gut wie Rickenbacker, was?« sagte sie zu Nick.

»Ich hab dir doch gesagt, du sollst dir nichts darauf einbilden. Diese Lüge sollte ihn doch nur beeindrucken.«

»Er schien wirklich sehr beeindruckt, fandest du nicht auch?« Cassie grinste wehmütig, und Nick lachte. Sie war hart im Nehmen, und früher oder später würden sie Pat schon rumkriegen. Schließlich konnte er seinen Kopf nicht für alle Zeiten in den Sand stecken!

Ihre Flugstunden änderten sich kaum. Nur wenn Nick länger unterwegs war oder wenn sie für eine Prüfung lernen mußte, kam es zu Verschiebungen. Aber keiner von beiden versäumte gern eine Flugstunde, und so konnten sie sich meistens arrangieren. Seltsamerweise ließ ihr Vater sie stillschweigend gewähren und stellte keine Fragen.

Wie immer kam Nick an Thanksgiving zu Besuch; aber Pat verhielt sich beiden gegenüber distanzierter als sonst. Er hatte ihnen ihren Verrat, wie er es nannte, noch nicht verziehen. Am Flughafen ging Nick ihm möglichst aus dem Weg, und zu Hause sprach Pat seit Oktober nur das Allernötigste mit Cassie. Die Situation wurde immer schwieriger, aber um die Weihnachtszeit wirkte er sichtlich entspannter. Und als Bobby Strong Cassie am Heiligabend einen Verlobungsring an den Finger steckte, schmolz Pat vollends dahin.

Bobby wußte zwar um die lange Wartezeit, aber er wollte sich trotzdem gern mit ihr verloben, schließlich hatte er ihr schon seit drei Jahren den Hof gemacht. Da ihm so viel daran lag und er so verliebt in sie war, konnte sie ihn einfach nicht zurückweisen. Als er ihr den winzigen Diamantring an den Finger steckte, spürte sie nichts als Verwirrung. Sie hatte sich unsagbar unglücklich und schuldig gefühlt, nachdem ihre Eltern hinter ihre heimlichen Flugstunden gekommen waren. Aber die Verlobung schien sie zu besänftigen, und Cassie stieg wieder in ihrer Gunst.

Sie waren wirklich sehr erfreut. Beim Weihnachtsessen gaben sie der ganzen Familie die Verlobung bekannt. Auch Nick war dabei, aber er sagte nichts dazu. Er sah Cassie nur an und fragte sich, ob sich durch die Verlobung womöglich alles ändern würde. Aber merkwürdigerweise verhielt Cassie sich wie immer. Ihr Verhältnis zu Bobby Strong wirkte weder inniger noch vertrauter als zuvor, und mit Nick war sie weiterhin ein Herz und eine Seele. Es hatte sich in der Tat kaum etwas geändert. Bobby verweilte beim Abschied vielleicht ein klein wenig länger auf der Veranda als sonst, aber alles in allem war es nicht das, was Cassie sich unter einer Verlobung vorstellte. Aber die Sache ging Nick bis zu ihrem nächsten Treffen auf dem Rollfeld nicht aus dem Kopf.

»Und was hat das jetzt zu bedeuten?« Er deutete auf ihren Verlobungsring. Sie zuckte die Schultern, denn sie war es schon gewöhnt, daß sie niemals so reagierte, wie die anderen es von ihr erwarteten.

»Ich weiß es nicht«, sagte sie aufrichtig. Ihre Gefühle für Bobby hatten sich seit der Verlobung nicht geändert. Sie mochte ihn, und er war ihr nicht einerlei, aber sie konnte sich nicht vorstellen, seine Frau zu werden. Sie hatte in die Verlobung eingewilligt, weil es Bobby und ihren Eltern so viel bedeutete. »Ich habe es einfach nicht übers Herz gebracht, ihm den Ring zurückzugeben«, sagte sie schüchtern und schaute zur Bellanca hinüber. Der heutige Flug war besonders gut gelaufen, und sie hatte ihre Landetechnik bei Seitenwind ausfeilen können. »Er weiß, daß ich das College zu Ende machen will«, sagte sie hilflos. Aber das wahre Problem war nicht ihre Collegeausbildung.

»Der Ärmste. Wollen wir hoffen, daß ihm nicht der Geduldsfaden reißt. Waren es nicht noch dreieinhalb Jahre?«

»Ja.« Sie grinste ihn schelmisch an. Er mußte lachen und hätte sie am liebsten geküßt. Ihre Worte hatten ihn ungeheuer erleichtert. Beim Anblick des Verlobungsringes war ihm beinahe schlecht geworden. Die Vorstellung, sie könne heiraten oder sich auch nur verloben, war ihm unerträglich, aber Bobby Strong war offensichtlich keine ernstzunehmende Bedrohung. Früher oder später würde Cassie von ganz allein dahinterkommen, aber dann würde ein anderer kommen, und davor grauste es ihm schon jetzt.

»Okay ... setz deinen Hintern in Bewegung, O'Malley ... laß uns noch eine ›dead stick‹-Landung sehen.« Er wollte noch einmal mit ihr fliegen.

»Ich will fliegen, und nicht ständig diese blöde Landung üben! Kannst du mir nicht mal was anderes beibringen, *Stick?«* Sie legte besondere Betonung auf seinen alten Spitznamen. »Hast du denn keine anderen Tricks auf Lager?«

Diesmal ließ er sie allein starten, und sie lieferte ihm eine perfekte »dead stick«-Landung. Mit jeder Landung bekam sie den Seitenwind besser in den Griff, und er war mehr als zufrieden mit ihr.

Wieder einmal bedauerte er es, daß ihr Vater nichts von ihren Flugkünsten sehen wollte. Er wäre sicher sehr stolz auf sie gewesen.

»Sollen wir für heute Schluß machen?« fragte er, und sie gingen zurück zum Laster.

»Ja, wir müssen wohl«, sagte sie traurig. »Ich hasse es, runterzukommen. Am liebsten würde ich immer weiter fliegen.«

»Wenn du groß bist, kannst du ja vielleicht Stewardeß werden«, neckte er sie, und sie schlug mit den Handschuhen nach ihm, aber sie sah bedrückt aus. Es gab wirklich keine Perspektive für sie. Und wäre Nick nicht gewesen, würde sie überhaupt nicht fliegen können.

»Kopf hoch, Mädchen«, sagte er aufmunternd. »Er wird sich schon damit abfinden.«

»Nein, das wird er nicht«, widersprach sie, denn sie kannte ihren Vater nur allzugut.

Nick nahm ihre Hand, und sie sah ihm in die Augen. Sie war ihm dankbar für seine Güte und für alles, was er ihr gegeben hatte. Eine einzigartige Freundschaft verband sie miteinander. Sie war ein großartiges Mädchen und ein guter Kamerad, und sie hatten viel Spaß an ihren geheimen Nachmittagen auf dem einsamen Rollfeld. Nick wünschte, es könnte ewig so weitergehen. Er wollte ihre gemeinsamen Flüge und Unterhaltungen nicht mehr missen. Nur mit ihr konnte er über alles reden, was ihm wichtig war. Auch für sie war er der einzige wahre Freund, aber das Tragische war, daß es für sie beide keine Zukunft geben würde.

Auf der Heimfahrt mußte sie die ganze Zeit an ihn denken. Als sie ihr Elternhaus erreichte, begann es zu schneien. Sie ging in die Küche und half ihrer Mutter bei der Vorbereitung des Abendessens, aber ihr Vater war noch nicht zurück. Eine Stunde später war er immer noch nicht gekommen, und Oona schickte Chris zum Flughafen.

Chris kam nach kurzer Zeit zurück, um für sich und Pat etwas zu essen zu holen. Etwa zweihundert Meilen südwestlich hatte sich ein Zugunglück ereignet. Es gab Hunderte von Verletzten, und von überallher eilten Helfer herbei. Pat organisierte Rettungsmannschaften, und Chris sollte ihm dabei helfen. Auch Nick war dort. Gemeinsam versuchten sie, alle verfügbaren Piloten zusammenzutrommeln. Aber drei von ihnen lagen krank im Bett, und die anderen hatten sie noch nicht erreichen können. Pat hatte Oona durch Chris ausrichten lassen, daß sie die ganze Nacht wegbleiben würden. Oona nickte nur. Sie war an derartige Zwischenfälle gewöhnt und packte ihnen schnell etwas zu essen ein.

»Warte!« sagte Cassie, als Chris sich auf den Weg machen wollte. »Ich komme mit.«

»Nein, ich glaube, du solltest ... «, begann Oona zu widersprechen, aber als sie den entschlossenen Gesichtsausdruck ihrer Tochter sah, zuckte sie die Achseln. Eigentlich gab es nichts einzuwenden. Sie würde ohnehin nur auf dem Flughafen herumsitzen können. »Also gut. Dann packe ich dir auch was zu essen ein.«

Oona gab ihnen den Korb mit Proviant, und sie schlitterten auf der vereisten Straße in Richtung Flughafen. Es war eine eiskalte Nacht, und es schneite bereits seit zwei Stunden. Cassie fragte sich, ob sie überhaupt starten konnten. Die Witterungsbedingungen waren denkbar schlecht, und ihr Vater wirkte sehr besorgt, als sie sein Büro betraten.

»Gut, daß ihr da seid, Kinder.« Dem mitgebrachten Essen schenkte er keine Beachtung. Er besprach gerade mit Nick, welche Flugzeuge eingesetzt werden sollten und wie viele Männer sie brauchten. Sie wollten vier Flugzeuge mit Sanitätern, Decken und Medikamenten starten lassen. Alles war arrangiert, nur die Piloten waren noch nicht alle an Ort und Stelle. Es fehlten noch zwei Männer, die sie noch nicht erreicht hatten. Pat wollte die neue Vega fliegen und Chris mitnehmen, obwohl er sie notfalls auch allein fliegen konnte. Einer seiner besten Piloten war gerade gekommen und hatte auch seinen Copiloten mitgebracht. Aber sie brauchten noch zwei Männer für die alte Handley. Wegen ihres Alters und ihrer Größe war sie schwierig zu fliegen, und bei derartigen Wetterverhältnissen war es besser, zu zweit im Cockpit zu sitzen. Nick hätte es auch allein geschafft, aber ganz wohl war ihm dabei nicht. Er brauchte einen guten Copiloten. Er warf Cassie einen fragenden Blick zu, sagte jedoch nichts.

Kurz danach hörten sie von zwei weiteren Männern. Der eine hatte gerade einen sechzehn Stunden langen Postflug hinter sich und war todmüde, und der andere gab zu, daß er getrunken hatte.

»Jetzt bleibt nur noch einer«, sagte Nick. Gegen zehn Uhr rief dieser schließlich an und klagte über furchtbare Ohrenschmerzen. »Das war's, O'Malley«, sagte Nick. Ihnen fehlte ein Mann für die Rettungsaktion. Pat ahnte, was er dachte, und schüttelte den Kopf, aber diesmal ließ Nick sich nicht beirren.

»Ich nehme Cassie mit«, sagte er ruhig zu Pat, der schon wieder zu toben anfangen wollte. »Du verschwendest nur deine Zeit, Ace. Da draußen warten Hunderte von Verletzten auf unsere Hilfe, und wir haben keine Zeit zum Streiten. Ich weiß, was ich tue. Sie kommt mit mir.« Die einzige andere Möglichkeit war, sie als Pats Copilotin in der Vega fliegen zu lassen, und das hätte Pat nicht zugelassen. Nick schnappte sich seine Jacke und ging in Richtung Tür. Pat warf ihm einen zornigen Blick zu, erhob jedoch keine weiteren Einwände.

»Du bist ein verdammter Idiot, Nick«, grummelte Pat, aber mehr sagte er nicht, während sie sich für den Abflug vorbereiteten. Er rief noch schnell bei Oona an und bat sie, am Flughafen auf ihre Rückkehr zu warten.

Schweigend ging Cassie mit Nick zu dem vertrauten Flugzeug und spürte, wie tief in ihrem Inneren etwas erzitterte. Einen kurzen Moment lang fühlte sie Pats wütenden Blick auf sich gerichtet. Sie wollte ihm etwas sagen, aber sie wußte nicht, was. Und dann war er auch schon mit Chris in der Vega verschwunden.

»Er beruhigt sich schon wieder«, sagte Nick und half ihr auf den Sitz, aber sie nickte nur stumm. Wieder einmal war Nick für sie eingestanden; er glaubte an sie, und er scheute sich nicht, es zuzugeben. Er war ein bemerkenswerter Mann, und sie wollte ihn auf keinen Fall enttäuschen. Es war ein weiter Weg nach Missouri, kein Kinderspiel bei diesem Wetter und mit so einer alten Maschine.

Sie führten die üblichen Kontrollen durch, und dank Nick war sie mit dem Flugzeug bestens vertraut. Als sie sich anschnallte, fand sie ihr Vorhaben plötzlich so aufregend, daß sie ihren Vater vergaß. Sie hatten Verbandszeug, Tragen und Medikamente an Bord, und die anderen Flugzeuge transportierten ebenfalls Hilfsgüter. Außerdem brachten sie noch zwei Ärzte und drei Krankenschwestern an den Unglücksort. Insgesamt waren vier Staaten an der Hilfsaktion beteiligt, denn es gab fast tausend Verletzte.

Beim Start war äußerste Vorsicht geboten, aber Nick brachte die Maschine sicher in die Luft. Gott sei Dank bildete sich kein Eis auf den Tragflächen, und es schneite längst nicht mehr so stark wie zuvor. Als sie eine Flughöhe von achttausend Metern erreicht hatten und nach Südwesten in Richtung Kansas City flogen, schneite es nur noch vereinzelt. Sie würden etwa zweieinhalb Stunden für die Strecke brauchen, und die Vega schaffte die Strecke in einer guten Stunde. Fast den ganzen Flug hatten sie mit Turbulenzen zu kämpfen, aber das störte Nick und Cassie nicht. Cassie war hingerissen von der Schönheit der Nacht, und sie genoß es, am nächtlichen Sternenhimmel dahinzufliegen. Sie fühlte sich wie am Ende der Welt in einem endlosen Universum. Noch nie war sie sich so klein, so frei und so lebendig vorgekommen wie in diesen Augenblicken.

Nick ließ sie die meiste Zeit fliegen, und als sie in der Nähe des Unglücksortes ein geeignetes Rollfeld entdeckten, setzte er zur Landung an.

Überall lagen Verwundete auf dem Boden. Decken und Medikamente wurden herbeigeschafft, Sanitäter säuberten Wunden und legten Verbände an, Kinder schrien und Mütter weinten. Nick, Cassie und die anderen blieben vor Ort und halfen, wo sie nur konnten. Gegen Morgen hatte die Staatspolizei die Lage unter Kontrolle. Krankenwagen, Ärzte und Pfleger waren aus dem ganzen Staat mit Autos und Flugzeugen herbeigeeilt, und kurz vor Sonnenaufgang flogen Nick und Cassie mit den anderen nach Hause. Ihren Vater hatte sie während der Nacht kaum gesehen, denn sie hatten alle Hände voll zu tun gehabt, die Rettungsmannschaften zu unterstützen.

Die Sonne ging auf, als sie starteten, und Nick ließ sie den ganzen Rückflug allein fliegen. Trotz der heftigen Windböen und des vereisten Rollfeldes brachte Cassie eine meisterhafte Landung zustande. Nachdem sie den Motor abgestellt hatte, schüttelte ihr Nick die Hand und gratulierte ihr zu ihrer hervorragenden Leistung. Lächelnd stieg sie aus dem Flugzeug und wäre um ein Haar mit ihrem Vater zusammengestoßen. Er stand direkt neben dem Flugzeug und sah Nick mit müdem Blick an.

»Wer von euch hat die Maschine runtergebracht?« knurrte er grimmig. Das Flugzeug gehörte ihm, und Cassie ahnte Schlimmes.

»Ich«, sagte Cassie kleinlaut und darauf gefaßt, von ihm kritisiert zu werden.

»Das hast du verdammt gut gemacht«, sagte er unbeholfen, machte auf dem Absatz kehrt und verschwand. Soeben hatte sie den Beweis für ihr Können geliefert, und Cassie und Nick waren gespannt auf Pats Reaktion gewesen, denn bei Pat O'Malley konnte man sich nie sicher sein. Jetzt hatte sie, während sie ihm nachsah, Tränen in den Augen, zum erstenmal hatte er sie gelobt, und am liebsten hätte sie vor Aufregung laut losgeschrien. Statt dessen grinste sie Nick an, und dann gingen sie Arm in Arm zum Büro.

Ihre Mutter hatte Kaffee und Kuchen für alle Männer gebracht, und Cassie saß ruhig da und redete leise mit Nick über das Zugunglück. Es war eine lange, harte Nacht gewesen, aber sie waren froh, daß sie helfen konnten.

»Jetzt hältst du dich wohl für einen Teufelskerl«, hörte sie ihren Vater plötzlich sagen. Sie sah ihn an und stellte fest, daß er keinen Groll mehr gegen sie hegte.

»Nein, Dad, ich möchte nur gern fliegen«, antwortete sie leise.

»Es ist unnatürlich, wenn du mich fragst. Denk dran, wie es der armen, kleinen Earhart ergangen ist.« All das hatte Cassie schon hundertmal gehört, und sie war darauf vorbereitet, aber auf das, was ihr Vater dann sagte, war sie keineswegs vorbereitet. Vor Staunen blieb ihr der Mund offenstehen, und sie blickte hilflos zu Nick hinüber, weil sie nicht glauben konnte, was sie da hörte. »Nach der Schule kannst du hier für mich arbeiten. Nichts Großartiges, nur ein paar kleinere Sachen. Es geht doch nicht, daß Nick ständig in der Gegend herumfliegt und Treibstoff vergeudet, nur um dir Flugstunden zu geben.« Ungläubig lächelte sie ihn an, und Nick stieß einen Freudenschrei aus, was ihnen verwirrte Blicke von den anderen Piloten einbrachte.

Sie schlang ihrem Vater die Arme um den Hals, und Nick schüttelte ihm immer wieder die Hand. Auch Chris kam zu ihnen und nahm sie in den Arm. Es war der glücklichste Moment ihres Lebens. Ihr Vater erlaubte ihr zu fliegen ... ihr Vater erlaubte ihr zu fliegen, und sie durfte auf seinem Flughafen arbeiten und kürzere Flüge für ihn übernehmen ...

»Warte nur bis zur Flugschau im Juli!« flüsterte sie Nick ins Ohr, während sie sich lachend in den Armen lagen. Ihr Vater würde eine große Überraschung erleben. Aber das hier war sicherlich ein guter Anfang.

8

In den nächsten sechs Monaten flog die Zeit für Cassie nur so dahin. Jeden Tag fuhr sie zum Bradley College. An drei Nachmittagen servierte sie in einem Café, um den Treibstoff für ihre Flugstunden mit Nick bezahlen zu können. Und jeden Abend versuchte sie, so früh wie möglich am Flughafen zu sein, wo sie einige der anfallenden Arbeiten erledigte. Die Fliegerei fand jedoch in erster Linie an den Wochenenden statt, und das war ihre glücklichste Zeit. Manchmal flog sie mit Nick sogar nach Chicago, Detroit und Cleveland.

Noch nie zuvor war sie so zufrieden mit ihrem Leben gewesen. Manchmal vermißte sie zwar ihre heimlichen Flugstunden mit Nick und die Stunden, die sie gemeinsam verbracht hatten. Er unterrichtete sie jetzt ganz offiziell, wenn sie Zeit dazu hatten, und sie starteten vom Flughafen ihres Vaters aus. Und obwohl Pat nichts zu ihr sagte, schien ihm ihr Stil zu gefallen. Bei einem Gespräch unter vier Augen hatte er zu Nick gesagt, sie sei eine verdammt gute, kleine Pilotin. Offiziell galt sein Lob allerdings immer nur Chris, der sich zwar viel Mühe gab, jedoch eigentlich kein Lob verdient hätte. Aber Cassie ärgerte sich nicht mehr darüber, denn sie hatte jetzt alles, was sie wollte.

Ihr einziges Problem war ihr Verlobter, der sich über die Nachgiebigkeit ihres Vaters entsetzte. Aber seit sie Pats Erlaubnis hatte, konnte Bobby nicht mehr viel ausrichten. So beschränkte er sich darauf, ihr ständig Vorhaltungen zu machen. Ihre Mutter hielt das Ganze für eine vorübergehende Phase und glaubte fest daran, daß Cassie ihr Interesse an der Fliegerei verlieren würde, sobald sie mit Bobby verheiratet war und Kinder bekam.

Die wichtigste Nachricht in diesem Frühjahr war Hitlers Einmarsch in Österreich. Dies stellte eine ernsthafte Bedrohung dar, obwohl die meisten Amerikaner noch Roosevelts Worten Glauben schenkten. Er verharmloste die Kriegsgefahr, und falls es dennoch in Europa zum Krieg käme, wollte er eine Beteiligung amerikanischer Truppen vermeiden. Einmal sei genug gewesen, Amerika habe aus den Fehlern der Vergangenheit gelernt.

Aber Nick glaubte nicht daran, daß es so einfach war. Er hatte viel über Hitler gelesen und traute ihm nicht. Er hatte auch ein paar Freunde, die zwei Jahre zuvor als freiwillige Flieger am spanischen Bürgerkrieg teilgenommen hatten. Sie glaubten ebenfalls, daß in Europa bald wieder ein furchtbarer Krieg entbrennen würde, und Nick konnte sich nicht vorstellen, daß Amerika sich bei einem solchen Krieg einfach heraushalten konnte.

»Ich kann mir einfach nicht vorstellen, daß wir wieder hineingezogen werden. Was meinst du, Nick?« fragte Cassie besorgt, nachdem sie für die Flugschau trainiert hatten.

»Ich schon«, erwiderte er aufrichtig. »Wahrscheinlich bleibt uns gar keine andere Wahl, denn wir können unsere Alliierten doch nicht einfach im Stich lassen.«

»Das ist unglaublich«, sagte Cassie. Noch unglaublicher war, daß ihr Vater ihr die Teilnahme an der Flugschau erlaubt hatte. Nick hatte ihn dazu überredet, und jetzt war Pats größte Angst, sie könne ihn womöglich blamieren. Er wußte zwar, daß sie eine sichere Hand hatte und hervorragend unterrichtet worden war, aber was war, wenn sie versagte? Womöglich flog sie ja so schlecht, daß er sich schämen mußte.

»Chris wird dich schon nicht enttäuschen«, hatte Nick ihn ermutigt, und Pat hatte ihm nur allzugern geglaubt. Nick war sich bei Cassie zwar viel sicherer, aber das hätte er ihrem Vater niemals gesagt. Pat klammerte sich an die Hoffnung, daß Chris eines Tages ein großartiger Pilot sein würde, und er wollte einfach nicht einsehen, wie wenig Chris an der Fliegerei gelegen war. Und Chris hatte Angst, sich seinem Vater zu offenbaren.

Schließlich war der große Tag gekommen, und Nicks Prophezeiungen erfüllten sich. Chris flog erneut einen Höhenrekord, und Cassie machte den zweiten Preis bei einem Rennen auf gerader Strecke und den ersten Preis beim Rundflug. Als die Gewinner des Nachmittags bekanntgegeben wurden, mochte Pat seinen Ohren kaum trauen, und auch Cassie konnte es nicht fassen. Sie und Nick freuten sich wie die Kinder, und lachend und schreiend fielen sie sich in die Arme. Die örtliche Zeitung machte zwei Fotos von ihr, zuerst allein, dann zusammen mit ihrem Vater. Und Chris gönnte ihr den Triumph von ganzem Herzen, denn er wußte, wieviel es ihr bedeutete. Pat konnte nicht glauben, was sie geschafft hatte, aber Nick sah seine Erwartungen bestätigt. Er hatte es schon immer gewußt. Es überraschte ihn auch nicht, als einer der Richter sagte, daß Cassies hochgezogene Kehrtkurven Weltklasse seien.

»Du hast es geschafft, Mädchen«, sagte Nick lächelnd, als er sie nach Hause fuhr, nachdem sie zuvor die Flugzeuge ihres Vater zurück zum Flughafen gebracht hatten.

»Ich kann es immer noch nicht fassen«, sagte sie und sah ihn an, aber dann wandte sie den Blick von ihm ab und starrte gedankenverloren aus dem Fenster.

»Genausowenig wie dein Dad.« Er lächelte.

»Das alles habe ich nur dir zu verdanken«, sagte sie ernst, aber er schüttelte den Kopf, denn er wußte es besser.

»Du verdankst es niemandem als dir selbst. Ich habe dir nicht das Talent gegeben, Gott hat es dir geschenkt. Ich habe dir nur geholfen.«

»Du hast alles getan.« Sie schaute ihn an und war plötzlich traurig. Was sollte sie nur machen, wenn er sie nun nicht mehr unterrichten wollte und sie nicht mehr mit ihm zusammensein konnte? »Wirst du noch ab und zu mit mir fliegen?«

»Sicher, aber du darfst mir keine Angst einjagen.« Voller Stolz berichtete er ihr von dem Lob des Kurvenrichters.

Sie lachte laut los, aber dann sah sie Bobby Strong, der auf der Veranda auf sie wartete, und ihre gute Laune war plötzlich wie weggeblasen. Er hatte solche Angst gehabt, ihr könne etwas passieren, daß er nicht mit zur Flugschau gekommen war. Sie würde nicht umhinkönnen, hier einiges klarzustellen, aber bisher hatte ihr der Mut gefehlt, und außerdem wollte er ihr nie zuhören. Er wollte einfach nicht einsehen, wieviel ihr die Fliegerei bedeutete. Er wollte nicht wahrhaben, daß ihr andere Ziele viel wichtiger waren, als seine Frau zu werden und Kinder zu bekommen. In diesem Augenblick hätte sie lieber zusammen mit Nick die Ereignisse der Flugschau Revue passieren lassen und sich vergewissert, daß ihre gemeinsame Zeit nicht vorüber war. Aber statt dessen mußte sie sich um Bobby kümmern.

»Da ist dein Freund«, sagte Nick ruhig. »Hast du vor, ihn demnächst zu heiraten?« Diese Frage ging ihm ständig im Kopf herum.

»Ich weiß es nicht«, sagte sie seufzend, denn Nick gegenüber war sie aufrichtig. Aber ihre aufrichtigen Antworten gefielen Bobby ganz und gar nicht. Mit ihren neunzehn Jahren mochte sie noch keine feste Bindung eingehen, obwohl dies alle von ihr erwarteten. »Alle sagen mir, ich würde mich ändern, wenn ich erst verheiratet bin und Kinder habe. Dadurch würde sich alles im Leben ändern. Ich glaube, das ist es, wovor ich mich fürchte. Meine Mutter sagt, alle Frauen wünschen sich eine Familie und Kinder. Wie kommt es dann, daß ich mir nichts wünsche als einen Tag wie diesen und eine Halle voller Flugzeuge?«

»Meinst du, ich hätte mir je was anderes gewünscht?« fragte Nick grinsend, aber dann wurde er plötzlich ernst. »Nein, das stimmt nicht. Als ich etwa in deinem Alter war, habe ich anders gedacht. Ich hab mir Mühe gegeben, aber es hat einfach nicht funktioniert. Die Fliegerei ist mein Leben, für eine Familie ist darin einfach kein Platz. Aber vielleicht bist du ja anders, Cassie.« In gewisser Weise wünschte er es ihr, allerdings nicht für Bobby.

»Mein Vater hat es anscheinend ganz gut geregelt«, sagte sie grinsend. »Vielleicht sind wir beiden ja auch etwas verschroben oder auch nur feige. Manchmal ist es einfacher, Flugzeuge zu lieben als einen anderen Menschen.« Aber sie wußte, daß sie ihn liebte. Er war der allerbeste Freund, den sie je hatte, und sie wußte, daß er sie schon als kleines Kind gern gehabt hatte. Aber sie war kein Kind mehr, und das war das Problem.

»Seltsam, dasselbe habe ich auch gedacht, als ich dir heute zugesehen habe. Was ist Cassie doch für ein Feigling, habe ich mir da gesagt.« Sie lachte laut los und versetzte ihm einen ordentlichen Stoß.

»Du weiß ganz genau, was ich sagen wollte. Vielleicht haben wir ja Angst vor anderen Menschen«, sagte sie ernsthaft.

»Vielleicht sind wir auch einfach nur realistisch. Nichts ist schlimmer, als wenn man mit dem falschen Partner verheiratet ist. Glaub mir, ich hab es versucht.«

»Willst du damit sagen, daß er nicht der richtige für mich ist?« fragte Cassie leise, während Bobby noch immer geduldig auf der Veranda auf sie wartete. Er wußte bereits von ihren Erfolgen auf der Flugschau.

»Es ist nicht an mir, dir das zu sagen, Cass. Das mußt du selbst entscheiden. Aber du darfst dir auch von niemandem einreden lassen, daß er der richtige für dich ist. Du mußt es selbst herausfinden. Wenn du das nicht tust, wird es dir später furchtbar leid tun.« Sie nickte verstehend und umarmte ihn als Dank für alles, was er für sie getan hatte.

»Wir sehen uns morgen bei der Arbeit.« Sie wollte den Sommer über auf dem Flughafen arbeiten. Ihr Vater hatte ihr erlaubt, ihren Job als Kellnerin an den Nagel zu hängen, damit sie für einen Hungerlohn für ihn arbeiten konnte. Sie fragte sich, ob er ihr einige Frachtflüge anvertrauen würde, in der Hoffnung, daß ihre Darbietungen bei der Flugschau ihn von ihrem Können überzeugt hatten.

Leichtfüßig sprang sie vom Laster, warf Nick noch einen letzten Blick zu und ging dann hinüber zu Bobby. Er hatte schon lange auf sie gewartet und freute sich zwar über ihre Siege, aber als sie auf ihn zugelaufen kam, machte er ein verärgertes Gesicht. Den ganzen Nachmittag war er krank vor Sorge gewesen und hatte gebetet, daß es bei der Flugschau keinen Unglücksfall geben würde. Und jetzt kam sie fröhlich dahergelaufen, so als würde sie soeben von einem Einkaufsbummel aus der Stadt zurückkehren.

»Es ist mir gegenüber nicht fair, Cass«, sagte er ruhig. »Ich habe mir den ganzen Nachmittag Sorgen um dich gemacht. Du weißt ja nicht, wie das ist, wenn man sich all die schrecklichen Dinge ausmalt, die passieren könnten.«

»Es tut mir leid, Bobby, aber heute war für mich ein ganz besonderer Tag.«

»Ich weiß«, sagte er, aber er sah nicht erfreut aus. Keine ihrer Schwestern war jemals geflogen, was wollte sie eigentlich beweisen? Ginge es nach ihm, so würde sie nie wieder fliegen, sagte er ihr. Aber er hatte einen ungünstigen Zeitpunkt gewählt, und Cassie blickte genauso zornig drein wie er.

»Wie kannst du das von mir verlangen?« Sie war bereits zu weit gekommen – die Flugschau, ihr Vater, all ihre Flugstunden bei Nick: Sie würde sich nie wieder mit einem Leben auf dem Boden zufriedengeben. Sie war jetzt oben, und sie hatte nicht vor, je wieder herunterzukommen, ob es Bobby nun gefiel oder nicht. Er hoffte, sie würde sich mit der Zeit ändern, aber am Ende des Sommers war ihm klargeworden, daß er in eine flugbesessene Familie hineingeraten war, in der die Fliegerei eine größere Rolle spielte als eine Verlobung. Im Augenblick konnte er Cassie nur bitten, vorsichtig zu sein. Und das war sie auch, aber nicht wegen Bobby; sie war einfach eine gute Pilotin, und sie flog ständig. Als Jackie Cochran im Herbst das Bendixrennen von Burbank nach Cleveland gewann, machte Cassie die ersten Postflüge für ihren Vater. Mittlerweile hatte er Vertrauen in ihre Fähigkeiten und ließ sich von ihr im ganzen Staat herumfliegen. Er mußte einsehen, daß Nick recht gehabt hatte. Für ihn war es natürlich ein reiner Zufall, und obwohl man sich seiner Meinung nach auf eine Frau wohl nie so verlassen konnte wie auf einen Mann, hielt er sie für eine verdammt gute Pilotin. Cassie gegenüber gab er das natürlich nicht zu.

Cassie besuchte weiterhin das Bradley-College und arbeitete auch den ganzen Winter am Flughafen. Sie half bei verschiedenen Notfällen, flog, sooft es ging mit Nick, und gehörte ab dem Frühjahr zum festen Team des Flughafens. Sie flog kurze und lange Strecken, Postflüge und Frachtflüge, und natürlich übte sie wieder für die kommende Flugschau. Manchmal trainierte sie mit Nick und begleitete ihn auf längeren Postflügen.

Sie war immer noch mit Bobby Strong verlobt, aber da es seinem Vater schon seit einem Jahr nicht gutging, verbrachte er mehr und mehr Zeit im Laden, und seine Besuche bei Cassie wurden immer seltener. Sie war jedoch meist so beschäftigt, daß sie es nicht einmal bemerkte.

Im März besetzte Hitler die Tschechoslowakei, und wieder wurde von Amerikas möglicher Teilnahme an einem bevorstehenden Krieg gesprochen. Roosevelt machte zwar gegenteilige Versprechungen, aber Nick glaubte schon längst nicht mehr an seine Worte.

Als Charles Lindbergh im Frühjahr 1939 aus Europa zurückkehrte, gehörte er zu denjenigen, die sich am vehementesten gegen eine amerikanische Kriegsbeteiligung aussprachen, und Pat freute sich, das zu hören, denn der weltberühmte Flieger konnte sich seiner Meinung nach nicht irren. Für Pat O'Malley war Lindbergh immer noch so etwas wie ein Gott.

»Mit dem nächsten Krieg haben wir nichts zu schaffen, Nick. Schon beim ersten haben wir unsere Lektion gelernt.« Pat war sich vollkommen sicher, daß sich die USA nie wieder in einen europäischen Krieg hineinziehen lassen würden. Aber es gab bereits Schwierigkeiten zwischen Japan und China. Mussolini hatte Albanien eingenommen, und Hitler schielte bereits nach Polen.

Aber Cassie konnte an nichts anderes denken als an die Flugschau. Sie trainierte hart und probte auch ein paar neuartige Kunststücke, die sie sich zusammen mit Nick bei einer Flugschau in Ohio angesehen hatte. Sie arbeitete an ihrer Geschwindigkeit und trainierte, sooft es ging. Im Juni hatte sie ihr zweites College-Jahr beendet, und sie war bereit für den Wettkampf.

Bobby war zwar über ihre erneute Teilnahme an der Flugschau alles andere als begeistert, aber er hatte seine eigenen Probleme mit der Führung des Ladens. Schon längst war ihm klargeworden, wie ernst Cassie die Fliegerei nahm. Während der Vorbereitungen für die Flugschau gingen sie nur ein einziges Mal zusammen aus, um sich den neuen Tarzanfilm anzuschauen.

Irgendwann war es dann endlich soweit, und Cassie und Nick waren schon um vier Uhr morgens auf dem Rollfeld in Peoria. Ihr Bruder wollte später mit Pat nachkommen, aber er hatte in diesem Jahr keine besondere Lust, an den Wettbewerben teilzunehmen. Er war so begeistert von seinen Seminaren an der Western-Illinois-Universität in Maycomb, daß er kaum Zeit zum Üben gefunden hatte. Pat setzte immer noch große Hoffnungen in ihn, und trotz ihrer sensationellen Erfolge im Jahr zuvor, erwähnte er Cassies diesjährige Teilnahme kaum.

Nick half Cassie beim Auftanken und bei den Bodenkontrollen, und gegen sechs Uhr ging er mit ihr frühstücken.

»Ganz ruhig!« Er lächelte sie an und mußte an seine erste Flugschau direkt nach dem Krieg denken. Pat hatte ihn begleitet, und Oona war später mit den Kindern nachgekommen. Auch Cassie war dabeigewesen, obwohl sie damals erst zwei Jahre alt war. Bei diesem Gedanken fühlte er sich plötzlich sehr alt. Seit er ihr Flugstunden gab, waren die beiden sich sehr nahe gekommen, und ihre Bindung war mittlerweile unauflöslich. Aber bisweilen wurde ihm schmerzhaft bewußt, daß er alt genug war, um ihr Vater zu sein. Sie war jetzt zwanzig, und er war achtzehn Jahre älter. Er fühlte sich zwar längst noch nicht alt und sah auch viel jünger aus. Ständig zog Cassie ihn wegen seines kindischen Benehmens auf, aber er war nun einmal achtunddreißig ... und sie erst zwanzig. Was hätte er darum gegeben, wenn der Altersunterschied nur halb so groß gewesen wäre! Ihr machte es offensichtlich nichts aus, aber ihm. Und dazu kam noch, daß sie die Tochter seines besten Freundes war, und daran würde sich nie etwas ändern. Pat würde niemals verstehen, wie eng und innig ihre Beziehung war. Und dieses Hindernis war nicht zu überwinden, so wie es ihnen bei der Fliegerei schließlich gelungen war, Pat zu überzeugen. Er hatte schließlich eingelenkt, aber weiter würde er niemals gehen.

Nick bestellte Spiegeleier, Speck und Toast und Kaffee für sie. Aber sie winkte ab, als die Kellnerin es servierte.

»Ich kann nicht, Nick, ich habe keinen Hunger.«

»Iß es trotzdem. Später wirst du's brauchen. Sonst kriegst du beim Looping noch weiche Knie. Sei ein braves Mädchen und iß, sonst muß ich dich dazu zwingen, und die Kellnerin würde Stielaugen machen.« Er sah sie liebevoll an, und sie grinste verschwörerisch.

»Du bist ein Scheusal.«

»Und du bist süß. Besonders wenn du den ersten Preis gewinnst. Ich zähle auf dich, also enttäusche mich gefälligst nicht.«

»Mach mich bloß nicht verrückt. Ich tue, was ich kann.« Aber auch sie wollte einen ersten Preis, am liebsten gleich mehrere. Für ihn, für sich selbst und vor allem, um ihren Vater zu beeindrucken.

»Er hat dich sehr lieb, mußt du wissen. Er will bloß nicht zugeben, daß er sich geirrt hat. Aber er weiß, wie gut du bist. Das hat er erst letzte Woche zu ein paar Jungs am Flughafen gesagt. Er kann es dir selbst nicht sagen, das ist alles.« Nick kannte ihn besser als Cassie. Trotz seiner schroffen Art und seiner angeblichen Mißbilligung weiblicher Piloten war ihr Vater ungeheuer stolz auf sie, aber er schämte sich, es zuzugeben.

»Wenn ich heute ein paar Preise abkassiere, wird er es

vielleicht endlich zugeben, daß ich vernünftig fliegen kann. Ich meine, er wird es vielleicht mir sagen und nicht nur zu ein paar Jungs am Flughafen.« Bisweilen klang ihre Stimme immer noch wütend, wenn sie auf dieses Thema zu sprechen kam. Ständig prahlte ihr Vater mit den fliegerischen Großtaten seines Sohnes, obwohl Chris in Wahrheit gar keine Lust zum Fliegen hatte. Es war zum Verrücktwerden.

»Warum willst du unbedingt, daß er dich lobt?« fragte Nick, während er sich Eier und ein saftiges Steak schmecken ließ. Obwohl er heute keine Loopings fliegen mußte, legte er Wert auf ein gehaltvolles Frühstück.

»Ich weiß nicht, aber ich will es ein einziges Mal aus seinem Munde hören. Nur um zu sehen, was das für ein Gefühl ist.«

»Und was dann?«

»Dann fliege ich weiter für dich, für ihn und für mich selbst, was sonst?«

»Und du machst deinen College-Abschluß und wirst Lehrerin«, sagte er, obwohl sie beide wußten, daß sie dazu keine Lust hatte.

»Ich würde lieber Flugstunden geben so wie du«, sagte sie aufrichtig und trank einen Schluck Kaffee.

»Ja, und die Postflüge kannst du dann auch gleich übernehmen. Wirklich tolle Aussichten für eine College-Absolventin.«

»Du mußt ja nicht gleich vor Ehrfurcht erschaudern. Alle wirklich wichtigen Sachen hast du mir beigebracht und nicht die College-Professoren.« Es war ihr ernst, aber bevor er protestieren konnte, wurden sie von ein paar jungen Männern unterbrochen, die gerade ihr Frühstück beendet hatten. Unschlüssig scharten sie sich um ihren Tisch und fixierten Nick und Cassie mit neugierigen Blicken.

»Kennst du diese Typen?« zischte Nick, und sie schüttelte den Kopf. Sie hatte sie noch nie gesehen. Schließlich faßte einer von ihnen Mut und trat an ihren Tisch. Zuerst sah er sie an und dann Nick. Als er endlich den Mut fand, sie anzusprechen, wirkte er plötzlich wie ein verschüchtertes Kind.

»Sind Sie... Stick Galvin?« fragte er zögernd. Dann wanderte sein Blick zu ihr. »Und Cassie O'Malley?«

»Ja, das bin ich«, antwortete sie, bevor Nick etwas sagen konnte.

»Mein Name ist Billy Nolan. Ich bin aus Kalifornien... wir nehmen an der Flugschau teil. Ich habe Sie letztes Jahr gesehen«, sagte er und wurde feuerrot. »Sie waren großartig.« Er sah aus wie vierzehn, dachte Nick zähneknirschend. In Wahrheit war er vierundzwanzig, aber er wirkte weitaus jünger. Sein blondes Haar hatte er wie ein Kind zu einer Tolle gekämmt, und sein Gesicht war mit Sommersprossen übersät. »Mein Dad hat Sie gekannt«, sagte er zu Nick. »Er ist mit Ihnen im 94. Geschwader geflogen, aber er wurde abgeschossen. Sie werden sich vielleicht nicht mehr an ihn erinnern... Tommy Nolan.«

»Aber natürlich!« Nick schüttelte dem Jungen grinsend die Hand und bat ihn, Platz zu nehmen. »Wie geht es ihm?«

»Ganz gut. Seit dem Krieg zieht er ein Bein nach, aber er läßt sich dadurch nicht verdrießen. Wir haben ein Schuhgeschäft in San Francisco.«

»Freut mich für ihn. Fliegt er noch?« Nick konnte sich gut an ihn erinnern, und er stellte fest, daß Billy ihm wie aus dem Gesicht geschnitten war.

Billy verneinte seine Frage. Sein Vater war schon seit Jahren nicht mehr geflogen und nicht gerade erfreut, daß sein Sohn vorhatte, in seine Fußstapfen zu treten. Seine Freunde sahen zu ihm herüber, und Nick winkte sie heran. Es waren vier, alle waren etwa in Billys Alter und stammten aus Kalifornien. Nick fand, daß sie wie Cowboys aussahen.

»Für welche Disziplinen hast du dich angemeldet?« fragten sie Cassie, und sie sagte es ihnen: Geschwindigkeit, Kunstflug und einige andere – was Nick für übertrieben hielt. Aber es bedeutete ihr so viel, und sie freute sich so auf die Flugschau, daß er ihr den Spaß nicht verderben wollte. Sie hatte lange darauf warten müssen, und jetzt genoß sie es um so mehr.

Billy stellte ihnen seine Freunde vor. Es waren nette Burschen, und zum zweitenmal an diesem Morgen fühlte Nick sich steinalt. Die Jungs waren alle etwa fünfzehn Jahre jünger als er und paßten vom Alter her viel besser zu Cassie als er. Als sie kurze Zeit später gemeinsam das Restaurant verließen, lachten und scherzten sie und freuten sich gemeinsam auf die Flugschau. Sie wirkten wie ein Haufen aufgeregter Kinder auf dem Weg zum Schulfest.

»Ich weiß, ihr Küken würdet jetzt am liebsten unter euch sein«, sagte Nick grinsend. »Aber dann würde Cassie womöglich ihr Flugzeug vergessen. Also bleib ich wohl besser in der Nähe und paß auf, daß ihr euch benehmt und an die Flugschau denkt.« Sie lachten und stellten ihm tausend Fragen über das 94. Geschwader und den Krieg. Sie konnten gar nicht genug kriegen von seinen Geschichten und behandelten ihn wie einen Helden. So waren sie bester Laune, als sie den Festplatz erreichten.

Das war das Schöne an der Fliegerei – die Kameradschaft, der Spaß, die Leute, die man kennenlernte, der Erfahrungsaustausch, und nicht nur die langen Flüge und die Einsamkeit, wenn man am nachtschwarzen Himmel dahinflog und das Gefühl hatte, die Welt liege einem zu Füßen. All diese Dinge zusammen machten die Faszination des Fliegens aus, die Höhen und Tiefen, der Nervenkitzel und das friedvolle Gefühl und die unbeschreiblichen Kontraste.

Sie wünschten Cassie viel Glück und überprüften ihr Flugzeug, das sie abwechselnd flogen. Sie hatten sich für mehrere Wettbewerbe angemeldet, aber nur Billy würde gegen Cassie antreten.

»Ein netter Junge«, sagte sie, als sie wieder mit Nick allein war.

»Denk dran, du bist verlobt«, sagte er streng, und sie mußte lachen, weil er sich wie ein Sittenwächter gebärdete, was ihm so gar nicht ähnlich sah. Für gewöhnlich interessierte er sich weder für Bobby Strong noch für ihre Treue zu ihm.

»Du liebe Güte! Was ist denn dabei, wenn ich ihn nett finde und mich gern mit ihm unterhalte? Das heißt doch noch lange nicht, daß ich mit ihm davonlaufe.« Sie tankte gerade das Flugzeug auf und fragte sich plötzlich, ob Nick vielleicht eifersüchtig war. Die Vorstellung war jedoch so lächerlich, daß sie sie gleich verwarf.

»Vielleicht gar keine schlechte Idee, mit ihm davonzulaufen. Er hat das richtige Alter, und er fliegt. Das könnte doch recht nett sein zur Abwechslung«, sagte er unschuldig.

»Suchst du jetzt schon die passenden Männer für mich aus?« fragte Cassie amüsiert. »Ich wußte gar nicht, daß so etwas auch zu deinem Service gehört.«

»Zu meinem Service gehört auch, daß ich dich am Boden festkette, wenn du nicht sofort dein Flugzeug vorbereitest. Du kannst dir jetzt keine Albernheiten leisten, Cass. Du verlangst deinem Flugzeug heute eine Menge ab, und auch für dich wird es kein Spaziergang.«

»Ja, Sir«, sagte sie gehorsam und machte sich an die Arbeit. Aber für den Bruchteil einer Sekunde hätte sie schwören können, daß er eifersüchtig war, auch wenn er natürlich überhaupt keinen Grund dazu hatte. Schließlich war sie mit einem anderen verlobt, und sie waren Freunde, schon immer. Sie fragte sich, ob er es nicht gern sah, wenn sie sich mit anderen Piloten anfreundete. Er war ungeheuer stolz auf ihre Leistungen und wollte sie vielleicht mit niemandem teilen. Sie warf ihm einen Blick zu, während er ihr bei den Vorbereitungen half. Kurz darauf sahen sie ihren Vater und ihren Bruder. Mittlerweile war es fast acht Uhr, und die Wettkämpfe begannen um neun. Sie war jedoch erst um halb zehn an der Reihe.

»Alles klar, Cass?« fragte ihr Vater nervös. »Hast du alles kontrolliert?«

»Natürlich«, erwiderte sie beleidigt. Traute er ihr denn gar nichts zu? Und wenn er sich schon solche Sorgen machte, warum half er dann nicht ihr, sondern Chris? Er hätte sich um sie beide kümmern können, aber er tat es nicht. Seine ganze Aufmerksamkeit galt Chris, der aussah, als wünsche er sich weit fort. Er hatte sich dieses Jahr nur für einen einzigen Wettbewerb angemeldet, und Cassie betete, daß er ihn gewann.

»Viel Glück«, sagte ihr Vater leise und folgte Chris über das Rollfeld.

»Warum sagt er das überhaupt? Ihm liegt ja doch nichts daran«, murmelte sie, nachdem er fort war.

»Weil er dich liebt und nicht weiß, wie er es dir sagen soll.«

»Manchmal hat er eine merkwürdige Art, das zu zeigen.«

»Ach ja? Wahrscheinlich liegt es daran, daß du ihm als Baby nächtelang den Schlaf geraubt hast. Vielleicht hast du es ja nicht besser verdient.« Sie mußte über seine Antwort lachen. Nick verstand es immer, sie aufzumuntern.

Vor ihrem ersten Wettbewerb sah sie Billy Nolan und seine Freunde wieder. Sie johlten und grölten und machten ein Riesenspektakel. Man fragte sich, ob sie jemals ernst sein konnten, aber sie hatten sich für die schwierigsten Wettbewerbe angemeldet.

»Hoffentlich wissen sie, was sie tun«, sagte Nick leise. Sie wirkten wie ein paar Halbstarke, aber man konnte nie wissen. Schon so mancher, der aussah wie ein Cowboy, hatte sich als Fliegeras entpuppt. Aber kein Mensch wollte gern eine Tragödie erleben, und dazu konnte es kommen, wenn jemand seine Fähigkeiten überschätzte oder die Leistungsfähigkeit seines Flugzeugs nicht kannte.

»Sie werden schon in Ordnung sein«, sagte Cassie zuversichtlich. »Schließlich konnten sie sich qualifizieren.«

»Das muß nichts bedeuten, wenn sogar jemand wie du eine Starterlaubnis bekommt ... «

»Mistkerl«, rief sie lachend. Eine halbe Stunde später machte sie sich auf den Weg, und bald war sie an der Reihe. Ihre Vorgänger hatten schon einige eindrucksvolle Kunststücke dargeboten, die den Zuschauern den Atem raubten. Die Sensibleren schrien sogar manchmal entsetzt auf, aber das gehörte bei einer Flugschau eben dazu.

»Zeig's ihnen!« schrie Nick, als sie mit der Moth das Rollfeld entlangfuhr. Plötzlich fing Nick zum erstenmal seit Jahren an zu beten. Im vergangenen Jahr hatte er längst nicht soviel Angst um sie gehabt, aber diesmal fürchtete er, sie könnte zu weit gehen, nur um ihm oder ihrem Vater zu imponieren. Sie wollte um jeden Preis gewinnen.

Sie begann mit ein paar langsamen Loopings, dann folgte ein Doppel und ein paar Rollen. Sie flog das ganze Repertoire, einschließlich Loopingacht und Rückentrudeln in perfekter Ausführung. Nach einer dreifachen geschraubten Rolle folgte ein atemberaubender Sturzflug.

Neben ihm schrie eine Frau auf, die nicht wußte, daß Cassie die Maschine im nächsten Moment abfangen würde. Es war wirklich die schönste Kunstflugkür, die er je gesehen hatte. Zum Abschluß flog sie noch einen Looping nach vorne, von dem alle begeistert waren. Als sie gelandet war, lief Nick strahlend auf sie zu.

»Nicht schlecht für den Anfang, Cass. Recht sauber geflogen.« Seine Augen leuchteten bei diesem Lob.

»Das ist alles?« fragte sie enttäuscht. Aber dann schloß er sie in die Arme und versicherte ihr, wie hervorragend sie geflogen sei. »Du warst die Beste«, sagte er aufrichtig, und nach einer halben Stunde bestätigten die Preisrichter sein Urteil. Ihr Vater gratulierte ihr höflich, als sie ihm über den Weg lief. Aber sein Lob galt eher Nick als Cassie. Er war stolz auf sie, aber es wurmte ihn, daß sie die männlichen Piloten ausgestochen hatte.

»Du hattest einen hervorragenden Lehrer.«

»Ich hatte eine hervorragende Schülerin«, korrigierte Nick ihn, und die beiden Männer lächelten. Aber zu seiner Tochter sagte Pat kein Wort.

Als nächstes folgte der Wettbewerb, für den Chris sich angemeldet hatte. Obwohl er sich alle Mühe gab, verlor er. Er konnte sich nicht einmal unter den ersten zehn plazieren, aber im Grunde war es ihm einerlei. Er hatte längst mit der Fliegerei abgeschlossen und interessierte sich viel mehr für sein Studium und für andere Dinge, die nichts mit Flugzeugen zu tun hatten. Das Fliegen lag ihm einfach nicht im Blut. Trotzdem war er traurig, daß er seinen Vater enttäuscht hatte.

»Tut mir leid, Dad«, entschuldigte er sich, nachdem er das Flugzeug abgestellt hatte. »Ich hätte wohl etwas mehr üben sollen.« Er hatte die frisierte Bellanca geflogen, mit der auch Cassie starten wollte.

»Ja, das hättest du wohl, mein Sohn«, erwiderte Pat niedergeschlagen. Warum mußte Chris nur verlieren, wo er doch mit ein wenig Übung ein großartiger Flieger sein konnte, fragte sich Pat, aber er war der einzige, der so über Chris dachte. Alle anderen, einschließlich Chris, wußten, daß er kein Flieger war. Aber Cassie gratulierte ihm trotzdem.

»Gut gemacht, kleiner Bruder. Ordentlich geflogen.«

»Offenbar nicht ordentlich genug«, sagte er grinsend und gratulierte ihr zu ihrem ersten Preis im vorangegangenen Wettkampf.

Ein paar Minuten später gewann einer von Billy Nolans Freunden den zweiten Platz für einen hervorragenden Flug.

Cassie war erst um zehn wieder an der Reihe. Diesmal war es schwieriger, denn es kam auf Geschwindigkeit an, und sie fürchtete, daß die Vega sie im Stich lassen würde. Sie war zwar schnell, aber einige der Rennflugzeuge waren schneller.

»Du mußt sie richtig nehmen, dann klappt es schon«, sagte Nick vor dem Start, um ihr Mut zu machen. Die Vega war eine großartige Maschine, und Cassie flog sie gut. Nick wußte, daß sie für dieses Rennen besser geeignet war als die Bellanca. »Mach dich nicht verrückt, Cass. Laß dich nicht ins Bockshorn jagen.« Sie nickte stumm und steuerte die Startbahn an. Kurz darauf war sie auch schon in der Luft und flog erstaunlich gut. Nick hatte noch niemanden so schnell und dennoch so präzise fliegen sehen. Trotz der Geschwindigkeit gelangen ihr einige äußerst komplizierte Flugmanöver. Er konnte seinen Blick nicht von ihr abwenden, und er bemerkte, daß auch Pat ihr gespannt zuschaute. Dasselbe tat auch ein großer, blonder Mann, der einen marineblauen Blazer und weiße Hosen trug. Interessiert betrachtete er sie durch ein Fernglas und redete auf seinen Begleiter ein, der sich fleißig Notizen machte. Er paßte nicht hierher, und Pat vermutete, daß er für eine Zeitung in Chicago arbeitete.

Diesmal landete Cassie auf dem zweiten Platz, aber nur, weil sie kein schnelleres Flugzeug hatte. Die Vega stellte große Anforderungen an einen Piloten, und Nick konnte kaum glauben, wie gut Cassie mit ihr fertiggeworden war. Er war mit ihrer Plazierung mehr als zufrieden. Nachdem sie gelandet war, kam Billy auf sie zu und gratulierte ihr. Er hatte gegen sie gewonnen. Seine Freunde und er waren fabelhafte Flieger, und Nick war sehr angetan von dem, was Billy gerade geboten hatte. Er war umsichtig und sicher, und er hatte gewonnen, obwohl sein Flugzeug nicht zu den schnellsten gehörte.

Sie hatte sich noch für zwei weitere Wettkämpfe angemeldet. Einer fand um die Mittagszeit statt und lief gut, und der letzte Wettkampf war am Nachmittag. Nick war nicht wohl bei der Vorstellung, daß sie daran teilnahm. Vorher aßen sie mit Billy Nolan und seinen Freunden zu Mittag, und auch Chris hatte sich zu ihnen gesellt. Als ihr Vater vorbeikam, machte sie die Jungs aus Kalifornien mit dem berühmten Pat O'Malley bekannt. Die Rasselbande gefiel ihm gut, und von Billy war er besonders angetan und unterhielt sich mit ihm über seinen Vater. Pat konnte sich gut an ihn erinnern, und er bedauerte, daß er ihn in den vergangenen zwanzig Jahren aus den Augen verloren hatte. Er hatte sich wirklich gut mit ihm verstanden.

Dann wurde es Zeit für Cassies Wettkampf. Als Pat von ihrer Teilnahme erfuhr, war er außer sich vor Zorn.

»Warum hast du's ihr nicht verboten?« fuhr er Nick an, dem bei Pats Reaktion alles andere als wohl war. Er fühlte sich auch so schon schuldig genug, und Pat machte es ihm noch schwerer.

»Sie kommt ganz nach ihrem Vater, Pat. Sie macht, was sie will.«

»Für diesen Wettkampf hat sie einfach nicht genug Erfahrung und nicht das richtige Flugzeug.«

»Das hab ich ihr auch gesagt, aber sie hat fleißig trainiert. Und ich bin sicher, sie gibt auf, wenn sie merkt, daß sie es nicht schafft. Sie hat es mir versprochen, Pat.« Insgeheim betete er, daß sie ihr Versprechen halten würde.

Zusammen mit Chris, Billy und seinen Freunden und dem Mann mit den weißen Hosen standen die beiden Männer da und starrten besorgt nach oben. Es war der riskanteste Wettbewerb, an dem normalerweise nur die erfahrensten Kunstflieger teilnahmen. Außerdem flogen sie spezielle Sportflugzeuge, mit denen es die Bellanca in dieser Disziplin kaum aufnehmen konnte. Aber sie hatte unbedingt ihr Glück bei diesem Wettkampf versuchen wollen, denn hier bekam sie endlich die Gelegenheit, all die Dinge zu zeigen, die sie am besten konnte. Die einzige Schwierigkeit sah sie in der verhältnismäßig geringen Flughöhe. Sie wußte um die Risiken, und sie war notfalls bereit, aufzugeben.

Zwölf Figuren waren zu fliegen, alle waren sehr eindrucksvoll und beängstigend. Nachdem sie die ersten sechs perfekt und souverän absolviert hatte, begann sogar Pat zu lächeln. Und dann, beim letzten Sturzflug, sah es so aus, als habe sie die Kontrolle verloren. Ihr Flugzeug fiel wie ein Stein herab, und Nick fragte sich, ob sie in Panik geraten war und alles vergessen hatte, was er ihr beigebracht hatte, oder ob sie vielleicht ohnmächtig geworden war, denn sie tat nicht das geringste, um sich zu retten. Reglos standen die Zuschauer da und starrten voller Entsetzen auf das herabjagende Flugzeug, das jeden Moment zerschellen würde. Aber plötzlich heulte der Motor auf, und wenige Meter über den Köpfen der entsetzten Menge riß sie die Maschine hoch und flog eine atemberaubende dreifache Rolle. Alle weiteren Figuren führte sie mit beispielhafter Präzision aus, und beim letzten Looping hatte sie den Sieg bereits in der Tasche.

Nick hatte einen dicken Kloß im Hals, und Pat war aschfahl im Gesicht. Als ihm klarwurde, was sie getan hatte, hätte Nick sie am liebsten erwürgt, weil sie ihn so geängstigt hatte. Wie konnte sie ihnen einen solchen Schrecken einjagen? Selbst für den ersten Preis durfte man niemals soviel riskieren. Nach der Landung rannte er zu ihrem Flugzeug und zerrte sie regelrecht aus dem Cockpit.

»Was, zum Teufel, hast du da oben gemacht? Du bist ja wahnsinnig, eine solche Schau abzuziehen! Du hättest dabei draufgehen können! Noch einen Meter tiefer, und du hättest die Mühle nicht mehr abfangen können! Ist dir das eigentlich klar?«

»Natürlich«, sagte sie ruhig und stellte plötzlich erschrocken fest, daß er zitterte. Sie hatte mit voller Absicht gehandelt und alles genauestens berechnet.

»Du bist irre, vollkommen irre! Man dürfte dich nie wieder fliegen lassen!«

»Hab ich verloren?« fragte sie entsetzt, und er mußte sich beherrschen, um sie nicht zu schütteln. Pat hatte die ganze Zeit in einiger Entfernung dagestanden und die Szene beobachtet. Als er Nicks Gesicht sah, fiel es ihm plötzlich wie Schuppen von den Augen. Diesen Blick hatte er noch nie zuvor bei seinem alten Freund gesehen. Er fragte sich, ob Nick sich selbst darüber im klaren war.

»Ob du *verloren* hast?» schäumte Nick und hielt ihren Arm fest umklammert. »Bist du *wahnsinnig?* Dein Leben hättest du eben um ein Haar verloren, und mindestens hundert Leute hätten ebenfalls draufgehen können.«

»Es tut mir leid, Nick.« Plötzlich wirkte sie zerknirscht. »Ich dachte, ich würde es schon schaffen.«

»Du hast es ja auch geschafft, zum Teufel. Noch nie hab ich jemanden so fliegen sehen, aber wenn du so etwas noch einmal machst, dann bring ich dich um.«

»Ja, Sir.«

»Gut. Jetzt raus aus dem verfluchten Flugzeug, und geh dich bei deinem Vater entschuldigen.« Aber überraschenderweise war Pat viel freundlicher zu ihr, obwohl er genausoviel Angst um sie gehabt hatte wie Nick. Er war heilfroh, daß Oona es nicht gesehen hatte. Sie war mal wieder bei Glynnis, die mittlerweile ihr sechstes Kind erwartete. Die anderen fünf hatten die Masern. Pat hatte gesehen, was Nick getan hatte, und fand, es war genug gesagt. Er lobte ihren Flugstil und ihren Mut.

»Ich glaube, Nick hat doch recht gehabt«, sagte er fast ein wenig demütig. »Du bist eine tolle Pilotin, Cass.«

»Danke, Dad.« Er nahm sie in den Arm, und es war der schönste Moment ihres Lebens.

Danach sahen sie Billy Nolan noch einmal fliegen. Auch in seinem letzten Rennen machte er den ersten Platz. Cassie hatte einen zweiten Platz und drei erste gewonnen, und damit hatten sich ihre kühnsten Träume erfüllt. Ständig wurde sie von Reportern fotografiert.

Sie standen gerade fröhlich beisammen, tranken Bier und sahen sich den letzten Wettbewerb an, als Cassie plötzlich beobachtete, wie Nick die Zähne zusammenbiß. Sie folgte seinem Blick und sah Rauch am Himmel.

»Er ist in Schwierigkeiten«, flüsterte Nick. Sie wußten alle, wer es war, ein junger Pilot namens Jim Bradshaw. Er hatte zwei kleine Kinder und eine junge Ehefrau und ein klapperiges Flugzeug, aber er hatte um jeden Preis bei der Flugschau dabeisein wollen.

»O mein Gott«, hauchte Cassie, während sie entsetzt sahen, wie er langsam zu trudeln anfing, genau wie sie es getan hatte, aber jetzt war es ernst, denn die Rauchwolken, die von der Maschine aufstiegen, wurden immer dichter. Dies hier war kein Flugkunststück, sondern der Anfang einer Katastrophe. Die Zuschauer rannten schreiend fort, um sich in Sicherheit zu bringen. Aber Cassie konnte sich nicht von der Stelle rühren. Sie konnte nur das Flugzeug anstarren, wie es in Richtung Boden fiel. Dann schlug es mit einem lauten Knall, dicht gefolgt von einer Explosion, auf dem Boden auf. Von allen Seiten kamen Leute gerannt, und Nick und Billy waren als erste beim Flugzeug und versuchten, Jim aus dem Wrack zu zerren, aber es war zu spät. Er hatte schwerste Verbrennungen und war offensichtlich beim Aufprall gestorben. Seine Frau schluchzte hysterisch und mußte festgehalten werden, während ihre Mutter auf die beiden Kleinkinder aufpaßte.

Der Krankenwagen war mittlerweile eingetroffen, aber die Sanitäter konnten nicht mehr helfen. Ein aufregender Tag hatte ein tragisches Ende gefunden, und alle wurden an die Gefahr erinnert, in der sie ständig schwebten.

»Ich denke, wir fahren jetzt besser nach Hause«, sagte Nick leise, und Pat nickte. Wenige Stunden zuvor hatte Pat noch um Cassies Leben gebangt. Jetzt schämte er sich fast, wie froh er war, daß es jemand anders erwischt hatte und nicht seine Tochter.

Während sie ihre drei Flugzeuge auf den Tiefladehängern festzurrten, kam Billy, um sich von ihnen zu verabschieden.

»Ich würde mir gern euren Flughafen ansehen, bevor ich fahre«, sagte er zu Pat.

»Kannst du machen. Willst du zurück nach San Francisco?«

»Eigentlich hatte ich ein bißchen gehofft ... ich dachte, vielleicht könntet ihr ja noch jemanden gebrauchen ... ich hätte jedenfalls nicht übel Lust, eine Weile für euch zu fliegen.«

»Einen guten Flieger wie dich könnten wir schon gebrauchen, mein Junge. Komm doch morgen bei mir vorbei, dann können wir alles besprechen.«

Billy dankte ihm überschwenglich. Seine Freunde würden am nächsten Tag heimfahren, und er war offensichtlich sehr begeistert, daß er bleiben konnte.

»Was willst du mit diesem waghalsigen Burschen?« fragte Nick und warf Pat einen mißbilligenden Blick zu.

»Hast du denn nicht langsam genug von den ewigen Nachtflügen?« fragte Pat amüsiert. »Keine Sorge. Ich glaube nicht, daß er ihr Typ ist.« Pat grinste kopfschüttelnd, und Nick wurde rot. »Darf ich dich vielleicht daran erinnern, daß sie mit Bobby Strong verlobt ist und ihn demnächst heiraten wird. Je eher, desto besser, wenn's nach mir ginge. Sie braucht einen Mann, der mit beiden Beinen fest auf der Erde steht und nicht ständig durch die Lüfte schwirrt so wie wir.« Es war ihm ernst, aber was er an diesem Tag in Nicks Augen gesehen hatte, konnte er kaum glauben. Zwischen den beiden war etwas, eine starke innere Verbundenheit, aber Cassie war zu jung, um sie zu spüren. Außerdem war er sich ziemlich sicher, daß Nick sich nicht von seinen Gefühlen zu einer Dummheit verleiten lassen würde.

Sie waren auf dem Weg zum Haus der O'Malleys, wo Oona mit dem Essen auf sie wartete.

Oona staunte über Cassies Erfolge. Es war ein schöner Tag gewesen, aber ihre Freude wurde durch Jim Bradshaws Tod getrübt. Als sie beim Essen saßen, platzte Bobby ins Wohnzimmer und machte ein verstörtes Gesicht. Er entschuldigte sich für die Störung beim Abendessen. Sein Blick wanderte zu Cassie, und er sah aus, als würde er jeden Augenblick in Tränen ausbrechen. Er wirkte so verstört, daß Oona aufstand und auf ihn zugehen wollte, aber er wich zurück und blieb in der Tür stehen.

»Es tut mir leid ... ich ... ich hab gehört, es hat einen Unfall gegeben.« Er hatte Tränen in den Augen, und alle hatten Mitleid mit ihm. Es war keine Frage, was er gedacht hatte, und Cassie stand auf und ging auf ihn zu.

»Es war Jim Bradshaw«, sagte sie leise.

»O mein Gott! Die arme Peggy.« Mit ihren neunzehn Jahren stand sie nun allein mit zwei Kindern da. Bobby hatte großes Mitgefühl mit ihr. Er hatte furchtbare Angst gehabt, daß Cassie ums Leben gekommen war, denn niemand hatte ihm etwas Genaues über den Unfall sagen können.

Sie gingen hinaus auf die Veranda, und Cassie schloß die Tür hinter sich. Man konnte von drinnen kein Wort verstehen, aber sie konnten immer noch seinen verzweifelten Blick sehen, während er mit ihr sprach. Und sie saß einfach da und nickte.

Er erklärte ihr, daß er so nicht weiterleben könne. »Wir sind schon so lange verlobt«, sagte er traurig. »Aber wir kommen keinen Schritt weiter, und von Hochzeit ist keine Rede. Ich weiß nicht mal, ob wir überhaupt eine Zukunft haben. Ich weiß, du willst zuerst das College zu Ende machen. Aber ich glaube, ich kann nicht noch zwei Jahre warten.« Der Gesundheitszustand seines Vaters hatte sich sehr verschlechtert, und seine Mutter verließ sich mehr und mehr auf ihren Sohn. Alles wuchs ihm über den Kopf, und er brauchte schlicht und einfach Hilfe. Aber beiden war klar, daß sie nicht bereit war, alles aufzugeben, um die Frau zu sein, die er brauchte.

»Und diese Fliegerei.« Er sah sie gequält an. »Ich kann so nicht leben. Ständig fürchte ich um dein Leben … und heute … heute hättest du … du hättest …« Er fing an zu weinen, und Cassie nahm ihn in die Arme.

»Armer Bobby … armer Bobby … es ist ja alles gut … ganz ruhig …« Es war, als würde sie einen ihrer kleinen Neffen trösten. Sie erkannte, daß zu viel auf seinen Schultern lastete, und im Grunde war sie für ihn nur eine zusätzliche Belastung. Er brauchte unbedingt eine Frau, die ihm zur Seite stand. Er war erst einundzwanzig, fast noch ein Junge, und er hatte soviel mehr verdient, als sie geben konnte, das war beiden klar. Während sie ihn tröstete, zog sie den Ring vom Finger und legte ihn in seine Hand. »Du verdienst eine liebevolle Frau, die dich liebt und unterstützt«, flüsterte sie. »Und ich habe noch einen langen Weg vor mir. Das weiß ich jetzt. Ich war mir vorher nie sicher, aber jetzt weiß ich es genau.« Sie wollte ein freies Leben, und sie wollte fliegen. Da ihr Vater sie jetzt akzeptierte, konnten diese Träume vielleicht in Erfüllung gehen. Aber sie konnte Bobby Strong nicht das geben, was er verdiente, und in Wahrheit wäre es auch das letzte gewesen, was sie wollte.

»Willst du weiterfliegen, Cass?« fragte er unglücklich und schluchzte wie ein kleines Kind, während ihre Familie sich bemühte, die Szene zu ignorieren.

»Ja, das will ich«, erwiderte sie. »Ich kann nicht anders. Es ist mein Leben.«

»Paß auf dich auf … ach, Cassie … sei vorsichtig … ich liebe dich … ich dachte, du wärst heute … du wärst abgestürzt.«

Er mußte wieder schluchzen, und sie hatte furchtbares Mitleid *mit* ihm. Sie konnte nur ahnen, wie es für ihn gewesen war, so wie für Peggy Bradshaw.

»Ist ja gut ... mir ist ja nichts passiert ... « Mit Tränen in den Augen lächelte sie zu ihm auf. »Du hast eine wunderbare Frau verdient, Bobby, nicht jemanden wie mich. Geh und such dir eine gute Frau, Bobby Strong, du hast es verdient.«

»Wirst du hierbleiben?« fragte er, und die Frage erschien ihr merkwürdig. Sie hätte nicht gewußt, wo sie hingehen sollte, schließlich hatte sie immer hier gelebt.

»Wo sollte ich sonst hingehen?«

»Ich weiß nicht.« Er lächelte und hielt ihren Ring in der Hand. Er vermißte sie schon jetzt. »Du scheinst so frei zu sein. Manchmal hasse ich unseren verdammten Laden und all die Probleme, die er mit sich bringt.«

»Du wirst bestimmt großartige Dinge leisten«, sagte sie zuversichtlich, obwohl sie nicht daran glaubte, aber sie wollte ihm unbedingt Mut machen.

»Meinst du das wirklich, Cass?« Dann seufzte er und dachte kurz nach. »Das Komische ist, daß ich einfach nur heiraten und Kinder bekommen will.«

»Und genau das will ich nicht.« Sie grinste. »Das ist das Problem.«

»Ich hoffe, du änderst eines Tages deine Meinung. Vielleicht kommen wir ja wieder zusammen«, sagte er hoffnungsvoll, denn er wollte seinen Traum von einer gemeinsamen Zukunft mit ihr noch nicht aufgeben. Sie war für ihn immer faszinierend gewesen, vielleicht zu sehr.

Aber sie schüttelte den Kopf, denn sie war klüger als er.

»Warte nicht darauf. Such dir lieber eine Frau, die besser zu dir paßt.«

»Ich liebe dich, Cass.«

»Ich liebe dich auch«, flüsterte sie. Dann umarmte sie ihn noch einmal und stand auf. »Möchtest du reinkommen?« fragte sie, aber er schüttelte den Kopf.

»Ich denke, es ist besser, wenn ich gehe.« Sie nickte, und er steckte den Ring in die Tasche. Er warf ihr noch einen langen, traurigen Blick zu und eilte davon, bevor er wieder weinen mußte. Niemand stellte ihr Fragen, aber jeder konnte sich denken, was geschehen war. Nick blickte auf ihre Hand und es überraschte ihn nicht, daß sie den Ring abgelegt hatte. Eigentlich war er sehr erleichtert darüber, und jetzt mußte er sich nur noch wegen Billy Nolan sorgen.

9

Am nächsten Morgen lag Cassie im Bett und dachte über den vergangenen Tag nach. Sie erschrak ein wenig, als ihr bewußt wurde, daß sie nicht mehr verlobt war. Im Grunde hatte sich dadurch nicht viel geändert, aber ihr war plötzlich so, als würde sie zu niemandem mehr gehören. Einerseits war es ein sehr aufregendes Gefühl, andererseits fühlte sie sich sehr allein.

Aber schließlich hatte sie die ganze Zeit gewußt, daß es nicht richtig war. Ihr hatte nur der Mut gefehlt, ein klares Wort zu sagen. Wahrscheinlich würde sie niemals bereit sein, ein Leben wie das seine zu führen. Das hatte sie nun endlich erkannt.

Sie machte sich Frühstück und entdeckte einen Zettel. Ihre Mutter ließ sie wissen, daß sie wieder auf Glynnis' Kinder aufpassen würde, und Chris war mit Freunden unterwegs. Cassie ging duschen, zog sich an und war eine halbe Stunde später am Flughafen. Sie suchte sich einen sauberen Overall heraus und tankte einige Flugzeuge auf. Erst gegen Mittag traf sie mit Nick zusammen.

»Schläfst du neuerdings bis mittags, Cass?« fragte Nick sie augenzwinkernd. »Oder hast du vor, dich auf deinen Lorbeeren auszuruhen?«

»Ach, sei still, du Klugscheißer. Ich bin schon seit neun hier. Ich hatte in der hinteren Halle zu tun.«

»Was du nicht sagst! Nun, ich hätte eine Tour für dich, wenn du Lust hast.«

»Wohin?« fragte sie interessiert.

»Indiana. Etwas Frachtgut und Post, Zwischenlandung in Chicago auf dem Rückflug. Dürfte nicht allzulange dauern. Wahrscheinlich bist du zum Abendessen wieder zurück. Du kannst die Handley nehmen.«

»Klingt gut«, sagte sie grinsend. Er sagte ihr, wo das Logbuch war, und in diesem Moment kam ihr Vater aus dem Büro und bat Billy, das Flugzeug zu beladen.

Frühmorgens hatte er plötzlich dagestanden und hatte sich sofort nützlich gemacht. Zu ihrer Überraschung forderte ihr Vater Billy auf, sie zu begleiten.

»Ich kann allein fliegen, Dad.«

»Sicher kannst du das. Aber er muß unsere Routen lernen. Außerdem laß ich dich nicht gern allein nach Chicago fliegen.« Sie verdrehte die Augen, aber zumindest hatte er keine Einwände mehr gegen ihre Fliegerei. Nick warf den beiden einen strengen Blick zu. »Benehmt euch, ihr beiden. Keine Kunststücke, keine Rollen.« Dann wandte er sich an Billy. »Und nimm dich vor ihren doppelten Loopings in acht.«

»Wenn sie irgend etwas versucht, zerre ich sie an den Ohren vom Steuerknüppel weg«, erwiderte Billy grinsend und sah aus wie der nette Junge von nebenan.

Als sie zum Flugzeug gingen, sah Nick ihnen nach. Offensichtlich hatten sie eine Menge Spaß miteinander. Sie lachten und alberten herum wie zwei ausgelassene Kinder. Nick konnte sich nicht vorstellen, daß sie sich in Billy verlieben würde, dennoch war es möglich. Und selbst wenn sie sich nicht in Billy verliebte, so würde sich dadurch für ihn ohnehin nichts ändern. Er hatte kein Recht, einem Mädchen in ihrem Alter den Hof zu machen, und er würde es auch niemals tun. Was konnte er ihr schon bieten? Sie hatte etwas Besseres verdient als ein Leben in einem alten Schuppen auf dem O'Malley-Flughafen.

Keine zwei Minuten, nachdem sie gestartet waren, kam ein nagelneuer, grüner Lincoln Zephyr herangefahren. Ein Mann in einem hellgrauen, eleganten Zweireiher stieg aus und sah sich um. Mit wohlwollendem Blick nahm er Nick und die kleinen Gebäude, in denen sich die Büros befanden, in Augenschein.

»Haben Sie eine Ahnung, wo ich Cassie O'Malley finden könnte?« fragte er höflich. Er hatte welliges, blondes Haar und sah aus wie ein Filmstar. Und plötzlich fragte sich Nick, ob man Cassie eine Karriere beim Film anbieten würde. Es war derselbe Mann, den er bei der Flugschau gesehen hatte. Tags zuvor hatte er mit seinem Blazer und den weißen Hosen wie ein Reporter ausgesehen. Heute jedoch wirkte er eher wie ein Geschäftsmann oder ein Agent.

Nick deutete nach oben. »Sie ist gerade zu einem Postflug gestartet. Kann ich Ihnen helfen?«

»Ich würde gern mit ihr sprechen. Wissen Sie, wann sie zurück sein wird?«

»In sieben, acht Stunden, nehme ich an. Eher auf keinen Fall. Kann ich ihr was ausrichten?«

Er reichte Nick seine Karte. Sein Name war Desmond Williams. Auf der Karte stand »Williams Aircraft« mit einer Adresse in Newport Beach, Kalifornien. Nick wußte genau, wer er war: ein bekannter junger Industriemagnat, der von seinem Vater ein Vermögen und ein Flugzeugwerk geerbt hatte. Ganz so jung war er auch nicht mehr, stellte Nick fest, als er ihn genauer betrachtete. Er konnte kaum viel jünger sein als er selbst. Tatsächlich war er vierunddreißig, viel zu alt für Cassie, wie Nick fand.

»Geben Sie ihr doch bitte meine Karte. Ich wohne im Portsmouth.« Es war das beste Hotel der Stadt, was natürlich nicht viel zu bedeuten hatte. Aber etwas Besseres hatte New Hope nicht zu bieten.

»Ich werd's ihr sagen«, versicherte Nick und brannte vor Neugier. »Kann ich sonst noch was für Sie tun?« Williams schüttelte den Kopf und sah Nick interessiert an. »Wie hat Ihnen die Flugschau gefallen?« fragte Nick. »Nicht schlecht für eine Kleinstadt, was?«

»Sehr interessant«, stimmte ihm Williams lächelnd zu. Dann taxierte er Nick noch einmal und beschloß, ihm eine Frage zu stellen. Williams wirkte sehr kühl, und jedes Detail seiner Erscheinung war äußerst stilvoll und gepflegt. Er war ein Mann, der nichts dem Zufall überließ. Alle seine Handlungen waren perfekt durchkalkuliert, und Emotionen spielten bei seinen Entscheidungen keine Rolle. »Sind Sie ihr Fluglehrer?«

»Ja, das war ich«, antwortete Nick voller Stolz. »Mittlerweile könnte ich wohl von ihr noch was lernen.«

»Das bezweifle ich«, sagte Desmond Williams höflich. Obwohl er in Los Angeles lebte, hatte er einen östlichen Akzent. Vor zwölf Jahren hatte er sein Studium in Princeton abgeschlossen. »Sie ist sehr gut. Sie können stolz auf sie sein.«

»Vielen Dank«, sagte Nick leise und fragte sich, was dieser Mann von ihr wollte. Er wirkte so distanziert und irgendwie geheimnisvoll. Er sah sehr gut aus, sehr aristokratisch, trotzdem schien er durch und durch Geschäftsmann zu sein.

Er stieg, ohne Nick ein weiteres Wort zu gönnen, in seinen Wagen, den er wenige Tage zuvor in Detroit gekauft hatte, und fuhr eilig davon.

»Wer war denn das?« fragte Pat neugierig, als er aus seinem Büro kam. »Genug Staub hat er jedenfalls aufgewirbelt. Schneller konnte er wohl nicht fahren!« Der Wagen war das neueste Modell von Ford mit zwölf Zylindern.

»Das war Desmond Williams«, antwortete Nick und

machte ein besorgtes Gesicht. »Sie sind hinter ihr her, Pat. Ich hätte nie gedacht, daß es einmal so kommen könnte, aber ich fürchte, jetzt könnte es soweit sein. Ihre Show bei der Flugschau war einfach zu beeindruckend.«

»So etwas habe ich immer befürchtet.« Pat warf Nick einen bekümmerten Blick zu. Er wollte nicht, daß sie ausgebeutet und benutzt wurde, und er wußte, wie leicht es dazu kommen konnte. Sie war jung und schön und naiv, und sie war eine begnadete Pilotin. Diese Kombination war höchst gefährlich, und das wußten sie beide. »Wo ist sie jetzt?« fragte Pat.

»Sie ist schon weg. Als er hier ankam, waren sie und Billy gerade gestartet«, erklärte Nick.

»Gut.« Pat schaute sich die Visitenkarte an und zerriß sie.

»Besser, wir vergessen ihn.«

»Du willst es ihr nicht sagen?« Nick war beeindruckt. Auch er hielt wenig von der Sache, aber er hätte so etwas nicht fertiggebracht, schließlich war er ja auch nicht ihr Vater.

»Nein, von mir erfährt sie nichts«, erwiderte Pat. »Genausowenig wie von dir. Haben wir uns verstanden, Stick?«

»Ja, Sir.« Nick tippte sich grinsend an die Mütze. Damit machten sich beide wieder an die Arbeit.

Auf dem Rückflug von Chicago überließ Cassie Billy die Steuerung. Sein Flugstil war beeindruckend. Schon mit vierzehn hatte er von seinem Vater das Fliegen gelernt, so daß er nun bereits zehn Jahre Flugpraxis hatte. Er hatte eine sichere Hand und einen guten Blick, er flog ruhig und umsichtig. Ihr Vater würde begeistert sein. Billy war wirklich ein großer Gewinn für den Flughafen. Und außerdem war er ein netter Junge, klug und unbekümmert und sehr umgänglich. Es machte Spaß, mit ihm zu fliegen.

»Gestern ist mir aufgefallen, daß du verlobt bist«, sagte er redselig. »Aber heute sehe ich keinen Ring mehr. Wirst du bald heiraten?«

»Nein«, sagte sie und dachte an Bobby. »Ich bin nicht mehr verlobt. Hab den Ring gestern abend zurückgegeben.« Sie wußte selbst nicht, warum sie es ihm erzählte, aber schließlich waren sie etwa im gleichen Alter, und sie mochte ihn gern. Außerdem hatte er offenbar keine romantischen Absichten, sondern wollte sich nur mit ihr anfreunden, wogegen sie nichts einzuwenden hatte.

»Bist du traurig? Vielleicht vertragt ihr euch ja auch wieder.«

»Nein, bestimmt nicht«, sagte sie und tat sich fast selber leid. »Er ist ein großartiger Junge, aber er hat was gegen meine Fliegerei. Er will so schnell wie möglich heiraten, und ich will das College zu Ende machen. Ich weiß nicht ... es war wohl einfach nicht das richtige. Ich hatte bloß nie den Mut, es ihm zu sagen.«

»Das kenne ich. Ich war zweimal verlobt. Hab jedesmal furchtbares Fracksausen gehabt.«

»Was hast du gemacht?«

»Beim erstenmal hab ich das Weite gesucht«, gestand er, und auf sein sommersprossiges Gesicht trat ein Grinsen.

»Und beim zweitenmal? Hast du geheiratet?« fragte Cassie ungläubig. Er sah nicht aus, als sei er schon einmal verheiratet gewesen.

»Nein«, sagte er leise. »Sie ist letztes Jahr bei einer Flugschau in San Diego ums Leben gekommen.« Seine Worte klangen ruhig, aber sie sah den Schmerz in seinen Augen.

»Das tut mir leid.« Mehr wußte sie nicht zu sagen. Es war furchtbar, Freunde bei einer Flugschau zu verlieren, aber für ihn mußte es um vieles schrecklicher sein, da er sie ganz offensichtlich geliebt hatte.

»Ja, mir auch. Aber ich kann mittlerweile damit leben, so einigermaßen. Ich bin seitdem mit keinem Mädchen zusammengewesen, und ich denke, es wird noch lange dauern, bis ich wieder Lust dazu habe.«

»Soll das eine Warnung sein?« fragte sie grinsend.

»Was denkst du denn?« erwiderte er schelmisch. »Könnte doch sein, daß du dich mir in zehntausend Fuß Höhe an den Hals werfen willst! Davor habe ich schon die ganze Zeit eine Höllenangst.« Seine ironischen Worte brachten sie zum Lachen, und wenige Minuten später waren sie beide wieder guter Dinge. Als sie auf dem O'Malley-Flughafen landeten, waren sie bereits so vertraut miteinander wie zwei alte Freunde. Für Cassie hatte Billy Nolan nichts Aufregendes an sich, sie mochte ihn einfach gern, und er war ein hervorragender Pilot. Ihr Vater hatte einen guten Griff getan, und Nick würde ihn sicher auch mögen.

Gegen neun Uhr abends landeten sie auf dem Flughafen, und Cassie fuhr Billy zu seiner Pension. Seine Freunde waren mit ihrem Laster und dem Flugzeug zurück nach Kalifornien gefahren, und er mußte Geld für ein Auto sparen, was bei den Hungerlöhnen ihres Vaters eine kleine Ewigkeit dauern würde. »Was meinst du, wie lange du bleiben willst?« fragte sie ihn.

»Ich weiß nicht... dreißig, vierzig Jahre... vielleicht für immer?« Er grinste.

»Na klar.« Sie mußte über seine Antwort lachen.

»Ich weiß es nicht. Eine Weile. Ich mußte weg von zu Hause. Meine Mutter ist gestorben, dann die Sache mit Sally letztes Jahr. Ich wollte einfach fort aus Kalifornien. Ich vermisse meinen Vater, aber er kann mich verstehen.«

»Ein Glück für uns«, sie lächelte ihn warmherzig an. »Hat Spaß gemacht heute nachmittag. Bis morgen.« Sie winkte ihm noch einmal zu und fuhr nach Hause. Ihre

Mutter war auch wieder zu Hause und machte Cassie ein paar Brote. Ihr Vater saß mit einem Bier am Küchentisch. Er fragte sie nach dem Flug, und sie erzählte ihm begeistert von Billys Flugstil. Pat freute sich und beschloß, sich so bald wie möglich selbst von Billys Fähigkeiten zu überzeugen. Nachdem sie gegessen hatte, schickte er sie zu Bett. Desmond Williams' Besuch auf dem Flughafen erwähnte er mit keinem Wort.

10

Am Tag darauf lag Cassie mit ölverschmiertem Gesicht unter der Electra und versuchte das Heckrad zu reparieren. Als sie aufblickte, sah sie eine strahlend weiße Leinenhose. Sie mußte unwillkürlich lächeln, denn ein solches Kleidungsstück wirkte in der schmutzigen Flugzeughalle völlig fehl am Platze. Neugierig nahm sie den Träger der weißen Hose in Augenschein. Es war ein erstaunlich gutaussehender, blonder Mann, der fragend zu ihr herunterblickte. Sie war kaum wiederzuerkennen mit ihrem aufgesteckten Haar, das Gesicht über und über mit Schmieröl bespritzt, bekleidet mit einem viel zu großen Overall ihres Vaters.

»Miss O'Malley?« fragte er stirnrunzelnd, und sie grinste, wobei ihre weißen Zähne einen interessanten Kontrast zu ihrem schwarzen Gesicht bildeten. Sie sah aus wie eine Witzfigur aus dem Varieté, und der geschniegelte Mann mußte lächeln.

»Ja, ich bin Miss O'Malley.« Plötzlich wurde ihr bewußt, daß sie noch immer auf dem Rücken lag und zu ihm aufschaute. Leichtfüßig sprang sie auf und wollte ihm die Hand geben, besann sich aber eines Besseren. Es erschien ihr unpassend, denn er wirkte so sauber und gepflegt, einfach perfekt. Sie fragte sich, ob er eine Maschine chartern wollte. »Kann ich Ihnen helfen?« fragte sie höflich.

»Mein Name ist Desmond Williams. Ich sah Sie vor zwei Tagen bei der Flugschau und möchte mich gern mit Ihnen unterhalten, wenn Sie erlauben.« Er sah sich in der Flugzeughalle um. »Können wir irgendwo ungestört reden?« Seine Frage erschreckte sie. Noch nie hatte ein Fremder sie mit einem derartigen Anliegen aufgesucht. Der einzige Raum, der sich für ein privates Gespräch geeignet hätte, war das Büro ihres Vaters.

»Wenn Sie der Flugzeuglärm nicht stört, könnten wir am Rollfeld entlanggehen.« Eine bessere Idee hatte sie nicht.

Sie gingen nebeneinander her, und sie hätte am liebsten laut gelacht, wenn sie sich vorstellte, was sie für einen Anblick boten, er so wunderbar sauber und gepflegt und sie ein verdreckter Schmutzfink. Aber sie zwang sich, ernst zu bleiben. Sie wußte nicht, ob er Humor hatte. Billy hatte sie entdeckt und winkte ihr vom anderen Ende des Rollfeldes aus zu, aber sie erwiderte seinen Gruß nur mit einem stummen Nicken.

»Sie waren sehr beeindruckend bei der Flugschau«, sagte Desmond Williams, während sie an den Feldern entlanggingen und seine polierten Schuhe zunehmend staubiger wurden.

»Vielen Dank.«

»Ich glaube, ich habe noch niemanden so viele Preise gewinnen sehen ... auf alle Fälle kein Mädchen in Ihrem Alter. Wie alt sind Sie übrigens?« Er betrachtete sie aufmerksam, und seine Worte klangen ernst, trotzdem vergaß er nicht, ihr ein Lächeln zu schenken. Sie wußte immer noch nicht, was er wollte.

»Ich bin zwanzig. Im Herbst beginnt mein drittes Jahr im College.«

»Ich verstehe«, er nickte, als sei die letzte Information von äußerster Wichtigkeit. Dann blieb er abrupt stehen und sah sie scharf an, bevor er ihr die nächste Frage stellte. »Miss O'Malley, haben Sie je an eine Karriere in der Luftfahrt gedacht?«

»Wie meinen Sie das?« Sie machte ein verwirrtes Gesicht und fragte sich plötzlich, ob er ihr einen Job als Stewardeß anbieten wollte, aber dies schien sogar ihr äußerst unwahrscheinlich. »Worauf wollen Sie hinaus?«

»Sie könnten die Fliegerei zu Ihrem Beruf machen. Das tun, was Sie am allerliebsten tun. Diesen Eindruck hatte ich zumindest. Jedenfalls fliegen Sie so, als gäbe es für Sie nichts Schöneres auf der Welt.« Sie nickte lächelnd, während er schonungslos ihr Gesicht fixierte, aber bis jetzt gefiel es ihm recht gut.

»Ich rede von hervorragenden Flugzeugen. Sie würden Flugzeuge fliegen, die sonst niemand hat... Sie würden sie testen... Rekorde aufstellen. Sie könnten eine wichtige Rolle in der modernen Luftfahrt spielen... wie Lindbergh.«

»Wie Lindbergh?« Sie machte ein ungläubiges Gesicht. Das konnte er unmöglich ernst meinen. »Für wen würde ich fliegen? Meinen Sie, jemand würde mir diese Flugzeuge einfach geben, oder müßte ich sie kaufen?« Vielleicht wollte er ihr ja nur ein neues Flugzeug verkaufen, aber Desmond Williams lächelte über ihre Naivität. Er war froh, daß er als erster mit ihr sprach.

»Sie würden für mich und meine Firma fliegen, Williams Aircraft.« Sobald sie den Namen hörte, wußte sie, wer er war, und sie konnte kaum glauben, daß er sich mit ihr unterhielt und sie mit Charles Lindbergh auf eine Stufe stellte. »Da draußen gibt es eine wunderbare Zukunft für ein Mädchen wie Sie, Miss O'Malley. Sie könnten großartige Dinge tun. Und Sie könnten Flugzeuge fliegen, die Sie sonst nie in die Finger bekommen würden. Die besten, die es gibt. Eine wahre Herausforderung, kein Vergleich mit diesen Dingern hier.« Er sah sich verächtlich um, und einen kurzen Moment lang fühlte sie sich verletzt. Diese Flugzeuge waren wie Freunde für sie und der stolzeste Besitz ihres Vaters. »Ich meine richtige Flugzeuge«, fuhr Williams fort. »Solche, mit denen Rekorde aufgestellt werden.«

»Was müßte ich tun, um den Job zu bekommen?« fragte sie argwöhnisch. »Müßte ich Ihnen etwas zahlen?« Noch nie hatte ihr jemand ein solches Angebot gemacht, und sie hatte keine Ahnung, wie so etwas lief. Sie hatte immer geglaubt, daß berühmte Piloten ihre eigenen Maschinen besaßen. Es war ihr nie in den Sinn gekommen, große Firmen wie die seine könnten ihnen Flugzeuge geben oder ausleihen. Sie mußte noch eine Menge lernen, und er war nur allzu bereit, sie zu unterrichten. Sie war der erste unverdorbene Mensch, dem er seit seiner Geschäftsübernahme begegnet war.

»Sie müßten mir keinen Cent bezahlen«, sagte er lächelnd.

»Ich würde Sie bezahlen, und zwar recht großzügig. Sie würden ständig fotografiert und bekämen eine Menge Publicity, und wenn Sie so gut sind, wie ich denke, dann könnten Sie die Luftfahrt mit Ihrer Arbeit entscheidend vorantreiben. Vorausgesetzt, Sie waschen Ihr Gesicht ein wenig häufiger, als Sie es jetzt tun«, neckte er sie, und plötzlich mußte sie wieder an ihr ölverschmiertes Gesicht denken. Sie wischte es mit dem Ärmel ab und war entsetzt über den Schmutz. Er dagegen war sehr beeindruckt von ihrem Anblick, jetzt, da er ihr Gesicht besser sehen konnte. Sie war genau das, was er schon immer gesucht hatte. Das Mädchen seiner Träume. Jetzt mußte er sie nur noch dazu bringen, den Vertrag zu unterzeichnen.

»Wann könnte ich anfangen?« fragte sie gespannt. Noch nie hatte sie etwas so Aufregendes erlebt, und sie brannte darauf, Nick und ihrem Vater davon zu erzählen.

»Morgen. Nächste Woche. Sobald Sie nach Los Angeles

kommen können. Die Fahrkosten übernehmen wir natürlich. Wir stellen Ihnen auch ein Apartment.«

»Ein Apartment?« Ihre Stimme überschlug sich fast, aber er nickte nur ernst.

»In Newport Beach, ganz in der Nähe von Williams Aircraft. Es ist ein wunderschönes Fleckchen, und von dort sind Sie schnell in der Stadt. Was meinen Sie? Wollen Sie den Job?« Er hatte den Vertrag gleich mitgebracht, in der Hoffnung, sie würde ihn ohne Umschweife unterzeichnen. Zuerst nickte sie auch, aber dann zögerte sie.

»Ja. Aber ich muß zuerst meinen Vater fragen. Ich müßte die Schule abbrechen. Könnte sein, daß er was dagegen hat.« Schon gar nicht wegen einer Fliegerkarriere. Von ihrem Studium war er allerdings nie sonderlich begeistert gewesen, aber es könnte sein, daß er auch gegen den Job bei Williams Einwände hatte.

»Wir könnten es so einrichten, daß Sie weiterhin Seminare belegen, wenn Sie frei haben. Aber die meiste Zeit werden Sie wohl ziemlich beschäftigt sein. Es gibt eine Menge Benefizveranstaltungen, Fototermine. Und natürlich würden Sie ständig fliegen.«

Es klang einfach phantastisch. »Ich war übrigens gestern schon einmal hier, aber der Mann im Büro sagte mir, Sie wären unterwegs. Ich hinterließ ihm meine Karte und bat ihn, sie Ihnen zu geben. Sie sind wohl zu spät heimgekommen, aber ich bin lieber noch einmal hergekommen, denn es könnte ja sein, daß er meine Karte verlegt oder verloren hat.« Er lächelte gewinnend.

»Sie haben sie einem Mann gegeben?« Es konnte nur Nick oder ihr Vater gewesen sein.

»Ja, und ich habe ihm gesagt, daß ich im Portsmouth wohne. Haben Sie versucht, mich dort zu erreichen? Vielleicht ist Ihre Nachricht verlorengegangen.«

»Nein«, sagte sie aufrichtig. »Ich habe Ihre Karte nicht erhalten.«

»Nun, das macht nichts. Ich habe Sie ja jetzt angetroffen. Hier ist der Vertrag. Sie können ihn in aller Ruhe mit Ihrem Vater prüfen.«

»Was steht denn im Vertrag?« fragte sie naiv.

»Er verpflichtet Sie, ein Jahr lang Testflüge und Publicity für Williams Aircraft zu machen. Das ist alles. Ich denke, Sie werden nichts daran auszusetzen haben«, sagte er zuversichtlich. Sein selbstsicherer Blick vermittelte ihr, daß er ihr eine großartige Chance bot, die sie nicht ausschlagen konnte.

Nervös hielt sie den Vertrag in der Hand und fragte sich, was wirklich hinter der Sache steckte. Es konnte doch nicht so einfach sein.

»Ich zeige ihn meinem Vater«, sagte sie. Sie wollte ihm auch ein paar Fragen stellen. Warum hatten er und Nick ihr Desmond Williams' Besuch verschwiegen? Im günstigsten Fall hatten sie es vielleicht einfach vergessen. Aber sie ahnte, daß dies nicht der Grund war. Sie hatten ihr mit Absicht nichts davon gesagt. Aber warum? Alles klang so verlockend.

»Am besten, Sie denken in Ruhe über alles nach, und wir treffen uns morgen früh. Was halten Sie von einem gemeinsamen Frühstück in meinem Hotel? Wäre es Ihnen um acht Uhr dreißig recht? Danach muß ich zurück an die Westküste. Aber ich hoffe sehr, Sie werden in ein paar Tagen ebenfalls dort sein.« Er lächelte, und ihr fiel auf, daß er eine sehr überzeugende Art hatte. Er sah sehr gut aus und wirkte äußerst selbstsicher. Irgendwie gelang es ihm, ihr die Unwiderstehlichkeit seines Angebotes vor Augen zu führen. »Also morgen früh um halb neun?« fragte er beschwörend, und sie nickte. Sie besiegelten ihre Verabredung mit einem Händedruck. Dann ging er zurück zu seinem Wagen und fuhr davon. Während sie ihm nachstarrte, bis sein Lincoln am Horizont verschwunden war, rief sie sich alles ins Gedächtnis, was sie über Desmond Williams gehört hatte. Mit seinen vierunddreißig Jahren gehörte er zu den reichsten Männern der Welt. Sein Vater hatte ihm ein wahres Wirtschaftsimperium hinterlassen, und sein Unternehmen produzierte die besten Flugzeuge. Er hatte den Ruf eines skrupellosen Geschäftsmannes. Auf Fotos posierte er gern mit bekannten Filmstars. Sie konnte sich einfach nicht vorstellen, warum er sich ausgerechnet für Cassie O'Malley interessierte.

Nachdenklich schlenderte sie zu dem kleinen Bürogebäude, wo Nick und ihr Vater über ihren Büchern saßen. Es war klar, daß es sich bei Williams' Angebot um eine einmalige Gelegenheit handelte, und sie konnte es einfach nicht fassen.

Sie kam ins Büro und trug immer noch den alten Overall ihres Vaters. Er blickte zu ihr auf und sah ihr ölverschmiertes Gesicht und das wirre Haar und wollte wissen, ob es Probleme mit der Havilland gebe. Falls dies nicht der Fall war, wollte er sie gegen Mittag für eine längere Tour benutzen. Aber sie achtete nicht auf seine Worte, sondern starrte ihn nur an. In der Hand hielt sie den Vertrag.

»Warum hast du mir nichts davon gesagt, daß mich gestern jemand sprechen wollte?« fragte sie, und er machte ein erschrockenes Gesicht.

»Wer hat dir das gesagt?« Er würde Nick den Kopf abreißen, wenn er ihn hintergangen haben sollte. Aber Nick starrte die beiden nur wortlos an. Er hatte ihren Blick gesehen, als sie zur Bürotür hereinkam.

»Darum geht es nicht. Gestern ist ein Mann hierhergekommen und hat seine Karte für mich dagelassen. Und keiner von euch hat mir was davon gesagt.« Sie warf Nick einen wütenden Blick zu, und beide Männer fühlten sich sichtlich unwohl. »Ihr habt mich belogen. Warum?«

Ihr Vater versuchte, ein unbekümmertes Gesicht zu machen.

»Ich hielt es für unwichtig. Hab's wohl einfach vergessen.«

»Wißt ihr, wer er ist?« Sie sah von einem zum anderen und konnte nicht glauben, daß sie so unwissend waren. »Er ist Desmond Williams von Williams Aircraft.« Er war einer der größten Flugzeughersteller der Welt, der zweitgrößte in den USA. Desmond Williams war also durchaus eine wichtige Persönlichkeit.

»Was wollte er?« fragte Nick beiläufig, obwohl er sich natürlich denken konnte, was Williams ihr angeboten hatte.

»Ach ... er will mich bloß ein paar hervorragende Flugzeuge fliegen lassen. Ich soll sie testen, Rekorde aufstellen. Kaum der Rede wert. Für diesen unbedeutenden Job will er mir eine Menge Geld zahlen, außerdem bekomme ich auch noch ein Apartment.« Die beiden Männer sahen sich vielsagend an. Genau das hatten sie befürchtet.

»Hört sich gut an«, sagte Nick. »Und wo ist der Haken?«

»Es gibt keinen.«

»O doch, da ist einer«, sagte Nick und lachte bitter. Sie war noch ein Kind, und zusammen mit Pat mußte er alles tun, um sie zu beschützen. Desmond Williams flog im ganzen Land herum und suchte nach Werbestars. Wenn er sie erst in den Fingern hatte, würde er sie benutzen, bis sie abstürzte, und zwar nicht nur für Testflüge, sondern für Wochenschauen, Werbung und endlose Fototermine. In Nicks Augen würde sie nichts weiter sein als eine Art Skygirl.

»Hat er dir einen Vertrag gegeben?« fragte Nick beiläufig, und sie hielt ihm das Papier unter die Nase.

»Aber natürlich.«

»Was dagegen, wenn ich einen Blick darauf werfe?« Sie reichte ihm den Vertrag, und Pat funkelte die beiden böse an. Das hier war genau das, was er nie gewollt hatte.

»Du wirst sein Angebot ablehnen, Cassandra Maureen«, sagte ihr Vater, während Nick über dem Vertrag brütete. Nick war zwar kein Rechtsexperte, aber er fand nichts daran auszusetzen. Sie boten ihr einen Wagen, ein Apartment für die Dauer ihrer Beschäftigung, nicht als Geschenk; sie sollte alles fliegen, was sie für angemessen hielten, Testflüge absolvieren; der zweite Teil des Vertrags besagte, daß sie sich uneingeschränkt für Werbemaßnahmen im Zusammenhang mit ihren Flugzeugen zur Verfügung stellte. Sie verpflichtete sich zur Teilnahme an öffentlichen Veranstaltungen, die für Williams Aircraft von Bedeutung waren. Außerdem mußte sie sich jederzeit für Fototermine bereithalten. Sie würde offizielle Sprecherin des Unternehmens, und man erwartete von ihr, daß sie sich entsprechend benahm. Sie verpflichtete sich, nicht zu rauchen und nur sehr mäßig zu trinken. Sie erhielt einen Zuschuß für ihre Garderobe und bekam ihre Fluguniformen gestellt. Alles war klar und deutlich aufgeschlüsselt. Der Vertrag galt für ein Jahr, für das sie ihr fünfzigtausend Dollar boten. Es bestand die Möglichkeit einer Vertragsverlängerung, und in diesem Fall sollte eine Honorarerhöhung ausgehandelt werden. Es war der beste Vertrag, den Nick je gesehen hatte. Nur wenige Männer würden sich eine solche Gelegenheit entgehen lassen. Aber aus dem Vertrag ging ganz klar hervor, daß Williams Aircraft eine Frau beschäftigen wollte. Sie würde nicht nur Pilotin, sondern auch Fotomodell sein. Dennoch war es ein äußerst verlockendes Angebot. Er wußte jedoch nicht, inwieweit Desmond Williams zu trauen war.

»Was meinst du, Pat?« fragte Nick gespannt.

»Sie bleibt, wo sie ist, und damit basta. Sie geht nirgendwohin, und sie geht ganz bestimmt nicht nach Kalifornien, um dort in einem Apartment zu leben.«

Cassie sah ihn an und schäumte vor Wut, weil er ihr nicht einmal erzählt hatte, daß Desmond Williams sie sprechen wollte. »Ich habe mich noch nicht entschieden, Dad. Ich treffe mich morgen früh mit ihm.«

»Nein, das tust du nicht«, befahl Pat O'Malley seiner Tochter, und Nick wollte sich vor Cassie nicht mit ihm anlegen. Der Vertrag beinhaltete zwar gewisse Ausbeutungsmöglichkeiten, aber es war dennoch eine interessante Sache. Es würde ihr eine Menge Spaß machen, und sie würde die tollsten Flugzeuge fliegen. Das Ganze war sehr spannend. Sie testeten sogar Flugzeuge für die Luftwaffe und wetteiferten mit den deutschen Flugzeugbauern. Und mit dem Geld würde sie ein gutes Stück weiterkommen. Es schien ihm nicht fair, sie davon abzuhalten. Zumindest mußte sie in Ruhe darüber nachdenken dürfen.

»Was ist mit dem College?« fragte Nick, nachdem ihr Vater zurück in sein Büro gestürmt war und die Tür hinter sich zugeknallt hatte.

»Er hat gesagt, ich könnte auch dort Seminare belegen, wenn ich Zeit habe.«

»Aber wahrscheinlich wirst du nur sehr selten Zeit haben. Wenn du nicht fliegst, werden sie dir jede Menge Werbetermine aufdrücken. Cassie, willst du es wirklich tun?«

Sie sah ihn nachdenklich an. Nie zuvor hatte sie ihr Zuhause verlassen wollen, aber wenn sie hierblieb, würde sie niemals weiterkommen. Sie arbeitete gern auf dem Flughafen und hatte viel Spaß auf der Flugschau. Aber sie hatte keine Lust zu unterrichten. Sie wollte weder Bobby Strong heiraten noch einen anderen Jungen, mit dem sie zur Schule gegangen war. Was sollte sie mit dem Rest ihres Lebens anfangen, fragte sie sich manchmal. Und selbst ihr war klar, daß es Interessanteres gab, als die Flugzeuge ihres Vaters zu warten und mit Billy Nolan Postflüge nach Indiana zu machen.

»Was soll ich hier machen?« fragte sie ihn.

»Wir können doch einfach weiterhin zusammen arbeiten«, antwortete er traurig. Am liebsten wäre es ihm gewesen, die Dinge würden bis in alle Ewigkeit so bleiben, wie sie waren.

»Das ist das Schlimme daran«, sagte sie, »daß ich euch verlassen muß. Am schönsten wäre es, wenn ihr alle mitkommen könntet.«

»Im Vertrag steht, daß sie dir ein Flugzeug zur Verfügung stellen, damit du ab und zu nach Hause fliegen kannst. Ich freu mich schon jetzt, wenn du uns besuchen kommst. Wie wär's, wenn du eine XW- 1 Phaeton mitbringen würdest?«

»Für dich würde ich ihnen sogar eine Starlifter abschwatzen. Ich würde sogar eine stehlen, wenn dir soviel daran liegt.«

»Gute Idee. Damit könntest du sogar deinen alten Herrn überzeugen. Wir könnten hier ein paar neue Flugzeuge gebrauchen. Vielleicht geben sie uns ja ab und zu welche ab«, scherzte er. Aber bei der Vorstellung, daß sie fortgehen würde, war er am Boden zerstört. Sie war ein Teil seines Lebens, und jetzt wollte sie nach Los Angeles. Schon der Gedanke daran machte ihn krank. Nie hatte er daran gedacht, daß so etwas geschehen könnte.

Genausowenig wie Pat. Er wollte sein kleines Mädchen nicht verlieren. Es war schon schlimm genug, daß Chris für ein, zwei Jahre nach Europa wollte, um dort Architektur zu studieren. Aber bis dahin würde es noch eine Weile dauern. Der Vertrag mit Williams würde sofort in Kraft treten. Und es ging nicht um Chris, sondern um Cassie.

»Du wirst nirgendwohin gehen«, wiederholte er am Nachmittag. »Das ist mein letztes Wort.« Aber sie wußte, daß es ganz allein ihre Entscheidung war. Sie redete noch einmal mit Nick. Er sah zwar weiterhin die Gefahr, man könnte sie ausnutzen, aber andererseits versprach die Sache so viele Vorteile, daß er ihr nicht strikt davon abraten wollte. Das Geld, der Ruhm, die Testflüge, die Rekorde, die sie aufstellen würde, all die positiven Dinge schienen zu überwiegen. Sie konnte einfach nicht ablehnen. Jetzt mußten sie nur noch ihren Vater überzeugen.

Sie sprach auch mit Billy. Er kannte Desmond Williams, allerdings nur vom Hörensagen. Einige Leute hielten ihn für einen fairen Geschäftsmann, andere mochten ihn nicht. Er hatte einer Bekannten von Billy einen Job angeboten, und sie war nicht sehr angetan von ihm gewesen. Es sei einfach zu anstrengend gewesen, und sie habe sich wie sein Eigentum gefühlt, hatte sie Billy erzählt. Aber Billy räumte ein, daß sie eine miserable Pilotin war. Für ein Mädchen wie Cassie würde es die größte Chance ihres Lebens sein, meinte er.

»Du könntest wirklich eine zweite Mary Nicholson werden«, sagte er und bezog sich auf eine der erfolgreichsten Pilotinnen Amerikas. Aber Cassie konnte sich nicht vorstellen, jemals so berühmt zu werden.

»Das bezweifle ich«, sagte sie finster. Die Entscheidung fiel ihr ungeheuer schwer. Einerseits wollte sie nicht ihr Heim und ihre Familie verlassen, andererseits war ihr bewußt, wie schlecht ihre Aussichten waren, wenn sie blieb. Und wenn sie fliegen wollte, war sie bei Williams Aircraft bestens aufgehoben, mochten sie auch noch so viele alberne Fotos von ihr machen und sie ständig interviewen. Sie wollte fliegen. Und Williams hatte die besten Flugzeuge.

»Denk darüber nach, Cassie. Vielleicht bekommst du nie wieder so eine Chance«, riet ihr Billy mit ernstem Gesicht. Zur gleichen Zeit saß Nick in Pats Büro und erzählte seinem alten Freund dasselbe. Sie war eine hervorragende Pilotin, und in New Hope gab es keine Möglichkeit für sie, weiterzukommen. Sie würde ihr Leben lang am Flughafen herumhängen und im Mittleren Westen herumfliegen, mit Jungs, die nicht einmal halb so gut flogen wie sie selbst.

»Warum hast du ihr bloß das Fliegen beigebracht!« brüllte Pat. Er war plötzlich ungeheuer wütend auf Nick, auf Cassie, auf Chris, auf alle. Jemand mußte doch schließlich schuld daran sein. Der größte Missetäter war dieser Teufel Desmond Williams.

»Er ist wahrscheinlich ein Verbrecher... auf der Jagd nach arglosen jungen Mädchen, denen er dann die Unschuld raubt.« Nick hatte Mitleid mit ihm. Nach all den Jahren sollte er nun ohne jede Vorwarnung sein kleines Mädchen verlieren, und Nick wußte, was er durchmachte. Er war genauso unglücklich wie Pat. Aber er wußte auch, daß er kein Recht hatte, sie zu halten. Sie mußte fliegen... wie ein Vogel... und jetzt würde sie mit den Adlern dahinsegeln.

»Du kannst sie nicht aufhalten, Pat«, sagte Nick ruhig und wünschte, er könnte ihm erklären, wie weh es auch ihm tat. »Es wäre nicht richtig. Sie verdient mehr, als wir ihr hier bieten können.«

»Das ist dein Fehler«, fuhr Pat ihn erneut an. »Nur weil du sie unterrichtet hast, fliegt sie jetzt wie ein junger Gott.«

Nick lachte, und Pat goß sich einen Whisky ein. Er war außer sich bei dem Gedanken, Cassie zu verlieren.

Außerdem mußte er Oona von Cassies Besucher in Kenntnis setzen.

Als er es ihr gegen Abend erzählte, war Oona schockiert und malte sich die schrecklichsten unmoralischen Dinge aus. Die Vorstellung, Cassie würde allein in Los Angeles leben, um dort als Testpilotin und Sprecherin für Williams Aircraft zu arbeiten, war ihr unerträglich.

»Kann ein anständiges Mädchen denn so etwas machen?« fragte sie Pat. »Sich fotografieren lassen und all solche Sachen? Sind sie dazu überhaupt richtig angezogen?«

»Aber natürlich, Oona. Der Mann hat doch kein Stripteaselokal. Er baut Flugzeuge.«

»Und was wollen sie dann von unserem kleinen Mädchen?«

»Dein kleines Mädchen fliegt wahrscheinlich besser als alle Piloten, die ich je gesehen habe, einschließlich Nick Galvin oder Rickenbacker. Sie ist besser als alle anderen, und Williams ist kein Dummkopf. Er hat Augen im Kopf. Vor zwei Tagen bei der Flugschau hat sie großes Aufsehen erregt. Ich wollte dich nicht beunruhigen, aber sie hat sich fast das Genick gebrochen. Das kleine Dummchen hat die Mühle bis auf zwanzig Meter Höhe trudeln lassen und sie dann im letzten Moment wieder hochgerissen. Ich bin fast gestorben. Aber sie hat es geschafft, ohne mit der Wimper zu zucken, und sie hat noch jede Menge andere verrückte Stunts geflogen. Perfekt, sage ich dir. Und das hat er offenbar auch gedacht.«

»Soll sie Stunts für ihn fliegen?«

»Nein, sie soll Flugzeuge testen, und ein paar Rekorde aufstellen, wenn sie kann. Ich hab den Vertrag gelesen, und er scheint mir ziemlich fair. Ich möchte nur nicht, daß sie fortgeht, genausowenig wie du, nehme ich an.«

»Was will Cassie?« fragte Oona und bemühte sich, das Gehörte zu verarbeiten. Auch ihr war klar, daß Cassie bis zum nächsten Morgen eine Entscheidung fällen mußte. Es blieb also nicht viel Zeit zum Nachdenken.

»Ich denke, sie will es tun. Sie hat gesagt, daß sie es will. Vor allem will sie wohl die Freiheit, selbst über ihr Leben zu bestimmen.«

»Und was hast du gesagt?« fragte Oona gespannt.

»Ich habe es ihr verboten, genau wie ich damals die Fliegerei verboten hab«, erwiderte Pat hilflos.

»Du weißt, wie wenig das genutzt hat«, sagte Oona lächelnd. »Und ich fürchte, du wirst auch diesmal kein Glück haben.«

»Was sollen wir machen?« Er bat seine Frau um Rat, denn ihr Urteil war ihm wichtig, manchmal wichtiger, als ihm lieb war. Aber er konnte sich auf ihre Einschätzung verlassen, besonders wenn es um ihre Töchter ging.

»Ich finde, wir sollten sie tun lassen, was sie will. Sie macht es so oder so, Pat, und sie wird sich besser fühlen, wenn sie das Gefühl hat, sie kann ihre eigenen Entscheidungen treffen. Sie wird zu uns zurückkommen, und wenn sie in Kalifornien noch so viele tolle Flugzeuge fliegt. Sie weiß, wie sehr wir sie lieben.« Daraufhin riefen sie Cassie ins Schlafzimmer, und Oona bat Pat, ihr zu sagen, was sie beschlossen hatten.

»Deine Mutter und ich möchten ... «, er zögerte und sah Oona hilfesuchend an. »Du sollst selbst entscheiden. Und wir stehen hinter dir, egal wie diese Entscheidung aussieht. Aber wenn du gehst, dann komm uns gefälligst besuchen, und zwar sooft du kannst!« Er hatte Tränen in den Augen, als er sie in die Arme schloß. Sie klammerte sich an ihn und küßte ihre Mutter, die angefangen hatte zu weinen.

»Danke ... ich danke euch ... « Sie umarmte beide noch

einmal und setzte sich seufzend ans Fußende ihres Bettes. »Die Entscheidung fällt mir nicht leicht.«

»Weißt du, was du tun wirst?« fragte Oona. Pat wagte nicht zu fragen, aber er ahnte bereits Cassies Entschluß, noch bevor sie langsam nickte.

»Ich gehe«, sagte sie und strahlte vor Begeisterung.

Aber sie hätte nie gedacht, daß ihr der Abschied so schwerfallen würde. Am nächsten Morgen fand sie sich pünktlich um halb neun im Portsmouth Hotel ein, wo sie schon von Desmond Williams erwartet wurde. Beim Frühstück konnte sie vor Nervosität nur etwas Toast und schwarzen Kaffee zu sich nehmen. Dann unterschrieb sie den Vertrag, den Williams sofort gegenzeichnete, und er erklärte ihr weitere Details ihrer zukünftigen Tätigkeit. Alles klang so aufregend, daß sie ganz verwirrt war. Sie hatten einen Flug von Chicago nach Los Angeles für sie arrangiert. Sie würde ein Apartment bekommen, einen Wagen... Uniformen... eine Anstandsdame, falls sie eine wünschte... eine neue Garderobe... Begleiter, ein Wochenendhaus in Malibu, das sie benutzen durfte. Ein Flugzeug, damit sie jederzeit nach Hause fliegen konnte. Und sie durfte Flugzeuge fliegen, von denen sie immer geträumt hatte.

Ihr Terminplan begann in fünf Tagen. Eine Pressekonferenz war geplant, eine Wochenschau und ein Testflug mit der neuen Starlifter. Sie sollte Amerika zeigen, wie gut sie war. Aber zuerst wollte er ihr zeigen, was seine Flugzeuge konnten. Zu diesem Zweck hatte er die ersten zwei Wochen für sie reserviert, um so viel wie möglich mit ihr zu fliegen.

»Ich kann es kaum glauben«, sagte sie zu Billy, während sie später an diesem Morgen neben dem Rollfeld in der Sonne lagen.

»Du hast wirklich das große Los gezogen«, erwiderte er neidisch. Aber eigentlich war er recht zufrieden, denn er dachte noch nicht an eine Rückkehr nach Kalifornien.

»In zwei Wochen besuche ich euch, komme, was da wolle«, versprach sie ihm und allen anderen.

Am Vorabend ihrer Abreise machte ihre Mutter ein großes Abschiedsessen für sie, und die ganze Familie war versammelt: ihre Schwestern mit ihren Ehemännern und Kindern und Chris und Nick und Billy. Bobby war natürlich nicht dabei, aber sie hatte ihn zwei Tage zuvor bei der Beerdigung von Jim Bradshaw gesehen. Er hatte leise mit Peggy geredet und eines ihrer Babys auf dem Arm gehabt.

Aber es war Nick, in dessen Nähe sie sich den ganzen Abend aufhielt, den sie einfach nicht verlassen wollte. Er hatte sie in all den Jahren unterstützt und ermutigt, und jetzt wußte sie nicht, wie sie ohne ihn zurechtkommen würde.

Am nächsten Morgen waren alle zum Flughafen gekommen, um sich von ihr zu verabschieden. Nick sollte sie mit der Vega nach Chicago fliegen, und nachdem sie ihrer Mutter, ihren Schwestern und Chris einen Abschiedskuß gegeben hatte, ging sie zu ihrem Vater. Beide hatten sie Tränen in den Augen. Am liebsten hätte er sie gebeten, sich die Sache noch einmal zu überlegen, aber er schwieg.

»Danke, Dad«, flüsterte sie ihm ins Ohr, während er sie im Arm hielt.

»Sei vorsichtig, Cassie. Paß auf. Diese supermodernen Flugzeuge haben's in sich. Eine einzige unachtsame Sekunde kann dich das Leben kosten. Versprich mir, daß du vorsichtig bist.«

»Ich verspreche es, Dad.«

»Ich wünschte, ich würde dir glauben«, sagte er lächelnd. »Du verdammte kleine Pilotin.« Trotz seines Abschiedsschmerzes mußte er lachen. Dann umarmte er sie noch einmal und ließ sie zusammen mit Nick gehen. Auch Chris und Billy standen winkend auf dem Rollfeld, als sie starteten, und Cassie seufzte tief. Niemals hatte sie sich vorstellen können, wie schwer ihr der Abschied von zu Hause fallen würde. All ihre Gedanken galten den Menschen, die sie zurückließ, und als sie Nick ansah, wurde ihr noch schwerer ums Herz. Sie klammerte sich an das bißchen Zeit, das ihnen noch blieb.

»Du bist wirklich ein Glückspilz«, sagte Nick nach dem Start, um sie ein wenig von ihrem Abschiedsschmerz abzulenken. »Aber du hast es verdient. Du hast das Zeug für diesen Job. Laß dich bloß nicht von diesen glatten Stadtmenschen ausnutzen.« Desmond Williams war in der Tat ziemlich glatt, aber dennoch war er anscheinend fair und ehrlich. Er hatte ganz klar gesagt, was er von ihr erwartete. Er wollte die beste Pilotin der Welt, die schönste und weltgewandteste Frau, die er finden konnte, um sein Produkt zu repräsentieren, er wollte neue Rekorde aufstellen, wobei seine Flugzeuge unversehrt bleiben sollten. Weiterhin ging es ihm um die wohlwollende Akzeptanz der amerikanischen Öffentlichkeit. Es war keine leichte Aufgabe, aber sie würde sie erfüllen können, und er war klug genug, das zu spüren. Sie war die beste Pilotin, die er je gesehen hatte, und sie sah gut aus, das war seiner Meinung nach ein guter Anfang. Für Nick bedeutete es das Ende ihrer Beziehung. Aber er zögerte nicht, seine Belange hintenan zu stellen, da es um ihre Zukunft ging. Es war sein letzter Liebesbeweis: Erst hatte er ihr das Fliegen beigebracht, und jetzt gab er ihr die Freiheit.

»Laß dich nicht von ihnen herumschubsen«, sagte Nick eindringlich. »Du bist ein großartiges Mädchen, und wenn sie zu hart mit dir umspringen, schick sie einfach zum Teufel und komm augenblicklich nach Hause. Du mußt nur anrufen, dann komme ich sofort und hole dich.« Es klang verrückt, aber seine Worte trösteten sie.

»Kommst du mich besuchen?«

»Aber sicher. Wenn ich eine Tour nach Kalifornien fliege, mache ich einen Abstecher zu dir.«

»Dann laß dir die Kalifornien-Touren nicht von Billy vor der Nase wegschnappen, sieh zu, daß du sie kriegst.« Er lächelte über ihre Ermahnung. Sie wirkte plötzlich nervös.

»Ich hatte schon fast den Eindruck, da wäre vielleicht ein wenig mehr zwischen euch beiden«, sagte Nick so beiläufig wie möglich. »Habe ich mich da etwa getäuscht?« Er war erleichtert über das, was sie gesagt hatte. Obwohl er schon seit einiger Zeit vermutet hatte, daß die Beziehung zwischen Cassie und Billy rein freundschaftlicher Natur war, genau wie ihr Vater es vorausgesagt hatte. Aber er freute sich über die Bestätigung seiner Annahme. Er wollte von ihr Enthaltsamkeit und totale Ergebenheit und wußte natürlich, wie verrückt diese Wünsche waren. Eines Tages würde sie einen Ehemann finden und Kinder bekommen. Er wußte zwar, daß er nicht für diese Rolle in Frage kam, aber im stillen hoffte er, es wäre möglich.

»Billy und ich sind nur gute Freunde«, sagte sie ruhig. »Das weißt du doch.«

»Ja, ich denke schon.«

»Du weißt eine Menge«, fuhr sie versonnen fort. »Über mich, über das Leben. Du weißt, welche Dinge wichtig sind, und welche nicht. Ich habe so viel von dir gelernt, Nick. Du hast mich dazu gebracht, daß mein Leben mir etwas bedeutet. Du hast mir alles gegeben.«

»Ich wünschte, du hättest recht, Cass, aber was habe ich im Leben schon erreicht. Und du verdienst ein wenig mehr Glück als die anderen.«

»O doch, du hast mir alles gegeben«, sagte sie mit unverhohlener Bewunderung und Liebe.

»Ich bin kein Desmond Williams, Cass«, widersprach er.

»Wer ist schon so wie er? Die meisten Menschen haben im Leben nicht soviel Glück.«

»Du vielleicht, Cass, eines Tages. Du hast das Zeug, ein bedeutender Mensch zu werden.«

»Indem ich in der Wochenschau auftrete und mich ständig fotografieren lasse? Das bezweifle ich. Das ist doch nichts als Schau, es bedeutet nichts. Soviel weiß ich.«

»Du bist ein kluges Mädchen, Cass. Bleib so, wie du bist. Laß dich nicht von ihnen verderben.«

Kurze Zeit später landeten sie in Chicago, und er brachte sie zu ihrem Flugzeug und trug ihren Koffer. Sie trug ein marineblaues Kostüm von ihrer Mutter. Es war ein wenig altmodisch und zu groß. Trotzdem sah sie wunderschön aus. Mit ihren zwanzig Jahren war sie atemberaubend mit ihrem glänzenden, roten Haar, den großen blauen Augen, dem hübschen Busen, den langen schlanken Beinen und der zierlichen Taille, um die er so gern seine Hände legte, wenn er ihr aus dem Flugzeug half. Aber jetzt stand sie da und sah zu ihm auf wie ein Kind, und am liebsten hätte er sie zurück zu ihrer Mutter gebracht. Ihre Augen waren voller Tränen, aber sie weinte nicht wegen ihrer Eltern, ihre Tränen galten ihm.

Sie wollte ihn nicht verlassen.

»Komm mich besuchen, Nick ... ich werd dich sehr vermissen.«

»Ich bin immer für dich da, Mädchen ... vergiß das nicht.«

»Ich werd daran denken«, schluchzte sie, und er zog sie an sich und hielt sie in den Armen. Er sagte nichts mehr zu ihr, küßte sie auf die Stirn und ging davon. Es gab nichts mehr zu sagen. Außerdem hätte seine Stimme ihn verraten, wenn er es versucht hätte, und dann hätte er es niemals übers Herz gebracht, sie gehen zu lassen.

11

Als Cassies Flugzeug in Los Angeles landete, wurde sie von drei Leuten erwartet: einem Fahrer, einem Beauftragten des Unternehmens und Mr. Williams' Sekretärin. Cassie war ein wenig überrascht, sie zu sehen. Er hatte ihr zwar gesagt, daß sie abgeholt würde, aber so einen offiziellen Empfang und so viele Leute hatte sie nicht erwartet.

Auf der Fahrt nach Newport Beach gab der Firmenbeauftragte ihr eine Liste mit Terminen. In der ersten Woche sollte sie alle neuen Flugzeuge kennenlernen und fliegen. Ferner waren eine erste Pressekonferenz und eine Wochenschau geplant. Die Sekretärin überreichte ihr eine Liste von gesellschaftlichen Veranstaltungen, bei denen ihre Teilnahme erwartet wurde. Zu diesen Anlässen hatte man verschiedene Begleiter verpflichtet, und ein paarmal würde Mr. Williams sie persönlich abholen. All das war ziemlich überwältigend. Aber noch überwältigender fand sie die Wohnung, die man ihr zur Verfügung stellte. Sie lag im schönsten Viertel von Newport Beach und hatte einen geräumigen Salon, Eßzimmer, Küche und Schlafzimmer. Von allen Räumen aus hatte man einen wunderschönen Blick aufs Meer. Außerdem gab es noch eine traumhafte Terrasse. Der Kühlschrank war gefüllt mit Delikatessen; die Möbel waren elegant und stilvoll; in den Schubladen lag italienische Tischwäsche; und ein Hausmädchen kam täglich zum Saubermachen und sollte ihr bei der Bewirtung von Gästen helfen.

»Du liebe Güte!« rief Cassie beim Anblick eines Stapels

wunderschöner Spitzentischdecken. So etwas hatte ihre Mutter sich zeit ihres Lebens gewünscht. Cassie konnte sich nicht denken, warum man sie ihr zur Verfügung stellte. »Wofür sind die?«

»Mr. Williams meinte, Sie würden sicherlich öfter Gäste empfangen«, sagte seine Sekretärin, Mrs. Fitzpatrick, steif. Sie war doppelt so alt wie Cassie und hatte das Miss Porters-Mädchen-College an der Ostküste besucht. Von Flugzeugen verstand sie herzlich wenig, aber was gesellschaftliche Dinge und Etikette anging, war sie bestens bewandert.

»Aber ich kenne hier doch niemanden«, sagte Cassie und wirbelte lachend durch die Wohnung. Niemals hätte sie sich träumen lassen, in einer derart vornehmen Umgebung zu leben. Am liebsten hätte sie jedem davon erzählt und alles gezeigt. Billy, Nick... ihren Schwestern... ihrer Mutter... aber es war niemand da, nur ihre fremden Begleiter. Im Schlafzimmer entdeckte sie ihre neue Garderobe, vier elegante Kostüme in gedeckten Farben, passende Hüte, ein langes, schwarzes Abendkleid und zwei kurze Kleider. Auch an Schuhe und Handtaschen hatte man gedacht, alles in den Größen, die sie angegeben hatte. In einem kleineren Schrank befanden sich ihre Fluguniformen. Sie waren marineblau und wirkten sehr formell. Man hatte sogar eine passende Kappe und handgearbeitete Schuhe entworfen. Und plötzlich war Cassie ganz verzagt. Vielleicht hatte Nick recht gehabt. Vielleicht war sie nichts weiter als ein Skygirl.

Alles war so perfekt arrangiert und organisiert, daß es ihr wie ein seltsamer Traum erschien. Es war, als sei sie in das Leben einer anderen hineinkatapultiert worden, in deren Wohnung und deren Kleiderschrank. Und jetzt sollte alles ihr gehören. Sie konnte es kaum glauben.

Auch eine junge Frau wartete auf Cassie. Sie trug ein adrettes graues Kostüm mit passendem Hut, hatte ein warmherziges Lächeln, lebhafte blaue Augen und schulterlanges, dunkelblondes Haar, das zu einem gepflegten Pagenkopf frisiert war. Cassie schätzte sie auf Anfang Dreißig.

»Das ist Nancy Firestone«, erklärte Mrs. Fitzpatrick. »Sie wird Ihre Anstandsdame sein, wenn Mr. Williams meint, daß Sie eine benötigen. Sie kann Ihnen bei allen Dingen behilflich sein, Sie zu Verabredungen und Geschäftsessen begleiten, mit der Presse verhandeln, was auch immer.« Die junge Frau gab Cassie die Hand und schenkte ihr ein aufmunterndes Lächeln. Eine Anstandsdame? Was sollte sie nur mit ihr anfangen? Sollte sie vielleicht während ihrer Testflüge auf dem Rollfeld warten? Langsam fragte Cassie sich ohnehin, ob sie überhaupt Zeit zum Fliegen finden würde.

»Es ist wohl am Anfang ein wenig verwirrend«, sagte Nancy Firestone verständnisvoll. »Lassen Sie mich doch Ihre Sachen auspacken, und beim Lunch können wir dann in aller Ruhe über Ihren Terminkalender sprechen«, fuhr Nancy fort, während Cassie sich verloren umschaute. In der Küche bereitete ein Dienstmädchen belegte Brote und Salat vor. Sie war eine ältere Frau in schwarzem Kleid und weißer Schürze. Im Gegensatz zu Cassie fühlte sie sich in dieser Umgebung anscheinend ganz zu Hause. Unwillkürlich fragte Cassie sich, was sie nur mit all diesen Menschen anfangen sollte. Offensichtlich waren sie da, um ihr zu helfen, und Desmond Williams hatte wirklich an alles gedacht, was zu ihrem Wohlbefinden beitragen könnte. Er hatte noch mehr getan als das, und einen Traum für sie inszeniert. Trotzdem fühlte sie sich plötzlich mutterseelenallein unter all den fremden Menschen. Nancy Firestone spürte es, und aus diesem Grund hatte Williams sie angestellt. Er kannte sie gut und wußte, daß sie genau das war, was Cassie brauchte.

»Werden wir uns heute die Flugzeuge anschauen?« fragte Cassie hoffnungsvoll. Davon verstand sie etwas, und sie interessierte sich viel mehr für Flugzeuge als für all den Schnickschnack in ihrem Kleiderschrank. Im Gegensatz zu diesem glamourösen Lebensstil waren ihr die Flugzeuge wenigstens vertraut. Sie war nicht nach Kalifornien gekommen, weil sie auf Partys als Modepüppchen herumstolzieren wollte. Sie war gekommen, weil sie fliegen wollte. Und zwischen all den Hüten, Schuhen und Handschuhen und den Menschen, die sich um sie kümmern sollten, fragte sie sich, ob sie jemals zum Fliegen kommen würde. Plötzlich sehnte sich Cassie nach ihrem einfachen Leben in Illinois und den alten Flugzeugen ihres Vaters.

»Morgen werden wir zum Flugplatz fahren«, sagte Nancy freundlich. Nach allem, was Desmond ihr erzählt hatte, wußte sie instinktiv, daß sie mit Cassie sanft umgehen mußte. Es war eine ganz neue Welt für sie, und sie war verständlicherweise verschreckt, aber andererseits war sie auch eigensinnig und selbständig, hatte Desmond ihr erzählt. Er wollte auf alle Fälle vermeiden, daß sie es sich am Ende doch noch anders überlegte. Sie sollte Gefallen an der Sache bekommen und sich wohl fühlen. »Mr. Williams wollte Sie nicht gleich am ersten Tag überstrapazieren«, sagte sie freundlich, als sie sich zu Tisch setzten. Cassie war jedoch nicht hungrig.

»Um fünf Uhr haben Sie eine Pressekonferenz, gegen drei kommt die Friseuse. Bis dahin haben wir noch eine Menge zu bereden.« Es hörte sich so an, als seien sie zwei Mädchen, die sich für eine Party zurechtmachen wollten, und Cassie war völlig durcheinander. Williams' Sekretärin, Mrs. Fitzpatrick, verabschiedete sich und reichte ihr noch einen Stapel Informationen über die Flugzeuge. »Mr. Williams wird Sie zwischen vier und halb fünf abholen«, teilte sie Cassie mit.

»Er wird Sie zur Pressekonferenz begleiten«, erklärte Nancy, als Mrs. Fitzpatrick fort war. Es klang, als sei es eine große Ehre, und Cassie wußte, daß es auch so war. Trotzdem jagte es ihr große Angst ein. In ihrem Blick spiegelten sich Entsetzen und Verblüffung. Was sollte dies alles? Was hatte es zu bedeuten? Was tat sie hier? Und was sollte das ganze Theater mit Flugzeugen zu tun haben? Nancy konnte ihre Gedanken leicht erraten und versuchte, sie zu beruhigen.

»Ich weiß, am Anfang ist das Ganze ein bißchen beängstigend«, sagte Nancy lächelnd. Sie war eine hübsche Frau, aber ihre Augen wirkten traurig, was Cassie nicht entgangen war. Sie tat alles, damit Cassie sich in der neuen ungewohnten Umgebung wohl fühlte.

»Ich weiß nicht mal, wo ich anfangen soll«, gab Cassie zu und hätte am liebsten losgeheult, doch sie beherrschte sich. Alle waren sie so nett zu ihr, aber es gab soviel Neues, was sie verarbeiten mußte – Kleider, Termine, die Erwartungen an sie, wie sie sich der Presse gegenüber verhalten sollte. Im Grunde interessierte sie sich nur für die Flugzeuge, statt dessen mußte sie sich Gedanken über ihre Kleider und ihr Aussehen machen und sich bemühen, klug und erwachsen zu wirken. Es war beängstigend, und selbst Nancy Firestones freundliche Worte konnten sie nicht trösten.

Auf den ersten Blick schien es fast so, als hätte Williams sie nur aus Gründen der Publicity hergeholt und nicht, um zu fliegen. »Was hat er mit mir vor?« fragte Cassie, während sie auf den Pazifik hinausschauten. »Warum hat er mich hierherkommen lassen?« Im Moment bedauerte sie fast, daß sie das Angebot angenommen hatte. Es machte ihr einfach zuviel Angst.

»Sie sind hier, weil Sie eine der besten Pilotinnen sind, die er je gesehen hat«, erwiderte Nancy. »Sie müssen wirklich hervorragend sein, Cassie. Desmond ist nicht leicht zu beeindrucken. Und er redet nur noch von Ihnen, seit er Sie auf der Flugschau gesehen hat. Außerdem können Sie nicht nur ausgezeichnet fliegen, Cassie, sondern Sie sind dazu noch eine Frau. Und das spielt für Desmond eine große Rolle.« In gewisser Weise waren Frauen sehr wichtig für ihn, andererseits bedeuteten sie ihm nichts. Aber das erzählte Nancy ihr nicht. Desmond Williams umgab sich gern mit Frauen, wenn sie ihm nützlich waren, aber er band sich an keine. »Er denkt, daß man mit Frauen besser Flugzeuge verkaufen kann als mit Männern, weil sie aufregender sind. Er meint, daß Frauen – Frauen wie Sie – die Zukunft der Luftfahrt verkörpern. Sie sind ein richtiges Bonbon für die Presse. Durch Sie hofft er, die Popularität seines Unternehmens zu steigern.« Sie sagte Cassie nicht, daß sie auch wegen ihres Aussehens gewählt wurde, obwohl dieser Punkt eine große Rolle spielte. Ohne ihre Schönheit wäre sie nicht hier. Er hatte schon seit langem ein Mädchen wie sie gesucht, hatte mit vielen Fliegerinnen geredet und sich unzählige Flugschauen angeschaut, bevor er sie gefunden hatte. Schon seit Jahren hatte er diese Idee im Kopf, lange bevor George Putnam Amelia Earhart entdeckt hatte.

»Aber warum gerade ich? Wer könnte sich schon für mich interessieren?« fragte Cassie unschuldig und wirkte trotz Nancys Erklärungen und Ermutigungen immer noch verschreckt. Cassie verstand es immer noch nicht. Sie war nicht dumm, sondern naiv. Außerdem fiel es den meisten Leuten schwer, einen Menschen wie Desmond Williams zu verstehen. Nancy wußte viel über ihn. Bevor ihr Ehemann bei einem Testflug für Williams ums Leben gekommen war, hatte er ihr viel über ihn erzählt. Auch von anderen Piloten hatte sie einiges über ihn erfahren, und nach Skips Tod hatte sie ihre eigenen Erfahrungen mit ihm sammeln können. Desmond Williams hatte ihr sehr geholfen. In mancherlei Hinsicht war er ein Geschenk des Himmels, dennoch konnte er enervierend sein. Sein Zielbewußtsein konnte einem angst machen. Wenn er etwas wollte oder wenn er glaubte, etwas sei gut für das Unternehmen, dann ließ er sich durch nichts davon abhalten, es zu bekommen.

Nach Skips Tod war er sehr gut zu ihr gewesen und hatte alles für sie und ihre kleine Tochter getan. Er hatte sie und Jane zu »Familienmitgliedern« erklärt und versprochen, daß Williams Aircraft sich auf ewig um sie kümmern würde. Er hatte ihr ein Konto eröffnet, und all ihren Bedürfnissen wurde entsprochen. Janes Schulausbildung war gesichert und auch Nancys Pension. Skip war für Desmond Williams gestorben, und das vergaß er nie. Er hatte ihnen sogar ein kleines Haus gekauft. Und er hatte einen Vertrag entworfen, in dem sie sich verpflichtete, in den nächsten zwanzig Jahren für Williams Aircraft zu arbeiten. Ihr Aufgabengebiet waren Projekte wie dieses, nichts Unzumutbares oder Anstrengendes. Aber immer waren es Aufgaben, die Klugheit und Loyalität erforderten. Immer wieder ließ er sie geschickt spüren, wieviel er für sie getan hatte, und irgendwann erkannte sie, daß sie keine andere Wahl hatte, als zu tun, was er wollte. Skip hatte ihnen nichts als Schulden und schöne Erinnerungen hinterlassen. Und nach allem, was er für sie und Jane getan hatte, war sie in Desmond Williams' Besitz übergegangen. Sie lebte in einem goldenen Käfig, und sie tat ihm gute Dienste. Er war fair, zumindest hatte es den Anschein, aber er erinnerte sie ständig daran, daß er sie besaß. Sie konnte nirgendwohin gehen, sie konnte ihn nicht verlassen; wenn sie es tat, würde sie vor dem Nichts stehen. Sie hatte keine richtige Ausbildung und würde nur schwer einen Job finden, und Janie würde niemals aufs College gehen können. Aber wenn sie blieb, konnte sie behalten, was er ihr gegeben hatte. Und für Williams war sie nützlich, genau wie Cassie. Und was er wollte, bekam er auch. Er kaufte es, offen und ehrlich, und er zahlte einen hohen Preis dafür. Aber sobald die Verträge unterzeichnet und der Handel abgeschlossen war, gab es keinen Zweifel an seinen Besitzansprüchen. Er war ein kluger Mann und wußte genau, was er wollte.

»Alle werden sich über kurz oder lang für Sie interessieren«, sagte Nancy ruhig. Sie wußte mehr über seine Pläne, als sie zugeben konnte. Er war ein Genie, was den Umgang mit der Presse anbelangte, ein Meister im Kreieren von Kampagnen.

»Die amerikanische Öffentlichkeit wird Sie lieben. Frauen und Flugzeuge, das ist die Zukunft. Williams Aircraft stellt die besten Flugzeuge der Welt her, und das sollen *Sie* den Menschen im Land ins Bewußtsein bringen. Man wird Sie mit seinen Flugzeugen identifizieren, denn dadurch erhalten sie einen ganz neuen Zauber.« Und Desmond Williams wußte das. Genau das wollte er von Cassie. Schon seit Jahren hatte er nach einer Frau gesucht, die den amerikanischen Traum verkörperte: jung, schön, ein kluges, hübsches Mädchen und eine exzellente Pilotin. Und all diese Voraussetzungen wurden von Cassie O'Malley erfüllt. Und was hätte es Schöneres für sie geben können? Konnte sie sich etwas Besseres wünschen? Nancy wußte, daß Cassie Glück gehabt hatte, und selbst wenn gewisse Haken an der Sache waren, selbst wenn er lebenslange Treue von ihr forderte, so würde er sie reichlich dafür entschädigen. Sie würde reich und berühmt sein, sie mußte nur richtig mitspielen. Obwohl Nancy besser als jeder andere wußte, wie es war, von Desmond Williams abhängig zu sein, war Cassie O'Malley in ihren Augen ein beneidenswertes Mädchen. Desmond würde sie zu einem unvergleichlichen Star machen.

»Wenn man darüber nachdenkt, ist es schon merkwürdig«, sagte Cassie. »Ich bin niemand. Ich bin weder Jean Batten noch Amy Johnson. Ich bin bloß ein Mädchen aus Illinois und hab auf einer kleinen Flugschau ein paar Preise gewonnen. Na und?« fragte sie bescheiden und aß endlich einen Bissen von ihrem Hühnchensandwich.

»Spätestens heute nachmittag um fünf sind Sie nicht mehr bloß irgendein Mädchen aus Illinois«, sagte Nancy vielsagend. Sie wußte genau, wie sorgfältig Desmond alles vorbereitet hatte, seit der Vertrag unter Dach und Fach war. »Was glauben Sie denn, wie diese anderen Frauen angefangen haben? Ohne die entsprechende Promotion durch jemanden wie Desmond wären sie nie so weit gekommen.« Cassie hörte zu, aber sie stimmte nicht mit ihr überein. Ihr Ruhm war auf Können gegründet und nicht nur auf Publicity, aber Nancy glaubte offensichtlich an das, was Williams tat. »Earhart ist nur durch Putnam so groß herausgekommen, und das hat Desmond fasziniert. Er war immer der Meinung, daß sie in Wahrheit keine besonders gute Pilotin war und daß Putnam sie erst zu dem gemacht hat, was sie war. Und vielleicht hatte er recht.« Auch Skip war dieser Ansicht gewesen, und während Nancy daran dachte, sah sie Cassie traurig an. Cassie wunderte sich ein wenig über Nancy, obwohl sie vieles an ihr mochte, und doch wirkte sie manchmal ein wenig entrückt. Voller Enthusiasmus redete sie von Cassies Zukunft, und vielleicht war sie auch ein wenig neidisch. Sie beschrieb alles in den schillerndsten Farben, und sie redete von »Desmond«, als würde sie ihn besser kennen, als sie zugeben mochte. Unwillkürlich fragte Cassie sich, ob die beiden möglicherweise etwas miteinander hatten. Aber vielleicht bewunderte sie ihn auch nur und wollte, daß Cassie zu schätzen wußte, was er für sie tat. Es gab viel aufzunehmen und zu analysieren an diesem Nachmittag, während sie Cassies Sachen einräumten und Nancy sich über die Bedeutung von »Marketing« ausließ. Wie Desmond hielt Nancy es für überaus wichtig. Marketing brachte die Leute dazu, gewisse Produkte zu kaufen, in diesem Fall Flugzeuge. Cassie war Teil einer großen Kampagne. Was sie war und was sie sein würde, sollte dazu dienen, Flugzeuge zu verkaufen. Sie fand diese Vorstellung seltsam, und als die Friseuse eintraf, grübelte sie noch immer darüber nach.

Nancy hatte ihr in der Zwischenzeit von ihrem Ehemann und Jane erzählt. Mit nüchternen Worten hatte sie berichtet, daß Skip im Jahr zuvor bei einem Unfall während eines Testflugs in der Nähe von Las Vegas ums Leben gekommen war. Sie hatte sehr ruhig gesprochen, aber in ihren Augen lag eine unaussprechliche Trauer, wenn sie von ihm sprach. In gewisser Weise war auch ihr Leben mit seinem Tod zu Ende gegangen, so empfand sie es zumindest. Aber Desmond Williams hatte dies geändert.

»Er war sehr gut zu mir und meiner Tochter«, sagte sie. Cassie nickte verständnisvoll, und dann redete die Friseuse auf sie ein und legte ihre Pläne für Cassies leuchtendrote Mähne dar. Sie wollte das Haar gründlich durchstufen und Cassie sollte es offen tragen wie Lauren Bacall, mit der sie eine gewisse Ähnlichkeit habe. Cassie lachte laut los und malte sich aus, wie Nick sich über diesen Vergleich amüsiert hätte. Aber Nancy nahm die Friseuse sehr ernst und stimmte ihren Vorschlägen zu.

»Was erwarten Sie denn von mir?« fragte Cassie und seufzte nervös, während die Friseuse sich entschlossen ans Werk machte.

Nancy brachte ein wohlwollendes Lächeln für ihren neuen Schützling zustande und beantwortete ihre Frage, so gut sie konnte.

»Sie sollen hübsch aussehen, einen klugen Eindruck machen, sich gut benehmen und wie ein Engel fliegen – darauf läuft es hinaus.« Sie lächelte, und Cassie mußte grinsen. Bei Nancy klang alles so einfach.

»Das dürfte nicht allzu schwierig sein, zumindest das Fliegen; benehmen kann ich mich auch, ich hatte sowieso nicht vor, mich zu betrinken oder mit Jungs rumzumachen. Ich bin mir allerdings nicht so sicher, ob ich einen klugen Eindruck machen kann, und eine Schönheit bin ich leider auch nicht.« Cassie warf ihrer neuen Freundin einen verschmitzten Blick zu. Eigentlich war die Sache ziemlich spannend, sie durfte sich nur selbst nicht verrückt machen. Wie konnte so etwas geschehen? Es war fast, als würde sie in einem Film mitspielen. Alles war so unwirklich.

»Man könnte meinen, Sie hätten schon ziemlich lange nicht mehr in den Spiegel geschaut«, sagte Nancy, und Cassie nickte.

»Keine Zeit. Auf dem Flughafen meines Vaters hatte ich alle Hände voll zu tun: auftanken, Flugzeuge reparieren, fliegen. Und nebenbei bin ich auch noch aufs College gegangen.«

»Nun, jetzt müssen Sie lernen, in den Spiegel zu schauen.« Aus diesem Grund hatte Williams soviel Vertrauen zu Nancy. Sie war taktvoll, damenhaft und klug, und sie tat, was man ihr sagte, und wußte, worauf es ankam. Desmond Williams kannte seine Leute in- und auswendig und wußte immer genau, was er für sein Geld bekam. Er hatte nicht den geringsten Zweifel an Nancys Fähigkeiten, als sie ihren Vertrag unterzeichneten. »Sie müssen nur lächeln. Es tut Ihnen schon nicht weh, wenn man ein paar Fotos von Ihnen macht. Die übrige Zeit können Sie die wunderbarsten Flugzeuge fliegen. Nur sehr wenige Piloten bekommen eine solche Chance, Cassie. Sie haben wirklich Glück«, sagte Nancy ermutigend. Sie wußte genau, was Flugfanatikern gefiel und konnte Cassie auch die Dinge schmackhaft machen, die ihr nicht so gut gefielen, wie die Pressekonferenzen, Interviews, Wochenschauen und die Partys, auf denen Desmond ihre Anwesenheit wünschte. Mrs. Fitzpatrick hatte sogar schon eine Liste mit Begleitern erstellt.

»Warum muß ich zu all diesen Partys gehen?« fragte Cassie argwöhnisch.

»Damit die Leute Ihren Namen hören. Mr. Williams hat sich sehr bemüht, um Ihnen die nötigen Einladungen zu verschaffen. Sie können ihn unmöglich enttäuschen«, erwiderte Nancy gebieterisch.

»Ach so«, sagte Cassie kleinlaut. Sie wollte nicht undankbar sein und hielt es für das klügste, Nancys Rat zu beherzigen. Alles ging so furchtbar schnell, und Nancy war ihre einzige Freundin. Außerdem hatte sie recht, Williams tat viel für sie, und sie fühlte sich verpflichtet, seine Einladungen anzunehmen. Aber die Liste der gesellschaftlichen Verpflichtungen war schier endlos. Desmond Williams wußte jedoch genau, was er tat. Und auch Nancy wußte es.

Als die Friseuse fertig war, waren sie alle begeistert von Cassies Haar. Sie wirkte plötzlich viel weltgewandter. Die Frisur war sehr schlicht und elegant. Dann gab die Friseuse

Cassie ein paar wertvolle Tips für ihr Make-up. Um Viertel nach drei nahm sie ein Bad, und um Viertel vor vier zog sie ihre eigene Unterwäsche an und die Seidenstrümpfe, die für sie bereitlagen. Als sie um vier Uhr in ein dunkelgrünes Kostüm schlüpfte, sah sie umwerfend aus.

»Toll!« rief Nancy und strich Cassies Bluse glatt und achtete darauf, daß Schuhe und Handtasche zum Kostüm paßten.

»Seidenstrümpfe!« Cassie strahlte. »Wenn Mama das hört!« Sie freute sich wie ein kleines Kind und Nancy fragte sie lachend, ob sie Ohrringe mitgebracht hätte. Cassie schüttelte bedauernd den Kopf. Ihre Mutter hatte ein Paar von ihrer Großmutter geerbt, aber Cassie hatte nie welche besessen, genausowenig wie ihre Schwestern.

»Ich werde es Mr. Williams sagen.« Sie würde auch eine Perlenkette brauchen. Er hatte Nancy genau beschrieben, welchen Look er wollte. Keine ölverschmierten Overalls oder Arbeitssachen. Solche Fotos konnten sie sich als Teil einer größeren Reportage für die *Life* aufheben. Am Boden sollte sie aussehen wie eine perfekte Lady. Im Moment fand Nancy jedoch, daß Cassie aussah wie Rita Hayworth.

Pünktlich um vier stand Desmond Williams vor der Tür und war sehr zufrieden mit dem, was er sah. Er reichte Cassie einige Fotos der Flugzeuge, die sie in der ersten Woche fliegen würde, damit sie eine gewisse Vorstellung bekam. In der kommenden Woche sollte sie dann einige wichtige Testflüge mit einem speziellen Höhenflugzeug durchführen, das er für die Luftwaffe umrüsten wollte. Aber während sie sich die Fotos anschaute, mußte sie unwillkürlich an Nancys Ehemann denken. Vielleicht waren Desmonds Flugzeuge einfach zu gefährlich. Waren die Risiken womöglich zu hoch? Wie alle guten Testpiloten war sie bei allem Wagemut vorsichtig. Sie traute sich jedoch durchaus zu, diese fantastischen Flugzeuge zu fliegen, dachte sie, als sie das Foto einer viermotorigen Phaeton betrachtete.

»Darf ich wirklich *diese* Maschine fliegen?« fragte sie ungläubig, und er nickte. »Toll! Warum nicht gleich? Vergessen wir die Presse, und gehen wir fliegen!«

Sie strahlte ihn an, und plötzlich waren all ihre Befürchtungen vergessen.

Er lachte. Er war begeistert von ihrem Aussehen, und Nancy hatte ihn wissen lassen, daß sich Cassie sehr kooperativ verhalten hatte. So war er mit beiden überaus zufrieden. Dies war das beste Publicitykonzept, das er je gehabt hatte. »Die Presse dürfen Sie niemals vernachlässigen, Cassie. Sie kann ein Unternehmen vorwärtsbringen oder es vernichten. Deshalb wollen wir sehr nett zu ihnen sein. Immer.« Er sah sie mahnend an, und sie nickte ehrfürchtig. Er trug einen gutsitzenden dunkelblauen Zweireiher und handgearbeitete, blankgeputzte, schwarze Schuhe. Sein blondes Haar war gekonnt frisiert, und alles an ihm war perfekt gebügelt und gestärkt. Er war der gepflegteste Mann, den sie je gesehen hatte. Sie war einfach fasziniert von ihm. Seine ganze Erscheinung war bis ins letzte Detail ausgeklügelt, nichts war dem Zufall überlassen. Aber sie war zu jung, um das zu durchschauen. Was sie sah, war das fertige Produkt, das, was er sie sehen lassen wollte. Und genau das wollte er auch ihr beibringen. Sie sollte der Welt genau das zeigen, was er wollte. Das lächelnde, fröhliche Kleinstadtmädchen, das besser flog als jeder Mann und alles wagte, um dann mit perfekt frisierter roter Lockenpracht aus dem Cockpit zu klettern. Spätestens in einem halben Jahr würden sich alle amerikanischen Männer in sie verliebt haben, und sie würde das Idol aller Frauen sein. Um das zu erreichen, mußte sie sich tadellos benehmen, großartig aussehen und Flugzeuge fliegen, bei denen den härtesten Männern die Knie zitterten. Er hatte die Fehler der anderen genauestens untersucht und wollte sie unter allen Umständen vermeiden. Desmond Williams würde nicht versagen, genausowenig wie Cassie, dafür würde er schon sorgen. Sie würde zum größten Star werden, den es in Amerika je gegeben hatte. Er würde sie komplett neu erschaffen. Und Nancy Firestone würde ihm dabei helfen, indem sie für Cassies Wohlbefinden sorgte und auf sie aufpaßte. Sein Traum durfte nicht zerstört werden, nur weil Cassie sich betrank oder fluchte. Auf keinen Fall durfte sie nach einem langen Flug müde und abgespannt aussehen oder sich mit irgendeinem Trottel einlassen. Sie mußte perfekt sein.

»Sind Sie bereit für den großen Moment?« fragte er lächelnd. Sie sah gut aus, sogar sehr gut. Trotzdem konnte er sich noch einige Verbesserungen vorstellen. Ihr Kostüm war ein wenig zu weit, Nancy mußte es später ändern lassen. Sie war ein bißchen schlanker, als er sie in Erinnerung hatte, und war noch schöner geworden. Ihre Kleidung mußte einen Hauch glamouröser werden, moderner. Bei ihrem ersten Treffen in Good Hope war ihm ihre fantastische Figur noch nicht so sehr aufgefallen. Er wollte Kapital daraus schlagen, ohne daß sie vulgär wirkte. Er hatte eine ganz bestimmte Vorstellung von ihrem Aussehen, und daran mußten sie noch arbeiten. Aber für den Anfang sah sie gar nicht schlecht aus.

Und bei der Pressekonferenz im großen Sitzungssaal neben seinem Büro schlug sie sich viel besser, als er es erwartet hatte.

Höchstpersönlich hatte er zwanzig wohlwollende Presseleute ausgewählt. Männer, die von der Damenwelt ein wenig zu sehr angetan waren, und weibliche Reporter. Keine Zyniker. Und dann stellte er sie vor. Zuerst sah sie ein wenig bleich und verängstigt aus. Offensichtlich fühlte sie sich in den neuen Kleidern und mit dem leuchtendroten Lippenstift noch nicht ganz wohl. Aber sie sah großartig aus mit ihrer neuen Frisur und in dem grünen Kostüm. Und ihre natürliche Schönheit und ihr warmherziges Wesen taten ein übriges.

Alle waren bezaubert von ihr. Er hatte den Journalisten Informationen über die Flugschau gegeben, und Cassie reagierte sehr bescheiden auf ihre diesbezüglichen Fragen. Sie erklärte, daß sie sich ihr halbes Leben auf dem Flughafen ihres Vaters mit dem Reparieren und Auftanken von Flugzeugen vergnügt habe.

»Als Kind war ich ständig ölverschmiert. Daß ich rotes Haar habe, weiß ich erst, seit ich hier bin«, witzelte sie, und die Reporter waren hingerissen. Sie hatte eine ungezwungene Art, und es dauerte nicht lange, und sie plauderte mit ihnen wie mit alten Freunden. Und Desmond Williams grinste vor Begeisterung.

Am Ende mußte er sie fast gewaltsam fortzerren, sonst hätten sie noch stundenlang dagesessen, denn sie bekamen einfach nicht genug von ihren Geschichten. Sie erzählte ihnen sogar, daß ihr Vater ihr die Fliegerei verboten hatte und sich erst erweichen ließ, nachdem sie mit Nick durch den Schneesturm geflogen war, um die Verletzten beim Zugunglück zu retten.

»Welches Flugzeug sind Sie geflogen, Miss O'Malley?«

»Die alte Handley meines Vaters.« Die Flugerfahrenen unter den Reportern nickten anerkennend. Die Handley war schwer zu fliegen. Aber sie mußte gut sein, sonst hätte Williams sie nicht engagiert.

Beim Abschied nannten sie sie bereits Cassie. Sie war kein bißchen eingebildet und völlig unbefangen. Am Tag darauf fand sich Cassie auf der ersten Seite der *L. A. Times* wieder. Ihr Bild war sensationell, und der Artikel beschrieb sie als rothaariges Flugwunder, das die Welt im Sturm erobern würde. Die Schlagzeile hätte genausogut lauten können WIR LIEBEN DICH, CASSIE!, so offensichtlich war die Sympathie der Presse. Die Kampagne hatte begonnen. Und von diesem Zeitpunkt an sorgte Desmond Williams dafür, daß es kaum noch freie Zeiten in ihrem Terminkalender gab.

An ihrem zweiten Tag in Los Angeles wurden Cassie alle Flugzeuge von Williams Aircraft präsentiert. Und natürlich war die Presse dabei, ebenso wie die Leute von Movietone für die Wochenschau.

Als die Wochenschau gesendet wurde, ging ihre Mutter mit ihren Schwestern und allen Enkelkindern ins Kino. Cassie wollte, daß auch ihr Vater und Nick sie sich ansahen, aber von Nick bekam sie nur eine Postkarte, auf der stand: »Wir vermissen dich, Skygirl!«, worüber sie sehr wütend war. Sie wußte zwar, wie sie in der Wochenschau aussah, mit der Uniform, die sie tragen mußte, aber warum sagte er denn nichts von den Flugzeugen? Sie waren wirklich fantastisch.

Zuerst flog sie die Phaeton und dann die Starlifter. Danach sollte sie ein spezielles Höhenflugzeug testen, um den Ingenieuren genauere Daten zu liefern. Sie war bis auf vierzehntausend Meter hochgegangen, und zum erstenmal mußte sie eine Sauerstoffmaske und einen elektrisch beheizten Overall tragen. Aber sie hatte wertvolle Informationen sammeln können, denn das Flugzeug sollte zu einem Bomber umgebaut werden. Es war harte Arbeit. Und ein paarmal kam sie ganz schön ins Schwitzen, aber Desmond Williams war zutiefst beeindruckt. Seine Ingenieure und einer seiner Piloten waren mitgeflogen und meinten, sie sei besser als Lindbergh. Außerdem sei sie auch hübscher, betonte einer von ihnen. Aber das wußte

Williams selbst, und er freute sich, daß ihr Flugstil alle Erwartungen übertraf.

In der zweiten Woche stellte sie einen Höhenrekord auf und drei Tage später einen Geschwindigkeitsrekord mit der Phaeton. Beide Rekorde wurden von der amerikanischen Luftfahrtbehörde offiziell bestätigt. Endlich durfte sie die Flugzeuge fliegen, von denen sie schon immer geträumt hatte.

Das einzige, was sie störte, waren die ständigen Pressekonferenzen, die Fototermine und die Wochenschauen. Sie waren entsetzlich ermüdend, und manchmal kam ihr die Presse ganz schön in die Quere. Nach den ersten drei Wochen in Los Angeles folgten ihr die Journalisten bald überallhin. Die Öffentlichkeit interessierte sich für sie. Und obwohl sie versuchte, nett zu sein, gingen ihr die Presseleute bisweilen ganz schön auf die Nerven. Einen hätte sie kurz vor dem Start fast überfahren.

»Müßt ihr sie denn unbedingt aufs Rollfeld lassen?« rief sie, bevor sie abhob. Sie wollte niemanden verletzen, und es machte ihr angst, wenn jemand so dicht ans Flugzeug kam. Aber die Männer am Boden zuckten nur die Schultern. Sie hatten sich schon daran gewöhnt. Es war unglaublich, wie verrückt alle nach Cassie waren. Ständig erschienen Artikel und Fotos von ihr in den Zeitungen. Die Öffentlichkeit bekam nicht genug von ihr, und Desmond gab ihnen genau das, was sie wollten. Gerade genug, damit man sie interessant fand und am Ball blieb, aber niemals so viel, daß es langweilig wurde. Es war eine feine Kunst, und er beherrschte sie meisterhaft. Von Nancy Firestone erfuhr er all die kleinen persönlichen Einzelheiten, auf die die Presse nicht verzichten wollte. Und für Cassie war Nancy weiterhin eine große Hilfe. In einer Illustrierten machte sie Werbung für Cornflakes. Als Nick die Illustrierte zufällig zu

Gesicht bekam, warf er sie ärgerlich in den nächstbesten Mülleimer. Zornig rannte er zu ihrem Vater.

»Wie kannst du das nur zulassen? Was macht sie in Los Angeles? Ich dachte, sie soll dort fliegen, und statt dessen verkauft sie Cornflakes!«

»Sie macht eben beides.« Pat fand nicht viel dabei. Er fand sowieso nicht, daß Frauen als Pilotin Karriere machen sollten. »Ihre Mutter ist begeistert.«

»Wann hat sie Zeit zum Fliegen?« grummelte Nick, und Pat grinste.

»Woher soll ich das wissen, Stick? Flieg doch einfach runter und frag sie.« Pat blieb bei der ganzen Sache erstaunlich ruhig. Es tat ihm nur leid, daß sie nicht weiter zur Schule ging, aber dafür flog sie verdammt faszinierende Maschinen. Er war einfach stolz auf sie, obwohl er es nie zugegeben hätte.

Nick hatte schon ein paarmal daran gedacht, sie zu besuchen, aber er hatte keine Zeit. Seit Cassie fort war, mußte er mehr fliegen als je zuvor, obwohl Billy Nolan jetzt für sie arbeitete. Der O'Malley-Flughafen war im Aufwind, und Pat hatte längst erkannt, daß die wachsende Popularität seiner jüngsten Tochter sich äußerst günstig auf seine Auftragslage auswirkte. Ein paarmal waren auch Reporter hergekommen, aber sie hatten sich schnell gelangweilt. Nachdem sie ein paar Fotos vom Flughafen und von Cassies Elternhaus gemacht hatten, waren sie wieder abgezogen.

Cassies Leben an der Westküste verlief äußerst rasant. Sie kam kaum zum Luftholen zwischen all den Testflügen und den Treffen mit den Ingenieuren, die ihr die aerodynamischen Probleme erklärten. Sie hatte auch einige Planungskonferenzen besucht, um besser zu verstehen, in welche Richtung sich Williams Aircraft entwickeln wollte.

Desmond fand es unglaublich, wie lebhaft sie an allem Anteil nahm. Sie interessierte sich für jedes noch so kleine Detail. Er war tief beeindruckt und sah sich in seiner Einschätzung bestätigt. Er hatte ein Wirtschaftsimperium geerbt, das er binnen kürzester Zeit verdoppeln konnte. Mit seinen vierunddreißig Jahren gehörte er zu den reichsten Männern der Welt, und er konnte fast alles tun und haben, was er wollte. Zweimal war er verheiratet gewesen und hatte sich wieder scheiden lassen. Kinder hatte er nicht, und das einzige, woran ihm etwas lag und woran er mit einer gewissen Leidenschaft hing, war sein Unternehmen. Die Menschen kamen und gingen in seinem Leben, und es gab immer viel Gerede über seine Frauen, aber das einzige, was ihm etwas bedeutete, waren seine Flugzeuge, mit denen er an die Weltspitze der Luftfahrt gelangen wollte. Und momentan war Cassie O'Malley ihm dabei behilflich, das zu bekommen, was er wollte.

Ihm gefielen Cassies bemerkenswerte Kenntnisse über Flugzeuge und ihre naive und dennoch klare Vorstellung von seinem Unternehmen. Sie hatte keine Angst, sich zu äußern, und wenn sie es für nötig hielt, widersprach sie ihm sogar. Er sah sie gern auf Konferenzen und freute sich über ihr Interesse. Er war auch begeistert über die Flugrekorde, die sie bereits aufgestellt hatte. Innerhalb gewisser Grenzen wagte sie fast alles, wenn da nicht eine gewisse Abneigung gegen gesellschaftliche Verpflichtungen gewesen wäre. Er hielt ihre Präsenz bei öffentlichen Veranstaltungen für unverzichtbar, während sie sich beharrlich dagegen sträubte.

»Aber *warum?*« fragte sie Nancy Firestone immer wieder. »Ich kann mich doch nicht bis spätnachts in irgendwelchen Bars und auf allen möglichen Partys herumtreiben, wenn ich morgens um vier schon wieder fliegen soll!«

»Dann fangen Sie eben später an. Mr. Williams hat bestimmt nichts dagegen. Er *möchte* gern, daß Sie abends ausgehen.«

»Aber ich möchte es nicht.« Cassie hatte ihren angeborenen Starrsinn nicht in Illinois zurückgelassen, und sie war fest entschlossen, ihren Kopf durchzusetzen. »Ich würde lieber zu Hause bleiben und etwas über seine Flugzeuge lesen.«

»Das würde Mr. Williams aber gar nicht gefallen«, sagte Nancy bestimmt, und bisher hatte sie Cassie fast immer überzeugen können, aber ab und an gelang es Cassie, ihr zu entkommen. Sie ging lieber am Strand spazieren und schrieb Briefe an Nick, an ihre Schwestern und ihre Mutter. Sie hatte große Sehnsucht nach ihrer Familie und all den vertrauten Menschen, mit denen sie aufgewachsen war. Und wenn sie an Nick schrieb, tat ihr das Herz weh. Manchmal war ihre Kehle wie zugeschnürt, wenn sie ihm von ihrem neuen Leben berichtete. Sie vermißte ihre gemeinsamen Flüge, ihre Diskussionen und Neckereien. Sie wollte ihm sagen, wie sehr sie ihn vermißte, aber es wirkte immer so seltsam, wenn sie es aufgeschrieben hatte. Meist zerriß sie dann den Brief und erzählte ihm nur von den Flugzeugen, die sie flog.

Ihre gesellschaftlichen Verpflichtungen blieben in ihren Briefen unerwähnt. Diese Dinge bedeuteten ihr nichts, mochte auch noch soviel darüber in den Zeitungen stehen. Nancy sorgte für angemessene männliche Begleiter, und die meisten von ihnen hatten nicht die geringste Ahnung von Flugzeugen. Es waren auch Schauspieler darunter, die ebenfalls gesehen werden wollten. Immer ging es darum »gesehen zu werden«; wo und mit wem man »gesehen wurde«. Am liebsten wäre sie mit keinem von ihnen gesehen worden, aber die meiste Zeit posierten sie ohnehin nur für die Fotografen, dann brachte ihr Begleiter sie nach Hause und sie fiel todmüde ins Bett, heilfroh, ihn endlich los zu sein. Das einzige, was ihr an ihrem neuen Stardasein gefiel, war das Fliegen.

Und das Fliegen war fantastisch. Mit der Phaeton sauste sie am Morgenhimmel entlang und brach sämtliche Rekorde. Sie war vollkommen fasziniert, obwohl ihr die Gefahr durchaus bewußt war. Ihre Flugtechnik wurde immer perfekter, und bald wurde sie auch mit den schweren Flugzeugen spielend fertig, lernte ihre Eigenheiten kennen, schilderte sie den Ingenieuren und suchte gemeinsam mit ihnen nach Lösungen. Ihr Engagement wurde gewürdigt, und ihre Verbesserungsvorschläge fanden große Beachtung. Man bewunderte ihre Flugtechnik und ging auf all ihre Wünsche ein. Sie hatte ihren Traumjob gefunden, und solange sie in der Luft war, kannte ihre Begeisterung keine Grenzen.

Nach einem kurzen Flug nach Las Vegas kletterte sie gerade aus dem Cockpit eines Jagdflugzeugs, in das man versuchsweise eine Merlin-Maschine eingebaut hatte, um eine höhere Geschwindigkeit zu ermöglichen, als jemand ihr die Hand reichte und ihr beim Aussteigen half. Es war kein anderer als Desmond Williams. Seine Erscheinung war so makellos wie immer, aber als ihm ein kleiner Windstoß das Haar ein wenig zerzauste, wirkte er plötzlich weniger förmlich und viel jünger.

»Hatten Sie einen guten Flug?«

»Ja, danke. Aber von der Merlin-Maschine hatte ich mir mehr versprochen. Wir müssen etwas anderes ausprobieren. Aber ich habe schon ein paar Ideen, die ich morgen mit den Ingenieuren besprechen will. Beim Start zieht das Flugzeug außerdem nach links, und das ist wirklich problematisch.« Ständig dachte sie an seine Flugzeuge und an die Schwierigkeiten, die es zu meistern galt. Nachts träumte sie von den Flugzeugen, und am Tage holte sie das letzte aus ihnen heraus. Er warf ihr einen bewundernden Blick zu und war äußerst zufrieden mit ihren Ausführungen. Sie versprach, tatsächlich eine wahre Goldgrube für ihn zu werden.

»Hört sich so an, als könnten Sie eine Pause gebrauchen.« Er lächelte sie an, während sie sich das Haar aus der Stirn strich und den Sitz ihrer Uniform korrigierte. Manchmal sehnte sie sich nach ihren alten Overalls und nach der Zeit, als es noch keine Rolle spielte, wie sie beim Fliegen aussah. Für Cassie waren all diese Äußerlichkeiten völlig belanglos.

»Wie wär's, wenn wir heute abend zusammen essen würden?«

Die Einladung überraschte sie, und sie fragte sich, was dahintersteckte. Vielleicht war er ja unzufrieden mit ihr. Er hatte sie noch nie eingeladen, und sie hatten immer nur über geschäftliche Dinge gesprochen.

»Ist irgend etwas nicht in Ordnung, Mr. Williams?« Sie wirkte besorgt, und er mußte lachen. Sie fragte sich, ob er ihr vielleicht kündigen wollte, und er schüttelte amüsiert den Kopf.

»Ja, es gibt da eine Sache, die nicht in Ordnung ist. Sie arbeiten zu hart und haben keine Vorstellung, wie großartig Sie sind. Ansonsten bin ich äußerst zufrieden mit Ihnen. Ich dachte nur, es wäre nett, Sie zum Essen auszuführen.«

»Sicher«, sagte sie schüchtern und fragte sich, wie es wohl sein würde, mit ihm auszugehen. Er sah so gut aus, war so klug und perfekt und reich, daß es ihr angst machte. Nancy schwärmte von seiner charmanten, amüsanten Art, aber dennoch empfand Cassie ihm gegenüber eine gewisse Scheu und Unsicherheit.

»Was essen Sie gern? Französisch? Italienisch? In Los

Angeles gibt es einige ganz hervorragende Restaurants, die Sie mittlerweile sicherlich schon alle kennengelernt haben.«

»O ja.« Sie überwand ihre Scheu und sah ihm direkt in die Augen. »Und mir wäre es lieber, ich hätte sie nicht kennengelernt.«

»Das sagte man mir.« Er lächelte. »Wie ich höre, klagen Sie über Ihre gesellschaftlichen Verpflichtungen.« Einen Augenblick lang wirkte er fast ein wenig väterlich, und Cassie konnte verstehen, warum Nancy ihn so gern mochte.

»Das ist noch milde ausgedrückt. Ich verstehe einfach nicht, wieso ich jeden Abend ausgehen soll, wo ich doch am nächsten Morgen um vier schon wieder fliegen muß.«

»Vielleicht sollten Sie ein wenig später anfangen«, schlug er vor, aber sie schüttelte nur den Kopf.

»Das hat Nancy auch schon gesagt. Aber das Fliegen ist der wichtigste Teil meiner Arbeit, das Ausgehen ist doch nebensächlich.«

Er blieb abrupt stehen und blickte zu ihr herunter. Überrascht stellte sie fest, daß er um einiges größer war als sie; in jeder Beziehung ein Mann von Format. »*Alles* ist wichtig, Cassie, alles. Nicht nur die Fliegerei. Auch die gesellschaftlichen Veranstaltungen. Sie sehen doch, was die Zeitungen über Sie schreiben ... wie beliebt Sie bei den Leuten sind. All das ist von ungeheurer Bedeutung. Es verschafft Ihnen Einfluß. Sie sehen doch, was für eine Rolle Sie bereits in der Öffentlichkeit spielen, obwohl Sie erst vor einem Monat hierhergekommen sind. Die Leute wollen wissen, was Sie essen, was Sie lesen und was Sie denken. Hüten Sie sich davor, die Macht der amerikanischen Öffentlichkeit zu unterschätzen.«

»Das will mir immer noch nicht in den Kopf«, sagte

sie und sah aus wie ein kleines Mädchen. Aber er lächelte nur, denn er wußte, daß sie ihn verstanden hatte. Auf seine Menschenkenntnis hatte er sich noch immer verlassen können.

»O doch, Sie wissen sehr wohl, was ich meine«, erwiderte er ruhig. »Sie sperren sich nur dagegen. Sie wollen das Spiel nach Ihren Regeln spielen. Aber wenn Sie sich an meine Regeln halten, wird am Ende viel mehr für Sie dabei herausspringen. Glauben Sie mir.«

»Teure Mahlzeiten im Coconut Grove oder im Macambo tragen bestimmt nicht dazu bei, daß ich besser fliege.«

»Nein, aber Sie werden dadurch interessant, aufregend... glamourös. Die Leute wollen immer mehr über Sie wissen. Es bringt sie dazu, Ihnen zuzuhören, und wenn sie Ihnen erst zuhören, können Sie ihnen erzählen, was immer Sie wollen.«

»Und wenn ich mich zu Hause ins Bett lege und schlafe, werden sie mir nicht zuhören?« Sie grinste, aber sie hatte begriffen, worauf er hinauswollte, und die Sache fing an, ihr zu gefallen.

»Dann wird man nur eines hören, Miss O'Malley, und zwar Ihr Schnarchen.«

Sie mußte lachen, und wenige Minuten später verabschiedete er sich von ihr, und sie blieb allein neben der Flugzeughalle zurück. Er wollte sie um sieben Uhr abholen und ihr erst dann sagen, wohin er sie ausführen würde.

Als sie nach Hause kam, erzählte sie Nancy, mit wem sie zu Abend essen würde, aber Nancy war bereits von Mrs. Fitzpatrick über ihre abendlichen Pläne unterrichtet worden, denn bei Williams Aircraft gab es keine Geheimnisse. Nancy nahm an, daß er mit ihr ins Perino wollte, und half ihr bei der Wahl ihrer Garderobe, und sie entschieden sich für ein besonders raffiniertes Kleid, das ihm nach Nancys Einschätzung bestimmt gefallen würde.

»Was meinen Sie, warum er mit mir ausgehen will?« fragte Cassie argwöhnisch. Sie fürchtete immer noch, sie könnte ihn womöglich doch verärgert haben. Vielleicht war er ihr ja tatsächlich böse und wollte sie ausschimpfen, weil sie sich über die gesellschaftlichen Verpflichtungen beschwert hatte.

»Bestimmt will er mit Ihnen ausgehen, weil Sie so häßlich sind«, scherzte Nancy. Mittlerweile behandelte sie Cassie wie ihre Tochter. In mancherlei Hinsicht war Cassie auch noch ein Kind, nicht viel anders als Janie. Nancy hatte Cassie zweimal zum Essen eingeladen, und sie hatte sich sehr gut mit Jane verstanden. Leider hatte Cassie nur sehr selten Zeit für private Verabredungen, sonst hätte Nancy sie gern öfter eingeladen. »Jetzt aber ab ins Bad. Sie brauchen sich wirklich keine Sorgen zu machen. Er ist ein perfekter Gentleman.« Das war er immer, sowohl als Geschäftsmann als auch privat. Desmond Williams war hochintelligent, und seine Manieren waren tadellos. Was ihm fehlte, war ein Herz, das sagten zumindest die Frauen. Falls er eines besaß, so hatte es bis jetzt noch niemand gefunden. Aber Nancy wußte, daß es Desmond nicht darum ging, Cassies Herz zu gewinnen. Er wollte ihre Loyalität, ihr Wesen, ihren Verstand, ihr Wissen über Flugzeuge und ihren Mut. Es war das, was er von jedem wollte. Er wollte alles, bis auf das, was wirklich zählte, und als Dank würde er sich um sie kümmern.

Cassie war gerade rechtzeitig fertig, als er in einem nagelneuen Packard vorfuhr. Er liebte Technik und Motoren und kaufte jeden aufregenden neuen Wagen, der auf dem Markt war. Den Zephyr, mit dem er in Illinois vorgefahren war, hatte er bereits nach Kalifornien verschiffen lassen.

Cassie trug ein enganliegendes schwarzes Kleid, das Nancy für sie ausgesucht hatte, schwarze Seidenstrümpfe und schwarze hochhackige Satinpumps, die sie größer machten. Ihre Figur kam in dem schwarzen Kleid besonders gut zur Geltung. Ihre roten Locken hatte sie aufgesteckt, und seit sie vor einem Monat nach L. A. gekommen war, hatte sie gelernt, sich perfekt zu schminken.

»Sie sehen wirklich einmalig aus«, sagte Desmond auf dem Weg in die Stadt. »Das Kleid steht Ihnen ganz hervorragend.«

»Eigentlich wollte ich meinen Overall anziehen«, erwiderte sie und grinste verschmitzt. »Aber Nancy hat ihn in die Wäscherei gegeben.«

»Welch unglücklicher Zufall!« scherzte er. Während der ganzen Fahrt schwatzten sie über ein neues Flugzeug, das er entwickeln wollte. Sie hatte einige Fragen zum Flugzeugrumpf, und ihr technischer Sachverstand beeindruckte ihn wieder einmal über alle Maßen.

»Wieso wissen Sie eigentlich soviel über Flugzeuge, Cass?

»Ich mag sie einfach, verstehen Sie, so wie manche Mädchen Puppen mögen, aber ich habe eben mein ganzes Leben lang mit Flugzeugen gespielt. Als ich neun war, habe ich meinen ersten Flugzeugmotor auseinandergenommen und wieder zusammengesetzt. Schon als kleines Mädchen habe ich mich für Flugzeuge interessiert. Mit fünf durfte ich dann auf dem Flughafen kleine Handreichungen machen. Aber als mein Vater von meinen heimlichen Flugstunden erfahren hat, ist er explodiert. Flugzeuge auftanken und Motoren warten, das durfte ich, aber Fliegen war nur was für Jungs und nicht für Mädchen und Frauen.«

»Kaum zu glauben.« Er lächelte verständnislos. Was sie gesagt hatte, erschien ihm ziemlich vorsintflutlich.

»Ich weiß.« Sie grinste und mußte an ihren Vater denken. »Er ist ein liebenswerter alter Dinosaurier, und ich liebe ihn. Er hat Ihre Karte damals einfach fortgeworfen, müssen Sie wissen.«

»Habe ich mir fast gedacht, daß er oder sein Partner so etwas tun würde. Deshalb bin ich auch zurückgekommen.« Er blickte zu ihr hinüber, als sie sich der Stadtgrenze von L. A. näherten. »Gott sei Dank, denn sonst hätte ich eine wunderbare Chance versäumt. Dem ganzen Land wäre etwas entgangen. Eine wahre Tragödie!« Er gab seinen Worten einen sehr dramatischen Klang, und sie mußte lachen. Was er sagte, wirkte ziemlich beeindruckend, trotzdem empfand Cassie es als einigermaßen blödsinnig. Sie kannte ihren Wert, glaubte zumindest, ihn zu kennen. Sie war eine recht gute Pilotin, aber sie war weder eine unfehlbare Autorität noch ein Genie... noch eine Schönheit..., mochte er noch so schmeichelhaft daherreden. Aber die Amerikaner fingen bereits an, anders darüber zu denken: Sie stimmten Desmond Williams zu.

»Wohin gehen wir heute abend?« fragte sie mit höflicher Neugierde. Sie kannte die Gegend, durch die sie fuhren, ahnte aber nicht, welches Restaurant er gewählt hatte. »Ins Trocadero«, informierte er sie.

Beim Eintreten sah sie sofort, wie elegant und exklusiv alles war. Die Band spielte leise Rumba, und das Licht war gedämpft.

»Sie sind zum erstenmal hier, nicht wahr, Cass?«

Sie nickte stumm, sichtlich beeindruckt von der ungewohnten Umgebung und von seiner Gesellschaft. Sie war zwanzig Jahre alt und hatte noch nie etwas Derartiges gesehen. »Ja, Sir«, sagte sie, und er trat ein wenig dichter an sie heran und nahm ihren Arm.

»Warum nennen Sie mich nicht Desmond?« Er lächelte

sie an, und sie errötete. Es war seltsam, so freundschaftlich von ihm behandelt zu werden. Er war so bedeutend, er war ihr Chef, und er war soviel älter als sie.

»Ja, Sir... ich meine Desmond...« Ihre Wangen waren noch immer feuerrot, und sie hoffte, daß er es bei dem schummerigen Licht nicht bemerkte, während sie von einem Ober zu einem bevorzugten Tisch geleitet wurden.

»Hört sich aber gar nicht schlecht an: Sir Desmond. Gefällt mir gut, wenn ich so drüber nachdenke.« Er konnte sie leicht zum Lachen bringen, und sie überwand ihre Scheu. Sie fühlte sich erstaunlich wohl in seiner Nähe, obwohl das alles für sie völlig neu war. Er gab ihr nie das Gefühl, ungebildet oder töricht zu sein, und zeigte ihr, daß er das Zusammensein mit ihr als eine große Freude empfand. Er verstand es meisterhaft, ihr die Befangenheit zu nehmen, und noch bevor das Essen serviert wurde, lachte und scherzte sie und benahm sich vollkommen ungezwungen. Sie tanzte mit ihm, als sei er schon seit Jahren ihr Tanzpartner gewesen. Als nach dem Essen einige Fotografen auftauchten, schossen sie ein wunderbares Bild, auf dem sie bewundernd zu ihm aufschaute.

Am nächsten Tag war ihr ein wenig unbehaglich zumute, als sie das Foto in der Zeitung sah. Irgendwie vermittelte das Foto den Eindruck, als ob sie etwas miteinander hätten, was wirklich nicht der Fall war. Aber es wirkte sehr vertraulich, wie er sie ansah, während sie neben ihm stand, obwohl sich nichts Romantisches zwischen ihnen abgespielt hatte. Er war ihr Chef, der Mann, der sie »entdeckt« hatte und ihr eine großartige Chance bot, und dafür war sie ihm dankbar. Aber ansonsten war nicht das Geringste zwischen ihnen vorgefallen. Sie fragte sich, ob man sie bei der Arbeit daraufhin ansprechen würde, aber niemand sagte etwas, bis sie drei Tage später einen Anruf von

Nick erhielt. Er hatte einen Postflug nach San Diego übernommen und wollte sie am nächsten Morgen besuchen. Es war ein Samstag, und sie hatte Zeit, den Tag mit ihm zu verbringen. Am Abend sollte sie eigentlich mit einem von Nancys jungen Freunden zu einem Wohltätigkeitsball gehen, aber für Nick würde sie nur allzugern absagen.

»Was ist los? Ist Williams hinter dir her, oder hast du dich in ihn verliebt?« fragte er sie direkt, nachdem er ihr gesagt hatte, daß er am nächsten Morgen bei ihr vorbeikommen wollte.

»Was soll das heißen?« Sie ärgerte sich über seine Anspielung.

»Ich war gestern in Chicago, Cass, und hab das Foto von euch beiden in der Zeitung gesehen. Sieht ganz schön intim aus.« Seine Stimme hatte einen zynischen Klang, den sie noch nie bei ihm gehört hatte und der ihr nicht gefiel.

»Zufälligerweise arbeite ich für ihn. Er hat mich zum Essen ausgeführt, das war alles. Er interessiert sich nicht mehr für mich als für seine Ingenieure, also hör schon auf damit.«

»Ich finde, du bist ganz schön naiv. Und was du anhattest, sah nicht nach Arbeitskleidung aus.« Er war wütend und eifersüchtig, und er bedauerte, daß ihr Vater ihr erlaubt hatte, nach L. A. zu gehen. Die Flüge, die sie für Williams machte, waren verdammt gefährlich. Aber nicht nur die Flüge machten ihm Sorge. Es war die Art und Weise, wie Desmond sie auf dem Zeitungsbild anschaute.

»Es war nur ein Geschäftsessen, Nick. Er war so nett, mich auszuführen. Wahrscheinlich hat er sich zu Tode gelangweilt. Und ob du es glaubst oder nicht, aber das war meine Arbeitskleidung.« Sie spielte auf das enganliegende schwarze Kleid an. »Meine Anstandsdame kauft alles für mich, und jeden Abend schicken sie mich wie ein dressiertes Hündchen zu irgendeiner Veranstaltung, wo ich dann fotografiert werde. Public Relations nennen sie das.«

»Hört sich für mich nicht nach Arbeit an. Und was hat das mit der Fliegerei zu tun?« Er war krank vor Ärger und Einsamkeit. Einen Monat lang hatte er sie nicht mehr gesehen. Er hatte ihren Besuch herbeigesehnt, aber bisher hatte sie noch keine Zeit gefunden, heimzufliegen. Es schockierte ihn, wie sehr er sie vermißte. Sie war ein Teil von ihm, und ohne sie fühlte er sich verloren und einsam. Und es gefiel ihm ganz und gar nicht, daß Williams sie zum Essen ausführte.

»Wir reden darüber, wenn du hier bist«, sagte sie ruhig. Ihre Worte klangen erwachsener als noch vor wenigen Wochen. Sie hatte sich verändert, aber es war ihr nicht bewußt. Und sie hatte bereits einen gewissen großstädtischen Schliff. »Wie lang kannst du bleiben?«

»Bis sechs. Ich muß auf dem Rückflug noch einen Postsack mitnehmen.« Sie war enttäuscht. Außerdem hatte sie jetzt keine Entschuldigung mehr, ihre »Verabredung« zu einem Wohltätigkeitsball für behinderte Kinder abzusagen.

»Nun, wir müssen das Beste daraus machen. Versuch, so früh wie möglich hier zu sein.«

»Ich tu, was ich kann, Mädchen. Aber ich fliege nicht so tolle Flugzeuge wie du.«

»Das hast du auch nicht nötig. So wie du fliegst, könntest du aus einer alten Klapperkiste mehr rausholen als aus all den tollen Mühlen hier«, sagte sie bewundernd.

»Hör auf, einem alten Mann zu schmeicheln«, erwiderte er, und seine Worte klangen ein wenig sanfter als zu Beginn des Gesprächs. »Bis morgen.«

Sie fieberte seinem Besuch entgegen, und wie immer war sie schon um halb vier wach und wartete gespannt auf seine Ankunft. Es kam ihr vor wie eine Ewigkeit, als er um Viertel nach sieben endlich an ihrer Tür läutete. Sie rannte die Treppe hinunter und warf sich mit solchem Schwung in seine Arme, daß er fast ins Stolpern geriet. Er war wie geblendet von ihrer Schönheit und ganz gerührt von ihrer Zuneigung. Auch sie hatte ihn vermißt, mehr als ihr klar war. Sie vermißte ihre Geheimnisse, ihre langen Gespräche und ihre gemeinsamen Flüge.

»Halt, nicht so stürmisch, du ... laß mich erst mal Luft holen, du wirfst mich ja um ... « Sie küßte und umarmte ihn wie ein verlorenes Kind, das endlich seine Eltern wiedergefunden hat. »Ist ja gut ... ist ja gut ... « Sie hatte Tränen in den Augen, während sie sich an ihn klammerte, und er hielt sie in den Armen und hätte sie am liebsten nie wieder losgelassen. Noch nie hatte er sie so schön gefunden, noch nie war es so wunderbar gewesen, sie im Arm zu halten. Er mußte sich zwingen, einen Schritt zurückzutreten und sie loszulassen, denn am liebsten hätte er sie für immer in den Armen gehalten. »Toll siehst du aus!« Er lächelte. Die neue Frisur fiel ihm auf und das Make-up. Sie trug eine beigefarbene Hose und einen weißen Pullover. Seltsamerweise erinnerte sie ihn an Catherine Hepburn oder Rita Hayworth. »Dir scheint's ja nicht schlecht ergangen zu sein«, neckte er sie. Als er die Wohnung betrat, pfiff er durch die Zähne. »Donnerwetter ... welch bescheidene Absteige ... «

»Ist es nicht toll?« Sie strahlte ihn an und führte ihn herum. Er war sehr beeindruckt und konnte kaum fassen, daß sie dasselbe Mädchen war, das er schon als kleines Baby gekannt hatte, und kein Filmstar.

»Sieht so aus, als hättest du Glück gehabt, Cass«, sagte er. Er gönnte ihr all die schönen Dinge von ganzem Herzen, dennoch machte er sich Sorgen um sie. »Behandeln sie dich gut?«

»Sie tun alles für mich, kaufen mir Kleider, geben mir was zu essen. Ich habe sogar ein Mädchen. Sie heißt Lavinia und ist unheimlich nett. Und ich habe eine Anstandsdame namens Nancy, sie kauft mir was zum Anziehen und arrangiert alles für mich, all die Termine, die ich wahrnehmen muß. Sie sorgt dafür, daß ich die richtigen Leute kennenlerne, und besorgt mir passende Begleiter.« Sie schwatzte munter drauflos, und Nick warf ihr einen merkwürdigen Blick zu.

»Deine *Begleiter?* Sie verkuppeln dich also mit irgendwelchen Männern?« Er wirkte sehr befremdet und nicht sonderlich erfreut, als sie ihm das Frühstück servierte, das sie für ihn vorbereitet hatte.

»Wenn du es so ausdrücken willst«, sagte sie zögernd und ging zum Herd, um ihm ein paar Eier zu braten. »Aber so schlimm ist es nicht. Einige von ihnen ... ich weiß nicht, wie ich es sagen soll ... nun, sie mögen eigentlich keine Frauen, verstehst du? Aber sie sind Freunde von Nancy, oder zumindest weiß sie, wer sie sind. Ein paar sind Schauspieler, die sich in der Öffentlichkeit sehen lassen müssen, und wir ... ich ... wir gehen zu Veranstaltungen oder auf Partys und lassen uns zusammen fotografieren.« Sie schämte sich, während sie es ihm erklärte. Dieser Teil ihrer Arbeit war ihr äußerst zuwider, aber nachdem ihr Desmond vor ein paar Tagen alles erklärt hatte, versuchte sie, es zu akzeptieren. »Ich mache es nicht gern, aber Desmond hält es nun mal für wichtig.«

»Desmond?« Nick zog erstaunt die Brauen hoch. Die frischgebratenen Spiegeleier und der knusprige Speck schmeckten hervorragend, aber als sie in so vertrauter Weise von Williams sprach, hörte er auf zu kauen.

»Er hält Public Relations für den wichtigsten Motor der Geschäftswelt.«

»Was ist mit dem Fliegen? Ist ihm das auch wichtig, oder kommst du am Ende gar nicht dazu?«

»Komm schon, Nick, jetzt wirst du langsam ungerecht. Ich muß tun, was sie von mir verlangen. Sieh dich doch hier um.« Sie deutete auf die geräumige, moderne Küche und in Richtung Wohnzimmer. »Du siehst doch, was sie alles für mich tun. Wenn sie wollen, daß ich ausgehe und mich fotografieren lasse, so bin ich ihnen das doch schuldig. So schlimm ist es auch wieder nicht.« Aber ihre Worte schienen ihn nur wütender zu machen.

»Das ist doch Unsinn, und das weißt du auch. Du bist doch nicht hergekommen, weil du Mannequin werden wolltest, Cass. Und du *schuldest* ihnen nichts weiter, als beim Testen ihrer Flugzeuge deinen Arsch zu riskieren und einen Rekord nach dem anderen aufzustellen. Das *schuldest* du ihnen. Alles andere sollte dir überlassen sein. Du bist doch nicht Williams' Eigentum, oder etwa doch?« Er sah sie drohend an, und sie schüttelte den Kopf. Plötzlich schämte sie sich, daß sie in Williams' Pläne eingewilligt hatte. Aber sie glaubte tatsächlich, daß sie es ihm schuldig war, und sie konnte verstehen, was Williams wollte. Er wollte einen Star aus ihr machen, um ihre Fliegerkarriere voranzutreiben und für seine Flugzeuge zu werben. Das war doch nicht falsch, und die anderen Fliegerinnen hatten es genauso gemacht. Sie tat nur, was sie tun mußte.

»Ich finde, du bist nicht fair«, sagte sie leise.

»Und ich finde, daß du ausgenutzt wirst, und das macht mich fuchsteufelswild«, entgegnete er und stieß seinen Teller zur Seite. Dann trank er einen Schluck Kaffee. »Er will dich benutzen, Cass, das spüre ich.«

»Das ist nicht wahr. Er will mir helfen, Nick. Er hat wirklich eine Menge für mich getan, und ich bin doch erst vor kurzem hierhergekommen.«

»Was denn, zum Beispiel? Dich zum Tanzen ausführen? Wie oft war er denn schon mit dir aus?«

»Nur dieses eine Mal. Er hat es nett gemeint, und er wollte mir klarmachen, wie wichtig die gesellschaftlichen Termine sind, weil Nancy ihm erzählt hatte, daß ich mich immer darüber aufrege.«

»Nun, zumindest hast du dich noch nicht vollends von ihm um den Finger wickeln lassen. Wie oft warst du mit ihm aus?« fragte er in scharfem Ton. Sie sah ihm direkt in die Augen, als sie ihm antwortete.

»Wie ich dir schon gesagt habe, nur ein einziges Mal. Und er war überaus höflich und zuvorkommend. Ein perfekter Gentleman. Er hat zweimal mit mir getanzt, und beim zweitenmal hat man dann zufällig dieses Foto gemacht.«

»Rein zufällig.« Ihre Naivität rührte ihn. Für ihn war alles so offensichtlich. Zuerst hatte er die Sache für eine großartige Chance gehalten, aber nur, wenn es in erster Linie um ihre Fliegerei gegangen wäre. All dieser gesellschaftliche Unsinn, das viele Ausgehen und das Hofieren der Presse bedeutete für ihn nichts anderes, als daß Williams sie in einem viel weiteren Sinne benutzen wollte. Und sie war einfach zu jung und zu naiv, um das zu verstehen. Und was wollte Williams sonst noch von ihr? Wollte er sie für sich? So jung und unerfahren wie sie war, ließ sie sich mit Sicherheit von einem Mann wie Williams blenden, und diese Vorstellung gefiel Nick ganz und gar nicht. Sie war zu jung, um sich auf einen Mann wie Williams einzulassen, und außerdem liebte Desmond Williams sie nicht. Nick hatte Pat schon auf all diese Dinge hingewiesen und Williams sogar unehrenhafte Absichten unterstellt. Aber ihr Vater hatte sich von Oona anstecken lassen, denn Oona war ganz begeistert, daß ihre Tochter ständig in der

Wochenschau zu sehen war, und Pat mochte ihr nicht die Freude verderben. Cassie lebte ein sicheres Leben, und es ging ihr gut. Ihren Briefen nach zu urteilen, behandelte man sie wie eine Prinzessin. Sie hatte sogar eine Anstandsdame. Was war daran unehrenhaft? Und sie zahlten ihr ein Vermögen. Etwas Besseres konnte ihr nicht passieren.

»Verstehst du das denn nicht?« redete Nick auf sie ein. »Entweder ist dieser Kerl scharf auf dich, oder er möchte, daß es so aussieht. Nimmt dich in so einen vornehmen Schuppen mit und läßt sich mit dir fotografieren. Würde mich nicht wundern, wenn er die Presse über euren kleinen Ausflug informiert hätte. Zuerst hat er den Amerikanern ein hübsches Mädchen zum Verlieben präsentiert, und jetzt beschert er ihnen noch eine aufregende Romanze als Sahnehäubchen. Desmond Williams, schwerreicher Industriemagnat macht dem süßen Presseliebling aus dem Mittelwesten den Hof, Cassie O'Malley, die wagemutige Pilotin; das hübsche Mädchen von nebenan, das jeder mag. Cassie, wach endlich auf. Der Bursche benutzt dich, und er ist äußerst geschickt. Er wird dich zum größten Star aller Zeiten machen, nur um seine verdammten Flugzeuge zu verkaufen, und was dann?« Genau das machte Nick Sorgen. Vielleicht würde er sie ja heiraten! Allein bei der Vorstellung wurde es Nick übel, aber er sagte nichts.

»Na und, warum regst du dich so darüber auf? Was ist dagegen einzuwenden?« Cassie sah nicht die Gefahren, die ihm Sorgen machten.

»Er tut all das nur für sich, für sein Geschäft, nicht für dich. Er ist nicht aufrichtig. Im Grunde bist du ihm scheißegal. Das Ganze ist für ihn nichts weiter als ein Geschäft. Er beutet dich aus, Cass, und das macht mir angst.« Alles, was mit Williams und seinen Plänen für Cassie zu tun hatte, machte ihm angst.

»Warum?« Sie konnte ihn nicht verstehen. Warum war er dagegen? Und warum hegte er nur solches Mißtrauen gegen Desmond Williams, der ihr nur Gutes getan hatte, aber Nick sah noch andere Gefahren.

»Denk dran, wie es Amelia Earhart ergangen ist. Sie hat ihre Kräfte überschätzt und etwas getan, was sie nie hätte tun dürfen ... viele Leute fürchteten, daß der letzte Flug zu schwierig für sie sein würde, und so war es dann ja auch. Was ist, wenn er mit dir ähnliche Pläne hat? Wenn dir etwas zustößt, Cass ...« Bei diesem Gedanken wurde ihm schwer ums Herz, und am liebsten hätte er sie zurück nach Good Hope gebracht, wo sie in Sicherheit war.

»Das macht er nicht, Nick, ich schwöre es. Er hat keine Pläne für mich. Zumindest weiß ich nichts davon. Und außerdem fliege ich sowieso viel besser als sie.« Sie lachte, aber Nick nahm ihre unverfrorenen Worte ernst und sah sie besorgt an.

»Jedenfalls bist du schneller, und du kennst seine Pläne nicht. Dieser Bursche gibt sich nicht mit kleinen Fischen zufrieden. Er will ganz groß mit dir rauskommen.«

»Vielleicht hast du recht«, sagte sie nachdenklich. Vielleicht hatte Williams tatsächlich eine Welttour im Sinn. »Wenn er etwas in der Richtung andeutet, sage ich dir Bescheid. Versprochen.«

»Sei vorsichtig.« Er sah sie immer noch besorgt an. Dann zündete er sich eine Zigarette an. Sie schloß die Augen und atmete den vertrauten Geruch der Camel ein. Der Rauch erinnerte sie an den Flughafen ihres Vaters ... und an Nick ... und an die alten Zeiten, als sie sich auf dem einsamen Rollfeld bei Prairie City getroffen hatten. Sie bekam plötzlich furchtbares Heimweh nach ihm und all den anderen dort, die sie liebte. Aber ihn hatte sie am meisten vermißt.

Schließlich wurde er lockerer und genoß es, endlich wieder mit ihr zusammenzusein. Die lange Trennung von ihr hatte ihn fast wahnsinnig gemacht, und Tag für Tag hatte er sich ausgemalt, wie Williams sie ausbeuten würde. Als er damit aufhörte, sie über Williams Pläne auszufragen und ihr Vorhaltungen zu machen, verlebten sie einen schönen Nachmittag. Sie machten einen langen Strandspaziergang, saßen im Sand und genossen die warme Augustsonne, während sie schweigend aufs Meer hinausblickten. Es war ein schönes Gefühl, einfach so nebeneinander zu sitzen.

»In Europa wird es bald Krieg geben«, sagte er und unterbrach die Stille. »Es wird unweigerlich dazu kommen«, fügte er resigniert hinzu. »Hitler läßt sich nicht anders aufhalten. Die anderen Nationen müssen etwas tun.«

»Meinst du, daß wir auch hineingezogen werden?« Sie genoß es, mit ihm über Politik zu reden, hier konnte sie mit niemandem über diese Dinge sprechen. Sie war zu einsam und zu beschäftigt, und Nancy redete immer nur von Kleidern, und ihre Begleiter posierten nur für Fotos.

»Die meisten Leute denken, wir können uns diesmal raushalten«, sagte er. »Aber ich glaube, das können wir nicht.«

»Und was ist mit dir?« Sie kannte ihn nur allzugut und konnte sich vorstellen, worauf er hinauswollte. Fühlte er dieselbe Verpflichtung wie vor zwanzig Jahren? Sie hoffte, daß dies nicht der Fall war. »Würdest du gehen?«

»Wahrscheinlich bin ich zu alt.« Mit seinen achtunddreißig Jahren war er zwar keineswegs alt, aber er konnte zu Hause bleiben, wenn er wollte. Pat war zu alt, um eingezogen zu werden, aber Nick hatte die Wahl. »Aber ich würde es wahrscheinlich wollen.« Er lächelte sie an, sein Haar wurde von der salzigen Brise zerzaust. Sie saßen nebeneinander im Sand, ihre Schultern und Hände berührten sich. Sie fühlte sich geborgen in seiner Nähe. Sie vermißte ihn mehr als alle anderen zu Hause, und er hatte ihre Abwesenheit wie einen körperlichen Schmerz empfunden.

»Ich will nicht, daß du gehst«, sagte sie unglücklich und blickte in die blauen Augen, die sie so gut kannte. Der Gedanke, ihn zu verlieren, war ihr unerträglich. Sie wollte, daß er ihr versprach, nicht noch einmal nach Europa in den Krieg zu ziehen.

»Ich könnte es nicht ertragen, wenn dir etwas zustoßen würde, Nick.« Sie hatte so leise gesprochen, daß er sie kaum verstehen konnte.

»Wir gehen tagtäglich ein Risiko ein«, erwiderte er ernst. »Schon morgen kann dir etwas passieren, genau wie mir. Das wissen wir beide.«

»Das ist etwas anderes.«

»Im Grunde nicht. Ich mache mir auch um dich Sorgen. Es ist sehr riskant, diese Flugzeuge zu fliegen. Tagtäglich hast du es mit schweren Maschinen und frisierten Motoren zu tun. An die halsbrecherische Geschwindigkeit und die enorme Flughöhe mag ich gar nicht denken. Du lotest Konstruktionsfehler aus und versuchst, Rekorde aufzustellen. Etwas Gefährlicheres kann ich mir kaum vorstellen«, sagte er grimmig. »Ständig fürchte ich, du könntest mit einem von seinen gottverdammten Testflugzeugen abstürzen.« Er sah sie ernst an, und beiden war die Gefahr bewußt. »Und außerdem sagt dein Dad, daß weibliche Piloten nicht vernünftig fliegen können.« Er grinste, und sie mußte lachen.

»Danke.«

»Wie ich hörte, hattest du einen miserablen Lehrer.«

»Ja.« Sie blickte lächelnd zu ihm auf und berührte sein Gesicht. »Ich habe dich sehr vermißt... ich vermisse die

Zeit, als wir uns auf dem alten Rollfeld getroffen haben. Stundenlang haben wir uns manchmal unterhalten. Weißt du noch?«

»Aber natürlich. Auch mir fehlen unsere Gespräche«, sagte er leise und nahm ihre Hand. »Das war wirklich eine schöne Zeit.« Sie nickte, und beide schwiegen lange. Dann gingen sie weiter am Strand entlang und redeten über ihre Familie und ihre Freunde in Illinois. Ihr Bruder war seit der Flugschau nicht mehr geflogen, und ihr Vater schien sich nicht daran zu stören. Chris war jetzt ein überaus fleißiger College-Student. Colleen war wieder schwanger, und Cassie konnte nicht anders, als sie zu bedauern. Und Bobby traf sich neuerdings mit Peggy Bradshaw. Sie war verwitwet und stand allein mit ihren zwei kleinen Kindern da. Nick hatte ihn schon mehrmals zu ihrem kleinen Haus fahren sehen.

»Sie paßt sicher gut zu ihm«, sagte Cassie ohne Groll und war überrascht, wie wenig er ihr bedeutete. Es war erstaunlich, daß sie eineinhalb Jahre lang miteinander verlobt waren. Das war ein großer Fehler gewesen. »Und jetzt wird sie die Fliegerei ebensosehr hassen wie er«, sagte sie traurig und dachte an den gräßlichen Unfall bei der Flugschau im Jahr zuvor. Es war entsetzlich gewesen.

»Du wärst niemals glücklich mit ihm geworden«, sagte Nick und blickte sie besitzergreifend an. Er wäre am liebsten geblieben und hätte sie beschützt, damit niemand sie benutzen oder in Gefahr bringen konnte.

»Ich weiß. Ich glaube, ich habe es die ganze Zeit gewußt. Ich wußte nur nicht, wie ich mit ihm Schluß machen sollte, ohne ihm weh zu tun. Und ich dachte wirklich, daß ich ihn heiraten müßte. Ich weiß nicht, was ich tun soll«, sagte sie und blickte zum Horizont. »Eines Tages wollen bestimmt alle, daß ich erwachsen werde und die Fliegerei an den Nagel hänge. Was soll ich dann bloß tun, Nick? Ich glaube, ich könnte es nicht ertragen.«

»Vielleicht schaffst du es ja eines Tages, beides zu vereinbaren: ein richtiges Leben und die Fliegerei. Mir ist es nie gelungen, aber du bist klüger als ich.« Die meisten Piloten trafen irgendwann eine Wahl, und er hatte seine getroffen und sie die ihre, zumindest für die nächste Zeit.

»Ich verstehe nicht, wieso man nicht beides haben kann. Aber außer mir scheint wohl niemand daran zu glauben.«

»Es ist kein besonders schönes Leben für den Partner, und die meisten Leute sind klug genug, das zu erkennen. Bobby und meine Frau haben es zum Beispiel immer gewußt.«

»Ja... wahrscheinlich hast du recht.«

Danach gingen sie zurück zu ihrer Wohnung und unterhielten sich noch ein wenig, und er mußte ihr versprechen, ihrer Mutter von ihrer Wohnung zu erzählen. Schließlich fuhr sie ihn zurück zum Flughafen, und als sie mit ihm in die altvertraute Bellanca stieg, hätte sie fast geweint. Es war so, als würde sie heimkommen. Lange Zeit saß sie bei ihm im Cockpit, und erst als er die Maschine aufs Rollfeld gefahren hatte, stieg sie aus.

Er sah zu ihr hinunter und schenkte ihr jenes Lächeln, das sie schon ihr ganzes Leben lang kannte und liebte. Fast hätte sie losgeheult und ihn gebeten, sie mitzunehmen, aber sie hatten beide Verpflichtungen. Er mußte zurück nach Illinois, und sie hatte einen Vertrag mit Desmond Williams unterschrieben. Die meisten jungen Leute hätten alles getan für das, was er ihr bot, aber ein Teil von ihr hätte all das am liebsten fortgeworfen und wäre heimgefahren, wo das Leben nicht so kompliziert war.

»Paß auf dich auf, Mädchen, laß dich nicht zu oft fotografieren.« Er lächelte sie an und fragte sich noch immer voller Argwohn, welchen Trumpf Williams wohl noch im Ärmel hatte. Aber er hatte ein besseres Gefühl, seit er Cassie wiedergesehen hatte. Sie stand noch mit beiden Beinen auf der Erde und hatte sich nicht den Kopf verdrehen lassen. Außerdem schien sie nicht in Desmond Williams verliebt zu sein.

»Komm bald wieder, Nick.«

»Ich werd's versuchen.« Er sah ihr tief in die Augen. Es gab so vieles, das er ihr sagen wollte, aber es war weder der richtige Ort noch der richtige Moment.

»Grüß alle von mir... Mama... Dad... Chris... Billy...« Sie versuchte, den Abschied hinauszuzögern, und wünschte, er könnte bleiben. Aber sie wußte, daß dies unmöglich war.

»Mach ich.« Er sah sie an. Wie gerne hätte er sie in den Arm genommen. Das hatte er sich schon seit einer Ewigkeit gewünscht, aber er wußte, daß er es niemals tun würde. Es war ihnen nicht bestimmt, und damit mußte er sich abfinden. »Schmeiß dich bloß nicht diesem Desmond Williams an den Hals. Wenn du das tust, komme ich sofort und hole dich. Deine Mama würde mich dann allerdings hassen, wenn ich es wagen würde, dir eine solche Chance zu verpatzen.«

»Sag ihr, sie soll sich keine Sorgen machen«, sagte Cassie und lachte. Das war etwas, das niemals geschehen würde, da war sie sich ganz sicher. »Sag ihr, daß ich sie liebe.« Da er seinen Motor mittlerweile auf Touren gebracht hatte, mußte sie schreien, damit er sie verstehen konnte. »Ich liebe dich, Nick... danke, daß du gekommen bist.«

Er nickte und wollte ihr sagen, daß auch er sie liebte, aber er schwieg. Er winkte ihr zu und gab ihr ein Zeichen, zurückzutreten. Ein paar Minuten später kreiste sein Flugzeug über dem Flughafen von Pasadena. Sie blickte ihm nach, bis seine Maschine nur noch als winziger Fleck am Horizont zu sehen war und schließlich verschwand.

12

Genau zwei Wochen nach Nicks Besuch in L. A. marschierte Deutschland in Polen ein, und die Welt schaute entsetzt auf die Zerstörungen, die Hitler dort anrichtete. Zwei Tage später, am dritten September, erklärten Großbritannien und Frankreich Deutschland den Krieg. Nun war es also doch geschehen: In Europa herrschte Krieg.

Cassie rief zu Hause am Flugplatz an, als sie es erfuhr, aber Nick war nicht da, und ihr Vater brachte gerade einige Passagiere nach Cleveland. Sie war an diesem Tag mit Desmond zum Mittagessen verabredet. Morgens hatte Desmond noch mit dem Präsidenten gesprochen, und dieser hatte erklärt, daß Amerika nicht beabsichtige, sich in den Krieg einzumischen. Cassie war über diese Nachricht erleichtert.

Sie erzählte Desmond, daß sie trotzdem nach Hause fliegen wolle, und er stellte ihr eines seiner privaten Flugzeuge für das Wochenende zur Verfügung. Schon seit Juli hatte Cassie vor, wieder einmal ein Wochenende daheim zu verbringen, doch es hatte ihr immer die Zeit dazu gefehlt. Dies war eine gute Gelegenheit, und niemand hatte etwas dagegen einzuwenden.

Am späten Freitagabend landete sie auf dem Flugplatz ihres Vaters. Sie hatte L. A. gegen Mittag verlassen und war gegen halb neun Uhr Ortszeit in Good Hope. Es war niemand zu entdecken, doch es brannte noch Licht, als sie auf der langen Ost-West-Rollbahn zur Landung ansetzte. Sie sicherte das Flugzeug und ging zu dem alten Lastwagen, den ihr Vater immer am Flughafen stehen hatte. Cassie hatte niemandem erzählt, daß sie kommen würde, es sollte eine Überraschung für ihre Familie werden, und das wurde es auch. Gegen neun Uhr abends schlich sie leise in das Haus ihrer Eltern, die schon zu Bett gegangen waren. Als ihre Mutter am nächsten Morgen im Nachthemd aus dem Schlafzimmer kam und Cassie entdeckte, wäre sie fast in Ohnmacht gefallen.

»O mein Gott«, rief sie laut. »Pat, komm schnell!« Dieser kam aus dem Schlafzimmer gerannt und blieb beim Anblick seiner Tochter lächelnd stehen.

»Hallo, Mama ... hallo, Dad ... ich dachte, ich schaue mal herein und sage guten Tag.«

Sie sah die beiden freudestrahlend an.

»Du bist mir ja ein Schlitzohr.« Cassies Vater umarmte sie mit einem breiten Lächeln auf dem Gesicht. Ihre Mutter lief aufgeregt hin und her und bereitete ein riesiges Frühstück für sie vor. Dann weckte sie Chris, der vor Freude fast an die Decke sprang, als er sie sah.

»Wie fühlt man sich denn so als Filmstar?« neckte ihr Vater sie. Er wußte immer noch nicht so richtig, was er von Cassies neuem Leben halten sollte. Doch jeder in der Stadt schien es für eine tolle Sache zu halten, und das war schwer zu ignorieren.

»Nick erzählte, daß du in einem Palast wohnst«, sagte ihre Mutter, während sie Cassie etwas genauer unter die Lupe nahm. Ihre Tochter sah gesund aus, und bis auf ihren neuen Haarschnitt und die sorgfältig manikürten, roten Fingernägel schien sie sich kaum verändert zu haben.

»Ja, es ist recht nett dort«, erwiderte Cassie schelmisch. »Ich freue mich, daß es ihm gefallen hat.«

Sie saßen beisammen, und Cassie erzählte von ihrem Leben in Los Angeles. Dann zog sie sich an und fuhr mit ihrem Vater zum Flugplatz. Sie war glücklich, all die alten Freunde wiederzusehen, und Billy stieß einen Freudenschrei aus, als er sie erblickte. Sie schlüpfte in einen alten Overall und ging hinaus, um mit ihm zusammen an einem der alten Flugzeuge zu arbeiten. Eine halbe Stunde später hörte sie Nicks alten Laster kommen. Sie schaute hoch und lächelte verschmitzt. Nick kam jedoch erst gegen Mittag zur Flugzeughalle, um sie zu begrüßen. Er wird viel zu tun haben, und ich werde ihn ohnehin bald sehen, sagte sie sich und war schon froh, nur in seiner Nähe zu sein.

»Ihr liegt hier aber ganz schön lange in den Federn«, neckte sie ihn bei ihrem ersten Zusammentreffen. »Um vier Uhr morgens bin ich immer schon in vierzehntausend Meter Höhe.«

»Ach ja? Warum das denn?« fragte er grinsend und war offensichtlich hocherfreut, sie zu sehen. »Triffst du dort oben deinen Friseur?« Seine Augen leuchteten vor Freude, und sein Herz begann bei ihrem Anblick heftig zu klopfen. Langsam begannen ihn seine Gefühle für sie zu beunruhigen. Vielleicht lag es aber auch daran, daß sie nun in Kalifornien lebte. In letzter Zeit wurde es immer schwerer, seine Gefühle für sie unter Kontrolle zu halten.

»Sehr witzig.«

»Ich habe gehört, daß die Männer von Movietone um drei Uhr hierherkommen«, sagte er augenzwinkernd zu Billy und zwei anderen Mitarbeitern. »Wir ziehen uns wohl besser saubere Klamotten an.«

»Das würde dir bestimmt nicht schaden, Stick«, konterte Cassie frech, während Nick sich gegen das Flugzeug lehnte, an dem sie gerade noch mit Billy gearbeitet hatte, und ihr einen bewundernden Blick zuwarf.

»Bist du ohne deine Anstandsdame gekommen?« fragte er scherzend.

»Ich dachte, ich könnte ganz gut allein mit dir fertig werden.«

»Ja«, er nickte langsam, »da hast du wahrscheinlich recht. Möchtest du etwas essen?« fragte er sie mit gedämpfter Stimme. Seine Einladung überraschte sie, denn normalerweise hingen sie nur zusammen am Flugplatz herum.

»Gern.« Sie folgte ihm zu seinem Lastwagen, und er fuhr sie zu Paoli's Milchladen. Im hinteren Teil des Geschäfts gab es eine Imbißstube, wo man leckere Sandwichbrote und selbstgemachtes Eis essen konnte.

»Es ist zwar nicht gerade das Hilton, aber ich hoffe, es wird gehen.«

»Ist schon in Ordnung.« Sie war so glücklich, mit Nick zusammen zu sein, daß es ihr überall gefallen hätte.

Er bestellte Roastbeefsandwiches für sie beide und einen Schokoladenmilchshake für Cassie. Er selbst trank nur schwarzen Kaffee.

»Heute ist aber nicht mein Geburtstag, das weißt du schon, oder?« sagte sie und war immer noch sehr erstaunt, daß er sie zum Essen ausgeführt hatte. Sie konnte sich nicht daran erinnern, wann er dies das letzte Mal getan hatte oder ob sie überhaupt schon jemals miteinander in einem Restaurant gewesen waren.

»Mit einem Wurstbrot im Flugzeugschuppen brauche ich dir wohl nicht mehr zu kommen, verwöhnt, wie du jetzt bist.« Er zuckte die Achseln und schien unheimlich glücklich zu sein, sie zu sehen. Sie hatten ihr Mittagessen schon fast beendet, als sie bemerkte, daß er kaum etwas angerührt hatte und daß es hier um mehr als um eine einfache Einladung ging. Nick fühlte sich anscheinend nicht sehr wohl in seiner Haut und wirkte merkwürdig nervös.

»Was ist los, Stick? Hast du eine Bank ausgeraubt?«

»Noch nicht, aber ich arbeite daran.« Damit war der Witz aber auch schon beendet. Er schaute ihr in die Augen, und in dem Moment wußte sie Bescheid.

»Du gehst?« Die Worte blieben ihr im Halse stecken, und der Milchshake stieß ihr plötzlich sauer auf, als er nickte.

»Oh, Nick... nein... du mußt doch nicht dorthin. Wir sind nicht im Krieg.«

»Das wird sich bald ändern, ganz gleich, was sie heute sagen. Und ich wette, Williams weiß es auch. Wahrscheinlich rechnet er sich schon aus, wie viele Flugzeuge er dann verkaufen wird. Ich glaube diesem ganzen dummen Gerede nicht, daß die Vereinigten Staaten sich nicht in den Krieg einmischen werden. Es spielt auch gar keine Rolle, ob sie es tun oder nicht. Sie brauchen dort drüben Hilfe. Ich werde nach England zur Royal Air Force gehen. Ich habe mich erkundigt und erfahren, daß sie dort dringend gute Leute suchen. Man braucht dort Männer wie mich, und hier bin ich eigentlich nutzlos. Für Postflüge nach Cincinnati muß man nun wirklich kein Fluggenie sein.«

»Aber warum willst du dich unbedingt in einem Krieg abschießen lassen, der dich nichts angeht.« Bei diesen Worten stiegen ihr die Tränen in die Augen. »Weiß Dad es schon?«

Er nickte. Es war ihm wirklich unangenehm, ihr diese Neuigkeit mitzuteilen, doch sobald er erfahren hatte, daß Cassie wieder zu Hause war, hatte er Pat gebeten, ihr nichts zu sagen. Sie sollte es von ihm erfahren, und Pat war einverstanden gewesen. »Ich habe es ihm gestern gesagt, aber er hatte es schon geahnt.« Dann schaute er Cassie plötzlich ganz seltsam an. »Ich werde zurückkommen, Cass, und dann kann ich noch jahrelang für deinen Vater fliegen. Und, wer weiß, vielleicht werde ich dieses Mal erwachsen sein? Es gibt so viele Dinge, die ich nach meiner Rückkehr aus dem letzten Krieg versäumt habe.«

»Wer hindert dich daran, sie zu tun? Du brauchst doch nicht dein Leben zu riskieren, nur weil du unzufrieden bist.«

»Mir ist klargeworden, wie faul ich gewesen bin. Ich habe es mir zu leicht gemacht. Ich habe die letzten zwanzig Jahre lang diese Rundflüge gemacht, weil es so bequem war. Die Zeit verging so schnell, daß ich fast vergessen hatte, wer ich bin. Nun bin ich hier, habe mein halbes Leben oder noch mehr schon hinter mir und sehr viel Zeit vergeudet. Das passiert mir nicht noch einmal.« Sie wußte nicht genau, was er meinte, aber er bedauerte ganz offensichtlich, daß er viele Dinge in seinem Leben nicht getan hatte, Freundschaften nicht gepflegt hatte. Er hatte immer gedacht, daß ihm noch genügend Zeit bleiben würde, was ja eigentlich auch stimmte, doch was bestimmte Dinge anging, so fehlte ihm einfach der Mut. Er wollte nie wieder heiraten oder für jemanden allzuviel empfinden oder sich gefühlsmäßig zu sehr binden oder gar eigene Kinder bekommen. Unten am Boden scheute er das Risiko. Er hatte Angst, seine Freiheit zu verlieren. Andererseits machte es ihm nichts aus zu sterben. Es war eine seltsame Art der Feigheit, die für die meisten Flieger typisch war. In der Luft waren sie mutig, aber unten am Boden waren sie schreckliche Feiglinge.

»Geh nicht...«, flüsterte sie ihm über die Reste ihres Mittagessens hinweg zu. Sie wußte nicht, was sie sagen sollte, um ihn aufzuhalten. Doch sie hätte alles getan, um ihn zum Bleiben zu bewegen, denn sie wollte ihn nicht verlieren.

»Ich muß gehen.«

»Nein, mußt du nicht!« Ihre Stimme wurde lauter, und

die anderen Gäste drehten sich schon nach ihnen um. »Du mußt gar nichts!«

»Du auch nicht«, antwortete er wütend, »aber du hast in deinem Leben auch deine eigenen Entscheidungen getroffen, und ich habe das gleiche Recht. Ich werde hier nicht ruhig sitzenbleiben, wenn sie woanders ohne mich Krieg führen.«

Als sie draußen waren, führten sie ihren Streit lauthals in der warmen Septembersonne fort.

»Bist du wirklich so wichtig? Bist du der einzige Flieger, der diese Einsätze fliegen kann? Um Himmels willen, Nick, werde erwachsen! Bleib hier... laß dich doch nicht in einem Krieg töten, der weder deiner noch unserer ist... Nick... bitte...« Sie begann zu weinen, und bevor er wußte, wie ihm geschah, hielt er sie fest in seinen Armen und sagte ihr, wie sehr er sie liebte. Er hatte sich geschworen, es ihr nie zu sagen, aber nun konnte er es nicht länger für sich behalten.

»Baby, nicht... bitte... ich liebe dich so sehr... aber ich muß es einfach machen... und wenn ich zurückkomme, wird alles anders aussehen. Vielleicht hast du bis dahin genug davon, Desmond Williams' Starfliegerin zu sein, und ich werde vielleicht etwas gelernt haben, das ich beim erstenmal nicht durchschaut habe. Ich will soviel mehr, als ich jetzt habe... Und, Cassie, ich wußte nie, wie ich es erreichen sollte.«

»Du mußt nur danach greifen und es festhalten... das ist alles...« Sie schmiegte sich an ihn. Er hielt sie ganz fest, und plötzlich hatte sie nur noch den einen Wunsch, mit ihm fortzugehen und den Krieg zu vergessen. Aber wo hätten sie hingehen sollen?

»Leider ist es nicht ganz so einfach«, sagte er langsam und schaute sie an. Es gab so vieles, was er ihr sagen wollte, so vieles, das er nicht wagte und vielleicht niemals wagen würde. Er wußte einfach nicht mehr weiter.

Sie gingen Hand in Hand zurück zu seinem Lastwagen, und als sie am Flugplatz ankamen, fuhr er zur Flugzeughalle, wo die alte Jenny stand. In diesem Flugzeug hatte er ihr das Fliegen beigebracht, und sie wußte auch ohne Worte, wohin sie fliegen würden. Aus Respekt setzte sich Cassie auf den Vordersitz, damit er, als ihr ehemaliger Fluglehrer, hinter ihr Platz nehmen konnte. Nach wenigen Minuten hatten sie alle Geräte überprüft und rollten die Startbahn hinunter. Cassies Vater sah die beiden aufsteigen, sagte aber nichts. Er wußte, daß Nick ihr erzählt haben mußte, daß er fortgehen würde.

Sie erreichten das alte Rollfeld, und Nick ließ sie landen. Dann setzten sie sich unter ihren Baum. Cassie lehnte den Kopf an seine Schulter, und so saßen sie im weichen Gras und schauten in den Himmel. Es war schwierig, sich vorzustellen, daß irgendwo draußen in der Welt ein Krieg tobte und daß Nick dort hingehen würde.

»Warum?« fragte sie nach einer Weile unglücklich. Die Tränen liefen ihr über die Wangen. Ihre Blicke trafen sich, und er glaubte, sein Herz würde zerspringen, als er ihr zärtlich die Tränen vom Gesicht wischte. »Warum mußt du gehen?«

Endlich, nach so langer Zeit, hatte er ihr gestanden, daß er sie liebte, und nun ging er fort, und das vielleicht für immer. »Weil ich an das glaube, was ich tue. Ich glaube an die Freiheit, an die Ehre, an eine sichere Welt und an all jene Dinge, die ich am Himmel über England verteidigen werde.«

»Du hast das doch schon einmal gemacht. Jetzt sind die anderen an der Reihe, Nick. Es ist doch nicht dein Problem.«

»Doch. Ich habe hier nichts Wichtiges zu tun, auch wenn es meine eigene Schuld ist.«

»Dann gehst du also, weil du dich langweilst.« Anscheinend hatten alle Männer dieses Gefühl und den Mut des Jägers in sich. Doch sie wußte auch, daß seine Gründe nicht so einfach von der Hand zu weisen waren. Cassie dachte jedoch nur daran, daß es dumm von ihm wäre, jetzt zu gehen. Sie wollte nicht, daß er verletzt würde, und er versicherte ihr, daß es nicht passieren würde.

»Ich bin viel zu gut, um verletzt zu werden«, neckte er sie.

»Du fliegst wie ein Stümper, wenn du müde bist«, entgegnete sie, aber ihre Worte waren nicht ernst gemeint, und Nick lachte nur.

»Ich werde sicher genug Schlaf bekommen. Und was ist mit dir?« fragte er stirnrunzelnd. »Du fliegst mit diesen verdammt schweren Flugzeugen über die Wüste. Meinst du denn, ich wüßte nicht, wie gefährlich diese Testflüge sind? Viele Flieger mußten dabei schon ihr Leben lassen, und sie flogen wahrscheinlich besser als du.« Seine Worte erinnerten sie an Nancys Ehemann, und sie nickte. Sie konnte nicht abstreiten, daß ihr Job gefährlich war, aber sie wußte, was sie tat. Und es gab über Las Vegas auch keine Deutschen, die versuchten, sie abzuschießen.

»Ich bin vorsichtig.«

»Das sind wir alle. Manchmal ist das aber nicht genug. Manchmal braucht man auch etwas Glück.«

»Ja, Glück ... bitte ... «, flüsterte sie. Nick schaute Cassie lange an, und dann tat er das, was er schon so lange hatte tun wollen, was er sich aber nie getraut hatte. Er konnte nicht fortgehen, ohne ihr zu sagen, wie sehr er sie liebte. Er beugte sich zärtlich zu ihr herunter und küßte sie. Und sie erwiderte seinen Kuß so leidenschaftlich, wie sie noch nie zuvor einen Mann geküßt hatte. Es hatte ja vorher auch noch keinen Mann gegeben ... nur einen Jungen ... und nun Nick, der Mann, den sie liebte, solange sie denken konnte.

»Ich liebe dich«, flüsterte er ihr ins Haar. Er rang nach Atem und wünschte, daß es mehr werden könnte, doch er wußte, daß das unmöglich war. »Ich habe dich immer geliebt ... und werde dich immer lieben, Cass. Ich will dir soviel geben, aber ich habe dir nichts zu bieten ...«

»Wie kannst du nur so etwas sagen?« Seine Worte brachen ihr das Herz. »Ich war schon mit fünf Jahren in dich verliebt ... Ich habe immer nur dich geliebt. Das ist doch alles, was wir brauchen, und mehr will ich auch gar nicht.«

»Du verdienst viel mehr als das ... du solltest ein eigenes Haus und Kinder haben ... du verdienst den ganzen Luxus, den sie dir in Kalifornien bieten. Aber es sollte dein Ehemann sein, der dir dieses Leben ermöglicht.«

»Meine Eltern haben immer sehr einfach gelebt, und es hat ihnen nichts ausgemacht. Sie hatten ja einander, und sie haben das Geschäft meines Vaters aus dem Nichts aufgebaut. Es ist mir gleichgültig, wenn wir am Anfang nicht viel besitzen.«

»Ich könnte das nicht verantworten, Cass. Und dein Vater würde mich umbringen. Ich bin schließlich achtzehn Jahre älter als du.«

»Na und?« Cassie ließ sich nicht beirren. Sie dachte im Augenblick nur daran, daß er sie liebte, und sie wollte ihn nicht verlieren. Nicht nach allem, was sie zusammen erlebt hatten.

»Ich bin ein alter Mann«, versuchte er – ohne große Überzeugungskraft – einzuwenden, »zumindest im Vergleich zu dir. Du solltest einen Mann in deinem Alter heiraten und einen Haufen Kinder kriegen.«

»Ich würde wahrscheinlich verrückt werden, wenn ich das täte. Und ich will keinen Stall voller Kinder, das wollte ich nie. Ein oder zwei würden mir genügen.« Mit Nick war sogar der Gedanke an eigene Kinder nicht mehr so abschreckend, wie sie immer gedacht hatte.

Er schaute zärtlich lächelnd auf sie herunter, während sie vergeblich versuchte, ihn zu überreden. Er würde in den Krieg ziehen, und sie hatte sich vertraglich verpflichtet, in Kalifornien Flugzeuge zu testen. Doch er mußte zugeben, daß ihm ihre Worte gefielen. Vielleicht irgendwann einmal, aber er bezweifelte es, denn er würde nie soviel Glück haben oder so töricht sein. Sie verdiente soviel mehr, als er ihr geben konnte. »Ich hätte gern Kinder mit dir, Cassie ... Ich würde dir alles geben, was ich überhaupt geben kann. Aber ich werde nie mehr besitzen als eine Handvoll alter Flugzeuge und einen alten Schuppen auf Pats Flughafen.«

»Er würde dir die Hälfte von allem geben, und das weißt du auch. Du hast es verdient. Du hast das Geschäft mit ihm zusammen aufgebaut. Er wollte doch immer, daß ihr Partner werdet.«

»Es ist schon komisch. Als ich begann, war ich so jung, daß ich einfach damit zufrieden war, irgendwo mein Geld zu verdienen. Heute bedaure ich es. Vielleicht machst du gerade das Richtige mit deinem verrückten Job, Cass. Mach eine Menge Geld und spare es. Dann hast du etwas vorzuweisen und kommst zurück. Ich hatte nicht diesen Ehrgeiz ... und es hat mir nichts ausgemacht ... bis du älter wurdest und mir klar wurde, daß ich dir nichts bieten konnte. Außerdem bin ich fast doppelt so alt wie du. Dein Vater würde mich umbringen, wenn er von uns wüßte.«

»Das bezweifle ich«, erwiderte Cassie. Sie kannte ihren Vater besser als er. »Wahrscheinlich würde es ihn nicht sonderlich überraschen. Er würde bestimmt wollen, daß ich glücklich bin, und nicht, daß ich mit dem falschen Mann unglücklich werde.«

»Du solltest einen Mann wie Desmond Williams heiraten«, sagte er unglücklich, und Cassie antwortete mit einem Lächeln. Der Gedanke war ihm zuwider, aber Desmond Williams konnte ihr soviel mehr ermöglichen.

»Und du solltest die englische Thronfolgerin heiraten. Sei nicht albern, Nick. Manchmal spinnst du wirklich.« Sie lächelte ihm aufmunternd zu, doch sie konnte ihn nicht überzeugen.

»Wenn du älter bist, denkst du vielleicht anders darüber. Du bist noch ein Kind. Glaubst du wirklich, deine Schwestern oder deine Mutter sind gerne arm?«

»Ich habe meine Mutter nie klagen hören, und ich glaube wirklich, daß sie glücklich ist. Und wenn meine Schwestern nicht jedes Jahr ein Kind kriegen würden, hätten sie bestimmt kein schlechtes Auskommen.« Cassie hatte schon immer gedacht, daß ihre Schwestern zu viele Kinder bekamen. Eines oder zwei erschienen ihr mehr als genug. Doch Glynnis erwartete ihr sechstes und Colleen und Megan jeweils ihr fünftes Kind. Cassie fand das ziemlich übertrieben und ein bißchen beängstigend.

Nick küßte sie erneut und dachte dabei an die Kinder, die er gern mit Cassie bekommen hätte, aber niemals wollte er so anmaßend und selbstsüchtig sein, Cassie zu heiraten. Ganz gleich, wie sehr er sie liebte, oder gerade weil er sie so sehr liebte. Sie verdiente etwas viel Besseres.

»Ich liebe dich, Nick Galvin. Ich werde nicht weglaufen oder dich vor mir weglaufen lassen. Ich fliege nach Europa und finde dich, wenn ich muß.« Und sie würde kommen; das wußte er genau.

»Wage es bloß nicht! Ich lasse dich aus England rauswerfen, wenn es sein muß. Und wage auch nicht, dich von

Williams zu irgendeiner Welttour überreden zu lassen. Ich kann riechen, was er mit dir vorhat. Das gleiche wie Putnam mit Earhart. Doch mit dem Krieg in Europa wärst du nirgends sicher. Nicht im Pazifikgebiet und auch nicht in Europa. Bleib zu Hause, Cass, versprich es mir ... « Er schaute sie voller Sorge an, und Cassie nickte.

»Du mir auch«, sagte sie leise. Dann küßte sie ihn, und er hatte große Not, nicht die Beherrschung zu verlieren, denn er spürte, daß sie seine Leidenschaft erwiderte. Er lag neben ihr auf dem Boden, hielt sie fest in den Armen und wünschte sich, daß es für immer so bleiben könnte. »Wann gehst du?« fragte sie schließlich mit heiserer Stimme.

Er zögerte einen kleinen Augenblick und antwortete dann: »In vier Tagen.«

»Weiß Dad es schon?« Sie wußte, wie schwer es für ihren Vater werden würde, doch leider hatte sie auch keine Zeit, ihm zu helfen.

»Ja. Billy sagte, daß er sich um die Dinge kümmern wird. Er ist ein guter Junge und ein hervorragender Pilot. Ich glaube, er mußte nur von seinem Vater fort. Altgewordene Starflieger machen ihren Kindern das Leben oft zur Hölle, du weißt schon, was ich meine, oder?« Cassie lächelte, als sie daran zurückdachte, wie unmöglich ihr Vater sich aufgeführt hatte.

Aber seit einiger Zeit war er ja recht umgänglich geworden.

Sie setzte sich auf und schaute auf Nick herunter. Sie wollte wissen, was aus ihnen werden sollte. »Wie soll es denn nun weitergehen, Nick? Wir wissen, daß wir uns lieben. Du kannst doch jetzt nicht einfach gehen. Was soll ich denn ohne dich tun?«

»Das gleiche wie vorher«, sagte er bestimmt. »Gehe in die Welt hinaus und lächele in die Kameras.«

»Was soll das heißen?«

»Genau das, was ich gesagt habe. Es hat sich nichts geändert. Du bist frei, und ich gehe nach England.«

»Rede keinen Unsinn«, fauchte sie ihn wütend an. »Was für ein Spiel spielst du eigentlich? Heißt das: Ich liebe dich, du liebst mich, und weiter nichts, bis dann, adieu? Ich gehe in den Krieg, genieße du dein Leben, man sieht sich dann, wenn überhaupt, nach meiner Rückkehr.«

»Genau«, antwortete er, und plötzlich verhärteten sich seine Gesichtszüge. Nick hatte lange über alles nachgedacht, und nichts würde seine Entscheidung ändern.

»Und dann? Du kommst nach Hause, und wenn wir Glück haben, finden wir wieder zusammen und beginnen von neuem?«

»Nein«, sagte er traurig. »Wenn du Glück hast und ich sehr lange fort war, treffen wir uns wieder, und du stellst mich deinem Mann und deinen Kindern vor und wenn ich früher wiederkomme, stellst du mich eben nur deinem Mann vor.«

»Du bist entweder verrückt oder krank.« Cassie starrte ihn wütend an und hätte ihn am liebsten geohrfeigt. Was war dies für ein Spiel? Doch es war kein Spiel für ihn. Nick Galvin hatte sich schon vor Jahren geschworen, daß er Cassies Leben nicht ruinieren würde, nur weil er sie liebte.

»Hast du mir nicht zugehört?« fuhr er sie laut an. Doch an ihrem geheimen Treffpunkt konnte ihn ohnehin niemand hören. Hier gab es keine Zeugen. »Ich habe dir nichts zu bieten, Cass, und das wird sich wahrscheinlich nie ändern, ob ich nun hier bin oder woanders. Ich könnte natürlich auch eine Bank überfallen oder mein Glück in Las Vegas versuchen. Wahrscheinlich verdienst du bald mehr Geld, als ich jemals haben werde.«

»Dann arbeite doch auch für Desmond Williams«, erwiderte sie wutentbrannt. Wie konnte er nur so verbohrt sein!

»Dafür sind meine Beine nicht schön genug. Schau, du bist ein Glücksfall für ihn. Du bist ein As in der Luft und siehst zudem noch sehr gut aus. Du bist ein Püppchen, das fliegen kann; du bedeutest bares Geld für ihn, Cass. Ich wäre nur einer seiner vielen Flieger.«

»Kann ich etwa was dafür?« fragte sie ärgerlich. »Warum läßt du es an mir aus? Was habe ich denn Schlimmes getan? Ich hab doch nur ein bißchen Glück gehabt.« Tränen liefen ihr übers Gesicht, und sie bebte vor Wut und Enttäuschung. Warum waren die Männer manchmal so unfair? Es war wirklich nicht einfach, eine Frau zu sein.

»Du hast nichts getan. Viel schlimmer ist, daß ich in den letzten zwanzig Jahren auch nichts Besonderes geleistet habe, außer eine Handvoll alter Flugzeuge zu fliegen und bei deinem Vater herumzuhängen. Es war ja keine schlechte Zeit, und wir haben auch ein paar gute Sachen gemacht, und das beste war wohl, dir das Fliegen beizubringen, oder besser gesagt, das Vermeiden von Karambolagen, denn das Fliegen hast du dir ja selber beigebracht. Aber das ist nicht genug, Cass. Ich werde dich nicht mit leeren Taschen heiraten, ohne etwas auf der Bank zu haben.«

»Du bist ein Dummkopf!« rief sie unter Tränen. »Du besitzt drei Flugzeuge, und zusammen mit meinem Vater hast du einen verdammt guten Flughafen aufgebaut.«

»Vielleicht komme ich nicht zurück, Cass«, sagte er ruhig. Auch das war nicht ausgeschlossen, und Nick wollte nicht, daß Cassie hierblieb und auf ihn wartete. Das wäre angesichts ihres Alters nicht fair gewesen.

»Es ist nun einmal so. Vielleicht bleibe ich fünf Jahre

weg, vielleicht aber auch für immer. Willst du darauf warten? Bei dem Leben, das du jetzt führst, und bei deinen Möglichkeiten, willst du das wirklich? Willst du auf einen Mann warten, der doppelt so alt ist wie du und der dich als mittellose Witwe zurücklassen würde? Vergiß es. Das ist mein Leben, Cass, oder besser das, was ich daraus gemacht habe, und ich will nur eines, nämlich fliegen. Das heißt keine Bindungen. Darum vergiß es besser.«

»Wie kannst du nur so etwas sagen?« rief Cassie zornig.

Nick schaute sie jedoch ganz ruhig an. »Ganz einfach, weil ich dich so schrecklich liebe. Du sollst hinaus in die Welt ziehen und dein Glück machen. Du sollst alles bekommen, was du willst, alles fliegen, was möglich und vor allem sicher ist. Ich will einfach nur, daß du immer glücklich bist. Ich will mir keine Sorgen um dich machen müssen, wenn ich mit meiner Maschine über dem Ärmelkanal auf die Deutschen treffe.«

»Du bist unglaublich egoistisch«, rief sie zornig.

»Das sind die meisten Menschen, Cass«, erwiderte er ehrlich, »vor allem die Flieger. Wenn sie es nicht wären, würden sie nicht fliegen. Sie würden die Menschen, die sie lieben, nicht derart ängstigen und täglich ihr Leben aufs Spiel setzen, um dann womöglich unter den Augen eines geliebten Menschen bei einer Flugschau umzukommen. Denke daran. Denke daran, was wir den Menschen antun, die wir lieben.«

»Habe ich schon, sehr oft sogar. Doch wir beide wissen das, und das ist doch schon ein Vorteil, oder? Wir sind gleich.«

»Sind wir nicht, Herrgott, du bist erst zwanzig Jahre alt. Du hast noch ein großartiges Leben vor dir. Ich will nicht, daß du hier auf mich wartest. Wenn ich zurückkomme und im Lotto gewinne, rufe ich dich sofort an.«

»Ich hasse dich«, rief sie wütend. Sie konnte ihn einfach nicht umstimmen. Er war genau so ein Dickkopf wie sie selbst.

»Mir schwante schon so etwas, als ich dich vorhin geküßt habe.« Er küßte sie erneut, und ihre ganze Wut, ihr ganzer Zorn und ihr ganzer Kummer verwandelten sich plötzlich in eine Welle der Leidenschaft, die sie beide gleichermaßen ergriff. Es gab so viele Dinge, die er gern geändert hätte, aber er wußte auch, daß es nicht möglich war. Er wollte sie in den Armen halten und lieben und mit ihr vor Lust dahinschmelzen. Doch er zwang sich, sie loszulassen, bevor es zu spät war und sie nicht mehr aufhören konnten, denn für beide war dieser Augenblick fast gekommen.

»Schreibst du mir?« fragte sie ihn nach einer Weile atemlos.

»Wenn ich kann. Aber rechne nicht damit. Mach dir keine Sorgen, wenn du nichts von mir hörst. Das ist alles, was ich will. Ich will nicht, daß du auf mich wartest. Das hier ist die kürzeste Liebesgeschichte der Welt. Ich liebe dich. Ende. Das war's. Ich hätte es dir wahrscheinlich besser gar nicht erzählt.«

»Und warum hast du es dann doch getan?« fragte sie unglücklich.

»Weil ich so ein egoistischer Dummkopf bin und es nicht mehr ausgehalten habe. Jedesmal wenn wir hierhergekommen sind, mußte ich mit mir kämpfen, um es nicht zu sagen. Und es hätte mich fast umgebracht, als wir uns nach meinem Besuch in Kalifornien verabschiedet haben. Ich wollte es dir schon so lange sagen, aber es ändert trotzdem nichts, Cass. Es ist schön, dies zu wissen, vielleicht für uns beide. Aber ich gehe trotzdem.«

Sie diskutierten noch lange über dieses Thema, aber sie

konnte ihn nicht überzeugen, zu bleiben. Schließlich flogen sie zurück zum Flughafen. Zuvor küßten sie sich noch einmal voller Leidenschaft und mußten sich zusammennehmen, um sich nicht die Kleider vom Leib zu reißen.

Es war ein langes, trauriges Wochenende für Cassie. Die meiste Zeit verbrachte sie mit Nick, und als sie am Sonntagnachmittag zurückfliegen mußte, hätte es ihr fast das Herz zerrissen. Ihr Vater hatte gespürt, was passiert war, und redete vor ihrer Abreise noch einmal mit ihr, doch er konnte ihr auch nicht helfen. Zwar brachte es sie ihrem Vater näher, aber es änderte nichts an ihrem Verhältnis zu Nick. Sie liebte ihn, und er liebte sie, und dennoch sagte er ihr gleichzeitig, daß sie es vergessen sollte. Sie erzählte ihrem Vater nicht ganz so ausführlich davon, doch er verstand es auch ohne viel Worte.

»So ist er nun einmal, Cass. Er muß frei sein und das tun können, woran er glaubt.«

»Aber es ist doch nicht unser Kampf.«

»Er will aber, daß es seiner wird, und er weiß, was er tut. Er ist ein guter Mann, Cassie.«

»Ich weiß.« Sie schaute unglücklich zu ihrem Vater auf. »Er denkt, daß er zu alt für mich ist.«

»Ist er ja auch. Ich hatte immer Angst, daß er sich in dich verliebt«, gestand Pat, »aber er hat dir ja auch viel Gutes getan. Du kannst einen Mann nicht umstimmen, er muß es selbst herausfinden.«

»Er denkt, du würdest dich über ihn ärgern.«

»Er weiß genau, daß das nicht wahr ist ... es ist auch nicht das Problem ... das Problem ist in seinem Kopf, was er glaubt, was er für dich will. Du wirst die Antwort heute sowieso nicht mehr finden, Cass. Wenn du Glück hast, kommt er zurück, und ihr beide könnt dann alles klären.«

»Und wenn nicht?« fragte sie traurig.

»Dann hat dich ein großartiger Mann geliebt, und du kannst dich glücklich schätzen, ihn gekannt zu haben.« Sie umarmte ihren Vater. Seine Worte schmerzten sie unerträglich.

Cassie verabschiedete sich von ihrer Familie, und Nick fuhr sie zum Flughafen. Er half ihr, das Flugzeug loszubinden und die Geräte zu überprüfen, während er die herrliche Maschine bestaunte. Doch als sie schließlich die Motoren aufheulen ließ, zog er sie noch einmal an sich und hielt sie ganz fest.

»Paß auf dich auf«, sagte sie völlig verzweifelt. »Ich liebe dich.«

»Ich liebe dich auch. Nun sei brav und flieg schön zurück. Endlich weiß ich, warum sie dir eine Anstandsdame verpaßt haben«, scherzte er, um ihr den Abschied zu erleichtern. Mehr als einmal waren sie an diesem Wochenende versucht gewesen, ihren Gefühlen freien Lauf zu lassen.

»Schreib mir... laß mich wissen, wo du bist«, sagte sie, während ihr die Tränen über die Wangen flossen.

Mit einem traurigen Lächeln deutete er zum Himmel. Seine Augen sagten ihr alles, was sie wissen wollte und was er ihr nicht mehr sagen konnte. Er würde sie verlassen, und keiner wußte, ob er zurückkommen würde und was die Zukunft für sie bereithielt. Es gab kein Versprechen, keine Zusage, es gab nur das Heute. Und gerade jetzt, in diesem Augenblick liebte er sie so sehr, wie er noch nie zuvor jemanden geliebt hatte. Niemals wieder würde er einen Menschen so lieben wie sie.

»Kopf hoch, Cass«, sagte er leise, als er langsam zurücktrat. »Hals- und Beinbruch.« Er lächelte, doch auch er hatte Tränen in den Augen. »Ich liebe dich«, war noch auf seinen Lippen zu lesen, bevor ihr Flugzeug sich in Bewegung setzte. Sie schaute noch einmal schmerzerfüllt zu ihm zurück, ihre Augen waren voller Tränen, und sie konnte kaum etwas sehen, als sie auf die Startbahn rollte. Zum erstenmal in ihrem Leben hob sie vom Boden ab, ohne auch nur den geringsten Nervenkitzel zu spüren. Cassie flog noch eine Schleife über dem Flughafen, dann drehte sie ab und entschwand in Richtung Westen. Bald hatte Nick sie aus den Blickfeld verloren.

13

Die ersten Wochen nach Nicks Abreise waren furchtbar für Cassie. Ihre Gedanken kreisten nur um ihn, und sie mußte sich zusammenreißen, um beim Fliegen die notwendige Konzentration aufzubringen. Von morgens bis abends war sie in der Luft. Im September stellte sie mit ihrer Phaeton zwei neue Rekorde auf, bis Oktober war ganz Polen an Deutschland gefallen. Cassie wußte, daß Nick am Hornchurch Aerodrome stationiert war, um dort eine Kampffliegereinheit auszubilden. Er trainierte die jungen Piloten, damit sie das taten, was er im letzten Krieg getan hatte. Im Augenblick flog er selbst keine Einsätze. Cassies Vater meinte zwar, daß Nick wegen seines Alters vielleicht verschont bleiben würde, doch dies war bei Nick Galvins außerordentlichem Ruf wohl ziemlich unwahrscheinlich. Aber fürs erste war er zumindest relativ sicher. Sie hatte noch keinen Brief von ihm erhalten, doch er hatte ihrem Vater über einen anderen Piloten eine Nachricht zukommen lassen.

Cassies Leben in Los Angeles war wie immer von Hektik bestimmt, und ständig kamen weitere Fototermine und gesellschaftliche Verpflichtungen hinzu. Desmond hielt diese Dinge für unentbehrlich, wenn man Erfolg haben wollte. Gelegentlich aßen sie zusammen zu Mittag und sprachen über ihre Erfahrungen mit seinen Flugzeugen, und ihre Fachkenntnis versetzte ihn jedesmal wieder in Erstaunen. Bei diesen Gelegenheiten betonte er aber auch immer wieder, wie wichtig Öffentlichkeitsarbeit für ihn sei. Sie sprachen fast nur über Flugzeuge, und er verhielt sich ihr gegenüber immer sehr distanziert und sachlich. Sie zollten sich gegenseitig Respekt, und nur hin und wieder zeigte er eine etwas freundlichere Seite. Das einzige, was ihn wirklich interessierte, blieb jedoch das Geschäft. Cassie war daher erstaunt, daß jemand, der so publicitysüchtig war wie er, so selten in den Klatschspalten der Zeitungen zu finden war.

Desmond Williams war weiterhin sehr freigebig ihr gegenüber und zahlte ihr für jeden ihrer Rekorde eine großzügige Prämie. Er ermutigte sie sogar, seine gesamten Flugzeuge auszuprobieren, und an Thanksgiving durfte Cassie mit einer Williams P-6 Storm Petrel nach Hause fliegen. Die Eleganz und schlichte Schönheit dieses schwarzlackierten Flugzeuges faszinierten ihren Vater, und sie lud ihn zu einem Rundflug ein. Sie bot es auch Chris an, doch dieser lehnte dankend ab, weil er angeblich soviel zu tun hatte. Er hatte eine neue Freundin in Walnut Grove und wollte keine Zeit auf dem Flugplatz vergeuden. Billy jedoch war ganz erpicht darauf, mit ihr zu fliegen. Auch bei ihm hatte Nick sich gemeldet. Anscheinend hatte jeder außer Cassie von ihm irgendeine Nachricht erhalten. Offensichtlich wollte er ihr etwas beweisen, und Cassie wußte genau, was es war. Es waren jene Sätze, die er ihr trotz ihrer Bitten und Proteste gesagt hatte: »Ich liebe dich. Bis dann. Ende der Geschichte.«

Und es gab nichts, was sie jetzt oder später dagegen tun konnte. Spätabends sprach sie mit Billy darüber, und dieser meinte, daß Nick der tollste Kerl sei, den er je getroffen habe, aber auch ein typischer Einzelgänger.

»Ich glaube, er ist verrückt nach dir, Cass. Ich habe es gleich bemerkt, als ich euch kennenlernte. Ich dachte, du wüßtest es auch, und war überrascht, daß du nichts ahntest. Doch er hat Angst, vermute ich. Er ist es nicht gewöhnt, irgend jemanden bei sich zu haben. Und vielleicht meint er ja auch, daß er dieses Mal nicht zurückkommt.«

»Großartig. Erzählt mir erst, daß er mich liebt, und läßt mich dann fallen.«

»Er meint, du solltest am besten irgendeinen Spitzenflieger in L. A. heiraten. Jedenfalls sagte er es so.«

»Nett, das für mich zu entscheiden«, klagte sie, aber sie konnte ja ohnehin nichts ändern. Es half ihr bereits, mit Billy darüber zu sprechen. Er war wie ein zweiter Bruder für sie, der – anders als Chris – ihre Leidenschaft fürs Fliegen teilte. Billy wollte sie noch irgendwann vor Weihnachten in L. A. besuchen.

Als Cassie wieder abflog, versprach sie, die Weihnachtsfeiertage zu Hause zu verbringen, aber bis dahin war sie vollauf beschäftigt. Williams wollte zwei neue Flugzeuge vorstellen, und sie würde eine bedeutende Rolle bei der Präsentation spielen. Sie mußte Testflüge durchführen, Interviews geben und für die Fotografen posieren. Doch sie glaubte, daß das Schlimmste bis Weihnachten vorbei sein würde. Desmond hatte bereits zugestimmt, ihr die Woche zwischen Weihnachten und Neujahr freizugeben.

Rußland war gerade in Finnland einmarschiert, als Cassie am Tag nach Thanksgiving zurückflog, und es war offensichtlich, daß die Dinge in Europa nicht zum besten standen. Sie machte sich Sorgen um Nick, doch bei ihrem übervollen Terminkalender hatte sie kaum Zeit, die Nachrichten zu verfolgen.

Mit Erleichterung dachte sie daran, daß Nick zur Zeit nur als Ausbilder eingesetzt war.

Als Billy sie Mitte Dezember besuchte, nahm sie ihn in einer ihrer besten Maschinen mit nach oben. Er war sprachlos, als er ihren Flugzeugpark sah.

»Das ist hier ja wirklich nur vom Feinsten, Cass.« Seine Augen leuchteten, als er die von Williams aus einem ehemaligen Transportflugzeug entwickelte Variante eines Küstenpatrouillenflugzeugs sah, in das man technische Neuheiten von Howard Hughes berühmtem Rennwagen eingebaut hatte.

»Sie würden dir wahrscheinlich einen Job als Testpilot geben, falls du willst«, schlug sie ihm vor, doch ihr Vater wäre bestimmt außer sich, wenn sie Billy abwerben würde. Pat verließ sich ganz auf ihn, und Billy wußte das.

»Ich könnte ihn nicht allein lassen«, sagte Billy lächelnd. »Bring einfach hin und wieder eine dieser tollen Kisten mit, wenn du auf Besuch kommst, dann bin ich schon zufrieden.«

Dennoch stellte Cassie ihn Desmond vor, und als sie das nächste Mal in seinem Büro zu Mittag aßen, lobte sie Billys Flugstil und seine Fähigkeiten als Mechaniker in den höchsten Tönen. Desmond zeigte sich zwar höflich interessiert, doch sein Hauptinteresse galt nun einmal Cassie. Er kannte keinen anderen Piloten, der so gut flog wie sie. Sie sprachen an diesen Tagen auch viel über den Krieg in Europa. Er hoffte, Flugzeuge nach Übersee verkaufen zu können, und wie Nick glaubte auch er, daß Amerika sich nicht mehr lange aus dem Krieg heraushalten konnte.

»Ich denke, unsere Alliierten werden uns moralisch so sehr unter Druck setzen, daß wir Deutschland letztendlich doch den Krieg erklären werden«, sagte er ruhig. Genauso war es auch das letzte Mal gewesen.

»Ein Freund von mir ist jetzt dort drüben«, gestand sie ihm eines Tages. »Er hat sich als Ausbilder bei der Royal Air Force verpflichtet und ist zur Zeit in Hornchurch stationiert.« Es war einer jener seltenen Augenblicke, in denen sie nicht nur übers Geschäft sprachen.

»Er scheint ein nobler Mann zu sein«, bemerkte Desmond, während ein Kellner ihnen in den Privaträumen seines Büros den Kaffee servierte.

»Nein, nur einer, der genauso dumm ist wie wir alle«, erwiderte Cassie bitter. Desmond lachte. Sie wußten beide, daß Flieger eine ganz besondere Sorte Mensch waren.

»Und was ist mit Ihnen, Cass? Haben Sie keine Ideale oder Pläne? Sie haben schon ziemlich viel erreicht, seitdem Sie hier sind. Wächst nicht Ihr Ehrgeiz?«

Sie war sich nicht sicher, was er meinte, aber offensichtlich plante er etwas, über das er vorerst noch nicht sprechen wollte.

»Im Augenblick nicht«, antwortete Cassie offen. »Ich bin glücklich hier. Sie waren mir gegenüber sehr großzügig, Desmond.«

Er mußte zugeben, daß sie in den fünf Monaten, die sie jetzt in Los Angeles war, viel erwachsener geworden war. Sie wirkte elegant und sehr kultiviert, was sie teilweise auch Nancy zu verdanken hatte. Doch Cassie hatte mittlerweile ihren eigenen Geschmack entwickelt. Sie hatte eine wunderbare Art, mit der Presse umzugehen, und die Menschen liebten sie. Seiner Ansicht nach war sie allerdings noch nicht bekannt genug, doch im Frühling sollte sich das grundlegend ändern, denn er hatte sie für eine Reihe von Flugschauen angemeldet. Cassie fragte sich manchmal, ob diese Art von Publicity wirklich half, Flugzeuge zu verkaufen, denn die meisten Flugschauen fanden in unbedeutenden Provinznestern statt. Doch für Desmond war es wichtig, und er erinnerte sie daran, daß auch noch eine Tour durch mehrere Kranken- und Waisenhäuser für eine Weihnachtswochenschau für sie anstand.

»Dafür müßten Sie genug Zeit haben, bevor Sie nach Hause fahren«, sagte er bestimmt.

»Keine Sorge, ich werde es nicht vergessen.« Cassie lächelte ihn an, und er lachte. Sie hatte immer noch diesen Schalk in den Augen, der sie unheimlich anziehend machte. Desmond wußte, wie sehr sie seine Werbekampagnen haßte, und er fürchtete immer, daß sie sie platzen lassen würde. Aber am Schluß tat sie doch immer das, was von ihr erwartet wurde.

»Im Januar fliegen wir übrigens nach New York«, sagte er beiläufig, doch mit einem verräterischen Leuchten in den Augen, »zu einem Treffen zwischen der Cockpitkönigin, Cassie O'Malley, und dem berühmten Charles Lindbergh.«

Cassie wußte, daß diese Neuigkeit ihren Vater begeistern würde, und auch sie war von Desmonds Plänen beeindruckt. Sie würden Desmonds nagelneues Flugzeug nehmen, und Cassie sollte zunächst einen kurzen Demonstrationsflug für Lindbergh machen. Danach würde Lindbergh auf sie und das Flugzeug eine Lobesrede halten. Er hatte es Desmond versprochen, denn sie waren alte Freunde. Genau wie Desmond wußte Lindbergh, wie wichtig Öffentlichkeitsarbeit war, und darüber hinaus wollte »Lindy« unbedingt Desmonds legendäre junge Pilotin kennenlernen.

Cassie schaffte ihre Krankenhaustour wie geplant, und Desmond war überaus zufrieden mit dem, was in der Wochenschau über sie berichtet wurde. Dann fuhr sie wie vorgesehen für eine Woche nach Hause. Ihre Mutter hatte eine Grippe, doch sie hielt sich lange genug auf den Beinen, um für sie alle das Weihnachtsessen zu kochen, ihr Vater war jedoch gut in Form. Billy war auch nach Hause gefahren und besuchte seinen Vater in San Francisco. Chris hatte nur noch Augen für Jessie, seine neue Freundin aus Wilnut Grove. So war eigentlich alles ziemlich ruhig, aber sie war trotzdem glücklich. Am Heiligen Abend machte sie einen langen Spaziergang und besuchte anschließend mit ihren Schwestern die Mitternachtsmesse. Auf dem Rückweg hielt sie am Flugplatz an, um ihr Flugzeug zu überprüfen. Cassie fühlte sich für die Flugzeuge, mit denen sie nach Hause flog, besonders verantwortlich. Es waren wertvolle Maschinen, die ihr nicht gehörten. Doch es machte einfach Spaß, sie zu fliegen.

Sie schaute nach, ob auch niemand etwas am Flugzeug angerührt hatte, ob die Fenster geschlossen waren und der Motor abgedeckt war. Ihr Vater hatte extra seine beste Halle für sie leerräumen lassen, und sie wußte, daß alle ihre Freunde kommen würden, um das Flugzeug zu sehen, mit dem sie nach Hause gekommen war. Nach und nach wurde sie zu einer Legende.

Nachdem sie den Flugzeugcheck beendet hatte, wanderte sie langsam weiter durch die Nacht. Die Luft war kalt und frisch, und der Boden war mit Schnee bedeckt. Erinnerungen an frühere Weihnachtsfeste stiegen in ihr auf. Als kleines Mädchen war sie dann oft mit ihrem Vater und Nick zum Flughafen gegangen. Es war schwer, nicht an ihn zu denken, denn es gab so viele Erinnerungen, die unmittelbar mit ihm zusammenhingen. Sie schaute hoch in den Himmel, und plötzlich hörte sie hinter sich eine Stimme »Fröhliche Weihnachten« flüstern. Cassie fuhr erschreckt zusammen. Als sie sich umdrehte, um zu sehen, wer es war, stieß sie einen Freudenschrei aus. Vor ihr stand Nick in Uniform.

»O mein Gott …«, rief sie und starrte ihn ungläubig an. »Was machst du denn hier?« fragte sie atemlos, nachdem sie sich in seine Arme gestürzt hatte.

»Soll ich wieder gehen?« fragte er grinsend, während er sie in den Armen hielt. Cassie schmiegte sich an ihn und mußte sich eingestehen, daß er besser aussah als je zuvor.

»Nein, bloß nicht«, antwortete sie, und er drückte sie fest an sich. Als er sie schließlich küßte, war das der glücklichste Augenblick seines Lebens.

Sie verbrachten wunderbare Tage zusammen. Sie unterhielten sich, sie lachten, sie flogen, sie machten lange Spaziergänge, und sie fuhren sogar Schlittschuh auf dem Teich und sahen Ninotschka mit Greta Garbo im Kino. Es war alles wie ein Traum. Die Zeit, die sie zusammensein konnten, war so kostbar und so kurz, es war einfach wunderbar. Doch obgleich sie zusammenwaren, sich küßten und sich manchmal stundenlang nur im Arm hielten, bestand Nick hartnäckig darauf, daß niemand erfahren sollte, was sich zwischen ihnen geändert hatte.

»Mein Vater weiß es sowieso. Und es ist doch auch völlig egal, oder?« Sie war immer sehr offen, aber Nick ließ sich nicht von seiner Meinung abbringen.

»Ich will deinen Ruf nicht ruinieren.«

»Durch einen Kuß? Jetzt werde bloß nicht albern.«

»Ist ja auch egal. Es braucht ja nicht gleich jeder zu wissen, daß du dich in einen alten Mann verliebt hast.«

»Ich werde dein Alter schon nicht verraten.«

»Danke.« Doch er blieb stur: keine Bindung, keine Versprechen, keine gemeinsamen Zukunftspläne. Es gab nur das Heute, es gab nur die einzigartige Schönheit und den süßen Schmerz des Augenblicks. Ständig küßten sie sich, wenn sie allein waren, und sie mußten sich zwingen, nicht weiter zu gehen. Denn das letzte, was er wollte, war, daß sie schwanger wurde.

Am Tag vor seiner Abreise kam er auf den Krieg zu sprechen. Er beschrieb die Zustände in England als zufriedenstellend, und bisher hatte er noch keinen einzigen Einsatz geflogen.

»Wahrscheinlich werden sie mich wegen meines Alters überhaupt nicht mehr hinausschicken, und ich kehre am Ende des Krieges alt und grau zurück. Spätestens dann wirst du alles bereuen, Mädchen«, warnte er sie. Aber gerade das war doch ihr größter Wunsch.

»Und was dann?« fragte Cassie und wollte ihn endlich festnageln. Doch Nick lenkte ab.

»Dann werde ich dir gut zureden, Billy doch noch zu heiraten. Das hättest du sowieso schon längst tun sollen, anstatt dich an einen alten Tattergreis wie mich zu hängen.« Mit achtunddreißig Jahren war er zwar alles andere als ein Tattergreis, aber ganz gleich, was sie fühlte, er war einfach überzeugt, zu alt für sie zu sein. Sie fragte sich manchmal, ob er wohl anders dächte, wenn er sie nicht schon in Windeln gesehen hätte.

»Zufälligerweise liebe ich Billy aber nicht, wenn du es genau wissen willst«, erklärte sie schmunzelnd, als sie am See spazierengingen.

»Das ist doch völlig unwichtig. Du wirst ihn trotzdem heiraten müssen.«

»Danke.«

»Keine Ursache.«

»Sollten wir ihn nicht besser vorher warnen?« Cassie genoß seine Gegenwart. Er brachte sie immer zum Lachen, auch wenn ihr eigentlich, wie so oft in letzter Zeit, eher nach Weinen war.

»Später. Wir sollten dem Jungen wohl erst ein bißchen Ruhe gönnen. Es könnte ja sein, daß er Reißaus nimmt, wenn er es erfährt.«

»Sehr schmeichelhaft!« Sie gab ihm einen Stoß in die Seite, so daß er fast auf das Eis gefallen wäre. Er schubste sie ebenfalls, und nach wenigen Minuten lagen sie im Schnee und küßten sich.

Sie verbrachten herrliche Tage miteinander, doch die Zeit war leider viel so schnell vorüber. Cassie flog Nick nach Chicago, und er fuhr mit dem Zug weiter nach New York.

Von dort ging es dann zurück nach England.

»Kommst du bald wieder?« fragte sie ihn, als sie an der Union Station auf den Zug warteten.

»Ich weiß es nicht. Mit meinem Urlaub habe ich einfach nur Glück gehabt. Ich muß erst einmal schauen, was passiert, wenn ich zurück in Hornchurch bin.« Sie nickte verständnisvoll.

Es gab wieder keine Versprechen, nur Tränen und dieses schmerzhafte Gefühl, zu wissen, daß er vielleicht nicht zurückkam und sie ihn hier zum letzten Mal sah. Er küßte sie noch einmal, bevor er abfuhr, und Cassie lief neben dem Zug her, solange sie konnte. Dann war er fort, und sie stand ganz allein im Bahnhof.

Auf dem Rückflug nach Good Hope fühlte Cassie sich schrecklich allein, und am folgenden Tag kehrte sie zurück nach Los Angeles und in ihr Apartment. Dieses Mal fühlte sie sich schrecklich einsam ohne ihn, und es zerrte an ihren Nerven, ständig mit dieser Sorge um ihn leben zu müssen, nicht zu wissen, wie es ihm ging, ob er gesund war und ob sie jemals zueinander finden würden. Sie fragte sich, ob er seine Bedenken wegen ihres Altersunterschieds jemals über Bord werfen würde. Es war so schwer, vorherzusagen, was geschehen würde.

Im Januar flog sie mit Desmond und dem neuen Flugzeug nach New York, um es Charles Lindbergh vorzuführen. Dieses Ereignis wurde wieder von vielen Fotografen und Wochenschauen begleitet. Im darauffolgenden Frühling fühlte Cassie sich sehr einsam, obwohl sie sehr viele Langstreckenflüge machen mußte und ständig mit Testserien für neue Maschinen beschäftigt war. Sie hatte wegen ihrer Fachkenntnis und ihrer Leidenschaft fürs Fliegen einen sehr guten Ruf in Fliegerkreisen, und sie traf sich neuerdings mit Frauen wie Pancho Barnes und Bobbi Trout, die sie lange Zeit nur aus der Zeitung gekannt hatte. Sie gaben ihrem Leben eine neue Dimension. Sie verabredete sich auch des öfteren mit Nancy und Jane Firestone. Zwar war es immer ziemlich lustig mit den beiden, doch Cassie stellte schließlich fest, daß Nancy wohl nicht die Freundin für sie werden würde, die sie sich erhofft hatte. Vielleicht war der Altersunterschied zwischen ihnen ja auch einfach zu groß.

Als sie eines Abends im April wieder einmal mit Desmond zu Abend aß, fragte er sie überraschenderweise, ob sie gegenwärtig mit jemandem zusammen sei. Da sie bisher immer nur eine rein geschäftliche Beziehung zueinander gehabt hatten, kam Cassie seine Frage etwas merkwürdig vor. Doch sie antwortete wahrheitsgemäß, daß sie zur Zeit niemanden habe und daß Nancy immer noch für ihre »Begleiter« sorgte.

»Das überrascht mich aber«, sagte er freundlich.

»Ich denke, ich bin einfach zu häßlich«, erwiderte Cassie lächelnd. Desmond mußte über ihren Witz lachen, denn sie hatte noch nie besser ausgesehen, und in letzter Zeit war sie sogar noch schöner geworden. Desmond war noch nie zuvor so zufrieden mit irgendeinem seiner Pläne oder Vorhaben gewesen.

»Vielleicht arbeiten Sie einfach zu viel«, sagte er nachdenklich und schaute ihr dabei in die Augen. »Oder wartet zu Hause jemand auf Sie?«

»Nicht mehr«, antwortete sie mit einem traurigen Lächeln.

»Er ist in England, und ich habe kein Recht auf ihn«,

fügte sie ruhig hinzu. »Er ist sein eigener Herr. Und das auf der ganzen Linie.«

»Verstehe. Das könnte sich aber doch ändern«, sagte er aufmunternd. Cassie hatte ihn neugierig gemacht. Sie flog genausogut wie ein Mann, wenn nicht sogar besser, und nahm ihre Arbeit sehr ernst. Ihre gesellschaftliche Stellung schien ihr völlig gleichgültig zu sein, und sie war noch weniger daran interessiert, berühmt zu werden. Dies machte ihren Charme aus. Das spürte auch die Öffentlichkeit, und deshalb liebte man sie so sehr. Trotz ihres erstaunlichen Erfolgs und ihrer ständigen Präsenz in den Medien während der letzten neun Monate hatte sie es irgendwie geschafft, bescheiden zu bleiben. Er kannte nur sehr wenige Frauen wie sie. Desmond mochte viele Dinge an ihr, und diese Erkenntnis überraschte ihn. Es kam nur sehr selten vor, daß er ein persönliches Interesse an einem seiner Angestellten hatte, und dies war die große Ausnahme – wie bei Nancy.

»Der Krieg hat eine komische Wirkung auf die Männer«, sagte er. »Manchmal verändern sie sich… manchmal erkennen sie, was wirklich wichtig für sie ist.«

»Ja«, antwortete Cassie mit einem wehmütigen Lächeln, »ihre Bomber. Ich glaube, Flieger gehören einer ganz besonderen Gattung Mann an. Zumindest die, die ich kenne. Die Frauen genauso. Sie sind alle ein bißchen verrückt.«

»Gerade das macht aber ihren Charme aus«, erwiderte er lächelnd und wirkte plötzlich viel lockerer als sonst.

»Das sollte ich mir wirklich merken«, sagte Cassie und nippte an ihrem Wein. Sie schaute ihn an und fragte sich, was wohl in ihm vorging. Doch sie würde es vermutlich nie erfahren. Selbst dann, wenn er freundlich war, verhielt er sich reserviert. Es war wirklich schwer, an ihn heranzukommen. Nancy hatte ihr das bereits erzählt, und Cassie verstand nun, was sie gemeint hatte.

»Und wir anderen«, fuhr Desmond fort und lächelte erneut, »die wir so unscheinbar und so bescheiden unten am Boden leben.«

»So würde ich es nicht ausdrücken«, sagte Cassie und erwiderte seinen Blick. »Vernünftiger, vielleicht, verantwortungsvoller und zielstrebiger. Es hat eine Menge Vorzüge, glaube ich.«

»Und Sie? Wohin gehören Sie, Cass? In den Himmel oder auf den Boden? Wenn ich mich nicht täusche, leben Sie ganz erfolgreich in beiden Welten.« Doch sie würde den Himmel vorziehen. Sie lebte, um zu fliegen, und er wußte das. Wenn sie am Boden war, konnte sie es kaum er warten, endlich in den Himmel aufzusteigen und wieder mit den Vögeln um die Wette zu fliegen.

Und dann beschloß er, sie mit seiner Idee zu konfrontieren. Es war zwar noch ein wenig früh, aber es galt, den Boden vorzubereiten, wie für eine kostbare Pflanze.

»Was würden Sie von einer Welttour halten?« fragte er sie vorsichtig. Cassie erstarrte und schaute auf. Nick hatte sie vor einer Welttour und den damit verbundenen Gefahren gewarnt. Er hatte gesagt, daß Williams das schon die ganze Zeit geplant hätte. Doch woher konnte er das gewußt haben? Sie war verwirrt und suchte verzweifelt nach einer Antwort. »Jetzt? Ist das nicht viel zu schwierig?« fragte sie. Die Deutschen waren bereits in Norwegen und Dänemark einmarschiert und bewegten sich gerade auf Belgien und die Niederlande zu. »Ein großer Teil Europas kann nicht angeflogen werden, und der Pazifik ist ein hochsensibles Gebiet.« Durch diese Faktoren war auch Earharts Route vor nunmehr drei Jahren beeinflußt worden, und jetzt sahen die Dinge noch schlimmer aus.

»Wir könnten es schaffen. Es wäre nicht einfach, aber durchaus realisierbar. Man müßte es nur wirklich wollen.

Für mich war es schon immer das Nonplusultra, einmal um die Welt zu fliegen. Wir müssen es nur richtig anpacken. Und es bedarf äußerst sorgfältiger Planung und perfekter Durchführung. Allein für die Planung müßte man mindestens ein Jahr ansetzen.«

»Es ist wirklich eine fantastische Idee, aber ich kann mir nicht vorstellen, wie wir sie jetzt oder in einem Jahr realisieren könnten«, erwiderte Cassie. Der Plan faszinierte sie, doch auf der anderen Seite war sie auch etwas beunruhigt und mußte immer wieder an Nicks warnende Worte denken. Desmond dagegen wußte genau, was er wollte.

»Lassen Sie das nur meine Sorge sein, Cass«, sagte er und berührte sanft ihre Hand. Zum erstenmal, seit sie ihn kannte, wirkte Desmond aufgeregt. Er sprach von seinem Traum, und er teilte ihn in diesem Moment mit ihr. »Sie müssen nichts weiter tun, als das beste Flugzeug der Welt zu fliegen. Um den Rest werde ich mich kümmern, sofern Sie es irgendwann einmal wagen wollen.«

»Ich muß darüber nachdenken«, erklärte sie. Ihr Leben würde sich vollkommen ändern. Ihr Name würde jedem im Ohr sein so wie Cochran oder Lindbergh, Elinor Smith oder Helen Richey.

»Wir können ja im Sommer noch einmal darüber sprechen.«

Sie wußten beide, daß ihr Vertrag dann verlängert werden sollte, und es gab keinen Grund, ihn nicht zu verlängern.

Cassie machte kein Geheimnis daraus, daß sie ihren Job liebte. Doch die Welttour war etwas ganz anderes. Es war auch ihr Traum, doch Nick hatte sie so eindringlich davor gewarnt, diese Tour für Williams zu fliegen. »... Er benutzt dich nur ...« waren seine Worte gewesen, und sie klangen ihr immer noch in den Ohren. »Cassie, bitte tue es nicht ... ich hätte furchtbare Angst um dich ... « Aber warum eigentlich nicht? Was war denn so falsch daran? Nick tat doch auch, was er wollte, oder? Und er nahm sich oft noch nicht einmal die Zeit, ihr zu schreiben. Seit Weihnachten hatte sie erst zwei Briefe von ihm bekommen. Er berichtete nur, wie sein Alltag in England aussah, aber nicht, was er für sie fühlte. Er tat nichts für den Erhalt ihrer Beziehung. Er dachte, daß es nicht gut für sie sei, und weigerte sich, sie zu ermutigen oder sie zu bitten, auf ihn zu warten. Seine Briefe sahen aus wie die amtlichen Bekanntmachungen einer Flugschule.

Desmond hatte sie an jenem Abend zum Tanzen ins Mocambo ausgeführt, und während sie über das Tanzparkett wirbelten, sprach er nur noch von seiner Welttour. Nachdem er ihr seine Pläne offenbart hatte, konnte er nicht mehr aufhören, darüber zu reden, und er war sicher, daß sie am Ende genauso begeistert davon sein würde wie er.

Er erwähnte es ihr gegenüber noch einmal in der folgenden Woche, doch nicht, weil er sie drängen wollte, sondern nur beiläufig, als ob sie ein Geheimnis teilten, ein gemeinsames Ziel hätten. Offensichtlich lag ihm das Thema sehr am Herzen, und da sie jetzt in seine Pläne eingeweiht war, fühlte er sich enger mit ihr verbunden.

Und da Desmond überaus viel zu tun hatte, erstaunte es Cassie um so mehr, als er sie fragte, ob er sie an ihrem einundzwanzigsten Geburtstag ausführen dürfe. Sie war überrascht, daß er ihr Geburtsdatum kannte, doch er hatte für alles seine Leute, deren Aufgabe darin bestand, ihn an noch so unbedeutend erscheinende Einzelheiten zu erinnern. Ihn faszinierte immer das kleinstmögliche Detail einer Sache, denn das war für ihn der Schlüssel zur Perfektion.

Cassie hatte ohnehin niemanden, mit dem sie hätte feiern können, und nahm seine Einladung dankbar an. Er führte sie zunächst zum Essen ins Victor Hugo und danach zum Tanzen ins Ciro's, und Cassie verbrachte einen Abend, an den sie noch lange zurückdenken sollte. Im Restaurant hatte man eine Geburtstagstorte für sie vorbereitet, und als Getränk wurde hier und auch später im Ciro's Champagner serviert. Anscheinend hatte er zuvor mit Nancy Firestone eine Liste mit Cassies Vorlieben aufgestellt, denn das Dinner schien ganz und gar auf sie zugeschnitten zu sein. Man trug ihre Lieblingsspeisen auf, servierte ihren Lieblingskuchen und spielte ihre Lieblingsmusik. Sie fühlte sich wie ein kleines Mädchen, das seinen Geburtstag in einem Märchenland feierte. Am Schluß schenkte Desmond ihr eine Diamantbrosche in Form eines Flugzeuges. Es hatte die Nummer einundzwanzig auf den Flügeln und an der Seite stand Cassies Name geschrieben. Er hatte das Schmuckstück schon vor Monaten bei Cartier anfertigen lassen. Desmond erzählte es ihr, nachdem sie ihr Geschenk geöffnet hatte und es kaum glauben konnte, daß er sich wegen ihr solche Umstände gemacht hatte.

»Wie lieb von Ihnen«, sagte sie und errötete, als sie die Brosche sah. Sie hatte noch nie zuvor so etwas Schönes gesehen und hatte zudem irgendwie das Gefühl, sie nicht verdient zu haben.

Er schaute sie sehr ernst an. Sie hatte diesen Blick bei ihm bisher nur gesehen, wenn er sich ein Flugzeug genau anschaute, um es danach neu zu konstruieren. »Ich habe immer gewußt, daß du einmal sehr wichtig für mich sein würdest. Ich wußte das schon, als ich dich das erste Mal sah.« Er sprach in völlig ernstem Ton, doch Cassie mußte lachen, als sie an den Moment zurückdachte.

»Ich muß wirklich einen tollen Eindruck gemacht haben, in meinem alten Overall und mit dem ölverschmierten Gesicht«, sagte sie lachend und hielt dabei die wunderschöne Brosche in der Hand. Sogar der Propeller bewegte sich, wenn man ihn berührte.

»In der Tat«, gab er zu. »Du bist die einzige Frau, die ich kenne, die auch noch mit ölverschmiertem Gesicht gut aussieht. Und jetzt möchte ich gern, daß wir endlich du zueinander sagen.«

»Sie sind ... du bist schrecklich, Desmond«, erwiderte sie lachend, und sie fühlte sich ihm plötzlich sehr nahe. Es war merkwürdig, aber trotz der Distanz zwischen ihnen betrachtete sie ihn als einen der wenigen Freunde, die sie hier hatte. Außer Desmond gab es nur noch Nancy und einen oder zwei der anderen Piloten. Doch mit keinem war sie privat viel zusammen. Sie hatte großen Respekt vor Desmond und vor dem, was er repräsentierte und wofür er so hart arbeitete. Er glaubte an die hervorragende Qualität, die er und seine Firma um jeden Preis zu liefern hatten. Erst wenn eine Sache perfekt war, gab er sich zufrieden. Das traf auch auf sein Geschenk zu, das kleine Flugzeug, das sie in ihren Händen hielt. Es war einfach perfekt.

»Bin ich wirklich schrecklich, Cass?« fragte er ernst nach ihrem eher scherzhaften Kommentar. »Das haben mir auch schon andere gesagt, und vermutlich haben sie recht.« Er sagte das mit einer so entwaffnenden Ehrlichkeit, daß er Cassie plötzlich leid tat. Sie erkannte, daß er trotz seiner Bedeutsamkeit und seines Reichtums ein einsamer Mensch war. Er hatte keine Frau, keine Kinder, nur wenige Freunde und, wenn man den Zeitungen glauben durfte, zur Zeit nicht einmal eine Freundin. Alles, was er hatte, waren seine Flugzeuge und sein Geschäft.

»Du weißt selbst, daß das nicht stimmt«, widersprach Cassie leise.

»Ich möchte dein Freund sein, Cass«, sagte er aufrichtig

und hielt ihr seine Hand hin. Sie wußte nicht genau, was er meinte, doch sie war tief berührt von diesem Freundschaftsangebot.

»Ich bin deine Freundin, Desmond. Du warst sehr großzügig zu mir ... auch schon vorher ... Ich hatte immer das Gefühl, ich würde das alles nicht verdienen.«

»Gerade deshalb mag ich dich«, bemerkte er lächelnd, »du erwartest nichts, und dennoch verdienst du dies alles und noch viel mehr.« Er deutete auf das kleine Diamantflugzeug in ihrer Hand. Er beugte sich zu ihr hinüber, nahm es ihr aus der Hand und steckte es ihr an. »Du bist ein ganz besonderes Mädchen, Cass. Ich habe noch nie jemanden wie dich kennengelernt.« Sie lächelte ihn an. Seine Worte hatten sie tief bewegt, und sie war ihm dankbar für seine Freundschaft.

In der Nacht brachte er sie nach Hause und begleitete sie nach oben. Er fragte sie nicht, ob er eintreten dürfe, und er erwähnte die Welttour mit keinem Wort. Doch zu ihrer großen Überraschung ließ er ihr am nächsten Tag Blumen schicken und rief sie am Sonntag an, um sie zu einem Ausflug einzuladen. Sie hatte noch nie zuvor darüber nachgedacht, wie er seine Wochenenden verbrachte. Normalerweise flog sie, oder Nancy hatte für sie Einladungen zu gesellschaftlichen Ereignissen arrangiert.

Desmond holte sie um zwei Uhr ab, und sie fuhren nach Malibu an den Strand, der an diesem herrlichen Tag beinahe menschenleer war. Er sprach eine Zeitlang über seine Jugend, seine Jahre im Internat und dann in Princeton. Er war in dieser Zeit nicht oft zu Hause gewesen. Seine Mutter war gestorben, als er noch sehr jung war, und sein Vater hatte sich danach in sein Geschäft gestürzt und ein Imperium aufgebaut. Doch während der Zeit des Aufbaus vergaß er sein einziges Kind. Er machte sich nicht einmal die

Mühe, Desmond in den Ferien nach Hause zu holen. Er blieb in den jeweiligen Schulen, erst Fessenden, dann St. Paul's und schließlich Princeton. Zu der Zeit machte es ihm nichts mehr aus, und er fuhr allein oder mit Freunden in die Ferien.

»Hast du denn überhaupt keine Familie?« fragte Cassie erschrocken über die Geschichte seiner furchtbar einsamen Kindheit.

»Nein. Vater und Mutter waren beide Einzelkinder. Meine Großeltern waren alle schon gestorben, bevor ich zur Welt kam. Ich hatte nie jemanden, außer meinem Vater, und den habe ich nie wirklich gekannt. Deshalb wollte ich wohl auch nie eigene Kinder haben. Ich wollte niemandem diesen Schmerz zufügen. Ich bin glücklich, so wie ich bin, und ich möchte kein Kind enttäuschen.« Er hatte plötzlich etwas Trostloses und Trauriges an sich, und Cassie glaubte, ihn nun besser zu verstehen. Sie hatte seine Einsamkeit und jahrelange Isolation gespürt. Er hatte beides positiv umgesetzt, doch unter welcher Seelenqual! Und offensichtlich war er noch immer sehr einsam.

»Desmond ... du würdest bestimmt niemanden enttäuschen ... du warst immer freundlich zu mir.« Das stimmte, denn sein Verhalten ihr gegenüber war immer sehr zuvorkommend gewesen. Er war der perfekte Gentleman, der perfekte Freund und der perfekte Chef. Es gab also keinen Grund, warum er nicht auch der perfekte Ehemann oder Vater werden könnte. Cassie wußte, daß er zweimal verheiratet gewesen war, aber keine Kinder hatte. In den Zeitschriften wurde immer hervorgehoben, daß es keinen Erben für sein riesiges Vermögen gebe. Jetzt wußte sie auch, warum: Er wollte keinen.

»Ich habe sehr jung geheiratet«, erklärte er, als sie sich schließlich in den Sand setzten und aufs Meer hinausschauten. »Ich studierte damals noch in Princeton und war noch unheimlich naiv. Amy war ein hübsches, aber leider völlig verzogenes Mädchen. Nach Beendigung meines Studiums zogen wir hierher, und sie haßte alles hier.« Er schaute Cassie an und mußte plötzlich schmunzeln. »Ich war damals genauso alt wie du und hatte mir eingebildet, schon richtig erwachsen zu sein und zu wissen, was ich tat. Sie bat mich vergeblich, nach New York umzuziehen. Sie wollte in der Nähe ihrer Eltern sein, und ich hatte dafür überhaupt kein Verständnis. Statt dessen fuhr ich mit ihr nach Afrika auf Safari und anschließend für sechs Monate nach Indien. Als wir danach noch einen Abstecher nach Hongkong machten, nahm sie das erste Schiff zurück zu ihren Eltern. Sie behauptete, ich hätte sie gequält und an schreckliche Orte gebracht und daß sie unter Wilden gefangengehalten wurde.« Desmond lächelte bei dieser absurden Vorstellung, und auch Cassie mußte schmunzeln, denn so, wie er es darstellte, hörte sich alles sehr lustig an. »Als ich zurückkehrte, hatte der Anwalt ihres Vater bereits die Scheidung eingereicht. Vermutlich habe ich einfach nicht verstanden, daß sie in der Nähe ihrer Mutter sein wollte, da ich ihr doch viel aufregendere Dinge zeigen konnte. Meine zweite Frau war wesentlich interessanter. Ich war fünfundzwanzig, und sie eine faszinierende Engländerin, die in Bangkok lebte. Sie war zehn Jahre älter als ich und hatte allem Anschein nach schon eine Menge erlebt. Es stellte sich heraus, daß sie bereits mit einem anderen verheiratet war, der plötzlich auf der Bildfläche erschien, während wir glücklich zusammenlebten. Er war natürlich alles andere als erfreut, und unsere Ehe wurde annulliert. Danach kehrte ich hierher zurück und habe begonnen, ein geregeltes Leben zu führen. Einige Dinge habe ich auch genossen, aber ich fürchte, ich habe noch keine wirkliche Ehe geführt. Hier habe ich mich nicht ernsthaft darum bemüht, obwohl man es von mir erwartete. Und als ich dann das Geschäft meines Vaters erbte, hatte ich keine Zeit mehr für Flausen. Ich hatte für nichts mehr Zeit … außer fürs Geschäft. Und wie stehe ich nun zehn Jahre später da? Als ein einsamer und furchtbar langweiliger Mann.«

»Langweilig würde ich das nun wirklich nicht nennen … Safaris … Indien … Bangkok … Zwischen diesem Leben und Illinois, wo ich herstamme, liegen gewiß Welten. Ich bin das vierte von fünf Kindern und habe mein ganzes Leben auf einem Flugplatz verbracht. Ich habe sechzehn Nichten und Neffen, und es gibt wirklich nichts Banaleres. Ich bin das erste Familienmitglied, das zum College gegangen ist, die erste Frau, die ein Flugzeug geflogen hat, und die erste, die von dort fortgegangen ist. Und das, obwohl meine Eltern selbst aus New York beziehungsweise Irland stammen. Aber unser Leben war immer entsetzlich normal und nicht im geringsten glamourös oder aufregend.«

»Aber jetzt bist du doch so etwas wie ein Star, Cass«, sagte er ruhig und beobachtete sie aufmerksam. Es interessierte ihn immer sehr, wie sie reagierte.

»Ich glaube nicht, denn ich fühle mich eigentlich immer noch wie das Mädchen im Overall mit den Ölflecken im Gesicht.«

»Die Leute sehen das aber anders«, erwiderte er.

»Das ist es ja gerade, was ich nicht verstehen kann.«

»Man kann wirklich nicht behaupten, daß wir viel gemeinsam hätten«, sagte Desmond nachdenklich, »aber manchmal geht so etwas ja gut«, fügte er gedankenverloren hinzu. »Eigentlich weiß ich momentan gar nicht mehr, was möglich ist und was nicht. Es ist schon so lange her, daß ich versucht habe, es herauszufinden. Ich habe es vergessen.« Sie lächelte. Doch plötzlich kam sie sich vor wie in einem Vorstellungsgespräch, allerdings ohne zu ahnen, um welchen Job es hier ging. »Und was ist mit dir, Cassie? Warum bist du im reifen Alter von einundzwanzig Jahren und zwei Tagen immer noch nicht verheiratet?« wollte er wissen, aber seine scherzhafte Frage hatte einen ernsten Hintergrund. Er wollte herausfinden, ob sie wirklich noch frei war. Er war sich nie ganz sicher gewesen, auch wenn sie anscheinend mit niemandem liiert war, wenn man von jenem zweifelhaften Royal-Air-Force-Piloten in England absah.

»Mich will einfach keiner«, erwiderte sie gelassen, und er lachte auf. Cassie mußte nun auch lachen und war überrascht, wie angenehm ihr seine Gegenwart war.

»Ich gebe dir einen zweiten Versuch«, erwiderte er. Er verschränkte die Arme im Nacken, lehnte sich zurück und schaute amüsiert zu ihr auf. Ihre natürliche Art entspannte ihn. »Sag die Wahrheit.« Sie war viel zu schön, und es gab bestimmt viele, die sie haben wollten.

»Es ist wahr. Die Jungen meines Alters haben einen Horror vor Pilotinnen. Es sei denn, sie fliegen selbst, und dann fürchten sie die Konkurrenz.«

»Und was ist mit den Jungen meines Alters?« fragte er vorsichtig, und Cassie erinnerte sich daran, daß er vier Jahre jünger war als Nick, der jetzt neununddreißig war.

»Sie stören sich an dem Altersunterschied. Zumindest einige von ihnen, die, sagen wir mal… vier Jahre älter sind als du.«

»Verstehe. Denken sie, daß du noch zu unreif bist?« fragte er.

»Nein. Sie denken, sie sind zu alt, haben noch nichts im Leben erreicht und können mir nichts bieten. Sie fliegen hinüber nach England und sagen mir, daß ich mit Jungen meines Alters spielen soll. Keine Versprechen. Keine Hoffnung.«

»Verstehe. Und spielst du mit gleichaltrigen Jungs?« fragte er, denn ihre Geschichte hatte ihn neugierig gemacht. Er dachte an den Partner ihres Vaters, aber er fragte sie nicht weiter danach.

»Nein«, antwortete sie ehrlich. »Ich hatte keine Zeit für irgendwelche Jungs. Ich war zu sehr damit beschäftigt, deine Flugzeuge zu fliegen und an all den gesellschaftlichen Ereignissen teilzunehmen, die du für so wichtig hältst.« Sie hatte auch gar keine Lust, sich mit jemandem einzulassen. Dafür liebte sie Nick zu sehr, aber das sagte sie Desmond natürlich nicht.

»Gesellschaftliche Anlässe sind nun einmal wichtig, Cassie«, rechtfertigte er sich.

»Nicht für mich«, erwiderte sie lächelnd.

»Du bist wirklich nicht leicht zufriedenzustellen, Cassie O'Malley. Seit beinahe einem Jahr gehst du nun fast jeden Abend mit einem anderen Mann aus. Und keiner hat dir gefallen?«

»Anscheinend nicht. Zuviel Arbeit, keine Zeit, kein Interesse. Sie langweilen mich.« Sie erwähnte ihm gegenüber nicht, daß die meisten ihrer Begleiter entweder als Dressman oder schlechtbezahlte Schauspieler arbeiteten, denn ihr war es ohnehin egal.

»Du bist verwöhnt«, sagte er und hob tadelnd den Finger, doch sie lachte nur.

»Und wenn, dann bist du schuld daran. Wer hat mir denn das Luxusapartment gemietet und die vielen Kleider gekauft und mich jedes Flugzeug fliegen lassen, das ich nur wollte, einschließlich eines mit Diamanten besetzten?« fragte sie dankbar lächelnd. Sie hatte ihm noch am gleichen

Morgen ein kleines Dankeskärtchen geschickt. »Wer wäre nicht verwöhnt, wenn ihm ständig Luxusautos, Nobelhotels und exquisite Restaurants geboten würden?«

»Du«, antwortete er schlicht und traf damit den Nagel auf den Kopf. Dann half er ihr beim Aufstehen. Sie schlenderten barfuß weiter am Strand entlang und alberten herum. Abends aßen sie in einem kleinen mexikanischen Restaurant in der Nähe ihres Apartments. Das Essen war seiner Meinung nach ungenießbar, doch Cassie schmeckte es. Dann brachte er sie nach Hause und versprach, sie am nächsten Morgen anzurufen.

»Ich gehe um vier Uhr zur Arbeit«, sagte sie, »und werde nicht dasein.«

»Ich auch«, antwortete er lächelnd, »wir arbeiten beide für den gleichen Tyrannen. Ich rufe dann um halb vier an.« Pünktlich um halb vier klingelte das Telefon. Er war wirklich ein sehr merkwürdiger Mensch. Und sehr einsam. Die Geschichte seiner Kindheit hatte sie gerührt, und es war wirklich kein Wunder, daß er nie jemanden geliebt hatte, da er selbst nie geliebt worden war. Sie verspürte plötzlich den Wunsch, ihn zu beschützen und alles ungeschehen zu machen, obwohl er ständig etwas für sie tat. Er verkörperte eine ungewöhnliche Kombination aus Kälte und Wärme, aus Stärke und Verwundbarkeit.

An jenem Nachmittag holte er sie am Flughafen ab und brachte sie nach Hause. Doch er begleitete sie nicht in ihr Apartment. Von da an telefonierte er täglich mit ihr und lud sie mehrmals in der Woche in ruhige, gediegene Restaurants zum Essen ein. Er ging nie weiter, und Cassie kam nie auf die Idee, daß sie mehr als gute Freunde sein könnten. Er hatte die Welttour nie wieder angesprochen, doch sie dachte manchmal daran, wenn sie flog. Und dann kamen ihr auch gleich wieder Nicks Warnungen in den Sinn, die sie mittlerweile für stark übertrieben hielt. Desmond hatte wirklich nicht die Absicht, etwas zu tun, was sie verletzen könnte oder sie in Zugzwang bringen würde. Er wollte nur ihr Bestes. Davon war sie überzeugt. Und schließlich waren sie jetzt auch Freunde. Er tauchte zu den unmöglichsten Zeiten auf, ob sie nun gerade aus dem Flugzeug kletterte oder um vier Uhr morgens zur Arbeit aufbrach. Er war für sie da, wenn sie ihn brauchte, und er drängte sie nie und forderte nichts von ihr, was sie nicht geben wollte. Er schien so wenig von ihr zu wollen, doch Cassie spürte ständig seine Nähe.

Ende Juni brachte er ihr persönlich ihren neuen Vertrag, und dieses Mal versetzte sie das, was sie sah, wirklich in Erstaunen. Die meisten Vereinbarungen waren unverändert geblieben, aber die Teilnahme an einigen gesellschaftlichen Ereignissen war von nun an freigestellt. Ihr Gehalt war verdoppelt worden, und Desmond versprach, sie seine besten Flugzeuge testen zu lassen. Dafür mußte sie zusagen, jährlich eine bestimmte Anzahl Werbefilme zu machen. Doch die letzte Klausel verschlug ihr die Sprache: Sie beschrieb alle Einzelheiten einer Welttour. Das Honorar hierfür sollte einhundertfünfzigtausend Doller plus Spesen und Gewinnbeteiligung betragen. Die Tour sollte fast genau ein Jahr später, am 2. Juli 1941, beginnen. Es war der vierte Jahrestag von Amelia Earharts Absturz. Desmond Williams wollte ihr dafür sein bestes Flugzeug zur Verfügung stellen und dafür sorgen, daß die sicherste Route ausgearbeitet würde. Es war zweifelsohne die größte Werbetour aller Zeiten, und Cassie würde bestimmt einige neue Rekorde aufstellen. Diese Aussicht war außerordentlich verlockend, doch Cassie wollte zunächst mit ihrem Vater darüber sprechen, denn sie wollte wegen der Flugschau ohnehin nach Hause fliegen.

»Glaubst du, daß er etwas dagegen einzuwenden hat?« fragte Desmond sie etwas nervös vor ihrer Abreise. Er sah aus wie ein kleiner Junge, der Angst hatte, daß man ihm sein Lieblingsspielzeug wegnehmen würde. Cassie lächelte und versuchte ihn zu beruhigen.

»Ich glaube nicht. Er wird einwenden, daß es gefährlich ist, aber wenn du sagst, daß es einen sicheren Weg gibt, dann glaube ich dir.« Er hatte sie noch nie belogen, sie noch nie getäuscht oder betrogen. Er hatte sie weder als Freund noch als Arbeitgeber jemals enttäuscht. Er hatte nie versucht sie zu küssen, und hatte dennoch unbedingt wissen wollen, ob sie noch frei war. Und seine Gesichtszüge hatten sich sichtbar entspannt, als er erfuhr, daß sie noch ungebunden war, abgesehen von Nick, der ihr schon monatelang nicht mehr geschrieben hatte. Cassie wußte genau, wie rigoros er diesen Vertrag abgelehnt hätte. »Mein Vater ist ziemlich vernünftig«, versicherte sie ihm.

»Cassie, es ist der Traum meines Lebens. Doch es gab bisher niemanden, der es hätte machen können, dem ich es zugetraut hätte oder mit dem ich zusammenarbeiten wollte. Ich vertraue vollkommen auf dich. Ich habe noch nie zuvor jemanden so fliegen sehen wie dich.« Sie mußte zugeben, daß sie sich durch seine Worte unheimlich geschmeichelt fühlte. »Laß uns das besprechen, wenn ich zurückkomme«, sagte sie. Cassie brauchte etwas Zeit, um über alles nachzudenken, aber die Versuchung war groß.

»Du nimmst dieses Jahr doch nicht etwa an den Flugwettkämpfen teil, oder?« fragte er kurz, bevor sie abflog, mit besorgter Miene, und sie schüttelte nur schnell den Kopf. Ihr ganzes Leben war zur Zeit eine einzige Flugschau, und sie hatte darüber hinaus auch keine Zeit gehabt zu trainieren, aber die freute sich aufs Zuschauen.

»Nein, aber mein Bruder. Der Himmel weiß, warum.

Er fliegt eigentlich überhaupt nicht gerne und tut es nur meinem Vater zuliebe.«

»Er ist genauso wie wir alle. Ich habe in Princeton an Ringwettkämpfen teilgenommen, weil mein Vater das auch gemacht hatte. Es ist der verabscheuungswürdigste Sport, den es auf der Welt gibt, und ich habe es die ganze Zeit über gehaßt, aber ich dachte damals, es würde meinen Vater freuen. Ich bin mir nicht einmal sicher, ob er es überhaupt erfahren hat. Ich mag gar nicht daran denken, wie oft ich einen steifen Hals oder eine blutige Nase hatte, ganz zu schweigen von all den blauen Flecken.« Sie lachte über die Art, wie er sein Martyrium beschrieb, und versprach, ihn anzurufen und ihm über die Flugschau zu berichten.

»Ich werde dich vermissen. Ich kenne sonst niemanden, den ich um drei Uhr morgens anrufen könnte«, scherzte er.

»Ruf mich ruhig an«, sagte sie großzügig. »Ich stehe dann eben auf und spreche mit dir, denn dort ist es ja bereits fünf Uhr.«

»Amüsier dich«, sagte er lächelnd, »und dann kommst du zurück und unterschreibst den Vertrag für die Welttour. Doch auch wenn du es nicht tust«, fügte er in ernstem Ton hinzu, »ändert das nichts an unserer Freundschaft. Ich hätte Verständnis dafür, wenn du es nicht wolltest.« Die Art, wie er dies gesagt hatte, weckte in ihr den Wunsch, ihm um den Hals zu fallen und ihm zu sagen, daß sie ihn liebte. Er war eine so einsame Seele, und er strebte so sehr danach, alles richtig zu machen und jeden fair zu behandeln. Die Welttour war sein größter Traum, und Cassie wollte ihn nicht enttäuschen.

»Ich werde versuchen, dich nicht zu enttäuschen, Desmond. Ich verspreche es. Ich brauche nur etwas Zeit, um nachzudenken.« Sie war froh, daß sie Nick nicht unter die Augen treten mußte, denn er würde vor Wut explodieren.

»Ich verstehe«, sagte Desmond und küßte sie zum Abschied auf die Wange. Dann trug er ihr noch auf, ihrem Bruder Glück von ihm zu wünschen, und sie versprach, es ihm auszurichten.

Sie flog in Desmonds zweimotorigem Transportflugzeug nach Hause und fragte sich, was ihr Vater wohl zu ihrer Welttour sagen würde, wenn er davon erfuhr. Es war zweifellos gefährlich, auch ohne den Krieg und die Probleme über dem Pazifik; Langstreckenflüge konnten in einer Katastrophe enden, wenn man nicht wußte, auf was man sich eingelassen hatte, oder wenn man Pech hatte und unverhofft in Stürme geriet. Niemand hatte bisher herausgefunden, was wirklich mit Amelia Earhart geschehen war. Es gab keine vernünftige Erklärung für ihr Verschwinden, außer daß ihr vielleicht das Benzin ausgegangen war und sie dann abstürzte, ohne eine Spur zu hinterlassen. Es war die einzige, für jedermann nachvollziehbare Möglichkeit. Alles andere waren wilde Spekulationen, denen Cassie sowieso keine Beachtung schenkte.

Doch die Welttour beschäftigte sie während des ganzen Heimwegs. Gefährlich oder nicht, Cassie brannte darauf, sie zu fliegen.

14

Die Peoria-Air-Show war immer noch genau der gleiche herrliche Zirkus, wie Cassie ihn in Erinnerung hatte. Sie stand zwischen Billy und ihrem Vater und fühlte sich glücklich wie nie zuvor. Ihre Mutter und ihre Schwestern waren irgendwo mit den Kindern unterwegs, während Chris nervös hin und her lief und einen Hot dog nach dem anderen verschlang.

»Du machst mich ganz krank«, schimpfte Cassie, doch er grinste nur und kaufte sich Zuckerwatte.

Alle ihre Freunde von früher waren gekommen, und weder die alten Kumpel ihres Vaters noch der Fliegernachwuchs ließen sich diese Show entgehen. Alle leidenschaftlichen Flieger aus der näheren und weiteren Umgebung waren auf Drängen ihres Vaters schon am Vortag angereist. Die Peoria-Air-Show war ein großes Ereignis. Dieses Jahr nahmen auch einige Pilotinnen teil, allerdings nur bei den weniger gefährlichen Wettbewerben. Chris wollte wieder im letzten Wettbewerb des Nachmittags versuchen, einen neuen Höhenrekord aufzustellen. Dies war zwar nicht gerade ein Publikumsmagnet, aber ihr Vater würde sich dennoch freuen.

»Willst du's nicht auch noch mal versuchen, Schwesterherz? Dad könnte dir ja ein Flugzeug leihen«, schlug Chris vor. Die Maschine, mit der sie gekommen war, war zu groß und nicht wendig genug. Außerdem war sie viel zu teuer und gehörte nicht ihr, sondern Desmond. Schon bald, nachdem sie begonnen hatte, für Desmond zu arbeiten, hatte Cassie dieses Flugzeug getestet, und erst kürzlich war es nach ihren Verbesserungsvorschlägen verändert worden. Für eine junge Frau von einundzwanzig Jahren hatte sie schon sehr viel erreicht; und jeder hier wußte, was für eine Berühmtheit sie mittlerweile geworden war, und ihr Name war in aller Munde. Desmond hatte zudem dafür gesorgt, daß die Nachrichtenagenturen zahlreiche Reporter zu ihrer Begrüßung geschickt hatte.

»Ich bin nicht mehr gut genug, Chris«, erklärte Cassie ihrem Bruder schlagfertig. »Ich fliege das ganze Jahr über nur noch diese Schlachtschiffe, und ich habe auch überhaupt nicht trainiert.«

»Ich auch nicht«, erwiderte Chris und grinste übers ganze Gesicht. Mit seinen zwanzig Jahren war er das genaue Ebenbild seines Vaters. Er war ein guter Schüler und träumte davon, Architekt zu werden, falls er in einem oder zwei Jahren ein Stipendium der University of Illinois erhalten würde. Augenblicklich verbrachte er jedoch jede freie Minute mit Jessie. Sie waren ein hübsches Paar, und Pat meinte, daß er nicht überrascht wäre, wenn sie heiraten würden.

Billy sah nicht viel älter aus als Chris. Doch er schien in diesem Jahr noch mehr Sommersprossen zu haben als sonst. Seine Vorstellungen in den ersten zwei Wettbewerben hatten gezeigt, daß er, im Gegensatz zu Cassies Bruder, hart trainiert hatte. Er gewann zwei erste Preise und eine halbe Stunde später noch einen, und damit hatte er bei den drei schwierigsten Wettkämpfen als Bester abgeschnitten.

»Wie hast du das bloß geschafft? Du hast wohl das ganze Jahr über nur trainiert? Ihr habt hier ja anscheinend den lieben langen Tag nichts anderes zu tun, oder wie sehe ich das?« neckte sie ihn. Sie legte einen Arm um ihn und hatte damit dem Fotografen der Nachrichtenagentur zu einem idealen Schnappschuß verholfen. Cassie war umsichtig genug, dem Fotografen sofort Billys Namen zu nennen, ihn deutlich zu buchstabieren und daran zu erinnern, daß dieser junge Mann am Morgen drei erste Preise gewonnen hatte.

»Und der Tag ist noch jung«, witzelte Billy und zwinkerte Cassie dabei zu.

»Was ist mit Ihnen, Miss O'Malley?« fragte einer der Reporter Cassie. »Keine Vorstellung heute?«

»Leider nicht. Das ist heute die Show meines Bruders und die von Mr. Nolan.«

»Hegen Sie und Mr. Nolan romantische Gefühle füreinander?« fragte er unverblümt weiter, und Cassie lächelte ihn an, während Billy ihm am liebsten seine Cola ins Gesicht geschüttet hätte.

»Nein, keineswegs«, antwortete sie kühl.

»Und wie stehen Sie zu Mr. Williams?«

»Wir sind gute Freunde«, sagte sie mit einem Lächeln.

»Nicht mehr?« hakte er nach, und Cassies Vater fragte sich, wie seine Tochter das aushielt. Doch Cassie verhielt sich dem Reporter gegenüber sehr geduldig und liebenswürdig. Desmond war diesbezüglich ein guter Lehrer gewesen, und sie fühlte sich verpflichtet, sich auch hier der Presse gegenüber freundlich zu zeigen, obwohl es sie schon gereizt hätte, die Vertreter der schreibenden Zunft etwas an der Nase herumzuführen. Sie nahmen sich selbst so furchtbar wichtig, was Cassie überhaupt nicht nachempfinden konnte. »Nicht daß ich wüßte«, antwortete sie freundlich. Dann wandte sie sich ab, um mit ein paar Freunden zu sprechen, und die Journalisten gingen schließlich ihrer Wege.

»Was ist das doch für ein lästiges Volk«, sagte Billy mit einem verärgerten Blick. »Gehen sie dir nicht schrecklich auf die Nerven?«

»Doch. Aber Mr. Williams meint, sie sind gut fürs Geschäft.«

»Hatten sie denn recht?« fragte Billy, als sie wieder allein waren. »Läuft da etwas zwischen dir und Williams?«

»Nein«, sagte sie vorsichtig, »wir sind nur befreundet. Ich glaube nicht, daß er sich irgendwie binden will. Ich stehe ihm nicht näher als jeder andere auch. Er ist ein sehr einsamer Mann, und manchmal tut er mir richtig leid«, fügte sie leise hinzu, so daß niemand sonst es hören konnte. Doch Billy war nicht in der Stimmung für ernsthafte Gespräche, und er hatte schon immer ein gewisses Mißtrauen gezeigt, wenn es um Milliarden Dollar schwere Industriemagnaten ging.

»Ja, er tut mir auch furchtbar leid. Dieses schrecklich viele Geld, um das er sich kümmern muß, und dann noch diese vielen Schauspielerinnen, die er ausführen muß. Armer Kerl.«

»Schluß jetzt.« Sie gab ihm einen freundschaftlichen Klaps. Chris kam zu ihnen herüber und hatte schon wieder etwas Eßbares dabei, das er gierig verschlang. Cassie beobachtete ihn und zog eine Grimasse. Er hatte diese merkwürdigen Eßgewohnheiten, seit er vierzehn Jahre war, und sah trotzdem aus wie ein Strich in der Landschaft. Jessie stand neben ihm und himmelte ihn an. Sie war ein ernsthaftes Mädchen und arbeitete in der Stadtbücherei. Sie gab alles, was sie verdiente, zu Hause ab, um ihren Eltern und ihren vier jüngeren Schwestern das Leben etwas zu erleichtern. Und es war nicht zu übersehen, daß Chris ihr ein und alles war. Sie war richtig vernarrt in die O'Malleys, besonders in die Kleinen.

»Hörst du auch irgendwann mal auf zu essen?« fragte Cassie ihn mit gespielter Empörung.

»Wenn es geht, nicht. Ich habe immer Hunger und kriege

nie genug. Mutter sagt, daß ich mehr esse als die ganze Familie zusammen.«

»Und eines Tages bist du ein unförmiger Fettkloß, und wir müssen dich kugeln«, warnte ihn Billy. Dabei zwinkerte er Cassie zu, die sich vor Lachen bog.

Sie waren alle bester Stimmung. Die Schau bot allerdings nur wenige wirklich großartige Flugkunststücke, vor allem kam nichts an Cassies Glanzleistung aus dem Vorjahr heran, als sie ihre Maschine in letzter Sekunde aus einem atemberaubenden Sturzflug wieder abfing.

»Ich war entsetzt, als du das letztes Jahr gemacht hast«, gab Chris zu. »Beim Zuschauen hat sich mir der Magen umgedreht. Ich dachte, du würdest abstürzen.«

»Dafür bin ich dann doch wohl zu raffiniert«, erwiderte Cassie frech. Doch sie war froh, daß ihr Bruder nichts wirklich Gefährliches machte. Höhenflüge brachten eigentlich niemanden in Gefahr. Es war daher auch nicht besonders aufregend, aber Cassie war froh, daß er kein Risiko einging.

»Und was gibt es Neues in L. A.?« fragte Billy in einer Pause. Cassie erzählte ihm von ihrer Arbeit und den neuentwickelten Flugzeugen, doch die Welttour behielt sie vorsichtshalber noch für sich. Sie wollte erst mit ihrem Vater darüber sprechen, danach würde sie Billy informieren. Sie hatte lange darüber nachgedacht und wollte nur fliegen, wenn Billy ihr Copilot würde. Er war für sie der Beste. Zwar hatte sie in dem einen Jahr in L. A. genug Gelegenheit gehabt, mit einigen der wirklich großen Piloten zu fliegen, doch das hatte ihre Meinung über Billy nicht im geringsten beeinflußt.

Sie plauderten noch ein wenig, bevor er noch einmal an den Start ging. Er belegte erneut den ersten Platz, und Cassie fühlte sich in ihrem Vorhaben bestätigt. Kurze Zeit später wäre es dann doch noch fast zu einer Katastrophe gekommen, als zwei Flugzeuge in letzter Sekunde einer Kollision entgingen. Einigen Zuschauern stockte der Atem, andere schrien entsetzt auf, aber glücklicherweise ging es noch einmal gut aus. Aber alle wurden an das Jahr davor erinnert, als Jimmy Bradshaw bei der Flugschau abgestürzt war. Natürlich war Peggy in diesem Jahr nicht hierhergekommen, aber Cassie hatte von Chris erfahren, daß Peggy und Bobby Strong heiraten wollten, und sie wünschte ihm alles Gute und freute sich für Peggy.

Bis kurz vor seinem großen Auftritt stand Chris noch neben ihr, und sie sprachen über alte Freunde. Dann wurde seine Gruppe zu den Flugzeugen gerufen.

»Na, dann wollen wir mal«, sagte er nervös, was nur allzu verständlich war. Er schaute Cassie lächelnd an, und sie klopfte ihm aufmunternd auf die Schulter.

»Viel Glück, Chris. Wenn du zurückkommst, kaufen wir dir gleich etwas zu essen. Bis dahin kannst du es ja wohl aushalten.«

»Danke.« Er lächelte ihr noch einmal zu, während Jessie sich auf die Suche nach ihrer Schwester machte.

Und ohne eigentlich genau zu wissen, warum, vielleicht nur, weil sie unheimlich stolz auf ihn war, rief Cassie ihm noch hinterher: »Ich hab dich lieb!« Er drehte sich kurz um und gab ihr ein Zeichen, daß er sie gehört hatte, dann war er verschwunden. Als er endlich an der Reihe war, ließ sie ihn nicht aus den Augen. Sein kleines rotes Flugzeug stieg höher, höher und immer höher. Plötzlich glaubte sie, irgend etwas zu sehen, und weil die Sonne sie blendete, kniff sie die Augen zusammen. Sie wollte Billy gerade etwas sagen, denn manchmal fühlte sie die Dinge bereits, bevor sie wirklich geschahen. Doch sie kam nicht mehr dazu, denn sie sah das, was sie nur befürchtet hatte: Eine dünne Rauchfahne am Himmel zog ihre Aufmerksamkeit auf sich. Cassie wollte ihren Bruder durch ihre Willenskraft dazu bringen, möglichst schnell und sicher wieder auf den Boden zurückzukehren. Sie wußte nicht, ob Chris das Problem dort oben schon erkannt hatte, doch er würde bestimmt bald bemerken, was los war. Seine Maschine hatte Feuer gefangen, und einen Moment später stürzte er mit einer kaum faßbaren Geschwindigkeit ab. Es war nichts mehr zu machen. Dann folgte dieser furchtbare Moment, in dem jeder den Atem anhält, weil man weiß, daß etwas Schreckliches geschehen wird. Warum konnte sie ihn nicht dazu bringen, den Steuerknüppel hochzureißen? Verzweifelt umklammerte sie Billys Arm, ohne das Flugzeug ihres Bruders auch nur eine Sekunde aus den Augen zu lassen. Und dann war er unten, und nach der Explosion stieg eine riesige Feuersäule auf, und Cassie und alle umstehenden Männer rannten zur Unglücksstelle. Das Flugzeug brannte jedoch schon lichterloh und verschwand fast in einer pechschwarzen Rauchwolke. Billy und Cassie waren als erste bei ihm. Zusammen zerrten sie seinen leblosen, brennenden Körper aus den Flammen. Jemand brachte eine Decke und wollte die Flammen ersticken, während Cassie ihren Bruder schluchzend in den Armen hielt. Sie merkte nicht einmal, daß sie sich eine schwere Verbrennung am Arm zugezogen hatte, und sie registrierte nicht mehr, was um sie herum geschah. Sie wußte nur, daß Chris hier in ihren Armen lag, daß er nie mehr sehen, lachen oder weinen würde. Er hatte keine Chance mehr, erwachsen zu werden oder zu heiraten, und niemals wieder würden sie sich streiten können. Tränen flossen ihr übers Gesicht, während sie ihren toten Bruder fest in den Armen hielt. Dann hörten sie ganz in ihrer Nähe einen furchtbaren Schrei. Das Flugzeug explodierte, und die einzelnen Wrackteile wurden in die Zuschauer geschleudert. Billy versuchte, Cassie aus dem Gefahrenbereich wegzuziehen, doch sie hielt Chris auch dann noch fest, als ihr Vater versuchte, ihn aus ihren Armen zu reißen.

»Mein Junge ...«, stieß er schluchzend hervor. »Mein Junge ... lieber Gott, ... nein ... mein Baby ...« Vater und Tochter klammerten sich beide an den leblosen Körper, während bei den umstehenden Leuten eine Hysterie ausgebrochen war. Schließlich wurde Chris von zwei kräftigen Armen hochgehoben. Pat wurde weggeführt und ärztlich versorgt. In der Ferne sah Cassie Jessie weinen, doch sie nahm schon nichts mehr wahr, außer daß Billy sie die ganze Zeit in den Armen hielt. Dann sah sie ihre Mutter, die bitterlich schluchzend in den Armen ihres Vaters Trost suchte. Auch die übrigen Zeugen des Unglücks konnten ihre Tränen nicht zurückhalten. Es war genau das gleiche Bild wie im Jahr zuvor, nur dieses Mal war alles noch viel schlimmer, dieses Mal hatte es Chris erwischt, ihren kleinen Bruder.

An das, was danach geschah, konnte Cassie sich nicht mehr genau erinnern. Sie wußte nur noch, daß man sie ins Krankenhaus gebracht hatte und daß Billy die ganze Zeit nicht von ihrer Seite gewichen war. Ihr Arm schmerzte nicht im geringsten, aber er wurde dennoch behandelt. Irgend jemand sagte etwas von einer Verbrennung dritten Grades, und sie sprachen alle nur über den Unfall ... das Flugzeug ... aber war sie denn abgestürzt? Das konnte nicht sein, denn sie war doch gar nicht geflogen, sagte sie immer und immer wieder zu Billy.

»Ich weiß, Cass, ich weiß es, Liebling. Du hast nichts gemacht.«

»Geht es Chris gut?« fragte sie, und im gleichen Moment fiel ihr ein, daß irgend etwas mit ihm geschehen war. Doch was war es nur gewesen? Cassie konnte sich nicht mehr erinnern. Billy nickte nur, denn seit dem Unfall stand Cassie unter Schock.

Sie gaben ihr ein Schlafmittel, damit sie etwas zur Ruhe kam, und als sie wieder aufwachte, begann ihr Arm furchtbar weh zu tun. Es war ihr egal. Die Erinnerung war zurückgekehrt.

Billy war die ganze Zeit bei ihr geblieben, und nun weinten sie zusammen um Chris. Ihre Eltern waren gekommen, um nach ihr zu sehen. Ihre Mutter wirkte völlig aufgewühlt, und ihr Vater war vor Kummer wie am Boden zerstört. Auch Glynnis und ihr Ehemann Jack waren da, und keiner konnte seine Tränen unterdrücken. Glynnis erzählte ihr, daß einige Freunde von Chris Jessie nach Hause gebracht hätten und daß ihre Eltern den Arzt rufen mußten.

Die Verbrennungen hatten Chris so schrecklich entstellt, daß der Sarg sofort geschlossen wurde. Am nächsten Abend wurde die Totenwache in der Leichenhalle von Good Hope abgehalten, und am darauffolgenden Tag wurde er auf dem St.-Mary's-Friedhof begraben. Alle seine ehemaligen Schulkameraden, seine Freunde und Jessie waren gekommen. Jessie sah furchtbar mitgenommen aus. Ihre Schwestern hatten sie zwischen sich genommen, und Cassie eilte spontan auf sie zu und küßte sie.

Bobby Strong war auch gekommen. Er ging zu Cassie, und sie sprachen kurz miteinander, Peggy hatte es einfach nicht über sich gebracht, ihn zu begleiten. Ein paar von Chris' Freunden vom College waren gekommen und alle Teilnehmer der Flugschau, genau wie im Jahr davor bei Jim. Dieser Tod war so sinnlos. Es war einfach dumm, sein Leben aufs Spiel zu setzen, nur weil man beweisen wollte, wie hoch man fliegen kann. Und Chris hatte bei diesem Spiel verloren.

Cassie hatte das Gefühl, daß auch ein Teil von ihr gestorben war. Als sie hinter dem Sarg aus der Kirche herausgingen, mußten sie und ihr Vater ihre Mutter stützen. Nie zuvor hatte Cassie etwas Schlimmeres erlebt oder durchmachen müssen.

Beim Verlassen der Kirche schaute sie auf und erblickte Desmond Williams. Sie konnte sich gar nicht vorstellen, wie er es erfahren hatte, doch dann erinnerte sie sich, daß die Reporter der Nachrichtenagenturen dabeigewesen waren. Sie war jetzt ein Star, und der Tod ihres Bruders bei einer Flugschau hatte bestimmt für Schlagzeilen gesorgt. Trotzdem war sie froh, daß er gekommen war. Es war irgendwie tröstlich, ihn zu sehen. Sie ging auf ihn zu, dankte ihm für sein Kommen und lud ihn nach der Beerdigung ins Haus ihrer Eltern ein. Als er schließlich erschien, konnte sie ihm endlich sagen, wieviel ihr seine Anwesenheit bedeutete, und er nickte nur. Cassie begann erneut zu weinen, er nahm sie in den Arm, aber die ganze Situation war ihm irgendwie peinlich. Er wußte nicht, was er sagen oder tun sollte. So hielt er sie einfach nur in den Armen und hoffte, daß dies für den Augenblick genügte. Dann sah er ihren Verband und schob sie sanft von sich weg.

»Ist alles in Ordnung? Wie schlimm ist es?« Er war sehr in Sorge gewesen, als er hörte, daß sie sich beim Versuch, ihren Bruder zu retten, schwere Verbrennungen zugezogen hatte.

»Ich bin okay. Billy und ich haben ihn herausgezogen, und... und... er brannte immer noch lichterloh.« Bei Cassies dramatischen Schilderungen wurde es Desmond fast übel. Doch er atmete erleichtert auf, als sie ihm am Schluß mitteilte, daß die Ärzte mit ihrem Arm zufrieden waren. Trotzdem sollte sie sich in L. A. noch einmal gründlich untersuchen lassen. Desmond wollte vor seiner

Abreise aber unbedingt noch ein paar Worte mit ihren Eltern und mit Billy wechseln, und dann ging er. Er wollte noch am gleichen Abend zurückfliegen und war, wie er sagte, nur gekommen, um ihr etwas Trost zu spenden, und Cassie war ihm sehr dankbar dafür.

»Danke, Desmond... für alles...« Er hatte die Welttour mit keinem Wort erwähnt, doch sie wußte, daß sie ihm ständig im Kopf herumspukte. Cassie hatte immer noch vor, mit ihrem Vater darüber zu sprechen, und sie hatte Desmond bereits erklärt, daß sie noch ein oder zwei Wochen zu Hause bei ihrer Familie sein wollte, wofür er vollstes Verständnis hatte.

Sie begleitete ihn hinaus, und er umarmte sie noch einmal zum Abschied. Dann ging er mit ernstem Gesicht davon. Als Cassie wieder ins Haus zurückkam, fand sie ihren Vater tränenüberströmt vor. Er glaubte, daß Chris nur für ihn geflogen war, und machte sich die größten Vorwürfe, weil er ihn nicht davon abgehalten hatte.

»Er hat es getan, weil er es tun wollte, Dad«, sagte Cassie leise. »Wir sind alle so, das weißt du doch.« Das traf auf sie selbst zu, aber nicht auf Chris. Doch Cassie glaubte, es ihrem Vater schuldig zu sein. »Er hat mir noch kurz vorher gesagt, daß er es unbedingt machen wollte. Es hat ihm Spaß gemacht.« Das war zwar eine glatte Lüge, doch sie war gut gemeint.

»Wirklich?« Ihr Vater schaute sie überrascht an. Erleichtert wischte er sich die Tränen aus dem Gesicht und trank noch einen Schluck Whisky.

»Deine Worte haben ihm wirklich geholfen«, bemerkte Billy später, und Cassie nickte nur, denn in Gedanken war sie bereits ganz woanders.

»Wäre Nick doch nur hier«, sagte sie leise. Und dann beschloß Billy, ihr zu sagen, was er getan hatte.

»Ich habe ihm noch am gleichen Abend ein Telegramm geschickt. Ich denke, als Freiwilliger bekommt er vielleicht eher Sonderurlaub. Ich weiß auch nicht mehr, warum, aber ich dachte einfach ...« Er hatte sich gefragt, ob sie es ihm vielleicht übelnehmen könnte, aber ihre Reaktion bewies eher das Gegenteil.

»Ich bin froh, daß du es getan hast«, sagte sie dankbar und schaute dabei zu ihren Freunden hinüber.

Es war ein trauriger Anlaß für ein Zusammentreffen, und sie fragte sich, ob Nick wohl kommen würde, ob er in England abkömmlich war und ob sie ihn überhaupt gehen ließen.

An diesem Abend saßen sie und ihre Eltern noch stundenlang zusammen und redeten über Chris und darüber, was er als Kind alles angestellt hatte. Sie weinten und lachten über all jene kleinen Dinge, die ihnen nun, da er nicht mehr bei ihnen war, um so mehr bedeuteten.

Am nächsten Morgen fuhr Cassie zur Nachuntersuchung ihres Armes ins Krankenhaus. Dort wechselte man ihren Verband, und danach kehrte sie nach Hause zurück und setzte sich zu ihrem Vater.

Seit dem Unfall war er nicht mehr am Flughafen gewesen, und Billy kümmerte sich um das Geschäft. Auf dem Rückweg hatte Cassie dort kurz Halt gemacht und nach dem Rechten gesehen.

»Es geht ihm nicht besonders«, sagte sie zu Billy. Schon morgens nach dem Frühstück hatte er zu trinken begonnen. Es war alles zuviel für ihn, denn eigentlich trank er nur, wenn er unter großem Streß stand oder wenn es etwas Besonderes zu feiern gab. Als Cassie zurückkam, saß er im Wohnzimmer und weinte.

»Hallo, Dad«, begrüßte sie ihn, als sie eintrat. Cassie hatte die ganze Nacht über wach gelegen und daran gedacht, wie oft sie sich über Chris geärgert hatte und wie oft sie gedacht hatte, ihr Vater würde ihn lieber mögen als sie. Sie fragte sich, ob Chris dies wohl gespürt hatte. Sie hoffte, nicht. »Wie fühlst du dich?« fragte sie.

Er zuckte nur die Schultern und gab sich noch nicht einmal die Mühe zu antworten. Cassie sprach über einige der Besucher und erzählte, daß sie bei Billy am Flugplatz vorbeigefahren war. Aber auch das schien ihn kaum zu interessieren.

»Hast du Desmond Williams gestern hier gesehen?« fragte sie, auf der verzweifelten Suche nach Gesprächsstoff. Er schaute sie ausdruckslos an, doch diesmal antwortete er wenigstens.

»War er hier?« Sie nickte und setzte sich neben ihn. »Das war nett von ihm. Was ist er eigentlich für ein Mensch?« Ihr Vater hatte zwar kurz mit ihm gesprochen, doch er konnte sich wegen des schmerzlichen Anlasses nicht mehr daran erinnern.

»Er ist sehr ruhig, sehr ehrlich ... er arbeitet hart und ist sehr einsam.« Das war eigentlich eine sehr merkwürdige Beschreibung ihres Arbeitgebers.

»Vielleicht wäre ›ruhelos‹ das bessere Wort. Er lebt für seine Firma. Sie ist sein ein und alles.«

»Der arme Mann«, sagte Pat und schaute sie dabei an. Dann stiegen ihm erneut die Tränen in die Augen, weil er wieder an die Flugschau denken mußte. Sein Kind war erst zwanzig gewesen. »Es hätte dir auch passieren können«, sagte er unter Tränen. »Letztes Jahr, und ich hatte noch nie zuvor solche Angst wie in dem Moment, als ich dich dort oben gesehen habe.«

»Ich weiß«, sagte sie mit einem Lächeln. »Nick hat es wohl auch den Atem verschlagen, aber ich wußte genau, was ich tat.«

»Das glauben wir alle«, bemerkte Pat traurig. »Chris wahrscheinlich auch.«

»Aber er wußte nie, was er tat, Dad. Er war nicht wie wir.«

»Ich weiß«, stimmte er zu. Jeder wußte es. Chris hatte die Fliegerei einfach nicht im Blut gehabt. »Ich habe immer wieder das Bild vor Augen, wie du ihn mit Billy aus dem brennenden Flugzeug gezogen hast.« Pat sah wirklich elend aus, als er daran dachte. Da Cassie nicht wußte, was sie noch für ihn tun konnte, schenkte sie ihm noch einmal nach. Gegen Mittag war er halb eingenickt und murmelte nur noch unverständliche Worte vor sich hin. Schließlich war er ganz eingeschlafen, und Cassie ließ ihn dort sitzen. Vielleicht war es für ihn jetzt das beste, einfach nur eine Weile zu schlafen.

Nachmittags kam ihre Mutter mit zwei ihrer Schwestern zurück, und ihr Vater war wach und nüchtern. Cassie machte für alle etwas zu essen, und dann saßen sie zusammen in der Küche und unterhielten sich.

Es herrschte eine seltsame Stimmung, und Cassie merkte, daß sie alle auf etwas zu warten schienen. Es war, als hätten sie alle die Tatsache verdrängt, daß Chris für immer von ihnen gegangen war. Alle schienen nur darauf zu warten, daß er endlich nach Hause käme oder daß jemand mit der Nachricht kommen würde, daß alles nicht wirklich passiert war. Es war aber geschehen, und es hätte nicht schlimmer kommen können.

Glynnis und Megan gingen nach Hause, als Colleen mit ihrer gesamten Kinderschar ankam. Das Chaos, das sie in kürzester Zeit anrichteten, tat ihnen allen gut, doch am Schluß waren sie wieder allein. Cassie richtete ihren Eltern etwas zum Abendessen her, und sie war froh, hier bei ihnen sein zu können, und sie hatte sich noch keine Gedanken über den Zeitpunkt ihrer Abreise gemacht. Nachdem sie zu Abend gegessen hatten, bekam ihre Mutter erneut einen Weinkrampf, und Cassie brachte sie ins Bett. Ihr Vater schien sich jedoch an diesem Abend gefangen zu haben. Er war ruhig und wieder bei klarem Verstand. Nachdem Oona zu Bett gegangen war, wollte er noch mit Cassie sprechen. Er fragte nach ihrer Arbeit und ob sie ihr Spaß mache, nach den Flugzeugen, die sie geflogen hatte, und dem Leben, das sie in L. A. führte. Ihm war klar, daß das eine Jahr nun vorüber war, und er fragte sie, ob sie in L. A. bleiben würde oder jetzt zurückkommen wollte. Nach Chris' Tod war er noch besorgter um sie als zuvor.

»Mir ist ein neuer Vertrag angeboten worden«, erwiderte Cassie ohne Umschweife.

»Und was zahlt er dir?« fragte er interessiert.

»Doppelt soviel wie letztes Jahr«, antwortete sie nicht ohne Stolz, »aber ich werde dir und Mama den Differenzbetrag überweisen. Ich brauche wirklich nicht soviel.«

»Vielleicht doch«, erwiderte ihr Vater schroff. »Man weiß nie, was alles passieren kann. Deine Schwestern haben ihre Ehemänner, die für sie sorgen, aber du und Chris ...« Seine Augen füllten sich mit Tränen. Cassie streichelte zärtlich seine Hand, und er nahm sie und drückte sie. »Manchmal vergesse ich es einfach«, sagte er unter Tränen.

»Ich weiß, Daddy ... ich doch auch ...« Sie hatte nachmittags an Chris gedacht und sich gefragt, ob er wohl in Walnut Grove bei Jessie sei, und erst da war es ihr wieder eingefallen. Es war, als ob ihre Köpfe und Herzen es einfach nicht akzeptieren wollten. Cassie hatte am Nachmittag mit Jessie telefoniert, und sie hatte erzählt, daß es ihr genauso erging. Sie hoffte immer noch, plötzlich seinen Laster zu hören.

»Wie auch immer, ich möchte, daß du das Geld behältst«, sagte Pat bestimmt.

»Das ist doch albern.«

»Warum zahlt er dir eigentlich soviel?« fragte er mit besorgtem Stirnrunzeln. »Er verlangt doch wohl nichts Unredliches von dir, Cass, oder etwas zu Gefährliches?«

»Nichts Gefährlicheres als von all seinen anderen Testpiloten auch, wahrscheinlich sogar noch weniger. Er hat viel in mich investiert. Ich glaube, er denkt, ich bin seiner Firma nützlich, weil ich eine Frau bin. Wir machen viele Werbekampagnen... und meine Geschwindigkeitsrekorde fördern den Verkauf seiner Flugzeuge.« Dann schaute sie ihn an und überlegte sich, ob es wohl noch zu früh war, ihn zu fragen. Andererseits wollte sie es auch unbedingt loswerden, denn sie wollte den Vertrag sofort nach ihrer Rückkehr unterzeichnen. In den letzten Tagen hatte sie, trotz der Tragödie mit Chris, viel Zeit zum Nachdenken gehabt. Und sie wußte, was sie wollte.

»Er will, daß ich eine Welttour fliege«, sagte sie leise, und einen Moment lang blieb es ganz still. Pat mußte das erst einmal verarbeiten.

»Was denn für eine Welttour? Hast du vergessen, daß in Europa Krieg herrscht?«

»Nein. Desmond meint, wir könnten ihn umgehen. Und er glaubt auch, daß eine Welttour bei sorgfältiger Planung relativ sicher sei.«

»Das hat George Putnam auch gedacht«, erwiderte ihr Vater grimmig. Er hatte gerade ein Kind verloren und wollte nicht noch ein weiteres verlieren. »Keine Welttour ist sicher, Cass. Und das hängt auch nicht nur davon ab, ob Krieg herrscht oder nicht. Es gibt zu viele, nicht kalkulierbare Risiken, zu viele Gefahren: Die Motoren können ausfallen, du könntest falsch navigieren, du könntest in einen Sturm geraten, unzählige unerwartete Dinge könnten passieren.«

»Doch das Risiko ist geringer, wenn ich eine von Desmonds Maschinen fliege und den richtigen Copiloten an meiner Seite habe.«

»Hast du schon jemand Bestimmtes im Auge?« Er dachte sofort an Nick, doch der konnte ja zur Zeit nicht.

Cassie nickte. »Ich dachte dabei an Billy.« Pat zögerte, während er darüber nachdachte, dann nickte er zustimmend. »Er ist gut«, sagte er. »Aber noch sehr jung«, fügte er nachdenklich hinzu. »Doch vielleicht muß man das ja auch sein. Nur ihr jungen Leute seid verrückt genug, um so etwas zu wagen.« Um seine Mundwinkel zeigte sich schon fast wieder ein Lächeln, und Cassie fühlte sich plötzlich richtig erleichtert, denn das war schon so etwas Ähnliches wie eine Zustimmung. Und die wollte sie auf jeden Fall bekommen. Sie wollte die Welttour mit seinem Segen fliegen. »Bezahlen sie dir deshalb so viel?« fragte er schließlich.

»Nein«, antwortete sie und schüttelte den Kopf. »Für die Welttour zahlen sie noch einmal extra.« Sie traute sich gar nicht, die Summe zu nennen. Einhundertundfünfzigtausend Dollar waren nicht nur für ihren Vater unheimlich viel Geld. Andererseits sollte er auch nicht denken, daß Geldgier ausschlaggebend für ihre Entscheidung war, denn so war es ganz und gar nicht.

»Hinzu kommen noch Prämien, weitere Verträge und Gratifikationen. Es ist ziemlich viel«, erklärte sie bescheiden.

Schon allein beim Sprechen über solche Geldsummen wurde ihr mulmig.

»Das viele Geld nützt dir auch nichts, wenn du tot bist«, sagte Pat geradeheraus, und sie nickte. »Du solltest dir das ganz genau überlegen, Cassandra Maureen. Das ist kein

Spiel mehr. Aber du bist alt genug, dein Leben selbst in die Hand zu nehmen und deine eigenen Entscheidungen zu treffen.«

»Was würdest du mir denn raten, Dad?« flehte sie, und Pat wußte, daß sie eigentlich nur seine Zustimmung wollte.

»Ich weiß es nicht«, antwortete er und schloß seine Augen, um besser nachdenken zu können. Als er sie wieder öffnete, ergriff er ihre Hände und hielt sie fest. »Tu, was du tun mußt, Cass. Was auch immer dein Herz und dein Verstand dir sagen werden. Ich kann mich nicht hinstellen und dir eine großartige Zukunft verbauen, doch wenn du verletzt würdest, könnte ich es mir ... oder Desmond Williams nie verzeihen. Am liebsten würde ich dich hierbehalten, damit du nie wieder irgend etwas riskierst ... besonders jetzt. Doch das wäre nicht richtig. Du mußt deinem Herzen folgen. Ich habe Nick das gleiche gesagt, als er sich entschloß, nach England zu gehen. Du bist jung, und es könnte eine tolle Sache werden. Und es würde uns das Herz brechen, wenn nicht.« Er schaute ihr prüfend in die Augen, mehr konnte er ihr dazu nicht sagen. Letztendlich war es ganz allein ihre Entscheidung. Die Entscheidung für Los Angeles im letzten Jahr war richtig gewesen, doch jetzt konnte er wirklich nicht sagen, was richtig oder falsch war.

»Ich möchte es gern machen, Dad«, sagte sie leise, und er nickte.

»In deinem Alter hätte ich es auch machen wollen. Es wäre wohl die größte Chance meines Lebens gewesen, wenn es mir jemand angeboten hätte, aber das Angebot blieb aus.« Er lächelte und sah schon wieder ein bißchen besser aus. »Du hast Glück, Cass. Dieser Mann bietet dir die Chance, eine bedeutende Persönlichkeit zu werden. Es ist ein Geschenk ... aber ein sehr gefährliches. Ich hoffe, er weiß, was er tut.«

»Ich auch, Daddy. Doch ich vertraue ihm. Er ist zu clever, um irgendein Risiko einzugehen. Er glaubt fest an das, was er tut.«

»Und wann soll es losgehen?« fragte Pat vorsichtig.

»Frühestens in einem Jahr, damit er alles bis ins kleinste Detail planen kann.«

»Klingt vernünftig«, sagte Pat. »Denk noch einmal in Ruhe über alles nach, und dann sage mir, wie du dich entschieden hast. Mutter braucht ja vorerst nichts davon zu wissen.« Sie nickte, und kurze Zeit später löschten sie das Licht und gingen zu Bett. Cassie war ungeheuer erleichtert, weil sie mit ihrem Vater gesprochen hatte und er der Sache einigermaßen gelassen gegenüberstand. Er schien sie endlich als eigenständige Person akzeptiert zu haben, die ihren eigenen Weg ging. Es war ja auch schon einige Zeit vergangen, seit er ihr verboten hatte, zu fliegen oder Flugstunden zu nehmen. Als sie daran zurückdachte, mußte sie lächeln.

Am nächsten Tag sprach sie mit Billy darüber, und er war außer sich vor Freude, als sie ihm erzählte, daß sie ihn als Copiloten und Navigator vorgeschlagen hatte.

»Du willst mich?« schrie er, und dann schlang er die Arme um ihren Hals und gab ihr einen Kuß auf die Wange. »Wahnsinn!«

»Würdest du es denn machen?«

»Machst du Witze? Wann geht's denn los? Ich geh schon mal packen.«

»Nun mal langsam«, beruhigte sie ihn lachend. »Erst in ungefähr einem Jahr. Am 2. Juli 1941, um ganz genau zu sein. Es ist der Jahrestag von Amelia Earharts Absturz. Ich finde es zwar ein bißchen makaber, aber Desmond hält es nun mal für eine gute Idee.« Es hing mit der Werbewirksamkeit zusammen, und in dieser Hinsicht verließ sie sich ganz auf Desmonds Entscheidungen.

»Warum nicht eher?« Billy klang enttäuscht.

»Er will die Tour sorgfältig planen, muß die Publicity organisieren und das richtige Flugzeug testen. Wir sollen mit dem Starlifter fliegen, so daß unser Flug gleichzeitig zu einer riesigen Werbekampagne für die Maximalflugzeit und Langstreckentauglichkeit dieses Flugzeugs wird.« Und das war ja auch der eigentliche Grund für die Welttour. Aber wenn sie es schafften, würde sich ihr ganzes Leben schlagartig ändern. Cassie erzählte Billy, daß für ihn fünfzigtausend Dollar eingeplant waren.

»Damit könnte ich mir doch erst mal ein schönes Leben machen«, sagte er fröhlich. Aber das Geld war für ihn genausowenig ausschlaggebend wie für Cassie. Wie ihr ging es Billy um den Nervenkitzel und die Herausforderung. Es waren die gleichen Gefühle, die Desmond vorantrieben und die die Augen ihres Vaters aufleuchten ließen. »Wenn du dich entschieden hast, kannst du mir ja Bescheid sagen«, sagte er schließlich. Und wie ihr Vater vermutete auch Billy, daß sie ihre Entscheidung schon längst getroffen hatte. Tatsächlich stand ihr Entschluß schon lange fest, doch sie versuchte, sich das ganze Ausmaß des Unternehmens vorzustellen und noch einmal genau über alles nachzudenken, um ganz sicher zu sein, daß sie diese Aufgabe wirklich übernehmen wollte. Die Entscheidung, ein weiteres Jahr für Desmond zu arbeiten, fiel ihr leicht, doch die Welttour war etwas anderes. Cassie wußte, welchen Gefahren sie sich aussetzte, aber auch, welchen Nutzen sie aus einer solchen Tour ziehen könnte. Was wäre wohl aus Earhart geworden, wenn sie Erfolg gehabt hätte? Man konnte sich kaum vorstellen, daß sie dann noch berühmter geworden wäre, als sie es ohnehin schon war. Sie wäre bestimmt zu einer unsterblichen Legende geworden, wenn sie nicht...

Billy flog an diesem Nachmittag kurz nach Cleveland, und Pat war immer noch zu Hause. Deshalb blieb Cassie freiwillig da, um das Büro zu schließen. Sie ordnete einige Papiere und schlüpfte dann in einen alten Overall, weil sie ein paar Flugzeuge auftanken wollte. Sie hatte nichts Besseres zu tun, und Billy konnte ein bißchen Unterstützung gut gebrauchen.

Sie hatte gerade die letzte Maschine aufgetankt und einige Werkzeuge weggeräumt, als sie ein kleines Flugzeug auf der Hauptlandebahn herunterkommen sah. Nach der Landung rollte es zielstrebig zur äußersten Flugzeughalle. Cassie fragte sich, ob es wohl eine von Pats Maschinen war, es sah zumindest so aus. Der Pilot schien genau zu wissen, wohin er wollte und was zu tun war. Sie beobachtete ihn noch eine Weile, doch sie konnte nicht viel erkennen, weil die Sonne sie blendete. Und dann sah sie ihn. Unmöglich... das konnte doch gar nicht sein... und doch war er es. Nick war nach Hause gekommen. Mit Tränen in den Augen rannte sie auf ihn zu. Sie flog ihm in die Arme, und er hielt sie fest umschlungen. Plötzlich brach alles wieder in ihr auf: die Trauer und der Schmerz, der Schock über den Verlust von Chris vermischten sich mit der Freude, Nick endlich wiederzusehen. Er küßte sie lange und leidenschaftlich, und auf einmal fühlte sie sich sicher und geborgen, weil sie wußte, daß er nun da war.

»Ich durfte sofort gehen, als ich es gehört habe«, erklärte er ihr, als sie Atem holten. »Aber ich brauchte verdammt lange, um nach New York zu kommen. Ich mußte von Lissabon aus fliegen und kam letzte Nacht an. Heute morgen habe ich dann diese Krücke hier gechartert. Ich hatte wirklich starke Bedenken, ob ich es damit schaffen würde. Das verflixte Ding kam in New Jersey kaum vom Boden hoch.«

»Ich bin so glücklich, daß du da bist«, sagte sie erleichtert und schmiegte sich noch einmal ganz fest an ihn. Seine Royal-Air-Force-Uniform stand ihm wirklich sehr gut. Er wirkte jedoch besorgt.

»Wie geht es deinem Vater?«

»Nicht besonders«, antwortete sie. »Er wird sich freuen, dich zu sehen. Ich fahre dich rüber. Du kannst bei uns übernachten.« Und mit fast erstickter Stimme fügte sie hinzu: »Du kannst Chris' Zimmer haben ... oder meines ... Ich schlafe dann auf dem Sofa.« Billy wohnte zur Zeit in Nicks altem Schuppen, und für sie beide wäre nicht genug Platz gewesen.

»Ich kann auf dem Fußboden nächtigen«, bot er lächelnd an.

»Die Briten sind für ihre ungemütlichen Baracken bekannt. Ich habe seit letzten September nicht mehr ordentlich geschlafen.«

»Wann kommst du zurück?« fragte sie auf dem Weg zum Haus ihrer Eltern.

»Wenn es vorbei ist.« Doch das würde noch nicht so bald sein. Vor drei Wochen war Frankreich eingenommen worden, und Hitler kontrollierte nun ein noch größeres Stück von Europa. Die Briten konnten ihn nur mit Mühe daran hindern, auch noch die restliche französische Flotte in Nordafrika zu zerschlagen. Die Probleme waren noch lange nicht aus der Welt.

Nick erkundigte sich nach ihrem Arm, und Cassie erzählte ihm, daß er zwar noch schmerze, aber schon gut verheilt sei. In der Zwischenzeit hatten sie das Haus erreicht. Ihr Vater saß in einem Sessel auf der Veranda und blickte traurig zum Horizont.

»Gibt es hier vielleicht ein Lager für einen alten Soldaten, Ace?« fragte Nick leise, als er die Stufen zur Veranda hinaufstieg. Mit schnellen Schritten ging er auf seinen alten

Freund zu und umarmte ihn. Die beiden Männer weinten und teilten so ihren Schmerz. Cassie ließ sie allein, damit sie ungestört reden konnten, und bereitete das Abendessen für sie zu. Ihre Mutter war mit schrecklichen Kopfschmerzen zu Bett gegangen, sie litt sehr unter dem Verlust ihres Sohnes.

Cassie machte den beiden Männern ein paar Brote und schenkte ihnen Bier ein. Ihre Mutter hatte einen großen Salat zubereitet, und es war genug da für alle, doch keiner von ihnen hatte richtig Hunger. Und während sie aßen, berichtete Nick über die Lage in Europa. Es gab viele tragische Geschichten über die Eroberung Frankreichs und die Besetzung von Paris zu erzählen. Die Deutschen waren überall, und die Briten befürchteten, daß Hitlers nächster Angriff ihnen gelten würde. Und auch wenn es keiner zu sagen wagte, so war die Angst doch groß, daß er eventuell Erfolg haben könnte.

»Hast du schon einen Einsatz geflogen?« fragte Pat lächelnd und dachte dabei an ihre gemeinsamen Tage gegen Ende des letzten Krieges zurück.

»Dafür sind sie einfach zu clever, Ace«, erwiderte Nick. »Sie wissen, daß ich meine beste Zeit hinter mir habe.«

»Doch nicht in deinem Alter. Wart's nur ab, wenn es ihnen zu brenzlig wird, werden sie dich in einen Flieger setzen und mit einem Abschiedsküßchen auf die Reise schicken.«

»Hoffentlich nicht«, mischte sich Cassie ein. Es machte sie wütend, die beiden Männer so sprechen zu hören. Sie waren richtig kriegsbegeistert und nahmen sich ganz selbstverständlich das Recht, ihr Leben aufs Spiel zu setzen.

Spät am Abend ließ sie die beiden Männer auf der Veranda zurück. Sie hätte auch noch gerne mit Nick gesprochen, aber sie wußte, daß ihr Vater ihn jetzt mehr brauchte.

Sie hatten ja noch Zeit, denn Nick blieb drei Tage, und sie würde ihn am nächsten Morgen ohnehin sehen.

Am nächsten Tag ging ihr Vater endlich wieder ins Büro und war froh, alles in bester Ordnung vorzufinden. Billy hatte seine Flugzeuge gut versorgt, Cassie hatte die Büroarbeit zu seiner Zufriedenheit erledigt, und die Piloten standen in Reih und Glied und warteten auf seine Weisungen. Es tat Pat gut, wieder zu arbeiten, und als der Vormittag schon halb vorbei war, erhielt Cassie einen überraschenden Anruf von Desmond. Er fragte, ob sie ungestört sprechen könnten, und Cassie ging ins Büro ihres Vaters und schloß die Tür hinter sich.

»Jetzt geht es. Schön, daß du anrufst.«

»Ich habe mir Sorgen um dich gemacht, Cass, aber ich wollte in dieser schweren Zeit auch nicht stören. Was macht der Arm?«

»Schon wieder in Ordnung«, beruhigte sie ihn. In Wahrheit war die Brandwunde ziemlich schlimm, aber die Heilung schritt gut voran. »Ist bei dir auch alles in Ordnung?« fragte sie, denn sie hatte wegen ihrer längeren Abwesenheit schon ein schlechtes Gewissen. Sie war nun schon fast eine Woche fort, aber er selbst hatte ihr geraten, nichts zu überstürzen. Sie entschuldigte sich dafür, doch er beteuerte, daß sie so lange bleiben könne, wie sie wollte.

»Wie geht es deinen Eltern?«

»Nicht besonders. Aber mein Vater ist heute wieder zur Arbeit gekommen. Ich denke, es tut ihm ganz gut, vor allem, wenn er sich über irgend etwas aufregen kann. Das lenkt ihn von seinem Kummer ab.« Er mußte über ihre Worte lachen und fragte dann weiter, ob sie inzwischen Zeit gehabt hätte, über die Welttour nachzudenken. »Ja«, antwortete Cassie mit einem Lächeln, »ich habe auch schon mit meinem Vater darüber gesprochen.«

»Er war bestimmt begeistert, nicht wahr? Der Zeitpunkt war äußerst schlecht gewählt, Miss O'Malley.« Der Gedanke, daß sie es ihrem Vater gerade jetzt erzählt hatte, ließ ihn leise aufstöhnen. Er konnte sich schon denken, wie er reagiert hatte. Doch sie hatte eine Überraschung für ihn.

»Im Grunde hatte er nichts dagegen einzuwenden. Wir haben eine ganze Weile darüber gesprochen. Er hat zwar momentan viele Sorgen, aber überraschenderweise blieb er ziemlich gelassen. Ich glaube, er sieht es als große Chance für mich, und er meint, daß ich es selbst entscheiden muß.«

»Und, hast du dich entschieden?« fragte er, und ihm stockte der Atem. Es machte ihn halb wahnsinnig, daß sie nicht da war, und er wunderte sich selbst, daß er sie so sehr vermißte. Doch was ihn noch viel mehr beunruhigte, war die Angst, daß sie nach dem Tod ihres Bruders vielleicht nicht nach L. A. zurückkommen würde. Sie war ein wichtiger Bestandteil seines Lebens geworden.

»Noch nicht ganz«, sagte sie und verunsicherte ihn erneut.

»Ich will hier alles noch einmal ganz genau überdenken, und sobald ich zurück bin, teile ich dir meine Entscheidung mit, Desmond. Ich verspreche es.«

»Ich kann es kaum erwarten.« Und das meinte er genau so, wie er es sagte, denn diese Ungewißheit machte ihn verrückt.

»Ich denke, meine Antwort ist das Warten wert«, neckte sie ihn und entlockte ihm damit ein Schmunzeln. Er mochte den Klang ihrer Stimme, und er konnte nicht umhin, sich vorzustellen, wie sie wohl gerade jetzt, während sie miteinander sprachen, aussah. Sogar auf der Beerdigung mit ihrem von Schmerz gezeichnetem Gesicht und dem verbundenen Arm hatte sie noch hinreißend ausgesehen, doch es war wohl nicht angebracht, so etwas zu denken.

»Versprechen, nichts als Versprechen. Beeil dich und komm schnell nach Hause. Ich vermisse dich.«

»Ich dich auch.« Sie meinte das rein freundschaftlich, so wie sie es auch zu Chris oder Billy gesagt hätte. Sie vermißte ihre gemeinsamen Gespräche in den frühen Morgenstunden, wenn sie beide sich über ihr gemeinsames Lieblingsthema, nämlich seine Flugzeuge, unterhielten.

»Dann bis bald, Cass.«

»Mach's gut und danke für den Anruf.« Sie legte den Hörer auf und ging zurück zu ihrem Vater und Nick. Pat fragte, wer am Telefon gewesen sei, und sie antwortete: »Desmond Williams.«

»Und was wollte er?« fragte Nick verärgert.

»Mit mir sprechen«, antwortete sie kühl. Die Art, wie Nick gefragt hatte, gefiel ihr ganz und gar nicht. Er tat so, als ob sie sein Besitz wäre. Und für jemanden, der drei Monate lang kein Wort von sich hatte hören lassen, ging er wirklich zu weit. Jedenfalls sah Cassie das so.

»Und worüber?« hakte Nick weiter nach.

»Es war geschäftlich«, antwortete sie kurz und wechselte das Thema.

Pat schmunzelte und überließ die beiden sich selbst. Es braute sich ein Sturm zusammen. Cassie war eben eine echte O'Malley, dachte er kopfschüttelnd.

»Was macht der Arm?« fragte Nick, als sie allein waren.

»Es geht so«, sagte sie ehrlich. »Er tut manchmal höllisch weh, doch sie sagen, das wäre ein gutes Zeichen.« Sie zuckte die Schultern und schaute ihn an. Dann fragte sie ihn, ob er Lust zu einem Spaziergang hätte. Er war einverstanden, und zusammen schlenderten sie zum äußersten Ende des Flugplatzes.

»Und was treibst du so die ganze Zeit?« fragte er, und seine Stimme klang schon sehr viel zärtlicher als noch vor wenigen Minuten. Und als er näher kam und seinen Arm um sie legte, war es wieder vollkommen um sie geschehen.

»Immer das gleiche: Flugzeuge fliegen und Rekorde brechen. Mein Vertrag läuft diese Woche aus, und sie haben mir einen neuen angeboten.«

»Zu den gleichen Bedingungen?« fragte er.

»Noch besser als vorher«, erwiderte sie.

»Und machst du es?«

»Ich denke, ja.«

Und dann fragte Nick sie etwas, womit sie überhaupt nicht gerechnet hatte: »Liebst du ihn, Cass?« Er wirkte nervös, und sie lächelte über die Unverblümtheit seiner Frage.

»Desmond? Nein, wirklich nicht. Wir sind nur gute Freunde, und das ist alles. Er ist ein sehr einsamer Mensch.«

»Das bin ich in England auch«, erwiderte er, doch er klang nicht besonders bekümmert. Er sah eher so aus, als sei er wütend und eifersüchtig auf Desmond.

»Aber wohl doch nicht einsam genug, um mir einmal zu schreiben«, erwiderte sie bitter. Sie nahm es ihm sehr übel, daß er überhaupt nichts von sich hören ließ, zumal er sogar ihrem Vater und auch Billy hin und wieder schrieb.

»Du weißt ganz genau, wie ich darüber denke. Ich will dich in keinster Weise hinhalten oder dich zu eng an mich binden, Cass. Wir beide haben einfach keine Zukunft.«

»Und warum nicht? Ich verstehe es einfach nicht. Wenn du mich nicht lieben würdest, könnte ich es ja noch verstehen, aber so nicht. Es ist einfach verrückt.«

»Es ist doch wirklich einfach. Ich könnte morgen schon tot sein.«

»Ich auch, so ist das nun mal bei uns Fliegern. Ich bin bereit, es darauf ankommen zu lassen, und wie steht's mit dir?«

»Darum geht es doch gar nicht, und das weißt du auch.

Vielleicht habe ich ja Glück und komme lebend aus dem Krieg nach Hause. Und was dann? Willst du denn dein Leben lang in einem Schuppen leben und am Hungertuch nagen? Wenn ja, dann herzlichen Glückwunsch. Ich bin ein Flieger, Cass. Ich werde nie viel auf der hohen Kante haben, und das hat mir bisher auch nichts ausgemacht. Es war mir nie besonders wichtig, genausowenig wie Billy zum Beispiel. Er läßt es sich gutgehen und denkt nicht an morgen. Das ist bis heute auch meine Devise. Wie soll es mit uns funktionieren, Cass? Das ist doch keine Basis für eine gemeinsame Zukunft. Im übrigen würde dein Vater mich umbringen, wenn ich zuließe, daß du dir das antust.«

»Vielleicht bringt er dich erst recht um, weil du immer Reißaus vor mir nimmst. Er glaubt ohnehin, daß wir beide spinnen. Ich, weil ich dich liebe, und du, weil du davonrennst.«

»Vielleicht hat er ja recht. Wer weiß das schon, aber ich sehe die Dinge nun einmal so.«

»Und was wäre, wenn ich etwas Geld sparen würde?« Das war eine interessante Frage.

»Das wäre gut für dich. Ich hoffe, du genießt es. Du bist doch praktisch schon jetzt so etwas wie ein Filmstar. Jedesmal, wenn ich eine Wochenschau von zu Hause sehe, bist du öfter darin zu sehen als Hitler.«

»Oh, besten Dank.«

»Aber es ist doch wahr. Williams weiß genau, was er tut. Warum fragst du mich also? Willst du wissen, ob ich von deinem Geld leben will, wenn du erst einmal reich bist? Die Antwort ist: nein.«

»Warum mußt du eigentlich immer alles so schwierig machen?« fragte Cassie und wurde langsam wütend. Er verbaute ihr alle Möglichkeiten. Bei Zahl gewinne ich, bei Kopf verlierst du. Die Würfel waren gefallen, und sie hatte keine Chance, eine Runde zu gewinnen, und langsam hatte sie genug davon. »Und wenn du in den letzten Jahren etwas Geld gespart hättest, würdest du mich also vielleicht heiraten. Leider hast du aber nichts gespart. Zufälligerweise verdiene ich jetzt ein bißchen Geld, aber das ist in deinen Augen wohl nicht das gleiche, hab ich recht?«

»Du hast es erfaßt«, antwortete er selbstgefällig. Er hatte sich fest vorgenommen, ihr Leben nicht zu ruinieren, und wollte sich um nichts in der Welt davon abbringen lassen.

»Oder hast du gedacht, daß ich mich von einer Frau aushalten lassen will?«

»Ich werde aus dir einfach nicht schlau. Mit deiner Dickköpfigkeit übertriffst du sogar meinen Vater, und das will was heißen. Aber mit zunehmendem Alter wird sogar Pat O'Malley langsam vernünftiger. Und wann kommst du endlich zur Besinnung? Wie lange muß ich denn noch warten?« fragte sie ungeduldig.

»Bis ich nicht mehr ganz richtig im Kopf bin«, erwiderte er schmunzelnd, »und das dürfte nicht mehr allzulange dauern.« Nick hatte keine Lust, noch länger mit ihr zu streiten. Er wollte sie jetzt nur noch in den Arm nehmen und küssen. Es machte ihn immer halb wahnsinnig, wenn er sie in der Wochenschau sah. Am liebsten hätte er dann gerufen: »Schaut mal, das ist mein Mädchen.« Doch sie war es nicht, und er würde es nie soweit kommen lassen. Sie war die Tochter seines besten Freundes und das Mädchen, das er liebte, seit sie drei Jahre alt war. Wie sollte er das den Jungs bei der Royal Air Force wohl erklären? Ein paar von ihnen hatten ein Foto von ihr im Spind hängen.

»Mach, daß du zu mir kommst«, sagte er schroff zu ihr. Cassie hatte sich ein paar Meter weit von ihm entfernt hingestellt. Ihre Augen funkelten vor Zorn. »Und schau mich nicht so an.«

»Und warum nicht?« gab sie mit finsterer Miene zurück.

»Du kannst mich ja ruhig für einen Volltrottel halten, weil ich will, daß du einen wesentlich jüngeren Mann als mich heiratest und zehn Kinder kriegst, aber trotzdem liebe ich dich, Cass... das werde ich immer tun, Kleines, und das weißt du auch.«

»Ach, Nick«, seufzte sie. Sie brauchte ihn nur anzusehen, und schon schmolz sie dahin. Und als er sie dann ganz fest in die Arme nahm, wollte sie nur noch ihn. Sie standen zusammen und küßten sich lange. Vergessen waren böse Worte, Streit und Probleme. Dann schlenderten sie langsam zurück zum Flughafen. Ihr Vater sah sie von seinem Platz im Büro aus zurückkommen und hoffte, daß nun alles zwischen ihnen geklärt war. Er fragte sich, wann sie wohl zur Vernunft kommen würden. Pat hatte längst erkannt, daß sie füreinander bestimmt waren, doch die beiden waren so verdammt dickköpfig, und er hatte keine Lust, sich irgendwie einzumischen. Ob sie ihm schon von der geplanten Welttour erzählt hatte? Wie würde Nick wohl darauf reagieren? Dieses Thema kam jedoch erst am nächsten Tag zur Sprache, als sie alle drei in Pats Büro zusammensaßen.

»Worüber redet ihr beide eigentlich die ganze Zeit?« fragte Nick etwas verwirrt. Pat hatte auf die Welttour angespielt, und Nick wußte nicht, worum es ging.

Pat schaute seine Tochter fragend an. »Hast du es ihm etwa nicht erzählt?«

»Was sollte sie mir erzählen? Gibt es ein großes Geheimnis?« Er wußte, daß sie keinen anderen liebte. »Also was ist los?«

Cassie beschloß, es ihm zu sagen. Die Sache war zwar noch nicht entschieden, doch so gut wie. Und sie wollte Desmond nach ihrer Rückkehr ohnehin mitteilen, daß sie sich dafür entschieden hatte.

»Williams Aircraft hat mir ein sehr interessantes Angebot gemacht.«

»Ich weiß, für ein weiteres Jahr. Das hast du mir doch schon erzählt«, sagte er blasiert. Doch Cassie schaute ihn an und schüttelte den Kopf.

»Nein. Ich soll eine Welttour für sie fliegen, in ungefähr einem Jahr. Seit ich hier bin, habe ich darüber nachgedacht und mich mit Dad beraten, schon bevor du zurückgekommen bist. Aber ich wollte mir erst selbst darüber im klaren sein, bevor ich es dir sage.«

»Eine Welttour?« Empört sprang er auf.

»Richtig, Nick«, antwortete sie ruhig und erwähnte nicht, was sie dafür bekommen würde, denn das war nicht der Grund, warum sie es machen wollte. Und es erschien ihr unpassend, in diesem Moment über Geld zu sprechen.

»Habe ich dir nicht von Anfang an gesagt, was dieser Taugenichts mit dir vorhat. Verdammt, Cassie! Hörst du mir denn nie richtig zu?« rief Nick wutentbrannt und hob drohend die Hand. »Deshalb die ständigen Wochenschauen und die viele Werbung. Er wollte dich so bekannt wie möglich machen, und nun versucht er, den größtmöglichen Nutzen daraus zu ziehen und setzt dabei sogar dein Leben aufs Spiel. Es herrscht Krieg. Wie, zum Teufel, wollt ihr eine solche Tour überhaupt bewerkstelligen? Und selbst wenn ihr irgendeine verrückte Route austüfteln könntet, was ich stark bezweifle, verdammt, Cassie, ich würde es nicht zulassen, daß du es tust.«

»Das ist ganz allein meine Entscheidung, Nick«, sagte Cassie ruhig. »Es geht dich überhaupt nichts an, genausowenig wie ich gefragt wurde, als du zur Royal Air Force gegangen bist. Jeder entscheidet für sich allein.«

»Ist ja toll. Und was wird das jetzt? Eine Retourkutsche, weil ich mich freiwillig gemeldet habe? Oder Rache, weil ich dir nicht geschrieben habe? Verstehst du denn nicht, was dieser Kerl macht? Er nutzt dich aus. Um Himmels willen, wach auf, Cassie, bevor er dich umbringt.« Nick war vollends in Wut geraten über Williams' Machenschaften, doch Cassie wollte es nicht einsehen.

»Er bringt mich doch nicht um. Das ist lächerlich.«

»Bist du denn verrückt geworden? Weißt du überhaupt, wie gefährlich so ein Flug ist? Es ist reiner Selbstmord. Und du wirst es nicht schaffen. Du hast weder die nötige Ausdauer noch die Erfahrung dafür.«

»Die hole ich mir gerade.«

»Red keinen Quatsch! Alles, was du zur Zeit machst, sind doch nur Testflüge, und das ist etwas völlig anderes. Wann hast du denn deinen letzten Langstreckenflug gemacht?«

»Letzte Woche, als ich hierherkam. Ich mache es schon die ganze Zeit, Nick.«

»Du bringst dich um, du dummes Ding! Und was sagst du dazu?«

Nick drehte sich um und warf Pat einen wütenden Blick zu.

»Erlaubst du ihr das etwa?«

»Ich bin nicht gerade glücklich darüber«, erwiderte Pat traurig. Er hatte gerade seinen Sohn verloren, doch in den letzten Jahren hatte er gelernt, vieles in einem anderen Licht zu sehen, und das verdankte er nicht zuletzt auch Cassie. »Aber sie ist alt genug, um selbst zu entscheiden, Nick. Ganz gleich, ob richtig oder falsch. Ich habe nicht das Recht, mich in ihre Entscheidungen einzumischen.« Cassie hätte am liebsten laut losgejubelt, als sie seine Worte hörte.

»Bist du nicht mehr ganz bei Trost?« fragte Nick völlig erstaunt. »Wie kannst du nur so etwas sagen?«

»Weil ich älter und weiser geworden bin, und vielleicht solltest du auch mal nachdenken. Einerseits sagst du ihr, daß sie frei ist und du sie nicht heiraten willst, weil du dich, warum auch immer, zu alt für sie fühlst, andererseits willst du ihr vorschreiben, was sie zu tun und zu lassen hat. So geht es nicht, Nick. Und selbst wenn du sie heiratest, würde sie sich noch lange nicht vorschreiben lassen, was sie zu tun hat. Sie gehört zu einer neuen Generation von Frauen, das habe ich mittlerweile gelernt, und ich bin verdammt froh, daß ich Oona noch zu einer anderen Zeit kennengelernt habe. Die Frauen heutzutage sind wirklich unheimlich kompliziert.«

»Ich glaube dir einfach nicht. Sie hat dich bestochen. Du hast dich von ihr dazu überreden lassen.«

»Nein«, erwiderte Pat hartnäckig. »Sie hat mir ja noch nicht einmal gesagt, ob sie es macht oder nicht. Das ist ganz allein ihre Entscheidung, Nick, ihre ganz allein. Nicht meine und auch nicht deine. Ich will nicht derjenige sein, der sie davon abhält, und du solltest dich auch zurückhalten.«

»Und wenn sie dabei umkommt?« fragte Nick barsch.

»Dann würde ich es mir selbst nie verzeihen«, antwortete Pat ehrlich. »Doch ich muß sie trotzdem gewähren lassen.«

Tränen stiegen ihm in die Augen, als er das sagte, und Cassie ging zu ihm und küßte ihn.

Nick starrte sie an, als sie sich zu ihm umdrehte. »Und, machst du es nun?« Die zwei Männer hielten den Atem an, während sie auf ihre Antwort warteten. Cassie nickte, und Nick sah aus, als ob er am liebsten losgeschrien hätte.

»Ja. Aber ich habe es Desmond noch nicht gesagt.«

»Deshalb hat er gestern also angerufen«, stöhnte Nick gequält. Er konnte nicht glauben, daß sie es wirklich tun wollte. Er selbst hatte ihr das Fliegen beigebracht und wußte, daß sie zu großartigen Leistungen fähig war. Doch hierzu war sie nicht fähig ... noch nicht ... jetzt nicht ... und vielleicht nie.

»Er hat angerufen, um zu fragen, wie es mir und Dad geht.«

»Wie zuvorkommend.« Er schaute sie an und geriet erneut in Wut. »Und was dann kommt, kann man sich ja an fünf Fingern abzählen, oder?«

»Was meinst du damit?« fragte sie. Sie wußte nicht, worauf er hinauswollte, und Pat auch nicht, denn Nick war plötzlich bei einem ganz anderen Thema.

»Noch mehr Werbung, mehr Stunts. Es war bestimmt kein Zufall, daß er dich letztes Jahr zum Essen und zum Tanzen in dieses piekfeine Restaurant eingeladen hat, wo dann dieses nette Foto von euch beiden geschossen wurde. So etwas sorgt für Wirbel in der Presse, wirkt geheimnisvoll ... doch er muß nun noch ein bißchen weitergehen, damit es auch interessant bleibt, damit alles in Gang gehalten wird. Wetten, daß er dich als nächstes bitten wird, ihn zu heiraten?« fragte Nick wutschnaubend. Cassie schaute ihn voller Verachtung an, und Pat konnte sich ein Schmunzeln kaum verkneifen. Er hatte seinen alten Freund noch nie zuvor derartig eifersüchtig erlebt, und er beobachtete die beiden amüsiert.

»Was sollen diese widerwärtigen Unterstellungen?« schalt Cassie ihn, doch Nick ließ sich nicht von seiner Meinung abbringen.

Schließlich versuchte Pat, vernünftig mit ihm zu reden. »Erst erklärst du ihr, daß du sie unter keinen Umständen heiratest, wenn du wiederkommst, ja, du schreibst dem Mädchen nicht einmal, was erwartest du denn eigentlich? Soll sie für den Rest ihres Lebens ins Kloster gehen oder ewig Jungfrau bleiben? Sie hat ein Recht auf ihr eigenes Leben, Nick. Wenn nicht mit dir, dann eben mit einem anderen. Und wenn du mich fragst, scheint er ein ganz anständiger Mann zu sein. Ganz gleich, welche geschäftlichen Interessen hinter dem Flug oder seinen Werbekampagnen stehen. Er verkauft schließlich Flugzeuge und muß diese so interessant wie möglich machen. Wenn er sie also von einem hübschen Mädchen fliegen läßt, die darüber hinaus, wie ich hinzufügen möchte, noch eine verdammt gute Fliegerin ist, dann spricht das doch eigentlich nur für ihn. Und wenn er sie heiraten will und du nicht, dann solltest du dich wirklich raushalten, oder?« Cassie mußte ein Lächeln unterdrücken, als sie ihn so reden hörte. Er hatte noch nie zuvor eine so lange Rede gehalten, und das beste daran war, daß er auch noch recht hatte. Doch Nick wollte das nicht einsehen.

»Er liebt sie doch gar nicht, Pat ... aber ich.«

»Dann heirate sie«, sagte Pat ruhig. Und damit verließ er den Raum, um den beiden Gelegenheit zu geben, allein miteinander zu sprechen. Sie brauchten dies mehr als andere Paare, doch nach einer Stunde stritten sie noch immer und waren kein Stück vorangekommen. Nick warf Cassie vor, entweder völlig naiv zu sein oder Desmond an der Nase herumzuführen, und sie hielt ihn für kindisch. Es war ein furchtbarer Nachmittag, und gegen Ende des Tages waren beide völlig erschöpft. Und Nick mußte am nächsten Morgen zurück nach New York fliegen.

Sie redeten noch die ganze Nacht weiter und kamen doch zu keiner Lösung. Er erinnerte sie immer wieder daran, daß er ein neununddreißig Jahre alter Mann sei und kein Kind heiraten wolle, dessen Leben er damit zerstören würde.

»Dann laß mich in Ruhe!« schrie sie ihn an und ging

schließlich zu Bett. Am nächsten Morgen herrschte immer noch dicke Luft zwischen ihnen.

»Ich verbiete dir, diese Welttour zu fliegen«, sagte er, bevor er mit seinem gemieteten Flugzeug startete, und Cassie bat ihn, vernünftig zu werden und ihr kein Ultimatum zu stellen.

»Warum können wir es nicht erst einmal vergessen? Es dauert doch noch ein ganzes Jahr, und du fliegst jetzt doch sowieso zurück nach England.«

»Und wenn ich zum Mond fliegen würde. Ich will nicht, daß du den Vertrag unterschreibst.«

»Du hast kein Recht, mir das zu verbieten. Hör auf damit, Nick!«

»Nein, verdammt noch mal, nicht eher, bis du mir versprochen hast, die Finger davon zu lassen.«

»Ich werde es tun!« rief sie ihm zu, während der Wind ihr durch das rote Haar wehte. Nick packte sie plötzlich und zog sie mit einem Ruck an sich.

»Nein, wirst du nicht.« Er küßte sie hart auf den Mund, und aus dem Kuß entwickelte sich ein regelrechter Kampf.

»Werde ich wohl.«

»Halt den Mund.«

»Ich liebe dich.«

»Dann tu es nicht.«

»Ach, verdammt noch mal!« Und wieder küßte er sie, doch wie vorauszusehen war, hatten sie immer noch keine Lösung gefunden. Als er schließlich abflog, stand sie weinend am Rollfeld, und fünf Minuten später stürmte sie schimpfend ins Büro ihres Vater. »Dieser Mann treibt mich zum Wahnsinn.«

»Eines Tages werdet ihr beide euch noch gegenseitig umbringen. Es wundert mich, daß ihr es noch nicht getan habt«, sagte er lächelnd. »Stur wie zwei Maulesel. Es wäre wirklich eine Schande, wenn ihr nicht doch noch eines Tages heiraten würdet. Ihr verdient euch beide. Niemand anders könnte einen von euch beiden ertragen.« Dann schaute er sie einen Moment lang ernst an. »Glaubst du, daß er recht hat? Meinst du, Williams würde dir nur aus Publicitygründen einen Heiratsantrag machen?«

»Nein.« Sie sah wütend aus. »Der Mann hat eine furchtbare Angst davor, sich zu binden. Er hat zwei katastrophale Ehen hinter sich, und ich denke, wenn er noch einmal heiratet, dann nur aus Liebe.«

»Hoffentlich.« Ihre Worte hatten ihn beruhigt. »Hat er Interesse an dir gezeigt, Cassie?« fragte er dann und fügte hinzu, wie anständig er Williams' Erscheinen auf Chris' Beerdigung gefunden hatte.

»Nicht direkt. Wir sind einfach nur Freunde. Nick weiß nicht, wovon er redet.«

»Nun ja, es wäre ja auch nicht unbedingt der Weltuntergang, wenn du diesen Wahnsinnigen, der gerade auf dem Weg zurück nach England ist, nicht heiraten würdest. Ich schwöre, er bringt mich noch eines Tages ins Grab. Er und ich hatten früher ähnliche Streitereien. Er ist wirklich der dickköpfigste Kerl, den ich je getroffen habe.« Cassie widersprach ihrem Vater nicht und ging anschließend zum Haus zurück, um nach ihrer Mutter zu sehen.

In der darauffolgenden Woche verließ sie Illinois und kehrte nach Newport Beach zurück. Endlich war sie wieder in ihrem Apartment und bei ihrer Arbeit und konnte den neuen Vertrag für ein weiteres Jahr mit doppeltem Gehalt unterzeichnen. Gleich an ihrem ersten Arbeitstag bat sie Desmond um eine Unterredung unter vier Augen in seinem Büro.

»Ist irgend etwas passiert?« fragte er nervös und erhob sich schnell von seinem Platz, als sie eintrat. Er machte dies immer, wenn sie in sein Büro kam, und es gefiel ihr. »Fitzpatrick sagte, daß es dringend sei.«

»Das kommt ganz darauf an, wie man es sieht«, erwiderte Cassie ruhig. »Ich dachte, du wolltest wissen, wie ich mich in bezug auf die Welttour entschieden habe.« Plötzlich glaubte er, in ihrem Gesicht lesen zu können, daß sie es nicht machen wollte, und sein Mut sank.

»Ich ... ich verstehe, Cass ... Ich dachte mir schon, daß nach dem Tod deines Bruders ... deine Eltern waren bestimmt auch nicht sehr glücklich darüber ... und es wäre auch nicht fair ihnen gegenüber ...« Er versuchte, ihre Entscheidung mit Würde zu ertragen, doch es war eine riesige Enttäuschung für ihn und eine sehr schmerzliche dazu. Es war sein größter Wunsch gewesen, und er wollte daran teilhaben und ihr zum Erfolg verhelfen.

»Nein, es wäre nicht fair ihnen gegenüber«, stimmte Cassie zu. »Und mein Vater war nicht sehr glücklich darüber.« Sie waren übereingekommen, ihrer Mutter zunächst nichts davon zu erzählen. »Aber er sagte, es wäre ganz allein meine Entscheidung, und ich habe mich entschieden.« Er sagte kein Wort und schaute sie nur an. Cassie kam einen Schritt näher. »Ich werde es machen, Desmond.«

»Was?« flüsterte er.

»Ich mache die Tour. Ich fliege sie für dich.«

»O mein Gott!« Mit geschlossenen Augen sank er zurück in seinen Sessel. Dann schaute er sie an, sprang auf und kam um den Schreibtisch herum, um sie zu küssen. Es war ein sehr flüchtiger Kuß, der aber zugleich seine große Dankbarkeit ihr gegenüber deutlich werden ließ. Nichts hatte ihm je mehr bedeutet, und nichts würde jemals wieder so wichtig für ihn werden, dessen war er sich sicher. Er hatte Tausende von Plänen und würde sie alle mit ihr besprechen. Sie hatten ein unglaubliches Jahr vor sich. Als er sich setzte und zu erzählen begann, hielt er ihre Hand fest, um ihr noch einmal zu danken. In diesem Augenblick war Cassie glücklicher als je zuvor über ihre Entscheidung. Zur Hölle mit Nick, dies war schließlich ihr Leben.

15

Schon kurze Zeit später wurde die Welttour auf einer Pressekonferenz in Newport Beach großartig angekündigt. Damit hatten sie den Startschuß für die Publicitykampagne gegeben. Desmond organisierte und inszenierte noch weitere Presseankündigungen, und Cassie hielt kurze Vorträge vor Männer- und Frauengruppen, politischen Vereinigungen und Clubs. Sie gab Radio-Interviews, und man widmete ihr sogar eine spezielle Wochenschau. Zwei Wochen lang wurde die Presse mit immer neuen Informationen über ihre kommende Tour versorgt. Doch Mitte August verdrängten dann die Berichte über die Eskalation des Krieges in Europa Cassie von den Titelseiten. Der Kampf um Großbritannien hatte begonnen, und durch die ununterbrochene Bombardierung der Insel hoffte die deutsche Luftwaffe, England in kürzester Zeit in die Knie zu zwingen. Cassie wußte, daß Nick, allein schon durch seine Anwesenheit dort, in höchster Lebensgefahr schwebte. Ganz gleich, wie wütend sie auf ihn gewesen war, die letzten Nachrichten versetzten sie in Angst und Schrecken und ließen ihre Gedanken nur noch um Nick kreisen.

Sie rief ihren Vater an, um zu erfahren, ob er irgend etwas von Nick gehört hatte, doch auch er hatte seit Ende August kein Lebenszeichen von ihm erhalten.

»Ich weiß auch nicht, wie es ausgehen wird, Cass. Du mußt einfach glauben, daß es ihm gutgeht. Er hat mich als seinen nächsten Angehörigen angegeben. Ich erfahre es also als erster, wenn ihm etwas passiert ist.« Das konnte

Cassie auch nicht besonders beruhigen, und auch ihr Vater war der Meinung, daß Nick nun sicherlich in den aktiven Dienst versetzt worden war. Er würde nicht länger unterrichten, sondern selbst Bomber oder Jagdflugzeuge fliegen. Das Hauptziel der Luftwaffe war die Vernichtung der Royal Air Force, und Cassie wußte, daß Nick für deren Verteidigung kämpfen mußte. Durch dieses Wissen lebte sie in ständiger Sorge um ihn, und es belastete sie noch mehr, daß sie sich im Streit getrennt hatten. Sie hoffte nur, daß er in Sicherheit war, alles andere war unwichtig.

Trotz des Krieges widmete Desmond sich weiterhin sorgfältig und mit unglaublicher Präzision der Planung der Welttour. Sie hatten bereits ein passendes Flugzeug ausgesucht. Es wurde umgerüstet und mit den neuesten Instrumenten sowie zusätzlichen Kraftstofftanks und Langstreckennavigationsgeräten ausgestattet. Dank Desmonds besonderer Vorliebe für Details war Cassie überzeugt, daß bei der Umsetzung der Pläne alle möglichen Sicherheitsvorkehrungen getroffen wurden.

Durch den Krieg in Europa wurde die Route zum Risikofaktor Nummer eins. Bis 1940 hatte die Zahl der Kriegsschauplätze enorm zugenommen. Verschiedene Gebiete im Pazifik waren nicht mehr sicher, genausowenig wie große Teile Afrikas und natürlich ganz Europa. Ein Rundflug um die Welt war in diesen unruhigen Zeiten einfach nicht möglich. Doch es gab immer noch genug außerordentliche Rekorde aufzustellen und riesige Entfernungen zu bewältigen. Und da Desmonds Interesse an Kriegsflugzeugen immer mehr wuchs, wartete er nur auf die Gelegenheit, die Zuverlässigkeit seiner Flugzeuge bei der Überquerung großer Wasserflächen zu beweisen. Die Route bestand im wesentlichen aus einem Rundflug über dem Pazifik, wobei sie in zehn Tagen acht Etappen hinter sich bringen sollten und insgesamt fünfzehntausendfünfhundertundfünfzig Meilen zu bewältigen hatten. Sie sollten zunächst von Los Angeles bis Guatemala City fliegen und von dort zu den Galapagos-Inseln. Dann würde es weiter Richtung Osterinseln gehen und danach nach Tahiti; von Tahiti nach Pago Pago und dann weiter nach Howland Island, wo Desmond eine kleine Gedenkfeier für Amelia Earhart plante. Von Howland aus schließlich nach Honolulu, wo eine große Feier stattfinden sollte. Desmond wollte sie dort empfangen und mit ihnen zusammen zurück nach San Francisco fliegen. Er war enttäuscht, daß es nun doch keine Welttour werden würde, doch von der Pazifiktour, wie er sie jetzt nannte, würde er auch ausreichend profitieren können. Die Welttour würde dann eben etwas später kommen, wenn der Krieg in Europa vorbei war. Und ein Langstreckenflug über nahezu sechzehntausend Meilen würde Cassies Berühmtheit und die seiner Flugzeuge bestimmt genauso nützen. Cassie war beeindruckt von der betont sachlichen Art, mit der er sämtliche Änderungen den Erfordernissen anpaßte. In gewisser Weise widerlegte Desmond so die schrecklichen Sachen, die Nick über ihn gesagt hatte. Er war kein Verrückter, der sie umbringen wollte. In diesem Jahr hätte nicht einmal ein Wahnsinniger versucht, Europa zu überfliegen.

Im Herbst arrangierte Desmond noch mehr Pressekonferenzen für sie und sorgte dafür, daß sie ständig in den Nachrichten erschien. Er wollte, daß man ihr soviel Aufmerksamkeit wie nur möglich widmete. Es lenkte die Menschen etwas vom Krieg in Europa ab, denn diese Tour hatte etwas Positives, war ein Symbol der Hoffnung und ließ die Amerikaner von Freiheit und Abenteuer träumen. Zudem sah Cassie auf den Fotos so umwerfend aus, daß jedermann sie ins Herz schloß und ihr die Daumen drückte. Die Leute sprachen sie jetzt immer öfter auf der Straße an, und die Männer winkten ihr aus ihren Autos zu. Man bat sie um Autogramme, und es war, wie Nick gesagt hatte: Man behandelte sie wie einen Filmstar. Doch in letzter Zeit hatte Desmond ihre gesellschaftlichen Verpflichtungen stark gedrosselt, denn ihr makelloses Image sollte nicht von irgendwelchen amourösen Klatschgeschichten beeinträchtigt werden. Nancy Firestone arbeitete zwar immer noch mit ihr zusammen, doch sie brauchte nicht mehr für entsprechende Begleiter zu sorgen. Wenn Cassie jetzt zu einer wichtigen Veranstaltung mußte, begleitete Desmond sie höchstpersönlich dorthin. Er wollte an ihrer Seite sein, damit er alles unter Kontrolle hatte. Sie besuchten Eröffnungen und Premierefeiern in Hollywood und gingen abends zusammen tanzen oder ins Theater. Sie fühlte sich wohl in seiner Begleitung und war gern mit ihm zusammen. Da er jeden Tag genauso zeitig aufstand wie sie, war es ihm nur recht, wenn sie etwas früher nach Hause gingen. So war alles perfekt geregelt.

In der Zwischenzeit wurde Großbritannien weiter erbarmungslos von der deutschen Luftwaffe bombardiert. Cassie wußte, daß ihr Vater eine Nachricht von Nick erhalten hatte: zumindest Anfang Oktober war er noch wohlauf gewesen. Er flog Spitfires für die 54. Staffel und war immer noch am Hornchurch Aerodrome stationiert. Es hatte so geklungen, als ob es ihm richtig Spaß machte, die Briten tatkräftig zu unterstützen und den Deutschen so richtig den Marsch zu blasen. Nick hatte Cassie nur erwähnt, als er Pat bat, seiner unvernünftigen Tochter liebe Grüße zu bestellen. Der Kampf zwischen ihnen war also noch nicht beendet, doch wenigstens war er am Leben, und das war für alle O'Malleys eine riesige Erleichterung.

Sogar Desmond hatte sich höflich nach Nicks Befinden erkundigt, und Cassie hatte ihm alles erzählt, was sie wußte. Doch erst im November schienen die Kräfte der deutschen Luftwaffe langsam ein wenig zu schwinden, und bis dahin hatten sie England unaufhörlich und erbarmungslos bombardiert. Man schickte seit kurzem die Kinder nach Amerika, damit sie bis zum Kriegsende in Sicherheit leben konnten. Auch ihre Schwester Colleen hatte zwei von ihnen aufgenommen, was Cassie tief bewegte. Es war ein ganz entzückendes Geschwisterpaar, doch die beiden waren noch völlig verängstigt, als Cassie sie an Thanksgiving kennenlernte. Cassie fand es lustig, daß die kleinen Briten ebenso rotes Haar hatten wie sie. Annabelle war drei und Humphrey vier Jahre alt. Die Wohnung ihrer Eltern war bei einem der zahllosen Bombenangriffe auf London zerstört worden, und da sie keine Verwandten auf dem Land hatten, veranlaßte das Rote Kreuz ihre Abreise nach New York. Dort hatte Billy sie dann mit dem Flugzeug abgeholt, und er war ganz schockiert, als die Kinder ihn auf dem Rückweg fragten, ob er nun den Flughafen bombardieren würde.

Wie alle anderen auch, war Cassie total vernarrt in die beiden. Die zwei Kinder hielten ihre Mutter auf Trab, und solange sie sich um die beiden kümmern mußte, dachte sie nicht an Chris. Gerade an Thanksgiving war es für alle besonders schwer, doch irgendwie brachten sie den Feiertag hinter sich und waren dankbar, daß sie einander hatten. Cassie fuhr während des Thanksgiving-Wochenendes nach Walnut Grove und besuchte Jessie. Anscheinend war sie besser über das schreckliche Unglück hinweggekommen als die O'Malleys. Sie war noch jung, und irgendwann würde sie einen anderen Jungen finden, doch für Cassie würde es niemals einen anderen Bruder geben.

Zufällig traf sie auch Bobby und Peggy. Peggy war schwanger, und Cassie gratulierte ihnen. Die Ehe tat Bobby offensichtlich gut, er wirkte reifer und selbstbewußter. Nach dem Tod seines Vaters führte er jetzt das Lebensmittelgeschäft weiter. Er träumte immer noch von einer Supermarktkette quer durch Illinois, aber zur Zeit drehte sich alles um das Baby.

»Und wie steht's mit dir, Cass?« fragte er zögernd. Er wollte nicht allzu neugierig erscheinen. Auch er hatte von der Tour gehört, doch er fragte sich, was sie wohl tat, wenn sie einmal nicht flog.

»Die Vorbereitungen für die Pazifiktour lassen mir keine ruhige Minute mehr«, antwortete sie aufrichtig. Sie tat ihm leid, denn wenn sie so weitermachte, würde sie niemals heiraten und Kinder bekommen.

Die Tour schien ihn nicht besonders zu interessieren. Dennoch war er erstaunt zu hören, wie viele Stunden jeden Tag dabei draufgingen, Berichte zu lesen, das Flugzeug zu überprüfen und jede auch noch so winzige Veränderung der Ingenieure genau nachzuprüfen. Sie flog jetzt viele Langstreckenflüge, um für die Tour fit zu werden und sich mit den Einzelheiten der Pazifikroute vertraut zu machen.

Als sie zu Hause war, erzählte Cassie ihrem Vater von all den Vorbereitungsarbeiten. Er konnte seine Begeisterung kaum verbergen und hätte sich das Flugzeug liebend gern angesehen. Deshalb lud sie ihn nach Kalifornien ein, damit er es sich genau anschauen konnte. Doch Pat sagte, daß ihm wegen der vielen Arbeit am Flughafen keine Zeit für solche Eskapaden bliebe, und bald würde er noch mehr Arbeit bekommen, denn Billy sollte nach Weihnachten mit nach Newport Beach kommen und ebenfalls mit den Vorbereitungen für die Tour beginnen. Er war so aufgeregt, daß er nur noch dieses eine Thema kannte, und Pat knurrte ständig herum, weil er während der nächsten sieben oder acht Monate die ganze Arbeit allein machen mußte. Der Flug selbst sollte weniger als einem Monat dauern, doch danach würde Billy noch Pressekonferenzen und Interviews geben müssen. Pat fragte sich zudem, ob er überhaupt zurückkommen würde. Wie Cassie würde er zum Helden werden und bestimmt wesentlich attraktivere Angebote bekommen, als auf dem O'Malley's-Flughafen zu arbeiten. Pat hätte ihn nur allzugern behalten, aber er war realistisch.

Für den Dezember hatte Cassie sich tausend Dinge vorgenommen, die sie noch erledigen wollte, bevor sie über Weihnachten wieder nach Hause flog. Doch die Tage waren einfach zu kurz, und schließlich mußte sie Nancy bitten, Spielzeug für ihre Nichten und Neffen und Annabelle und Humphrey zu kaufen. Um die Geschenke für ihre Schwestern kümmerte sich sich selbst, und auch um die für ihre Schwager und ihre Eltern. Sie wurde traurig bei dem Gedanken, daß sie nie wieder ein Geschenk für Chris kaufen würde. Als er noch ein kleiner Junge war, hatte sie ihre Puppen verkauft, um ihm Autos schenken zu können. Sie hätte alles für ihn getan, und nun gab es ihn auf einmal nicht mehr. Sie konnte es immer noch nicht glauben.

Dieses Jahr würde Weihnachten nicht einfach werden, doch die ganze Familie hatte sich schon darauf eingestellt, und Cassie war besonders bewegt, als Desmond am Abend vor ihrer Abreise kam, um ihr ein Geschenk zu bringen. Sie hatte ihm einen schönen marineblauen Kaschmirschal gekauft, den sie bei Edward Bursals in Beverly Hills entdeckt hatte. Im Beverly Hills-Lederwarengeschäft, wo er nach Nancys Angaben Stammkunde war, erstand sie eine hübsche Aktenmappe. Es wäre ihr nie in den Sinn gekommen, ihm etwas so Banales wie eine bunte Krawatte oder einen Wollpullover zu schenken. Schon bei der Vorstellung mußte sie lachen. Und sie war überglücklich, daß ihm ihre Geschenke gefielen. Sie waren zwar nicht sehr persönlich, aber nützlich, und sie wußte, daß er das sehr schätzte.

Seine Geschenke zeigten ihr wieder einmal, wie aufmerksam er doch war. Zunächst überreichte er ihr ein Buch mit dem Titel *Listen! the Wind* von Anne Morrow Lindbergh, der Frau des berühmten Fliegers, die auch selbst eine begeisterte Pilotin war, und ein bezauberndes Aquarell des Strandes von Malibu, denn er wußte, wie gut es ihr dort gefiel. Und dann gab er ihr noch eine kleinere Schachtel, und als Cassie sie auswickelte, lächelte er etwas verlegen.

»Ich bin mir nicht sicher, ob es dir gefällt«, sagte er verunsichert, was sonst eigentlich nicht seine Art war. Und dann unterbrach er sie und nahm ihre Hand. »Wenn nicht, Cass, gib es mir einfach zurück, ich würde es verstehen. Du mußt dich nicht verpflichtet fühlen, es anzunehmen.«

»Ich kann mir nicht vorstellen, daß ich ein Geschenk von dir zurückgeben möchte«, sagte sie sanft, und dann ließ er sie weiter auspacken. Unter dem roten Papier erschien eine kleine schwarze Schachtel, und sie hatte wirklich keine Ahnung, was sich darin verbarg, aber es mußte etwas sehr Winziges sein. Wieder unterbrach er sie, und dieses Mal ergriff er ihre beiden Hände. Er wirkte plötzlich sehr blaß, und sie machte sich langsam Sorgen um ihn, denn dieses Verhalten war völlig untypisch für ihn. Es war, als ob er schon bedauerte, ihr das Geschenk gemacht zu haben, und man konnte fast glauben, daß er sich vor ihrer Reaktion fürchtete.

»Ich habe so etwas noch nie zuvor gemacht«, sagte er nervös. »Vielleicht hältst du mich ja auch für verrückt.«

»Keine Angst«, erwiderte sie sanft. Sie standen sehr nahe zusammen, und zum erstenmal, seit sie sich kannten, fühlte sie, wie sich eine merkwürdige Spannung zwischen ihnen aufbaute. »Ganz gleich, was es ist, es wird mir bestimmt gefallen«, sagte sie aufmunternd. Er schien erleichtert zu sein, doch seine Unsicherheit blieb. Dieser mächtige und einflußreiche Mann wirkte in diesem Augenblick schrecklich verwundbar. Sie konnte sich nicht vorstellen, was geschehen war und woran es liegen konnte, und sie fragte sich, ob die bevorstehenden Feiertage ihm vielleicht zu schaffen machten, weil er allein war. Als sie daran dachte, tat er ihr plötzlich wieder unheimlich leid. Sie blickte ihn lächelnd an.

»Es ist schon in Ordnung, Desmond. Wirklich.« Sie wollte ihn beruhigen. Sie waren doch Freunde, und die lange Vorbereitungszeit für die Pazifiktour hatte sie einander noch nähergebracht.

»Sag das nicht, bevor du mein Geschenk überhaupt gesehen hast.«

»Gut, dann laß es mich öffnen«, erwiderte sie ruhig. Er ließ ihre Hände schließlich los, und sie klappte die Schachtel auf. Was sie sah, verschlug ihr dann doch den Atem: Ein kunstvoll geschliffener fünfzehnkarätiger Diamant auf einem goldenen Ring funkelte ihr entgegen. Und während sie ihn ungläubig anstarrte, steckte er ihr den kostbaren Verlobungsring an den Finger.

»Desmond, ich ...« Sie wußte nicht, was sie sagen sollte. Das hatte sie nun wirklich nicht erwartet. Er hatte sie ja noch nicht einmal richtig geküßt.

»Ganz gleich, was du denkst, aber bitte sei mir nicht böse«, bat er. »Ich hatte nie die Absicht, es zu tun ... jedenfalls nicht so ... aber ... Cass ...« Er sah sie flehend an und wirkte plötzlich so verwundbar, so vollkommen schutzlos. »Ich habe mich Hals über Kopf in dich verliebt. Ich habe ja selbst vorher nichts geahnt, ich dachte, wir wären nur Freunde, und dann ... Ich weiß auch nicht genau, was geschehen ist. Wenn du mich nicht heiraten willst, könnte ich es verstehen. Wir machen dann einfach so weiter wie bisher. Wir fliegen die Tour ... Cass ... bitte ... sag doch etwas ... mein Gott, Cassie ... ich liebe dich.« Er vergrub sein Gesicht in ihrem Haar, und sie spürte plötzlich eine tiefe Zärtlichkeit. Sie liebte ihn, aber nicht so wie Nick. Das wäre ohnehin nicht möglich gewesen. Doch sie liebte ihn wie einen teuren Freund oder wie jemanden, der dringend Hilfe brauchte. Sie wollte für ihn alles wieder ins rechte Lot bringen, für ihn dasein und ihm helfen, ja, ihn sogar seine schmerzliche Vergangenheit vergessen lassen, wenn dies möglich war. Doch sie hatte keinen Augenblick daran gedacht, ihn zu heiraten.

»Ach, Desmond«, sagte sie leise, als er sich von ihr löste, um ihr ins Gesicht zu sehen.

»Bist du mir böse?«

»Wie könnte ich denn ...?« Sie war noch immer sprachlos und wußte nicht, was sie sagen sollte.

»Ach Cassie, du ahnst ja gar nicht, wie sehr ich dich liebe«, flüsterte er. Dann küßte er sie zum erstenmal, ohne abzuwarten, ob sie den Ring nun behalten wollte oder nicht, und Cassie war völlig benommen von seiner wilden Leidenschaft. Sie hätte nie geglaubt, daß er zu derart tiefen Gefühlen fähig wäre. Er küßte sie noch einmal, und sie war überrascht, daß sie seinen Kuß erwiderte. Als sie sich schließlich von ihm löste, war sie völlig außer Atem. Ihr war schwindelig, und ihre Gefühle verwirrten sie. Eine ungeheure Kraft ging von ihm aus, und sie fürchtete sich ein wenig.

»Ich dachte, das sollte eine Verlobung werden und keine

Hochzeitsnacht«, sagte sie mit heiserer Stimme. Er grinste und sah plötzlich jungenhaft und verwegen aus.

»Wirklich? Ist es eine Verlobung, Cass?« Er konnte nicht glauben, was er soeben gehört hatte. Es war sein größter Wunsch, doch Cassie war sich noch nicht sicher. Es kam alles so unerwartet.

»Ich weiß nicht... ich... ich habe gar nicht damit gerechnet...« Doch sie war ihm nicht böse und hatte auch noch nicht »nein« gesagt.

»Ich erwarte ja auch nicht, daß du dich sofort in mich verliebst. Ich weiß von deinem Freund bei der Royal Air Force... und wenn... wenn du denkst, daß... Cassie, du mußt selbst entscheiden, was richtig für dich ist... was ist mit ihm?« Er mußte es jetzt erfahren, und sie wollte ihm gegenüber ehrlich sein.

»Ich liebe ihn noch immer.« Sie konnte sich gar nicht vorstellen, einen anderen zu lieben. Sie liebte ihn schon, solange sie denken konnte. »Er sagt, daß er mich niemals heiraten wird... und als wir uns das letzte Mal sahen, trennten wir uns im Streit wegen der Tour. Seither habe ich nichts mehr von ihm gehört, und wahrscheinlich wird das auch so bleiben.« Sie wirkte etwas verzweifelt bei der Erinnerung an ihr letztes Zusammensein mit Nick. Doch mit Desmond war alles so anders.

»Was bedeutet das für uns?« fragte er sie mit sanfter Stimme. Cassie schaute ihn an, und ein leiser Schauder lief ihr über den Rücken. Er war so gut zu ihr, so verständnisvoll.

Und sie wußte, daß sie ihn nicht einfach so verlassen konnte, nach allem, was er für sie getan hatte. Aber man konnte doch nicht den einen Mann lieben und den anderen heiraten? Das wäre Desmond gegenüber nicht fair gewesen, doch er schien sich bereits mit dieser Situation abgefunden zu haben. Und Nick würde sie mit Sicherheit nie heiraten, dessen war sie sich sicher. Er war der dickköpfigste Mann, den es gab. Mit Desmond hatte sie dagegen sehr viele Gemeinsamkeiten. Sie teilten das Interesse an seinem Geschäft und an der Tour, und zusammen könnten sie Großartiges leisten. Und wenn sie Nick schon nicht bekommen konnte, dann wäre es bestimmt nicht das Schlechteste, wenigstens mit einem sehr guten Freund verheiratet zu sein. Es erschien ihr ohnehin nicht möglich, in diesem Leben noch einmal jemanden so zu lieben wie Nick. Und mit der Zeit würde sie Desmond vielleicht genauso liebgewinnen wie ihn, obwohl sie sich das heute noch nicht vorstellen konnte. In mancherlei Hinsicht stand er ihr schon jetzt sehr nahe, und eine Heirat wäre die Krönung ihrer Verbindung. Doch der Gedanke, einen anderen zu heiraten als Nick Galvin, tat ihr sehr weh.

»Ich weiß es nicht«, gab sie schließlich ehrlich zu und schaute ihn an. »Ich will dich nicht hintergehen. Du hast schon zwei Ehen hinter dir, in denen du nur belogen und betrogen worden bist. Ich ... « Sie schaute ihm in die Augen und sah darin einen verzweifelten Hoffnungsschimmer. Es war wie eine stumme, flehentliche Bitte, und ihr einziger Wunsch war es, ihm eine Freude zu machen. Sie wollte ihm helfen, für ihn dasein ... und vielleicht bedeutete das ja auch, daß sie ihn liebte.

»Ich weiß, wieviel er dir bedeutet«, sagte er verständnisvoll. »Ich erwarte auch nicht, daß ich über Nacht seinen Platz einnehme, Cass. Ich weiß das ... aber ich liebe dich nun mal.«

»Ich liebe dich auch«, sagte sie leise, und in gewisser Weise tat sie es auch.

Sie schätzte seine Freundschaft und Loyalität und respektierte und bewunderte ihn. Sie sollte Mrs. Desmond

Williams werden, bei diesem Gedanken lächelte sie, es war überwältigend.

»Wenn du nicht glücklich wirst, können wir uns ja wieder scheiden lassen«, sagte er, um sie zu beruhigen. Doch Cassie schien dieser Vorschlag zu entsetzen.

»Das würde ich nie tun«, erwiderte sie. Für sie war die Ehe ihrer Eltern in dieser Hinsicht beispielhaft. »Ich möchte ja auch nicht ... undankbar ... oder unentschlossen wirken«, fügte sie hinzu. Sie versuchte verzweifelt, die richtigen Worte zu finden, während er sie nicht aus den Augen ließ. Sein starkes Verlangen ließ sie erzittern, und sie war überrascht von seiner Kraft, die sie spüren konnte, als er ihre Hand nahm und sich neben sie setzte. Sie fühlte, wie sehr er sie brauchte und daß er ihr alles geben wollte.

»Ich werde dich niemals verletzen, Cass, und ich will dich nicht verändern. Du sollst ein eigenständiger Mensch bleiben. Du bist viel zu wichtig für mich, als daß ich versuchen würde, dir die Flügel zu stutzen. Auch wenn wir verheiratet sind, kannst du weiterhin tun und lassen, was du willst.«

»Willst du eigentlich irgendwann Kinder?« Sie wurde fast verlegen, als sie ihm eine so intime Frage stellte.

»Kinder sind mir nicht besonders wichtig«, antwortete er aufrichtig. »Doch vielleicht ändere ich meine Meinung ja eines Tages, wenn du es wirklich willst und nicht gerade viel fliegen mußt. Aber ich meine, darüber solltest du gründlich nachdenken. Du kannst in deinem Leben Bedeutendes leisten. Kinder zu bekommen ist vielleicht eher etwas für Frauen wie deine Schwestern. Es ist ihre Aufgabe, und du hast deine Aufgabe, und sie ist sehr wichtig. Ich will damit nicht sagen, daß ich grundsätzlich keine Kinder haben möchte. Aber ich frage mich nur, ob es wirklich das ist, was du willst.«

»Ich war mir nie sicher. Ich dachte immer, ich wollte keine.« Aber von Nick hätte sie doch gern ein Baby bekommen, und sie war noch nicht dazu bereit, diesen Wunsch aufzugeben.

»Du kannst dir Zeit lassen für diese Entscheidung. Mit einundzwanzig hat man doch noch wichtigere Dinge im Kopf, oder? Du solltest zum Beispiel an deine Tour denken.« Das hatte sie zusammengebracht, und Cassie konnte sich nun auch vorstellen, daß sie sich ihm noch näher fühlen würde, wenn sie verheiratet wären.

»Desmond, ich weiß nicht, was ich sagen soll.« Sie war den Tränen nahe, als er sie an sich zog.

»Sag, daß du mich heiraten wirst«, flüsterte er und legte ihr den Arm um die Schulter, um ihr noch näher zu sein. »Sag, daß du mir vertraust... auch wenn du dir jetzt noch nicht sicher bist, sag mir, daß du glaubst, mich eines Tages wirklich lieben zu können. Ich tue es bereits, Cassie. Ich liebe dich mehr als alles auf der Welt.«

Konnte sie ihn jetzt noch abweisen? Konnte sie ihn jetzt noch enttäuschen oder vor ihm davonlaufen? Sollte sie ihr Leben lang auf Nick warten, obwohl sie wußte, daß er sie nie heiraten würde? Ihr Vater hatte ihm bei seinem letzten Besuch die Meinung gesagt. Wenn Nick sie nicht heiraten wollte, hatte er auch kein Recht, sich in ihre Zukunft oder ihre Entscheidungen einzumischen.

»Ja...«, hauchte sie kaum hörbar. Desmond starrte sie erstaunt an. »Ja«, sagte sie noch einmal sehr leise, und dann küßte er sie. Erst nach einer halben Ewigkeit ließ er von ihr ab, und Cassie war so aufgewühlt, daß sie am ganzen Körper bebte.

»Meine Eltern können es bestimmt nicht glauben«, sagte sie und sah plötzlich wie ein kleines Kind aus. Doch dann kam ihr eine Idee.

»Warum kommst du Weihnachten nicht einfach mit zu mir nach Hause?« Schließlich wollten sie heiraten, und deshalb war es ihr wichtig, daß er ihre Familie kennenlernte. Ihre Eltern konnten sich gar nicht mehr richtig an seinen Besuch auf Chris' Beerdigung erinnern, und wenn sie ihre Verlobung bekanntgaben, würde es vielleicht doch noch ein schönes Weihnachtsfest für die O'Malleys.

Aber die Einladung brachte ihn offenbar in Verlegenheit.

Schon seit Jahren hatte er kein Familienweihnachtsfest mehr gefeiert, und er hatte auch kein Verlangen danach. »Cass, ich möchte mich nicht als Eindringling fühlen, Liebling. Gerade in diesem Jahr haben deine Eltern doch sehr viel durchgemacht, und Familienfeiern sind sowieso nicht meine starke Seite.«

Cassie war schrecklich enttäuscht. »Desmond, bitte. Sie denken sonst womöglich, ich hätte mir das alles ausgedacht und den Ring irgendwo gestohlen.«

»Keine Sorge, ich werde dich dreimal am Tag anrufen. Das wird sie überzeugen. Um ehrlich zu sein, habe ich auch eine Menge Arbeit zu erledigen. Wer wüßte das besser als du? Wenn du zurück bist, können wir ja übers Wochenende in die Berge fahren und Ski laufen.« Er konnte sich wirklich etwas Schöneres vorstellen, als Weihnachten bei den O'Malleys in Illinois zu verbringen. Schon die Vorstellung verursachte ihm Unbehagen, und er war fest entschlossen, ihren Überredungskünsten zu trotzen.

»Ich möchte nicht Ski fahren. Ich möchte, daß du mit zu meiner Familie kommst«, sagte sie mit Tränen in den Augen. Sie war von den Ereignissen überwältigt: Sie war mit Desmond Williams *verlobt.* Trotzdem mußte sie sich zwingen, bei der ganzen Sache nicht an Nick Galvin zu denken.

»Nächstes Jahr machen wir es bestimmt«, sagte er mit fester Stimme.

»Das hoffe ich sehr«, erwiderte sie und erschrak bei der Vorstellung, daß es dann vielleicht wieder nichts werden würde. »Du bekommst nicht nur mich, sondern meine ganze Familie dazu. Und wir sind ganz schön viele.« Sie strahlte übers ganze Gesicht, und langsam fand sie Gefallen an der Vorstellung, ihre Verlobung bekanntzugeben.

»Aber dich gibt's nur einmal«, sagte er ernst und küßte sie noch einmal. Plötzlich kam ihr Nick in den Sinn, und sie wußte, daß sie ihn verraten hatte. Und als sie an ihn dachte, erinnerte sie sich auch an seine Warnungen in bezug auf Desmond. Doch er hatte sich in ihm getäuscht, Desmond war ein anständiger Mann. Er liebte sie, und nach einiger Zeit würde sie ihn auch lieben, und gemeinsam würden sie ein wunderbares Leben führen.

»Und wann soll die Hochzeit nun stattfinden?« Desmond unterbrach ihre Gedanken und schenkte ihr ein weiteres Glas Champagner ein. »Laß uns nicht zu lange warten. Ich fürchte, ich kann es nicht mehr lange aushalten, jetzt, da du ja gesagt hast. Du solltest Nancy bitten, dich vor mir zu beschützen.« Er lächelte vielsagend, und Cassie wurde rot und schaute lächelnd zu ihm auf.

»Ich werde sie vorwarnen«, sagte sie leise. Sie war glücklich mit ihm, sie war es immer gewesen, und auch jetzt waren sie noch eher Freunde als Liebende, wenn man von seinen leidenschaftlichen Küssen einmal absah.

»Wie wär's denn mit dem Valentinstag?« schlug er vor. »Es ist zwar etwas kitschig. Aber ich fände es nicht schlecht. Was meinst du dazu?« Seine Worte klangen ziemlich sachlich, so als würde er mit ihr Einzelheiten der Pazifiktour besprechen, doch das störte Cassie nicht. Desmond hatte wie gewöhnlich alles unter Kontrolle, doch er respektierte ihre Meinung.

Es war alles so romantisch. Sie würde einen Mann heiraten, von dem sich jede Frau gern zum Traualtar führen lassen würde, und die Hochzeit sollte am Valentinstag stattfinden. Konnte es etwas Schöneres geben, fragte sie sich. Wohl kaum ... es sei denn, Nick hätte sie ... Cassie verbot sich, darüber nachzudenken, sonst hätte sie sich an einen Traum geklammert, der immer ein Traum bleiben würde.

»Bis zum Valentinstag sind es nicht einmal mehr zwei Monate«, sagte sie plötzlich erschrocken. »Wollen wir eine große Hochzeit feiern?« Sie betrachtete ihren Ring und ließ ihn funkeln. Alles war so unwirklich an diesem bemerkenswerten Abend.

»Gefällt er dir?« fragte er. Dann zog er sie erneut an sich und küßte sie.

»Ich finde ihn umwerfend.« Noch nie hatte sie so einen großen Diamanten gesehen. Er war einzigartig, genau wie Desmond Williams.

»Um deine Frage zu beantworten«, sagte er lächelnd, während sie den Ring bewunderte und kichernd an ihrem Champagnerglas nippte, »nein, ich denke wir sollten keine große Hochzeit feiern. Ich meine, besser wäre eine kleine Feier, zu der dann nur wenige, ausgewählte Gäste eingeladen werden.« Er küßte sie erneut und fuhr fort: »Für dich ist es die erste Hochzeit, mein Herz, ... aber nicht für mich. Beim drittenmal sollte es meiner Meinung nach eher diskret ablaufen, damit es möglichst wenig Gerede gibt.«

»Oh ...« Daran hatte sie gar nicht gedacht, doch er hatte recht. Eine kirchliche Trauung war auch unmöglich, da er ja geschieden war. Sie fragte sich, ob ihre Eltern sich wohl sehr daran stören würden, aber sie waren eigentlich nie sonderlich religiös gewesen. »Was bist du eigentlich?« fragte sie etwas naiv. »Ich bin katholisch.«

Er lächelte. Manchmal war sie wirklich noch wie ein Kind, und gerade das mochte er so an ihr. »Das habe ich mir schon gedacht. Und ich gehöre der Episkopalkirche an. Doch ich denke, wir werden schon einen netten, freundlichen Friedensrichter finden, der uns traut.« Sie ließ sich von seiner Begeisterung mitreißen und nickte stumm. »Und selbstverständlich bekommst du ein wundervolles Kleid ... ich denke, es sollte kurz sein, aber sehr elegant, weißer Satin vielleicht. Und einen Hut mit einem winzigen Schleier. Schade, daß wir nichts mehr aus Paris kommen lassen können ...« Hüte aus Paris, fünfzehnkarätige Diamanten ... Heirat mit Desmond Williams am Valentinstag. Cassie starrte ihn an und fragte sich, ob sie vielleicht nur geträumt hatte, doch es war Wirklichkeit. Er saß da und sprach über weiße Kleider und Hüte mit Schleier, und sie trug den größten Diamanten, den sie je gesehen hatte, am Finger. Sie blickte zu ihm auf, und ihre Augen füllten sich mit Tränen. Sie sah aus wie ein kleines Mädchen, als sie dort neben ihm saß.

»Desmond, bitte sag mir, daß ich nicht träume.«

»Du träumst nicht, mein Herz. Wir sind verlobt, und schon sehr bald wirst du mit mir verheiratet sein, in guten und in schlechten Zeiten, für immer.« Seine Augen leuchteten vor Begeisterung und Triumph.

»Möchtest du hier getraut werden?« fragte sie leise und lehnte sich an ihn. Es war doch alles ein bißchen zuviel für sie gewesen, und sie fühlte sich ein wenig schwach. Als sie ihn anschaute, wurde ihr plötzlich bewußt, welche Macht von ihm ausging und wie gut er aussah. In ihm schlummerte ein heißes Verlangen, über das er nie die Kontrolle verlor, aber jetzt konnte sie seine Nähe und sein Begehren körperlich spüren. Seit er ihr den Heiratsantrag gemacht hatte, konnte er nicht mehr aufhören, sie zu küssen, und sie fühlte sich schon ganz benommen.

»Ich denke, wir sollten hier heiraten. Nicht, daß ich etwas gegen eine kirchliche Hochzeit in Illinois hätte, Cass, aber hier ist es einfacher und diskreter, und es bedarf nicht so vieler Erklärungen.«

»Vermutlich hast du recht. Ich hoffe, daß meine Eltern kommen.«

»Natürlich. Ich lasse sie mit dem Flugzeug abholen. Sie können im Beverly Wilshire übernachten.«

»Meine Mutter wird vor Aufregung sterben«, grinste Cassie.

»Ich hoffe nicht.« Und dann nahm er sie wieder in den Arm und vergaß für einen Augenblick alle Vorbereitungen. Sie war noch so jung, so süß und so unschuldig, daß er sich fast schuldig fühlte, wenn er sie küßte. Er wäre gern noch weitergegangen, doch er wußte, daß es noch zu früh war.

Er mußte sich zwingen, sie an diesem Abend wieder zu verlassen. Sobald er zu Hause war, rief er sie an, und dann noch einmal zur üblichen Zeit, um halb vier am nächsten Morgen. Sie plauderten und scherzten wie alte Freunde, und er fand es unheimlich aufregend, daß sie schon bald seine Frau sein würde, und freute sich auf ein Leben an ihrer Seite. Sie kamen überein, niemandem etwas zu erzählen, bevor sie es ihren Eltern gesagt hatte. Sie wußten beide, daß die Nachricht das ganze Land in Aufregung versetzen würde.

Er brachte sie persönlich zum Flughafen. Wie üblich hatte sie ein Flugzeug für den Heimflug vorbereiten lassen, doch dieses Mal ermahnte er sie immer wieder zur Vorsicht.

»Meine Denkfähigkeit hat durch deinen Antrag keinen Schaden genommen. Oder vielleicht doch?« Sie schmunzelte und gab ihm noch einen Kuß. Jemand vom Bodenpersonal hatte sie beobachtet und schaute diskret zur Seite. »Wenn du nicht aufpaßt, steht es bald in jeder Zeitung.«

»Es könnte noch eine viel dramatischere Schlagzeile geben, wenn Sie sich nicht beeilen und mich bald heiraten, Miss O'Malley.«

»Du hast mich doch erst gestern abend gefragt! Gib mir wenigstens noch etwas Zeit, damit ich mir ein Kleid und ein Paar Schuhe kaufen kann. Du erwartest doch wohl nicht, daß ich dich in meiner Uniform heirate, oder?«

»Warum eigentlich nicht? Hauptsache, du trägst nicht zuviel darunter. Vielleicht sollte ich dich doch lieber nach Illinois begleiten.« Doch er scherzte nur. Sie wußte, daß er keine Zeit hatte, weil noch so viele Dinge für die Pazifiktour zu erledigen waren. Doch sie bedauerte es, ohne ihn fliegen zu müssen.

»Meine Eltern werden sehr enttäuscht sein, daß du nicht mitgekommen bist«, sagte sie ernst. Vor allem, wenn sie die große Neuigkeit erfuhren. Sie konnte es selbst immer noch nicht richtig glauben, und daran änderte auch der Ring an ihrem Finger nicht viel. Doch sie würde bestimmt nie vergessen, wie süß er gewesen war, als er sie gefragt hatte.

»Sei vorsichtig, Liebling«, warnte er sie noch einmal, und wenige Minuten später verließ er das Flugzeug und winkte ihr vom Rollfeld aus zu. Sie hob elegant vom Boden ab, der Flug verlief ruhig, und so hatte sie unterwegs genügend Zeit, um über ihn und Nick nachzudenken. Ihr Herz gehörte immer noch Nick, doch er hatte seine Wahl getroffen, und das hatte sie jetzt auch getan. Sie beide mußten ihren eigenen Weg gehen.

Für den Flug nach Good Hope brauchte sie genau sieben Stunden. Sie landete zur Essenszeit, und der erste, den sie am Flughafen traf, war Billy.

»Und, willst du nächste Woche mit mir nach Kalifornien kommen, oder hast du am Ende kalte Füße gekriegt?«

fragte sie ihn. Doch die Frage erübrigte sich, denn er hätte noch am gleichen Abend starten können. Seit Wochen schon hatte er nichts anderes mehr im Kopf. Doch dann, als sie ihr Logbuch unterschrieb, bemerkte er erstaunt ihren Ring.

»Was ist denn das? Eine fliegende Untertasse?«

»Mehr oder weniger«, antwortete sie grinsend. Sie war plötzlich verlegen, doch sie mußte es ihm ohnehin früher oder später sagen. »Aber eigentlich ist es mein Verlobungsring. Desmond und ich haben gestern abend beschlossen zu heiraten.«

»Wirklich?« Billy starrte sie ungläubig an. Das war doch nicht möglich! Oder doch? »Und was ist mit Nick?«

»Und was ist mit Nick?« wiederholte sie seine Frage spitz.

»Okay... entschuldige, daß ich gefragt habe... aber weiß er es? Hast du es ihm schon erzählt?« Statt zu antworten, schüttelte sie den Kopf. »Wirst du es denn noch machen? Hast du es ihm geschrieben?«

»Er schreibt mir ja auch nicht«, antwortete sie unglücklich. Warum wollte Billy, daß sie sich schuldig fühlte? »Er wird es früher oder später schon erfahren.«

»Ja, das ist anzunehmen«, entgegnete Billy lakonisch. Ihre Handlungsweise verwirrte ihn. Solange er Nick und Cassie kannte, wußte er, wie sehr sie einander liebten. »Er wird bestimmt ausrasten, nicht wahr?« sagte Billy leise. Cassie nickte und mußte gegen die aufsteigenden Tränen kämpfen. Sie hatte sich entschieden und konnte Desmond nicht im Stich lassen. Er wollte, daß sie seine Frau wurde, Nick hatte es nicht gewollt. Das hatte er ihr klar und deutlich gesagt. Doch jetzt, wo sie wieder zu Hause war, hatte sie Nicks Bild viel deutlicher vor Augen, und das machte alles nicht gerade einfacher für sie.

»Wenn Nick ausrastet, kann ich es auch nicht ändern«, erklärte sie Billy ruhig. »Er hat mir, bevor er zurückflog, noch einmal erklärt, daß ich mich nicht an ihn binden soll. Er wollte, daß ich einen anderen heirate.« Cassie schaute ihn traurig an.

»Hoffentlich hat er das auch so gemeint«, sagte Billy sanft, als er sie zum Haus ihrer Eltern fuhr. Hier warteten sie schon alle auf sie, und nach wenigen Sekunden stieß eine ihrer Schwestern einen lauten Schrei aus und deutete auf ihren Finger.

»O mein Gott, was ist denn das?« fragte Megan, und Glynnis und Colleen holten schnell ihre Mutter herbei, die gerade mit den Kindern spielte.

»Sieht aus wie eine Glühbirne«, erklärte Colleens Ehemann.

»Ja, das finde ich auch«, scherzte Megan, während ihre Eltern sich einen erstaunten Blick zuwarfen, denn Cassie hatte ihnen bei ihrem letzten Anruf nichts erzählt.

»Das ist mein Verlobungsring«, erklärte Cassie gelassen.

»Das habe ich mir fast gedacht«, bemerkte Glynnis trocken.

»Und wer ist der Glückliche? Alfred Vanderbilt? Oder wer?«

»Desmond Williams.«

Kaum hatte sie den Namen ausgesprochen, als auch schon das Telefon läutete. Es war Desmond. »Ich habe es ihnen gerade erzählt«, sagte Cassie. »Meine Schwestern hat fast der Schlag getroffen, als sie den Ring gesehen haben.«

»Und was haben deine Eltern gesagt?«

»Sie hatten noch keine Gelegenheit, irgend etwas zu sagen.«

»Kann ich bitte deinen Vater sprechen, Cassie?« fragte

Desmond mit sanfter Stimme. Cassie reichte Pat den Hörer. Danach sprach Desmond auch noch mit ihrer Mutter. In der Zwischenzeit vollführten ihre Schwestern wahre Freudentänze, und ihre Ehemänner zogen Cassie mächtig auf. Sie hatte ihnen gerade erzählt, daß sie am Valentinstag in Los Angeles getraut werden würden und daß Desmond ihre Eltern zur Hochzeitsfeier mit einem seiner besten Flugzeuge einfliegen lassen wollte.

In der Zwischenzeit hatten Pat und Oona das Telefongespräch beendet. Ihrer Mutter kullerten ein paar Tränen übers Gesicht, denn seit dem Tod ihres Sohnes hatte sie nah am Wasser gebaut. Jetzt drückte sie Cassie fest an sich. »Ich glaube, er ist ein anständiger Mann. Er hat mir versprochen, immer gut auf mein kleines Mädchen achtzugeben.« Dann küßte sie ihre Tochter. Pat schien sich ebenfalls zu freuen; der Mann hatte genau die richtigen Worte gefunden. Doch als er abends mit seiner Tochter allein war, stellte er ihr doch einige Fragen, auf die er eine ehrliche Antwort wollte.

»Und was ist mit Nick, Cass? Wenn Gott will, kehrt er eines Tages zurück. Du kannst nicht dein Leben lang verrückt nach ihm sein und dann einen anderen Mann heiraten, nur weil du wütend auf ihn bist. Das wäre äußerst kindisch, und Mr. Williams verdient so etwas nicht.« Desmond hatte am Telefon einen sehr sympathischen Eindruck auf ihn gemacht, und Pat wollte nun von Cassie wissen, ob sie diesem Mann und sich selbst gegenüber wirklich ehrlich war.

»Ich schwöre, daß ich ihn nicht aus Rache heirate. Er hat mich erst gestern abend gefragt und mich damit völlig überrascht... aber er ist so allein... und er hat so ein verkorkstes Leben gehabt. Er ist ein anständiger Mann und will mich heiraten. Und irgendwie liebe ich ihn auch, aber natürlich nicht so wie Nick. Wir sind Freunde, und ich habe ihm sehr viel zu verdanken.«

»Wieso meinst du, daß du ihm etwas schuldig bist, Cassie O'Malley? Das Gehalt, das er dir zahlt, hast du schließlich redlich verdient.«

»Ich weiß. Aber er war immer so gut zu mir, Dad. Ich möchte für ihn dasein. Und er weiß von Nick. Er sagt, er kann es verstehen. Ich glaube, daß ich ihn mit der Zeit wirklich lieben werde, Daddy.«

»Und Nick? Was ist mit ihm?« Er schaute ihr fest in die Augen. »Willst du mir wirklich erzählen, daß du ihn nicht mehr liebst?«

»Natürlich liebe ich ihn noch«, seufzte sie. »Aber es wird sich ja doch nichts ändern. Er wird zurückkommen und mir wieder erzählen, warum er mich nicht heiraten kann. Er meint, er ist zu alt, zu arm und was sonst noch. Vielleicht liebt er mich in Wirklichkeit auch gar nicht. Seit er wieder in England ist, hat er mir noch kein einziges Mal geschrieben, und beim Abschied hat er noch einmal wiederholt, daß es keine Beziehung, keine Bindung und keine Zukunft für uns gibt. Nick will mich doch gar nicht, Dad. Desmond schon. Er braucht mich wirklich.«

»Und du meinst wirklich, du kannst damit leben? Mit der Gewißheit, daß du in Wahrheit einen anderen Mann liebst?«

»Ja, Daddy, ich denke schon«, antwortete sie mit sanfter Stimme. Doch beim Gedanken an Nick bekam sie zittrige Knie, und hier zu Hause wurde sie ständig an ihn erinnert. Doch sie mußte versuchen, ihn zu vergessen. Für Desmond.

»Du solltest dir wirklich hundertprozentig sicher sein, bevor du diesen anderen Mann heiratest, Cassie O'Malley.«

»Ich weiß. Das bin ich doch auch. Ich werde fair zu ihm sein. Ich verspreche es.«

»Ich werde es nicht dulden, daß du hier vor der Tür stehst und ihn mit Nick betrügst, wenn er aus England zurückkommt. Überleg es dir gut, wenn du erst mit Williams verheiratet bist, kannst du jegliche Turtelei mit Nick vergessen.«

»Ja, Sir.« Seine Worte und die Art, wie er es gesagt hatte, waren nicht spurlos an ihr abgeglitten.

»Die Ehe ist ein heiliger Schwur, ganz gleich, wo sie geschlossen wird.«

»Ich weiß, Daddy.«

»Paß nur auf, daß du es nicht vergißt und diesem Mann keine Schande machst. Er scheint dich wirklich zu lieben.«

»Ich werde ihn nicht enttäuschen ... und dich auch nicht ... ich verspreche es.«

Ihr Vater nickte und war mit ihren Antworten zufrieden. Doch er hatte noch etwas anderes auf dem Herzen. Vielleicht war es nicht fair, aber er mußte diese Frage einfach stellen. »Weißt du noch, was Nick gesagt hat, bevor er zurückging? Daß Williams aus Publicitygründen versuchen würde, dich noch vor der Welttour zu heiraten? Glaubst du, das dies seine Beweggründe sind, oder meint er es ehrlich? Ich kenne den Mann nicht, Cassie. Aber ich möchte, daß du kurz darüber nachdenkst und mir dann antwortest.« Nicks Worte klangen ihm schon den ganzen Abend über in den Ohren, seit Cassie ihnen gesagt hatte, daß sie Desmond Williams heiraten würde.

Sie war schließlich erst einundzwanzig und immer noch ziemlich naiv. Williams war fünfunddreißig und ein Mann von Welt, und es wäre für ihn ein Kinderspiel, ihr etwas vorzumachen. Doch sie schüttelte den Kopf. Dieses Mal hatte Nick unrecht, dessen war sie sich sicher.

»Ich glaube nicht, daß er mir das antun würde. Ich denke, es ist zufällig so gekommen. Wir haben so eng zusammengearbeitet, seit ich ihm gesagt habe, daß ich die Tour mache... und er ist sehr einsam. Ich denke, es passierte aus heiterem Himmel. Und es ist bestimmt nur ein dummer Zufall, daß Nick es vorausgesagt hat. Es war gemein von ihm, so etwas zu sagen. Ich glaube, er war nur eifersüchtig.«

Pat nickte und wollte ihr gern glauben. Dann lächelte er sie an, weil er nicht anders konnte. »Das war doch noch gar nichts. Was glaubst du, was für einen Anfall er erst bekommt, wenn er erfährt, daß du verheiratet bist. Ich habe ihn ja gewarnt.«

»Ich weiß. Ich glaube, er will sich einfach nicht binden... und erst recht nicht an mich...«, sagte sie und schien ihr Schicksal endgültig akzeptiert zu haben. Es war ein glückliches, und ihr Vater war froh über ihre Worte.

Er schaute sie zärtlich an, nahm ihre Hand und küßte sie auf die Wange. Tränen traten ihm in die Augen, und auch sie mußte schlucken, als er sagte:

»Cassandra Maureen, ich gebe dir meinen Segen.«

16

Cassie blieb bis zum Morgen des 31. Dezembers zu Hause und flog dann mit Billy zusammen zurück nach Los Angeles. Der Abschied fiel ihnen dieses Mal besonders schwer, und fast die ganze Familie war mit zum Flugplatz gekommen, sogar die kleine Annabelle mit ihrem Bruder Humphrey. Cassie wollte Sylvester zusammen mit Desmond verbringen, und als sie zurückkamen, erwartete er sie schon am Rollfeld. Sein marineblauer Mantel flatterte im Wind, und hinter ihm ging gerade die Sonne unter. Er sah sehr gut aus und wirkte groß und sehr vornehm. Er hatte eine aristokratische Ausstrahlung, und zusammen waren sie ein umwerfendes Paar.

Desmond kletterte einfach zu ihr ins Cockpit, küßte sie sogleich lächelnd auf den Mund, noch bevor sie überhaupt Gelegenheit hatte, ihren Sitz zu verlassen. Er nahm kaum Notiz von Billy, der verlegen zur Seite schaute, als sie sich küßten.

»Guten Tag, Miss O'Malley... ich habe Sie sehr vermißt...«

»Ich dich auch«, sagte sie mit einem schüchternen Lächeln.

Am Abend zuvor hatte sie mit der ganzen Familie zu Abend gegessen, und alle hatten mit ihr auf ihre Verlobung angestoßen. Sie waren völlig aus dem Häuschen wegen ihrer Hochzeit in sechs Wochen, und alle wollten Desmond unbedingt kennenlernen. Plötzlich war sie diejenige gewesen, die es richtig gemacht hatte. Sie war zum glänzenden

Mittelpunkt geworden, und ihr Verlobungsring funkelte als eindrucksvoller Beweis an ihrem Ringfinger.

»Ich habe eine Überraschung für dich«, sagte er mit einem breiten Lächeln, nachdem er Billy schließlich doch noch begrüßt hatte. Dieser raffte seine Sachen zusammen, um endlich aussteigen zu können.

»Nicht noch mehr Überraschungen«, stöhnte sie und lehnte sich in ihrem Sitz zurück. »Mein Leben bestand in der letzten Woche nur noch aus Überraschungen.« Es war kaum zu glauben, daß sie erst seit einer Woche verlobt waren. Sie hatte das Gefühl, als ob sie schon ewig zusammen wären. Sie hatte sich bereits daran gewöhnt, und es begann, ihr zu gefallen. Es war wirklich aufregend, mit einem Mann wie Desmond Williams verlobt zu sein.

Als sie in Illinois war, hatte sie oft an Nick denken müssen, doch sie hatte sich immer wieder ins Gedächtnis gerufen, daß er selbst gewollt hatte, daß sie einen anderen Mann heiratete. Er hatte sie bewußt aufgegeben, und Desmond verzehrte sich nach ihr und brauchte sie. Und Cassie hatte sich fest vorgenommen, ihm eine gute Frau zu sein. Als sie daran dachte, lächelte sie ihm zu, und er küßte sie noch einmal und streichelte ihr zärtlich übers Gesicht. Das Bodenpersonal wartete respektvoll vor dem Flugzeug. Sie wußten bereits Bescheid, daß Cassie O'Malley die nächste Mrs. Williams werden würde.

»Was ist nun die Überraschung?« fragte Cassie aufgeregt, während Billy sie beobachtete. Dieser Williams schien ja wirklich verrückt nach ihr zu sein, doch Billy dachte voller Mitgefühl an Nick Galvin. Es würde ihn umbringen, wenn er erfuhr, daß er sie verloren hatte.

»Draußen warten ein paar Freunde auf uns«, erklärte Desmond. Er ließ den Kopf hängen und lächelte dabei verlegen, so daß sie lachen mußte. »Ich fürchte, ich war so aufgeregt, daß ich ein bißchen zu viel geplappert habe. Ein paar Jungs von *Associated Press* hätten gern ein Foto von uns beiden. Jeder will der erste sein. Ich habe zwar allen erzählt, daß du weg wärst, aber sie dachten wohl ... ich habe ihnen nämlich erzählt, daß du heute abend zurückkommen würdest, und als ich hierherkam ... waren sie schon da ... macht es dir sehr viel aus, Cassie? Bist du zu müde nach dem langen Flug? Ich mußte ihnen einfach erzählen, daß wir verlobt sind ... ich bin so stolz ...« Er sah noch jungenhafter aus als jemals zuvor. Manchmal wirkte er wie ein Tycoon oder wie ein skrupelloser Geschäftsmann, und dann wieder wie ein kleiner Junge, dcn sie am liebsten sofort in den Arm nehmen wollte.

»Ist schon in Ordnung. Ich bin ja auch furchtbar aufgeregt. Ich habe es allen in Illinois erzählt. Wenn die Presse dort gewesen wäre, hätten sie unser Haus vermutlich auch Tag und Nacht belagert.« Sie erhob sich in dem engen Cockpit und griff nach ihrer Tasche, in der sich ihr Logbuch und die Karten befanden. Desmond nahm sie ihr ab. Dann schaute er Billy an, als ob er sich gerade wieder an dessen Anwesenheit erinnerte.

»Ich schätze, es könnte nicht schaden, wenn wir den Copiloten deiner Pazifiktour gleich an unserer Seite hätten. Herzlich willkommen bei uns.« Er gab Billy lächelnd ein Zeichen, ihnen zu folgen, doch der junge Mann war sichtlich verlegen.

»Ich möchte mich nicht aufdrängen.«

»Sie brauchen sich nicht zu genieren«, ermunterte Desmond ihn und bestand darauf, daß Billy mit ihnen kam, während Cassie sich schnell kämmte und noch etwas Lippenstift auflegte.

Desmond verließ das Flugzeug als erster, und Cassie kam

direkt nach ihm heraus. Draußen wurden sie von einem regelrechten Blitzlichtgewitter empfangen, und sie wurde so geblendet, daß sie kaum noch etwas sehen konnte. Sie und Desmond winkten ihnen freundlich zu, und dann drehte er sich zu ihr um und küßte sie. Als Cassie mit ihm die Runway herunterging, stellte sie erstaunt fest, daß dort an die zwanzig Fotografen auf sie warteten. Von Billy nahm jedoch keiner Notiz.

»Wann ist denn der große Tag?« rief jemand von der *L. A. Times,* während die *Pasadena Star News* um ein weiteres Foto baten. Die *New York Times* machte auch sofort noch zwei Fotos mehr, und der *San Francisco Chronicle* wollte etwas über die Pazifiktour *und* ihre Flitterwochen erfahren.

»Einen Moment bitte, warten Sie bitte noch einen Augenblick ... « Desmond schenkte ihnen sein charmantestes Lächeln. »Der große Tag ist der Valentinstag ... die Pazifiktour beginnt im Juli ... und wir werden unsere Flitterwochen nicht in der *North Star* verbringen.« Das war der Name des Flugzeugs, das sie für die Tour ausgewählt hatten.

Dann wurde ihnen noch eine Unmenge weiterer Fragen gestellt, und die ganze Zeit über stand Desmond eng neben ihr. Er lächelte und schäkerte mit den Leuten von der Presse, während Cassie tief Luft holte und zu verstehen versuchte, was um sie herum geschah.

»Ich denke, das reicht jetzt, Jungs«, sagte Desmond schließlich gutgelaunt. »Meine kleine Braut hat einen langen Flug hinter sich. Wir müssen sie nun nach Hause bringen, damit sie sich ausruhen kann. Vielen Dank, daß Sie gekommen sind.«

Sie schossen noch ein paar Dutzend Fotos, als das Paar in seinen Packard stieg, und Billy wurde von einem Bediensteten des Bodenpersonals mitgenommen. Cassie winkte noch einmal freundlich, als sie wegfuhren. Über Nacht war sie zur Braut des Jahres geworden und zu Amerikas Liebling in Fliegeruniform.

»Das ist doch nicht mehr normal, oder?« fragte Cassie und hatte immer noch Schwierigkeiten, das alles zu begreifen. »Sie führen sich auf, als ob wir Filmstars wären. Sie sind alle so schrecklich aufgeregt.«

Die Leute hatten sie schon zu Hause auf der Straße angehalten, nur um nach der Pazifiktour zu fragen. Was wäre wohl passiert, wenn sie gewußt hätten, daß sie auch noch mit Desmond Williams verlobt war?

»Die Leute lieben Märchen, Cass«, erwiderte er ruhig, als er sie nach Hause fuhr. Während der Fahrt tätschelte er liebevoll ihr Knie. Er hatte sie wirklich vermißt. »Und es ist schön, ihnen eines zu präsentieren.«

»Kann sein. Aber ich fühle mich eigenartig dabei. Ich möchte ich selbst bleiben... doch sie tun so, als ob... ich weiß auch nicht... als ob ich jemand anderes wäre, eine Frau, die ich selbst gar nicht kenne... und nun wollen sie alles über diese Person wissen und ein Teil von ihr werden.«

Es war fast so, als ob man sie besitzen wollte. Und dieser Gedanke behagte ihr überhaupt nicht. Sie hatte es eines Abends versucht, ihrem Vater zu erklären, und er hatte sie gewarnt, daß es nach der Tour noch schlimmer kommen würde. Er erinnerte sie daran, welchen Preis der arme Charles Lindbergh zahlen mußte: sein Sohn war entführt und getötet worden... der Preis des Ruhms war manchmal erschreckend hoch. Doch Pat hoffte, daß Desmond sie beschützen würde.

»Du gehörst jetzt zu ihnen, Cass«, sagte Desmond, als ob er das selber glaubte, und noch schlimmer, er schien es zu akzeptieren. »Sie wollen dich. Es ist nicht fair, sich zurückzuziehen. Sie wollen dein Glück mit dir teilen. Es ist doch schön, wenn man ihnen einen Traum schenken kann.« Desmond glaubte offensichtlich, daß er der Öffentlichkeit gegenüber eine große Verpflichtung hatte.

Doch sie war nicht darauf vorbereitet, mit welcher Ausdauer und Hartnäckigkeit sie in den sechs Wochen bis zur Hochzeit von der Presse begleitet wurde. Man folgte ihr überall hin, sie wurde fotografiert, wo sie auch auftauchte: am Flugzeugschuppen, im Büro zusammen mit Billy beim Studium der Karten, draußen vor ihrem Apartment, auf dem Weg zur Arbeit, in Warenhäusern, beim Kauf ihres Hochzeitskleides und immer und überall, wo sie in Begleitung von Desmond erschien.

Fortan nahm sie Nancy Firestone überall mit hin, und manchmal versuchte sie auch, sich zu verstecken, indem sie einen großen Hut, einen Schal oder eine große dunkle Sonnenbrille trug. Aber die Beharrlichkeit der Reporter war durch nichts zu überbieten. Sie hingen auf Feuerleitern und Fenstersimsen, fielen von Vordächern, lagen unter Büschen und in Autos. Sie lauerten ihr ständig und überall auf, und Anfang Februar dachte Cassie, sie würde langsam verrückt werden. Seltsamerweise war Nancy ihr keine große Hilfe mehr. Obwohl sie sonst immer alles perfekt im Griff hatte, wirkte sie neuerdings desinteressiert und fahrig, und die Einzelheiten der Hochzeit schienen ihr einerlei zu sein. Desmond meinte, Cassie sollte sich darüber keine Gedanken machen, und er beauftragte Mrs. Fitzpatrick und einen Assistenten mit einem Großteil der Hochzeitsvorbereitungen. Cassie hatte genug mit der Presse und den Vorbereitungen der Pazifiktour zu tun. Er wollte nicht, daß sie zu sehr durch die Planung ihrer Hochzeit abgelenkt wurde.

Doch immer, wenn Cassie versuchte, mit ihm über Nancy Firestone zu reden, nahm er sie einfach nicht ernst. Seit kurzem hatte sie jedoch den Eindruck, daß Nancy verärgert war, aber sie wußte einfach nicht, warum. Nancy war gereizt und distanziert, seit Desmond und sie ihre Verlobung bekanntgegeben hatten, und es gab keine Erklärung dafür. Nancy schien Cassie zu meiden. Eines Abends, als Cassie sie zum Essen einlud, lehnte sie ab und behauptete, sie müsse Janie bei den Hausaufgaben helfen.

»Ich weiß wirklich nicht, was mit ihr los ist. Ich fühle mich schrecklich. Manchmal habe ich sogar das Gefühl, daß sie mich haßt.« Sie waren zwar nicht so gute Freundinnen geworden, wie Cassie es sich zunächst gewünscht hatte, doch sie hatten sich immer gut verstanden.

»Vielleicht haben unsere Heiratspläne sie etwas mitgenommen«, sagte Desmond verständnisvoll. Er hatte die Situation sogleich mit männlicher Sachlichkeit analysiert. »Vermutlich wird sie zu sehr an ihren Ehemann erinnert, und deshalb distanziert sie sich ein bißchen. Bestimmt hat sie im Moment mit schmerzlichen Erinnerungen zu kämpfen«, sagte er lächelnd zu seiner Braut. Sie war noch so jung, und es gab viele Dinge, die sie noch nicht nachvollziehen konnte. »Aber du kannst dich voll und ganz auf Mrs. Fitzpatrick verlassen.«

»In Ordnung. Sicherlich hast du recht. Ich komme mir vor wie ein Trottel, daß ich nicht selbst darauf gekommen bin.«

Und als sie Nancy das nächste Mal traf, konnte sie feststellen, daß Desmonds Erklärung genau zutraf. Nancy war Cassie gegenüber sehr kurz angebunden, und als sie sie wegen der Hochzeitsfeier um Rat bat, erhielt sie eine schroffe Antwort. Seit diesem Tag befolgte Cassie Desmonds Ratschlag und ließ Nancy in Ruhe.

Sie tat ihr Bestes, um allein mit den Reportern fertigzuwerden, doch zuweilen machten sie es ihr wirklich schwer.

»Werden sie es denn niemals leid?« keuchte Cassie eines Tages, als sie durch die Hintertür in Desmonds Haus rannte und sich völlig erschöpft in einen Sessel fallen ließ. Sie hatte versucht, einige Sachen von ihrem Apartment herüberzubringen. Doch irgend jemand mußte der Presse einen Tip gegeben haben, und noch bevor sie zur Tür hinaus war, standen sie schon in Scharen da und warteten auf sie. Der Rest war dann das reinste Affentheater gewesen.

Desmond erschien eine halbe Stunde später in der Eingangstür, und sie bestürmten ihn. Schließlich überredete er Cassie, herauszukommen und für ein paar Fotos mit ihm zu posieren, damit sie endlich Ruhe gaben. Er wußte, wie er sie anpacken mußte, und gab ihnen gerade genug Informationen, um sie bei Laune zu halten.

»Sind Sie schon nervös?« rief ein Reporter ihr zu, und sie grinste und nickte.

»Wenn, dann weil ich Angst habe, daß ich an meinem Hochzeitstag über Sie stolpern könnte«, konterte sie schlagfertig, und sie lachten und riefen nach ihr.

»Wir werden da sein.«

Desmond und Cassie gingen wenig später wieder ins Haus zurück, und die Reporter ließen sie bis zum nächsten Morgen in Ruhe.

Cassies Eltern kamen am Tag vor der Hochzeit an, und Desmond hatte ihnen eine Suite im Beverly Wilshire Hotel reservieren lassen. Ihre Schwestern waren schließlich doch zu Hause geblieben, denn mit den zahlreichen Kindern wäre es einfach zu kompliziert geworden. Cassie war besonders gerührt, daß Desmond Billy gebeten hatte, sein Trauzeuge zu sein. Ihre Hochzeit würde ein richtiges Heimspiel werden. Ihr Vater würde sie ins Trauzimmer anstatt zum Altar führen, da die Zeremonie ja von einem Friedensrichter vorgenommen wurde. Und sie hatte Nancy Firestone gebeten, ihre Ehrendame zu sein. Zwar hatte Nancy sich zunächst gesträubt und erklärt, daß dies wohl einer ihrer Schwestern zustand, doch nachdem Desmond mit ihr gesprochen hatte, hatte sie schließlich eingewilligt. Sie hatten ein graues Satinkleid für sie ausgewählt, während für Cassie bei Schiaparelli ein exquisites weißes Satinkleid angefertigt wurde. I. Magnin hatte einen kleinen, dazupassenden Hut mit einem kurzen weißen Schleier für sie kreiert, und ihr Brautstrauß bestand aus weißen Orchideen, Maiglöckchen und weißen Rosen.

Desmond hatte ihr eine Perlenkette seiner Mutter geschenkt und wunderschöne, mit Diamanten besetzte Perlenohrringe.

»Du bist die Braut des Jahres«, sagte ihre Mutter stolz, als Cassie ihr im Hotel ihr Hochzeitskleid vorführte. Oona hatte Tränen in den Augen. Nie zuvor hatte sie ihre Tochter so hübsch gefunden, sie sah wirklich umwerfend aus und war sehr aufgeregt. »Du bist so schön, Cass«, flüsterte ihre Mutter und fügte dann stolz hinzu: »Jedesmal, wenn ich eine Zeitung oder eine Illustrierte aufschlage, finde ich darin ein Foto von dir.«

Der nächste Tag erfüllte all ihre Erwartungen: Fotografen und Wochenschauteams warteten vor dem Haus des Friedensrichters, wo die Trauung stattfand. Sogar Vertreter der internationalen Presse waren gekommen. Sie bewarfen Cassie mit Reis und Blumen, als die Hochzeitsgesellschaft schließlich aus der Tür trat, um ins Berverly Wilshire zurückzufahren, wo Desmond einen kleinen Empfang in einem der Salons arrangiert hatte. Auch draußen vor dem Hotel und in der Empfangshalle hatten sich Menschenmassen versammelt.

Desmond hatte etwa ein Dutzend Freunde eingeladen. Auch einige seiner wichtigsten Konstrukteure waren gekommen, und unter ihnen war auch der Mann, der Cassies Flugzeug für die Pazifiktour entwickelt hatte. Es war eine eindrucksvolle Hochzeitsgesellschaft, und die Braut sah aus wie die Hauptdarstellerin in einem Film. Sie war das schönste Mädchen, das Desmond je gesehen hatte, und er strahlte übers ganze Gesicht, während sie den Tanz mit einem Donauwalzer eröffneten.

»Du siehst einfach umwerfend aus, Liebling«, sagte er stolz, und sein Lächeln wurde noch ein wenig strahlender. »Wer hätte gedacht, daß aus dem ölverschmierten Fratz, den ich vor knapp zwei Jahren unter einem Flugzeug entdeckte, eine solche Schönheit werden würde. Ich wünschte, ich hätte ein Foto von damals... ich werde es jedenfalls nie vergessen.«

Cassie kniff ihn zärtlich in den Arm und lächelte glücklich, als sie merkte, daß ihre Eltern sie beobachteten.

Es war ein herrlicher Tag, und nach Desmond tanzte sie mit ihrem Vater und dann mit Billy. Er sah sehr gut aus in seinem neuen Anzug, den er sich extra für diesen Anlaß zugelegt hatte. Dank seiner guten Bezahlung führte er in L. A. ein äußerst angenehmes Leben, und er genoß es, seine hervorragenden Fähigkeiten als Pilot unter Beweis zu stellen, wobei er Flugzeuge fliegen durfte, von denen er sein Leben lang geträumt hatte.

»Sie haben eine wundervolle Tochter, Mrs. O'Malley«, sagte Desmond in herzlichem Ton zu seiner neuen Schwiegermutter. Das blaue Kleid, das Cassie ihr gekauft hatte, paßte genau zur Farbe ihrer Augen. Dazu trug sie einen kleinen, auf das Kleid abgestimmten Hut. Sie sah sehr hübsch aus, und die Ähnlichkeit mit ihrer Tochter war nicht zu übersehen.

»Sie ist ein sehr glückliches Mädchen«, erwiderte Oona schüchtern. Sie war dermaßen von Desmonds Eleganz und seiner weltmännischen Art beeindruckt, daß es ihr fast die Sprache verschlagen hatte. Doch er erwies sich ihr gegenüber als äußerst höflich und freundlich.

»Ich bin hier der eigentliche Glückspilz«, widersprach er ihr.

Und etwas später stieß Pat auf das Wohl des Brautpaares an und wünschte ihnen viele glückliche Jahre zusammen und eine große Kinderschar.

»Aber erst nach der Pazifiktour!« warf Desmond ein, und alle mußten lachen. »Aber danach sofort!«

»Hört! Hört!« sagte Pat stolz.

Desmond hatte beschlossen, die Vertreter der Presse hereinzulassen, damit sie ein paar Fotos machen konnten. Sie lauerten ohnehin schon voller Ungeduld in der Empfangshalle. Unter Führung von Nancy Firestone stürmten sie herein und schossen hübsche Bilder von der Braut, wie sie zuerst mit Desmond und dann mit ihrem Vater tanzte. Als sie erfuhren, daß Cassies Vater ein Fliegeras aus dem letzten Weltkrieg war, wollten sie dies groß herausbringen. Cassie versorgte sie mit den nötigen Informationen, weil sie wußte, wie stolz ihr Vater auf seine Fliegerkarriere war.

Und irgendwann konnten sie dann endlich Reißaus nehmen, und in einem Regen aus Rosenblüten und Reis entschwanden sie zu einer bereits wartenden Limousine. Cassie trug nun ein smaragdgrünes Kostüm und einen Florentinerhut, und die Fotos von ihr waren einfach atemberaubend, als Desmond sie schwungvoll auf den Arm nahm und in die Limousine setzte. Sie winkten allen noch einmal zu und fuhren unter lautem Jubel davon. Ihre Mutter weinte und winkte noch lange, und ihr Vater stand daneben und mußte sich ebenfalls die Augen abwischen.

Die Frischvermählten verbrachten die Nacht im Bel Air Hotel, und am nächsten Morgen flogen sie nach Mexiko an einen einsamen Strand auf einer kleinen Insel vor Mazatlan, wo Desmond ein ganzes Hotel nur für sie allein gemietet hatte. Es war klein, und sie waren ungestört. Der Strand war schneeweiß, die Sonne strahlte am azurblauen Himmel, doch die ständige leichte Brise sorgte für ein angenehmes Klima, und abends brachten Gitarrenspieler ihnen ein Ständchen. Es war das romantischste Fleckchen Erde, das Cassie je gesehen hatte, und als sie am Strand lagen und sich unterhielten, erinnerte Desmond sie daran, daß einige der Stationen ihrer Pazifiktour noch hübscher und exotischer sein würden.

»Doch wahrscheinlich werde ich dort nicht viel Zeit am Strand verbringen«, sagte sie lächelnd, »geschweige denn mit dir. Ich werde dich schrecklich vermissen.«

»Du wirst die Luftfahrt ein entscheidendes Stück voranbringen, Cassie, das ist viel wichtiger.« Er sagte das mit fester Stimme, als wolle er ein Kind ermahnen, das seine Hausaufgaben nicht ordentlich gemacht hat.

»Es gibt nichts Wichtigeres als uns beide«, berichtigte sie ihn, doch er schüttelte den Kopf.

»Da irrst du dich, Cassie. Das, was du machen wirst, hat sehr, sehr weitreichende Bedeutung. Noch in hundert Jahren werden die Menschen sich an dich erinnern. Männer werden versuchen, deinem Beispiel zu folgen. Flugzeuge werden nach dir benannt werden, und man wird versuchen, deines zu kopieren. Du wirst den Beweis dafür liefern, daß Langstreckenflüge über den Ozean sicher sein können, wenn man das richtige Flugzeug dafür hat. Unzählige Menschen werden davon profitieren, und auch die Wissenschaft. Die Tour ist von äußerster Wichtigkeit, das darfst du keinen Moment lang vergessen.« Seine Stimme klang so ernst und feierlich, daß man sich fragte, ob es hier tatsächlich nur ums Fliegen ging. Manchmal hatte sie das bange Gefühl, daß er der Tour zuviel Bedeutung beimaß, so wie bei einem Spiel, das plötzlich kein Spiel mehr ist, sondern bei dem es plötzlich um Leben und Tod geht. Tatsächlich gingen sie und Billy bei der Tour ein hohes Risiko ein, aber dennoch ... sie vergaß nie die Freude, die sie daran hatte. Für ihn war es jedoch kein Spaß mehr.

»Trotzdem bist du mir wichtiger als alles andere.« Sie rollte sich in ihrem neuen, weißen Badeanzug auf den Bauch und stützte sich auf die Ellbogen. Lächelnd schaute er auf sie herunter.

»Du bist einfach zu schön, weißt du das?« Versonnen betrachtete er die sanfte Wölbung ihres Dekolletés. Sie hatte einen aufregenden Körper. »Du bringst mich ganz aus dem Konzept.«

»Gut«, sagte sie lässig. »Das hast du auch bitter nötig.«

»Schäm dich.« Er beugte sich zu ihr herab und küßte sie. Kurze Zeit später gingen sie zurück auf ihr Zimmer. Er war erstaunt, wie schnell sich alles zwischen ihnen eingespielt hatte, und Cassie ging es ebenso. Sie hatte zuerst etwas Angst vor ihm gehabt. Schließlich war sie, was die körperliche Liebe anging, noch völlig unerfahren. Doch er hatte sie überraschenderweise zu nichts gedrängt. Während ihrer ersten gemeinsamen Nacht im Bel Air hatte er sie nur im Arm gehalten, gestreichelt und geküßt. Dann hatte er über ihr Leben, ihre Träume und ihre Zukunft gesprochen. Er war sogar auf die Tour zu sprechen gekommen und hatte ihr noch einmal gesagt, wie wichtig ihm seine Pläne waren.

Er wollte, daß sie sich bei ihm wohl fühlte, so wie es auch vor ihrer Heirat gewesen war. Und erst als sie am darauffolgenden Nachmittag das Hotel in Mexiko erreichten, erlaubte er sich, sie auszuziehen. Er streifte ihr zärtlich ein Kleidungsstück nach dem anderen vom Körper, und bewunderte ihre makellose Figur. Sie war sehr groß und schlank, mit festen, hübsch gerundeten Brüsten und einer Wespentaille, die in schmale, sehr reizvolle Hüften überging, und ihre Beine waren fast so lang wie seine eigenen. Behutsam und voller Zärtlichkeit hatte er sie geliebt, und in der vergangenen Woche hatte er sie in die ekstatischen Wonnen der körperlichen Liebe eingeführt. Und seinem Naturell entsprechend, erwies er sich auch auf diesem Gebiet als Meister, und seine Qualitäten als Liebhaber ließen nichts zu wünschen übrig. Cassie war bereit für ihn gewesen. Sie wollte seine Frau sein, für ihn dasein und ihm durch ihre Hingabe beweisen, daß sie ihn liebte. Sie war jung, lebendig und aufregend. Er war viel zurückhaltender und beherrschter, doch Cassie brachte ihn zu atemberaubenden Höhepunkten, die er längst nicht mehr für möglich gehalten hatte, und er genoß ihre Jugend und Hingabe.

»Ich glaube, ich sollte mich vor dir in acht nehmen«, sagte er mit heiserer Stimme, nachdem sie sich an diesem Nachmittag geliebt hatten, »du bist ja richtig gefährlich.« Er hatte nicht erwartet, daß es ein solcher Genuß war, mit ihr zu schlafen. Ihre Leidenschaft, ihre Wärme und Aufrichtigkeit bewegten ihn zutiefst.

»Vielleicht sollte ich das Fliegen lieber aufgeben. Dann bleiben wir einfach die ganze Zeit im Bett und machen Kinder«, sagte sie seufzend und hatte kurz das Gefühl, sie könnte genauso werden wie ihre Schwestern. Sie fragte sich, ob es bei ihnen wohl auch so begonnen hatte. Es war so leicht, in den Armen eines geliebten Mannes alles um sich herum zu vergessen und sich den Wonnen der Liebe hinzugeben und die natürlichen Folgen zu akzeptieren.

»Ich habe immer geglaubt, sie würden soviel verpassen, weil sie so früh geheiratet haben und seitdem ein Kind nach dem anderen kriegen«, erklärte sie ihm, während sie befriedigt nebeneinander auf dem Bett lagen und ihren schweißnassen, erschöpften Körpern eine Ruhepause gönnten. »Aber ich glaube, ich verstehe jetzt, wie es dazu kommen kann. Es ist so einfach, den Dingen ihren Lauf zu lassen, eine Frau zu sein, zu heiraten und Kinder zu bekommen.«

Doch Desmond schüttelte bei ihren Worten den Kopf. »Das kannst du nicht tun. Es würde dich nie ausfüllen, Cass, du bist für größere Dinge bestimmt.«

»Vielleicht.« Er mußte es ja wissen. Im Augenblick wollte sie nur in seinen Armen liegen und nicht mehr, das genügte ihr. Einfach nur ihm gehören. Für immer. Nachdem sie seine körperlichen Vorzüge kennengelernt hatte, schwebte sie in Sphären, von denen sie zuvor nichts geahnt hatte und die ihr außerordentlich gut gefielen. »Aber eines Tages möchte ich Kinder bekommen«, flüsterte sie, und Desmond erklärte sich mit ihrem Wunsch einverstanden.

»Doch zuvor gibt es noch viel für dich zu tun. Wichtige Dinge«, sagte er und klang schon wieder wie ein Schulmeister. Cassie lächelte, drehte sich zu ihm hin und ließ ihren Finger langsam und verführerisch über seinen Körper gleiten.

»Ich denke gerade an einige äußerst wichtige Dinge ...«, sagte sie schelmisch, und Desmond lachte und ließ sie gewähren. Die Folgen ihrer Verführungskünste ließen nicht lange auf sich warten, und die Sonne ging auf ihrer einsamen Insel bereits unter, als sie völlig erschöpft in die Kissen sanken.

»Wie waren die Flitterwochen?« riefen die Reporter von ihrem Vorgarten aus, als sie zurückkehrten. Wie immer hatten sie irgendwie erfahren, wann die Williams ankommen würden, und als die Limousine sich näherte, rannten die Reporter sofort auf sie zu. Manchmal wunderte Cassie sich wirklich, woher sie wußten, wo sie gerade waren und wohin sie gehen wollten.

Es war ihnen kaum möglich, durch die Tür ins Haus zu gelangen, und wie immer blieb Desmond stehen und sprach mit ihnen. Währenddessen hatten sie Gelegenheit, unzählige Bilder zu schießen. Eines davon zierte in der nächsten Woche die Titelseite der Zeitschrift *Life*. Es zeigte, wie Desmond Cassie über die Türschwelle trug.

Doch von diesem Augenblick an waren für Cassie die Flitterwochen vorbei. Sie hatten zwei romantische Wochen auf einer idyllischen Insel verbracht, doch am ersten Morgen nach ihrer Rückkehr weckte er sie um drei Uhr, und um vier Uhr startete sie bereits zu einem Trainingsflug mit der *North Star*.

Ihr Trainingsplan war äußerst strapaziös, und zusammen mit Billy mußte sie alle wichtigen Details immer wieder durchgehen. Sie simulierten jedes nur mögliche Unglück: Das Landen und Starten mit nur einem, dann mit zwei Motoren, den Anflug bei komplettem Motorenausfall, das Landen auf äußerst kurzen Rollfeldern und mit heftigem Seitenwind. Dann simulierten sie Landungen unter den verschiedensten Bedingungen, von schwierig bis nahezu unmöglich. Sie probten auch stundenlange Langstreckenflüge an einem Stück. Und immer, wenn sie nicht flogen, brüteten sie über Tabellen, Wetterkarten und Treibstoffberechnungen. Sie trafen sich mit den Konstrukteuren und Ingenieuren und lernten von den Mechanikern jede nur mögliche Reparatur. Stundenlang übte Billy die Handhabung der Funkgeräte, und Cassie lernte im Simulationstrainer, unter den verschiedensten Bedingungen blind zu fliegen.

Sie und Billy trainierten hart und flogen gut; sie waren ein großartiges Team, und bis April konnten sie Stunts fliegen, mit denen sie bei jedem Schaufliegen für großes Aufsehen gesorgt hätten. Sie waren täglich vierzehn Stunden zusammen. Desmond fuhr Cassie morgens um vier Uhr zur Arbeit, holte sie jeden Abend pünktlich um sechs Uhr wieder ab, und er brachte sie nach Hause. Sie badete, und dann aßen sie schnell zusammen zu Abend. Danach zog er sich mit einem Aktenkoffer voller Notizen und Pläne für die Tour in sein Arbeitszimmer zurück. Seit neuestem kümmerte er sich auch um die komplizierten Visaanträge. Außerdem organisierte er den Treibstofftransport zu den einzelnen Stationen. Und natürlich handelte er inzwischen auch Verträge für Artikel und Bücher aus, die nach der Tour veröffentlicht werden sollten. Meistens brachte er auch für Cassie Papiere zum Durcharbeiten mit. Dabei handelte es sich um Weltwetterkarten, Berichte über neue Entwicklungen in der Luftfahrt oder über Gebiete, die angesichts der weltpolitischen Lage äußerst kritisch waren und wo sie deshalb besonders aufpassen mußten. Es war, als ob sie nach einem langen und harten Flugtag jeden Abend noch Hausaufgaben machen mußte, wonach ihr selten der Kopf stand. Sie wäre lieber mit ihm zum Essen gegangen oder ins Kino. Sie war eine junge Frau von einundzwanzig Jahren, und er behandelte sie wie einen Roboter. Wenn sie einmal ausgingen, dann nur zu wichtigen gesellschaftlichen Ereignissen, wo man seiner Meinung nach unbedingt gesehen werden sollte.

»Alles dreht sich nur noch um die Tour. Können wir denn nicht mal irgend etwas anderes machen?« beschwerte sie sich eines Abends, als er ihr wieder einmal einen dicken Stapel Unterlagen mitgebracht hatte, die sie sofort durcharbeiten sollte.

»Jetzt nicht. Du kannst dich nächstes Jahr amüsieren, wenn du bis dahin nicht einen weiteren Rekordflug geplant hast. Im Augenblick müssen wir uns voll auf diese Sache hier konzentrieren.«

»Seit einer Ewigkeit haben wir nichts anderes mehr gemacht«, jammerte sie und erntete dafür einen mißbilligenden Blick.

»Willst du, daß es dir wie der *Star of the Pleiades* ergeht?« fragte er wütend.

Das war Earharts Flugzeug gewesen, und manchmal hatte Cassie es gründlich satt, ständig daran erinnert zu werden.

Sie nahm ihm die Unterlagen ab, ging nach oben und knallte die Tür ihres Arbeitszimmers hinter sich zu. Etwas später entschuldigte sie sich bei ihm, und wie immer zeigte er sich sehr verständnisvoll.

»Ich will doch nur, daß du auf alle Eventualitäten vorbereitet bist, Cassie, damit dir nichts zustößt.« Allerdings wußten sie beide nur allzugut, daß es Dinge gab, die einfach nicht vorhersehbar waren, wie Stürme oder Probleme mit dem Motor. Doch abgesehen davon, hatte Desmond jede noch so unbedeutend erscheinende Kleinigkeit einkalkuliert.

Sogar Pat war ungemein beeindruckt von ihrem Bericht über die Vorbereitungen und bewunderte Desmonds Organisationstalent und seinen Sinn für Präzision. Und vor allem für Öffentlichkeitsarbeit. Mochte er auch ein wenig zwanghaft sein in seinem Streben nach Perfektion, so hatte er doch immer ihre Sicherheit und ihr Wohlergehen im Auge.

Als Belohnung für ihre harte Arbeit schenkte er ihr Ende April ein romantisches Wochenende in San Francisco, und Cassie genoß es in vollen Zügen. Und die einzigen Wermutstropfen bei dieser Reise waren die drei Interviews, die Desmond dort für sie arrangiert hatte.

Im Mai wurde noch einmal ein gewaltiger Werbefeldzug gestartet. Jede Woche fand eine Pressekonferenz statt, und die Wochenschauen zeigten lange und ausführliche Berichte über ihre Flugkunst. Sie und Billy waren überall zu sehen und zu hören, im Radio genauso wie in Frauenvereinen. Ständig hatten sie Präsentationen und wurden fotografiert. Cassie fühlte sich manchmal so, als ob sie gar kein Privatleben mehr hätte. Und so war es ja auch. Doch je mehr sie arbeiteten und je näher die Tour kam, desto weniger Zeit verbrachte sie mit Desmond. Er ging manchmal sogar abends einige Stunden in seinen Club, nur um etwas verschnaufen zu können. Und Ende Mai passierte es immer öfter, daß er in seinem Arbeitszimmer über all den Papieren einschlief.

Cassie hatte inzwischen alles so satt, daß er ihr schließlich vorschlug, eine Pause zu machen und an einem Wochenende im Mai zu ihren Eltern zu fliegen. Dies ließ sie sich nicht zweimal sagen, denn sie freute sich, ihre Eltern endlich einmal wiederzusehen. Leider konnte sie nun ihren Geburtstag nicht mit Desmond zusammen feiern, doch er schenkte ihr zum Abschied noch ein wunderschönes Saphirarmband und versprach, daß sie an den nächsten fünfzig Geburtstagen zusammensein würden. Cassie fand es nicht einmal besonders tragisch, daß sie dieses eine Mal getrennt feiern mußten. Sie war sehr angespannt, weil der Beginn der Tour immer näher rückte. Außerdem schienen sie und Desmond in diesen Tagen meilenweit voneinander entfernt zu sein, denn er konnte an nichts anderes denken als an die Pazifiktour.

Es war einfach lächerlich; sie würde nun bald zweiundzwanzig Jahre werden und war mit einem der bedeutendsten Männer der Welt verheiratet. Sie selbst war ein gefeierter Star, und trotzdem fühlte sie sich rastlos und unglücklich. Desmond redete nur noch über die Tour, und wenn er nicht darüber redete, schaute er Informationsmaterial durch. Von ihr verlangte er, daß sie ständig für Fotos posierte und fünfzehn Stunden am Tag im Flugzeug verbrachte. Aber gab es nicht auch noch andere Dinge im Leben? Das fragte sie sich manchmal, denn wenn sie ehrlich war, konnte sie ihrem Leben im Augenblick nicht viel Positives abgewinnen. Ihre Ehe war mit Sicherheit alles andere als romantisch. Es gab nur noch die Tour und die unzähligen Vorbereitungsmaßnahmen, die zu treffen waren.

»Wie viele Stunden sollen wir eigentlich noch mit dieser gottverdammten Fliegerei verprassen?« beklagte sie sich bei Billy auf dem Flug nach Illinois. Er hatte sich entschlossen, sie zu begleiten, und freute sich auf ein verlängertes Wochenende bei den O'Malleys. »Manchmal bin ich schon kurz davor, das Fliegen zu hassen.«

»Du wirst dich besser fühlen, wenn wir erst unterwegs sind, Cass. Die Warterei raubt auch mir den letzten Nerv.« Bis zum Start waren es nur noch fünf Wochen, und allmählich bekamen sie beide Lampenfieber. Und außerdem war sie seit dreieinhalb Monaten verheiratet und fühlte sich Desmond nicht näher als vor der Hochzeit. Vorbei waren die zärtlichen Liebesnächte, dachte sie, während sie in Richtung Osten flogen, doch darüber wollte sie mit Billy nicht reden.

Statt dessen sprachen sie über die Pressekonferenzen, die Desmond für sie in L. A. und New York organisiert hatte. Und nach dem Wochenende wollte er, daß sie ein Interview in Chicago gaben, doch Cassie hatte noch nicht zugesagt.

»Es ist wirklich nervenaufreibend, nicht?« Sie lächelte Billy an. Die Hälfte des Weges hatten sie hinter sich, und

Cassie freute sich richtig auf zu Hause. Sie sehnte sich nach ihren Eltern.

»Später sagen wir bestimmt, daß sich die Mühe gelohnt hat«, versuchte Billy sie aufzumuntern. Sie zuckte die Schultern, doch sie fühlte sich schon ein wenig besser.

»Hoffentlich.«

Sie flogen eine Weile schweigend weiter, und dann schaute Billy sie an. Cassie hatte in letzter Zeit ausgesprochen müde und unglücklich ausgesehen. Er vermutete, daß dies an dem permanenten Druck lag, den die Medien auf sie ausübten. Ihn ließen sie mehr oder weniger in Ruhe, aber Cassie fraßen sie förmlich auf, und Desmond unternahm anscheinend überhaupt nichts, um sie vor den Reportern abzuschirmen. Im Gegenteil, er schmeichelte sich bei ihnen ein.

»Alles in Ordnung, Cass?« fragte Billy nach einer Weile. Sie war wie eine jüngere Schwester für ihn oder wie sein bester Kumpel. Und obwohl sie fast den ganzen Tag miteinander verbrachten, stritten sie sich nie. Es fiel kein böses Wort zwischen ihnen, und sie gingen sich nur ganz selten auf die Nerven. Cassie war die optimale Partnerin für die Pazifiktour, und Billy war überglücklich, daß er sie mit ihr zusammen fliegen würde.

»Ja... mit mir ist alles in Ordnung... ich fühle mich schon besser. Es wird mir guttun, nach Hause zu kommen und alle wiederzusehen.«

Er nickte. In der Woche davor hatte er seinen Vater in San Francisco besucht, und dieser war sehr stolz auf ihn gewesen. Er wußte, wie sehr Cassie an ihrer Familie hing, und sie brauchte sie jetzt nötiger denn je, genauso wie er seinen Vater gebraucht hatte. Und dann plötzlich faßte er Mut, um ihr die Frage zu stellen, die ihm schon seit langem unter den Nägeln brannte. Die ganze Zeit hatte er sich nicht getraut, aber jetzt wirkte sie ziemlich entspannt, und er hielt den Augenblick für günstig.

»Hast du mal wieder etwas von Nick gehört?« fragte er möglichst beiläufig, und sie starrte lange hinaus in die Wolken und schüttelte dann den Kopf.

»Nein. Er wollte, daß wir beide frei sind. Jetzt hat er das, was er wollte.«

»Weiß er es?« fragte Billy leise und bedauerte, daß es mit den beiden nicht geklappt hatte. Nick war ein großartiger Kerl, und Billy hatte immer gespürt, wie sehr Cassie ihn liebte. Gleich vom ersten Tag an, als er sie kennengelernt hatte. Es war, als ob sie füreinander bestimmt waren.

»Von Desmond und mir?« fragte sie zurück, und er nickte. »Nein. Er wollte mir ja nicht schreiben, und ich dachte, er würde es irgendwann sowieso erfahren. Ich wollte es ihm nicht per Brief mitteilen.« Sie befürchtete zudem, daß sie ihn damit aus dem Gleichgewicht bringen würde. Und so etwas konnte für einen Jadgflieger fatale Folgen haben. »Er müßte es inzwischen schon gehört haben. Ich weiß, daß er Pat hin und wieder schreibt.« Doch sie hatte ihren Vater noch nicht gefragt, ob er es ihm gesagt hatte. Es tat immer noch sehr weh, an ihn zu denken, und sie versuchte, ihre Konzentration auf andere Dinge zu lenken, während sie über Kansas dahinflogen.

Bei ihrer Ankunft in Illinois wurden die beiden schon von den Reportern erwartet. Sie hatten den ganzen Tag auf dem Flughafen ihres Vaters ausgeharrt, und Cassie wußte, daß man sie vor der Tour nicht mehr in Ruhe lassen würde.

Also tat sie das, was Desmond von ihr erwartete. Sie widmete ihnen viel Zeit, posierte für zahlreiche Fotos, beantwortete all ihre Fragen und verabschiedete sich dann mit der Begründung, daß sie es nun nicht mehr erwarten könne, nach Hause zu ihrer Mutter zu kommen.

Ihr Vater hatte sie ebenfalls am Flughafen erwartet und ließ sich mit ihr und Billy fotografieren. Und dann endlich hatten die Presseleute genug, und Cassie seufzte erleichtert auf. Sie und Billy warfen ihr Gepäck in Pats Laster, und er lächelte sie an. Cassie hatte jedoch schon bei ihrer Ankunft bemerkt, daß ihr Vater sehr schlecht aussah.

»Ist dir nicht gut, Dad?« Er war merkwürdig grau im Gesicht und gefiel Cassie überhaupt nicht. Doch vielleicht hatte er ja die Grippe gehabt wie ihre Mutter, als sie aus Kalifornien zurückgekehrt war. Aber vielleicht hatte er auch einfach zuviel um die Ohren, schließlich war er keine zwanzig mehr. Und es war alles noch schwieriger geworden, nachdem Nick fortgegangen war, und dann sie und Billy, und Chris... Er war jetzt ausschließlich auf fremde Leute angewiesen und auf die von Ort zu Ort ziehenden Fliegercrews.

»Mit geht's gut«, sagte er wenig überzeugend, und dann schaute er seine Tochter besorgt an. Oona hatte ihm geraten, er solle es ihr bereits am Telefon sagen, aber er hatte nicht gewußt, wie. Doch sie mußte es jetzt erfahren. Pat hatte Nick auch noch nichts gesagt, und komischerweise hatte auch kein anderer ihn informiert. Außerdem war Nick ja auch erst am Abend vorher angekommen.

»Stimmt was nicht?« Cassie hatte sein Zögern bemerkt.

Billy ahnte auch nichts und schaute aus dem Fenster.

»Nick ist da«, platzte Pat heraus und blickte stur geradeaus.

»Wirklich? Wo wohnt er denn?« fragte Cassie unbehaglich.

»In seiner Wohnung. Doch ich nehme an, daß er uns später besuchen kommt. Ich dachte, ich sage es dir besser vorher.«

»Weiß er, daß ich komme?« Pat schüttelte den Kopf, und

Billy beobachtete Cassies Reaktion. Er hatte alles mitbekommen und hoffte nur, daß es sie nicht allzusehr aus der Fassung bringen würde.

»Noch nicht. Er ist erst gestern abend zurückgekommen und bleibt nur ein paar Tage. Ich hatte noch keine Gelegenheit, es ihm zu erzählen.« Sie traute sich nicht, ihren Vater zu fragen, ob Nick wußte, daß sie verheiratet war.

Sie saß schweigend da, und kurze Zeit später lag sie in den Armen ihrer Mutter. Billy trug ihr Gepäck hinein, und Pat führte ihn in das Zimmer von Chris. Der Anblick des vertrauten Zimmers brach Cassie fast das Herz. Sie hatten alles unverändert gelassen. Überall lagen noch seine Sachen herum, und es sah aus, als würde er jeden Moment nach Hause kommen.

Cassie richtete sich in ihrem alten Zimmer ein, und ihre Mutter hatte inzwischen das Abendessen vorbereitet. Es war eine einfache Mahlzeit mit Cassies Lieblingsspeisen: Brathähnchen, gedünstete Maiskolben und Kartoffelbrei.

»Ich würde aufgehen wie ein Hefekloß, wenn ich hier wohnen würde«, sagte Cassie glücklich mit vollem Mund.

»Ich auch«, stimmte Billy ihr schmatzend zu, und ihre Mutter fühlte sich sehr geschmeichelt.

»Du hast abgenommen«, sagte Oona vorwurfsvoll zu ihrer Tochter und runzelte besorgt die Stirn. Doch Billy hatte schnell eine Erklärung parat.

»Wir haben in der letzten Zeit unheimlich schwer gearbeitet, Mrs. O'Malley. Testflüge fünfzehn Stunden am Tag. Langstreckenflüge übers ganze Land, wir testen alles, was möglich ist, bevor es im Juli losgeht.«

»Freut mich, zu hören«, sagte Pat.

Und als Oona schließlich den Tisch abräumte und ihnen zum Nachtisch Apfelstrudel mit selbstgemachtem Vanilleeis servierte, hörten sie Schritte auf der Veranda. Cassie wäre vor Schreck fast das Herz stehengeblieben. Sie starrte auf ihren Teller und mußte sich zwingen, hochzublicken, als Nick durch die Tür kam. Sie wollte ihn nicht sehen, aber sie wußte, daß es kein Entrinnen gab. Als sie schließlich doch aufschaute, verschlug es ihr den Atem. Er sah besser aus als je zuvor mit seinem pechschwarzen Haar, den strahlend blauen Augen und dem sonnengebräunten Gesicht. Sie schnappte nach Luft und wurde feuerrot. Im Raum war es mucksmäuschenstill geworden, und keiner wagte es, sich zu rühren. Alle warteten gespannt auf das, was passieren würde.

»Störe ich euch?« fragte Nick verlegen. Wie alle anderen auch, spürte er die Spannung, die im Raum herrschte. Dann entdeckte er Billy. »Na, Junge? Wie geht's dir denn so?« Er durchschritt den Raum, um Billy die Hand zu geben. Billy stand grinsend von seinem Platz auf. Sein Gesicht war voller Sommersprossen, und seine Augen leuchteten vor Wiedersehensfreude.

»Bestens. Und dir, Stick?«

»Ich spreche schon fast wie ein waschechter ›Inselaffe‹.« Und dann schaute er zu Cassie hinüber, und ihre Blicke trafen sich. Ihre Augen wirkten unendlich traurig, und er fragte sich, warum. Er hatte sie mehr vermißt, als er sich jemals hätte träumen lassen. »Hallo, Cass«, begrüßte er sie leise. »Gut siehst du aus. Bist wohl schon startbereit für die Tour, was?« In der Wochenschau hatte er einen Bericht über die Vorbereitungen gesehen, aber die Aufnahmen waren schon fünf Monate alt, in Hornchurch hinkte man mit den Nachrichten immer ein wenig hinterher. Er hatte das letzte Jahr über nichts anderes getan, als zu fliegen. Jeden Augenblick, jede Stunde und jede Sekunde war er in der Luft gewesen. Darüber hinaus hatte er in London die Leichen von Frauen und Kindern aus den brennenden Häusern geborgen. Es war ein sehr hartes Jahr gewesen, doch er hatte wenigstens das Gefühl gehabt, etwas Nützliches zu tun. Auf jeden Fall war es besser, als hier Däumchen zu drehen und auf Postsendungen nach Minnesota zu warten.

Oona bot ihm Apfelstrudel an, und er setzte sich vorsichtig hin. Er spürte genau, daß er in ein Gespräch hineingeplatzt war. Alle schienen sich unbehaglich zu fühlen, doch vielleicht bildete er sich das auch nur ein. Er war sich nicht ganz sicher, und so sprach er zunächst nur mit Pat und Billy, während Cassie kein Wort über die Lippen brachte. Dann ging sie in die Küche, um ihrer Mutter zu helfen. Doch schließlich mußte sie zurückkommen. Sie rührte ihren Apfelstrudel nicht an, obwohl sie sonst immer ganz verrückt danach war. Pat wußte, was mit ihr los war, und Billy ebenfalls. Nur Nick hatte keine Ahnung, was geschehen war.

Nach dem Essen zündete er sich eine Zigarette an, stand auf und streckte sich. Auch er hatte abgenommen und wirkte ungemein jung und vital.

»Hast du Lust auf einen Spaziergang?« fragte er sie beiläufig, aber innerlich war er sehr angespannt. Er wußte, daß etwas nicht stimmte, und er wollte sie selbst danach fragen. Einen Moment lang fürchtete er schon, sie hätte sich womöglich doch in Billy verliebt. Nick war nun fast ein ganzes Jahr nicht mehr zu Hause gewesen – seit Chris' Tod. Es war nur einer Laune des Schicksals zu verdanken, daß er genau zum gleichen Zeitpunkt wie sie zurückgekommen war. Doch wie immer war er sehr froh, sie zu sehen. Seine Seele wurde durch ihre Gegenwart beflügelt, und er hatte nur noch den einen Wunsch, sie in den Arm zu nehmen und zu küssen. Doch sie verhielt sich seltsam reserviert, wahrscheinlich war sie böse auf ihn. Er hatte ihr absichtlich das ganze Jahr über nicht geschrieben, denn er wollte ihr nichts vormachen. Außerdem hatte er seine Meinung seit seinem letzten Besuch nicht geändert.

»Hast du was, Cass?« fragte er schließlich, als sie an den Fluß kamen, der sich an der Grenze von Pats Grundstück entlangschlängelte. Cassie hatte bis dahin noch kein einziges Wort gesagt.

»Eigentlich nicht«, sagte sie leise und versuchte, seinen Blick zu meiden, doch sie mußte ihn ansehen. Sie konnte ihre Augen nicht von ihm wenden. Wie hatte sie sich das ganze Jahr nur einreden können, daß sie über ihn hinweggekommen sei und bereit für einen Neuanfang? Wie konnte sie nur glauben, daß sie Desmond lieben würde und er sie brauchte? Cassie wurde plötzlich klar, daß sie Nick immer noch liebte, unabhängig davon, ob er ihre Liebe erwiderte oder nicht. So standen die Dinge also zwischen ihnen. Doch sie würde Desmond nie betrügen können. Sie erinnerte sich noch ganz genau an die Worte ihres Vaters, als sie ihm erzählt hatte, daß sie Desmond heiraten wollte, und sie wollte ihre Ehe in Ehren halten, selbst wenn es sie umbringen würde. Vielleicht könnte das sogar geschehen, dachte sie, als sie zu Nick aufschaute. Wenn sie ihn nur ansah, hatte sie das Gefühl, ihr Herz würde zerspringen.

»Was ist, Liebling? ... Du kannst es mir doch erzählen ... Was immer auch geschehen ist, wir sind doch alte Freunde, oder?« Er setzte sich neben sie auf einen alten Baumstamm und nahm ihre Hand. Und dann sah er ihn: einen schmalen goldenen Ring auf dem Ringfinger ihrer linken Hand. Sie hatte ihren Verlobungsring dieses Mal zu Hause gelassen und trug nur ihren Ehering, und der sprach für sich. Als sich ihre Blicke trafen, nickte sie. »Du bist *verheiratet?*« Er sah aus, als ob sie ihm gerade eine schallende Ohrfeige gegeben hätte.

»Ja«, antwortete sie traurig. Obwohl er sie freigegeben hatte und trotz seiner Aufforderung, ihren eigenen Weg zu gehen, hatte sie das Gefühl, daß sie ihn betrogen hatte. Sie hätte warten können, aber sie hatte es nicht getan. »Ich habe vor drei Monaten geheiratet... ich hätte es dir auch erzählt... aber du hast mir ja nie geschrieben... und ich wußte auch nicht, wie ich es dir sagen sollte.« Tränen liefen ihr über die Wangen, und sie konnte nicht mehr weitersprechen.

»Wer ist es?« Billy hatte ziemlich verlegen gewirkt, und sie waren zusammen heimgekommen. Nick hatte schon immer gedacht, daß sie gut zueinander passen würden, und Billy hatte auch das richtige Alter. Genau das hatte er sich für sie gewünscht. Und warum tat ihm der Gedanke jetzt so unsagbar weh und trieb ihm die Tränen in die Augen? »Billy?« fragte er mit erstickter Stimme und versuchte dabei, großmütig zu erscheinen. Trotz ihrer Tränen mußte Cassie nun lachen und zog ihre Hand sanft zurück.

»Aber nein, wie kommst du denn darauf?« Sie schwieg eine Weile und konnte ihm nicht in die Augen schauen. Aber sie mußte es ihm sagen. »Desmond.«

Es wurde ganz still, und trotz der lauen Abendluft begann sie plötzlich zu frieren. Dann hatte er verstanden und stieß einen fassungslosen, schmerzerfüllten Schrei aus. »Desmond *Williams*?« fragte er, als würde er mindestens zehn andere mit demselben Vornamen kennen. Auf ihr stummes Nicken hin, starrte er sie mit weitaufgerissenen Augen an, in seinem Blick spiegelten sich Entsetzen und Empörung. »Um Himmels willen, Cassie... wie konntest du nur so dumm sein? Habe ich es dir nicht gesagt? Warum, zum Teufel, glaubst du, hat er dich geheiratet?«

»Weil er es wollte, Nick«, erwiderte sie verärgert. »Er braucht mich, und auf seine Weise liebt er mich auch.«

Aber sie wußte besser als jeder andere, daß es in seinem Leben kaum Platz für etwas anderes als Flugzeuge und Akten gab.

»Was der braucht, ist ein Flugdirektor und eine Crew der Wochenschau, und das weißt du auch. Ich habe in diesem Jahr noch keine Wochenschau gesehen, die nicht mindestens schon fünf Monate alt war, aber ich wette, er hat das äußerste aus eurer Hochzeit rausgeholt, und du hast für mehr Fotos posiert als die Garbo.«

»Es sind nur noch fünf Wochen bis zur Tour, Nick. Was hast du denn erwartet?«

»Ich hatte erwartet, daß du soviel Verstand im Kopf hast, um ihn als das zu sehen, was er ist. Er ist ein Betrüger und ein Schwätzer. Ich habe es gleich gesagt, nachdem ich ihn das erste Mal gesehen hatte. Er wird dich benutzen, er wird dich ausquetschen wie eine Zitrone, oder er läßt dich so lange fliegen, bis du abstürzt oder bis du mit einer viel zu schweren Maschine in einen Baum rast. Für ihn zählt nur eines: Publicity und seine gottverdammte Flugzeugfabrik. Dieser Mann ist eine Maschine und ein Publicitygenie, mehr nicht. Willst du mir vielleicht auch noch erzählen, daß du ihn liebst?« schrie er sie an, und sie zuckte zurück, als er sich vor ihr aufbaute und ihren Ehemann beschimpfte.

»Ja, ich liebe ihn, und er liebt mich. Er denkt ständig an mich. Er kümmert sich um mich ... und selbstverständlich kümmert er sich auch um seine Flugzeuge und die Tour, aber er tut auch wirklich alles, um mich zu beschützen.«

»Wie denn? Vielleicht indem er dich mit wasserdichten Kameras und einem Froschmännerteam losschickt? Mach dir doch nichts vor, Cass! Willst du mir wirklich weismachen, er hätte aus eurer Hochzeit nicht soviel Publicity herausgeholt, wie er nur konnte? Ich habe ja noch nichts darüber gesehen, aber ich würde meinen Arsch darauf verwetten, daß ganz Amerika Zeuge bei dieser ›Traumhochzeit‹ war. Würde mich nicht wundern, wenn du deinen Brautstrauß direkt in die Kameras geworfen hättest.«

»Und wenn es so wäre, verdammt noch mal?« Er war der Wahrheit näher, als er ahnte, aber Desmond hatte ihr immer wieder eingeschärft, den Reportern gegenüber kooperativ und geduldig zu sein. Die Presse sei ein wichtiger Teil ihres Lebens und ihrer Tour, hatte er stets betont. Doch sie war sicher, daß er sie nicht deshalb geheiratet hatte. Das war widerwärtig, und es machte sie wütend, wenn sie Nick so reden hörte. Mit welchem Recht kritisierte er sie überhaupt? Er hatte ihr ja nicht einmal geschrieben. »Was geht es dich überhaupt an?« wehrte sie sich. »Du wolltest mich doch nicht. Du wolltest mich nicht heiraten oder mir schreiben. Du wolltest nicht zu mir nach Hause zurückkommen und hast mir nicht die geringste Hoffnung auf eine gemeinsame Zukunft nach deiner Rückkehr gemacht. Du willst beim Luftkampf in Europa den Helden spielen, dann mal los, Flieger. Du wolltest mich nicht. Du hast es mir selbst gesagt. Du wolltest nur ein wenig mit mir rumknutschen, während du hier warst, und dann abhauen und dein eigenes Leben führen. Aber ich habe auch ein Recht auf mein eigenes Leben, und das habe ich mir jetzt genommen.«

»Nein, eben nicht«, sagte er böse, »du läufst einem Hirngespinst nach. Und sobald die Tour vorbei ist und er der Presse nichts mehr vorzutäuschen braucht, läßt er dich so schnell fallen, daß dir der Kopf schwirrt, oder du darfst bei ihm bleiben, und er ignoriert dich einfach.« Genau das tat er zur Zeit, aber Cassie wußte, daß er sehr viel Arbeit mit der Vorbereitung der Tour hatte. Sie wollte, daß Nick unrecht hatte. Alles, was er sagte, war unfair, denn er war ein schlechter Verlierer, und er war wütend. Und dann machte er alles noch schlimmer. Er trat einen Schritt auf sie zu und hätte sie am liebsten mit einem Ruck vom Baumstamm gerissen und sie in seine Arme gezogen. Doch aus Respekt hielt er sich zurück. »Ich habe gehört, daß er sich mehrere Geliebte hält, die auf Abruf für ihn bereitstehen, Cass. Hat man dir das schon erzählt, oder bist du selber dahintergekommen?« Er sagte es zwar in einem äußerst gehässigen Ton, doch er sah trotzdem so aus, als sei er von der Wahrheit seiner Behauptung fest überzeugt.

»Das ist doch lächerlich. Woher willst du das überhaupt wissen?«

»Das weiß doch jeder. Er ist nicht der Heilige, den er allen vorspielt, geschweige denn ein treuer Ehemann«, fügte er traurig hinzu. Er wünschte, er hätte Cassie geheiratet. Doch bevor er fortging, war es ihm wie ein großer Fehler erschienen, und er war eigentlich immer noch dieser Meinung. Aber ein noch größerer Fehler war es, daß sie Desmond geheiratet hatte. »Der Kerl ist ein Halunke, Cass. Vermutlich liebt er dich überhaupt nicht. Schau der Wahrheit ins Gesicht. Er ist ein Schauspieler und ein Schwindler. Du hast ihn nicht geheiratet, du bist nur ein Mitglied in seiner Zirkustruppe geworden.« Nicks Worte versetzten Cassie derart in Angst und Schrecken, daß sie nur noch den Wunsch hatte, zuzuschlagen, damit er endlich damit aufhörte. Sie holte aus, um ihm eine schallende Ohrfeige zu geben, doch er war schneller als sie. Er schnappte ihren Arm, drehte ihn auf ihren Rücken, und plötzlich war es mit seiner Beherrschung vorbei. Er küßte sie leidenschaftlicher als je zuvor, leidenschaftlicher, als er es je zuvor gewagt hatte. Aber sie war jetzt auch kein kleines Mädchen mehr, sondern eine Frau. Und bevor sie wußte, wie ihr geschah, erwiderte sie seinen Kuß, und dann hielten sie sich eine halbe Ewigkeit in ungezügelter Leidenschaft umschlungen. Cassie löste sich schließlich aus der Umarmung, und Tränen liefen ihr übers Gesicht. Sie haßte das, was mit ihnen beiden geschehen war, und sie haßte sich selbst für das, was sie ihm angetan hatte. Aber seinerzeit war es ihr richtig erschienen, Desmond zu heiraten.

Doch das stand jetzt nicht zur Debatte. Jetzt ging es um Nick und um das, wozu sie kein Recht mehr hatten.

»Cassie, ich liebe dich«, sagte Nick eindringlich, als er sie in den Armen hielt. Doch dieses Mal küßte er sie nicht. »Ich habe dich immer geliebt und werde niemals damit aufhören. Ich wollte dein Leben nicht ruinieren, aber ich hätte mir nie träumen lassen, daß du so etwas Dummes tun könntest... ich hatte immer gedacht, du würdest irgendwann mit Billy zusammenkommen.« Sie lachte bei der Vorstellung und setzte sich neben ihn auf den Baumstamm. Was hatte sie nur getan? Sie liebte zwei Männer... oder vielleicht auch nur einen, sie war von einem Mann besessen und mit dem anderen verheiratet.

»Billy zu heiraten wäre so, als hätte ich Chris geheiratet«, sagte sie traurig.

»Und wie ist es, mit *ihm* verheiratet zu sein?« fragte er mit erstickter Stimme. Er wollte nun alles wissen.

»Er ist sehr ernst«, seufzte sie, »er widmet sich zur Zeit nur noch der Tour. Ich denke, er tut es für mich, doch ich weiß nicht, Nick... ich dachte, ich würde das Richtige tun. Vielleicht habe ich ja einen Fehler gemacht. Ich weiß es einfach nicht.«

»Sag die Tour ab«, sagte er beschwörend. »Laß dich von ihm scheiden.« Er geriet langsam in Panik. Er würde alles tun, er würde sie sogar heiraten, wenn das ihr Wunsch war. Denn mit jeder Faser seines Körpers spürte er, daß sie in Gefahr war.

»Das kann ich nicht tun, Nick«, entgegnete sie ernst. »Das wäre nicht fair. Er hat mich in gutem Glauben geheiratet. Ich kann ihn nicht im Stich lassen. Dafür habe ich ihm zuviel zu verdanken. Er hat sich so sehr für diese Tour eingesetzt und hat soviel investiert, und damit meine ich nicht nur das Flugzeug ... « Es war gar nicht auszudenken.

»Du bist noch nicht soweit.«

In diesem Punkt irrte er sich, und das wußte sie ganz genau.

»Doch, das bin ich«, entgegnete sie.

»Du liebst ihn gar nicht.« Er wirkte plötzlich so jung und so verletzlich. Cassie wünschte, sie hätte auf ihn gewartet, aber jetzt war es zu spät.

»Ich liebe ihn nicht und habe ihn nie geliebt, und er wußte es. Ich habe ihm von dir erzählt, und er hat es akzeptiert. Aber ich mag ihn sehr. Er ist so gut zu mir gewesen, daß ich ihn einfach gern haben muß. Ich kann ihn jetzt nicht einfach im Stich lassen, Nick.«

»Und danach? Wie soll es dann weitergehen? Willst du dich für immer an ihn ketten?«

»Ich weiß es nicht, Nick. Das läßt sich alles nicht so leicht beantworten.«

»Es ist an dir, es dir leicht zu machen«, sagte er hartnäckig.

»Genau das gleiche habe ich dir vor zwei Jahren gesagt, Nick, bevor du nach England gingst. Und du hast auch nicht auf mich gehört.«

»Manchmal scheinen die Dinge komplizierter zu sein, als sie in Wirklichkeit sind. Wir machen sie so schwierig, obwohl es gar nicht nötig wäre«, erwiderte er nachdenklich.

»Ich bin mit ihm verheiratet, Nick, in guten wie in

schlechten Tagen. Ob ich dich nun liebe oder nicht. Ich kann ihn nicht einfach verlassen, nur weil du es so willst.«

»Vielleicht hast du recht«, sagte Nick kurz angebunden, »aber er wird dich eines Tages verlassen, zumindest gefühlsmäßig. Laß die Tour erst zu Ende sein, denn es ist alles nur Publicity. Du wirst es erleben, Cass. Ich weiß es.«

»Vielleicht. Aber bis dahin bin ich ihm etwas schuldig, und ich werde mein Wort nicht brechen oder ihn betrügen. Er ist mein Ehemann. Er verdient es nicht, daß wir zwei ihn hier hintergehen. Das werde ich bestimmt nicht tun.«

Er schaute sie lange Zeit an, und die Kraft und Entschlossenheit ihrer Worte ließ ihn förmlich zusammensacken. »Du bist ein braves Mädchen, Cass, er kann sich glücklich schätzen. Vermutlich war ich die ganze Zeit über ein großer Dummkopf. Ich dachte, ich wäre zu alt für dich ... und zu arm ... und zu töricht. Ich hatte wenigstens zum Teil recht.«

Und dann konnte er es sich nicht verkneifen, ein bißchen zu sticheln. »Wie ist es denn so, mit einem der reichsten Männer der Welt verheiratet zu sein?«

»Nicht anders, als eine Ehe mit dir gewesen wäre«, konterte sie schnell. »Ihr seid beide verzogene Jungs, die immer ihren Kopf durchsetzen wollen. Vielleicht sind ja alle Männer so, ob reich oder arm«, sagte sie und schaute ihn an. Nick lachte, zumindest hatte sie ihren Humor noch nicht verloren.

»Touché. Ich wünschte, ich könnte mich für dich freuen, Cass, aber ich kann es einfach nicht.«

»Versuch es. Wir haben keine andere Wahl.« Sie mußte mit der Entscheidung, die sie getroffen hatte, leben. Nach einer Weile gingen sie Hand in Hand zurück durch die sternenklare Nacht und redeten weiter. Es wurde ihm immer klarer, wie idiotisch er sich benommen hatte. Er hatte für sie mitentschieden, und das war dabei herausgekommen. Ihr Vater hatte recht gehabt, er hatte sie freigegeben, und sie hatte einen anderen geheiratet. Aber warum ausgerechnet Desmond Williams? Alles, was er bisher über diesen Mann erfahren hatte, war ihm zutiefst zuwider. Er war felsenfest davon überzeugt, daß er Cassie nur benutzte. Und sie war noch zu jung und zu unerfahren, um das zu durchschauen. Mit seinen vierzig Jahren war Desmonds finstere Seele wie ein offenes Buch für ihn, und was er dort las, gefiel ihm ganz und gar nicht.

Cassie sagte ihm auf der Veranda gute Nacht und zog sich zurück, ohne ihn noch einmal zu küssen. Doch erst als sie bereits im Haus verschwunden war, bemerkte er seinen alten Freund, der in einem Sessel saß und ihn beobachtete.

»Na, paßt du auch gut auf mich auf, Ace?« fragte Nick mit einem müden Lächeln und setzte sich in den Sessel neben ihn.

»Ja. Ich habe Cassie schon vor Monaten davor gewarnt, daß ich es nicht zulassen werde, wenn sie ihre Ehe in den Schmutz zieht.«

»Das macht sie bestimmt nicht. Sie ist ein braves Mädchen, und ich bin ein Volltrottel. Du hattest recht, Pat.«

»Das habe ich befürchtet.« Und jetzt sprach er ganz offen mit seinem alten Freund und Partner, mit dem Jungen, der sein Schützling gewesen war in jenem anderen Krieg, der nun schon fast ein Vierteljahrhundert zurücklag. »Das Schlimmste für sie ist, daß sie dich immer noch liebt, das ist nicht zu übersehen. Ist sie überhaupt glücklich mit ihm?« fragte Pat verschwörerisch.

»Ich glaube nicht. Doch sie meint, sie hätte ihm alles zu verdanken.«

»Sie verdankt ihm ja auch sehr viel, Nick, das ist unbestreitbar.«

»Und wenn sie verletzt wird?« Nick wagte ihrem Vater gegenüber nicht, das Wort »getötet« auszusprechen. Aber man konnte auch das nicht ganz ausschließen, und das wußten sie beide. »Was verdanken wir ihm dann?«

»Es ist das Risiko, das wir alle eingehen, Nick. Das weißt auch du. Cassie weiß, was sie will, und sie weiß auch, was sie tut. Das einzige, worüber sie sich noch nicht im klaren ist, ist eure Liebe.«

»Ich auch nicht. Ich hätte sie bis heute nicht geheiratet, denn ich wollte sie nicht als Witwe zurücklassen.« Er lachte bitter. »Ich dachte, ich wäre zu alt für sie, doch er ist fast genauso alt wie ich.«

»Wir sind alle Dummköpfe. Ich hätte Oona auch vor zweiunddreißig Jahren fast nicht geheiratet. Ich dachte, sie wäre zu gut für mich, und meine Mutter sagte mir dann, daß ich verrückt sei, und sie riet mir, schnellstens die Ringe zu besorgen. Ich hatte recht. Sie ist tatsächlich zu gut für mich... aber ich liebe diese Frau, und bis heute habe ich noch keinen einzigen Tag unserer Ehe bereut.« Das hatte er ihr noch nie gesagt, doch für Nick kam dieser Ratschlag nun zu spät. Zunächst jedenfalls. Doch wenn Nick recht behielt und Desmond Cassie irgendwann fallenlassen würde, dann wäre sie vielleicht eines Tages wieder frei. Doch all das war ziemlich fraglich.

Sie saßen noch lange auf der Veranda und unterhielten sich. Als sie aufstanden, bemerkte Nick, daß Pat etwas kurzatmig war. Das war etwas ganz Neues, und es gefiel Nick ganz und gar nicht.

»Warst du krank, Ace?«

»Äh... eigentlich nicht... eine kleine Grippe, etwas Husten... ich werde zu dick. Oona kocht einfach zu gut, darum gerate ich manchmal schnell aus der Puste. Sonst ist nichts.«

»Paß auf dich auf«, sagte Nick und runzelte besorgt die Stirn.

»Paß auf dich selber auf«, erwiderte Pat lachend. »Wer den ganzen Tag Jagd auf die Krauts macht, muß wohl ein bißchen mehr Angst haben als ich hier.«

Sein ehemaliger Schützling nickte. Nick war Pat dankbar für die Dinge, die er ihm über Cassie gesagt hatte. »Gute Nacht, Ace. Bis morgen.«

Nick ging zurück zu seinem alten Schuppen, in dem alles verstaubt war. Er war ein ganzes Jahr nicht zu Hause gewesen, und es tat gut, wieder hier zu sein. Alles war hier in Ordnung, bis auf die Tatsache, daß Cassie verheiratet war. Er konnte es immer noch nicht glauben. In dieser Nacht lag er in seinem Bett und sehnte sich nach ihr, unfähig zu glauben, daß sie nun einem anderen gehörte ... dieses süße Gesicht ... sein kleines Mädchen, das er so sehr liebte, war nicht mehr seines und würde nie mehr ihm gehören. Sie gehörte jetzt zu Desmond. Als er in dieser Nacht endlich Schlaf fand, liefen ihm Tränen über die Wangen und durchnäßten sein Kopfkissen.

17

Für beide wurde es ein schwieriges Wochenende. Cassie bemühte sich, Nick aus dem Weg zu gehen, aber ihre Welt war einfach zu klein. Ständig liefen sie einander in die Arme – im Haus, am Flughafen, selbst im Supermarkt, wo sie ein paar Besorgungen für ihre Mutter machte. Er versuchte Distanz zu ihr zu wahren, um ihretwillen, nicht wegen Desmond, aber es war unmöglich. An Cassies letztem Abend lagen sie sich schließlich doch wieder in den Armen. Es war ihr zweiundzwanzigster Geburtstag. Er hatte mit ihr und ihrer Familie zu Abend gegessen, und während der ganzen Mahlzeit war die Anziehungskraft zwischen ihnen kaum zu übersehen gewesen. Sie wußten, daß es ihr letzter gemeinsamer Abend war, und vielleicht würden sie sich niemals wiedersehen. Allein der Gedanke daran versetzte sie in Panik.

»Das dürfen wir nicht, Nick«, flüsterte sie nach dem ersten leidenschaftlichen Kuß. »Ich hab's Dad versprochen. Und ich kann es nicht tun... ich kann es Desmond nicht antun.«

Auf Schritt und Tritt wurde sie von Presseleuten verfolgt, und ein Skandal war das letzte, was sie jetzt gebrauchen konnte. An diesem Tag hatten die Reporter versucht, alle Piloten und Mitarbeiter am Flughafen zu fotografieren, aber Nick hatte sich diskret in sein Häuschen zurückgezogen und war erst wieder auf der Bildfläche erschienen, als die Fotografen fort waren. Sie war ihm sehr dankbar, denn Desmond hätte es gar nicht gefallen, Nick auf den

Bildern zu sehen. Am Telefon hatte sie ihm nicht erzählt, daß Nick zu Hause war.

»Ich weiß, Cassie ... ich weiß.« Nick widersprach ihr nicht.

Er wollte ihr nicht weh tun. Sie saßen auf der Veranda und unterhielten sich. Ihre Eltern waren schon eine Stunde zuvor zu Bett gegangen, aber sie hatten nichts gesagt, als Nick keinerlei Anstalten gemacht hatte, sich zu verabschieden. Cassie mußte am nächsten Tag fort, und es war ihr letzter gemeinsamer Abend.

»Ich muß immer an deine Tour denken. Bist du wirklich genügend vorbereitet? Billy sagt, daß es ein verdammt schweres Flugzeug ist.«

»Ich werde gut damit fertig.«

Diesmal fing er nicht an zu streiten. »Ist eure Route sicher?«

»Das will ich hoffen. Desmond arbeitet jeden Abend bis nach Mitternacht daran.«

»Wie schön für dich«, sagte er ironisch. Dann lächelte er wehmütig. »Du verrücktes Ding. Du hättest Bobby Strong haben können, dann würdest du jetzt Zwiebeln verkaufen. Und was machst du statt dessen? Heiratest den größten Industriemagnaten Amerikas. Kannst du denn gar nichts richtig machen, Cass?« neckte er sie, und sie mußte lachen. Das Ganze war keineswegs lächerlich, aber sie zwangen sich zum Lachen, denn sonst hätten sie geweint. In den vergangenen Tagen war ihnen beiden klargeworden, daß sie sich bis ans Ende aller Zeiten lieben würden. Bei jeder Begegnung fühlten sie sich stärker zueinander hingezogen. Es gab kein Entrinnen, ihre Gefühle füreinander waren einfach zu stark. Und Cassie wußte jetzt, daß sich dies niemals ändern würde. Sie und Nick waren eins, und das würde immer so sein. Es hatte keinen Sinn, sich etwas vorzumachen. Sie liebte Nick mehr als je zuvor und saß in der Zwickmühle, denn sie liebte Nick und wollte Desmond nicht hintergehen.

Aber dies war ihr letzter Abend, und sie wußten, daß es vielleicht ihre letzte Chance war, zusammenzusein. Er ging zurück in den Krieg und setzte erneut sein Leben aufs Spiel, und sie ging das ungeheure Risiko einer Pazifiküberquerung ein. Ihnen blieb keine Zeit mehr für Spielchen oder Streit, sie mußten mit ihren Entscheidungen leben. Beide waren sie töricht gewesen, und das wußten sie.

»Was sollen wir bloß tun, Cass?« fragte er unglücklich, während sie in die sternenklare Vollmondnacht hinausblickten. Es war eine Nacht für Verliebte, aber ihre Beziehung war sehr kompliziert geworden. Beide sehnten sie sich nach jenen endlosen gemeinsamen Nachmittagen auf dem verlassenen Rollfeld. Damals hatte ihnen alles offengestanden, aber sie hatten falsche Entscheidungen getroffen. Er war in einen zweiten Krieg gezogen, und sie hatte einen Mann geheiratet, an dem ihr zwar viel lag, den sie jedoch nicht liebte. Trotz ihrer unbestrittenen Loyalität Desmond gegenüber wußte sie nur zu gut, daß Nick der einzige Mann war, den sie jemals lieben würde. Vielleicht würde es sich ja eines Tages ändern, aber sie glaubte nicht daran. Sie hatte sich etwas vorgemacht, als sie Desmond geheiratet hatte. Das war ihr bei ihrem Wiedersehen mit Nick klargeworden.

»Ich wünschte, ich könnte mit dir nach England gehen«, sagte sie traurig.

»Ja, das wäre schön. Bis jetzt gibt es bei der Royal Air Force noch keine Frauen, aber vielleicht ändert sich das bald. Die Limeys haben nämlich ziemlich moderne Ansichten.«

»Vielleicht sollte ich fortlaufen und in die Royal Air

Force eintreten«, sagte sie betrübt. Sie konnte sich nicht vorstellen, wie sie jetzt weiterleben sollte, und in gewisser Weise war sie froh über die Tour. Zumindest würde sie beschäftigt sein und wäre nicht in Desmonds Nähe.

»Vielleicht hätte ich gar nicht erst hingehen sollen«, sagte er zu ihrer Überraschung. Seine Worte beunruhigten sie, denn wenn er jetzt den Mut verlor, dann konnte ihm leicht etwas zustoßen. Schon zu oft hatte sie ähnliche Geschichten gehört.

»Dazu ist es jetzt zu spät«, ermahnte sie ihn. »Paß lieber auf, was du tust.«

»Und das sagst ausgerechnet du!« Er lachte, aber dann dachte er an das, was ihr in einem Monat bevorstand. Der Gedanke an ihre Tour machte ihn krank vor Sorge, und er fragte sie, ob sie Lust zu einem Spaziergang hätte. Langsam schlenderten sie durch die mondhelle Nacht und schlugen unwillkürlich den Weg zum Flughafen ein. Er erzählte ihr von England, und sie redete über die Tour und die voraussichtliche Route über den Pazifik.

»Zu dumm, daß du wegen des Kriegs keine richtige Weltumrundung machen kannst. Dabei wäre mir wohler, als wenn ich mir diese endlosen Strecken über dem Pazifik vorstelle.«

Aber nur dort ließen sich im Moment neue Rekorde aufstellen, und das wußten sie beide.

Mittlerweile hatten sie den Flugplatz erreicht, und ohne nachzudenken schlenderten sie zu der alten Jenny. Es war eine laue Nacht, und der Mond schien so hell, daß sie den ganzen Flugplatz überblicken konnten.

»Wie wär's mit einem Spazierflug?« fragte er zögernd. Sie hätte allen Grund gehabt, ihn zum Teufel zu jagen, aber sie tat es nicht. Sie wollte eine Weile mit ihm allein sein und ihr anderes Leben vergessen; vergessen, daß sie sich morgen wieder von ihm trennen mußte, denn diesmal konnte es sogar ein Abschied für immer sein.

»Ja, gern«, sagte sie leise. Und ohne ein weiteres Wort half sie ihm, das Flugzeug aufs Rollfeld zu schieben und die Bodenkontrollen durchzuführen. Kurz darauf flogen sie am nächtlichen Himmel dahin. Alles war so vertraut, und doch war es anders in dieser Nacht. Hier oben waren sie in ihrer eigenen Welt, in einer Welt voller Sterne und Träume, wo niemand ihnen etwas anhaben konnte.

Ganz automatisch war er zu dem alten Rollfeld geflogen. Wie oft hatten sie sich hier heimlich getroffen! Jetzt landete er die kleine Maschine auf der mondbeschienenen, verlassenen Piste. Er schaltete den Motor ab und half Cassie aus dem Cockpit. Sie hatten keine Ahnung, wohin sie gehen würden, sie wußten nur, daß sie jetzt zusammensein mußten, in ihrer eigenen Welt, weit fort von allen anderen. Hier war alles so friedlich. Ohne nachzudenken gingen sie zu der Stelle, wo sie immer stundenlang gesessen und miteinander geredet hatten. Sie fühlte sich jetzt soviel älter als damals und unendlich trauriger. Ihr Bruder war tot, und sie hatte jede Hoffnung auf eine Zukunft mit Nick verloren. An dieser Stelle hatte er sie zum erstenmal geküßt und ihr gestanden, daß er sie liebte, an jenem Tag, als er ihr gesagt hatte, er werde in die Royal Air Force eintreten und nach Europa gehen. Seit damals hatten sie angefangen, die falschen Entscheidungen zu treffen.

»Wünschst du dir nicht auch manchmal, du könntest die Uhr noch einmal zurückdrehen?« fragte sie und blickte betrübt zu ihm auf.

»Was hättest du damals anders gemacht, Cass?«

»Ich hätte dir schon vor langer Zeit gesagt, wie sehr ich dich liebe. Ich dachte immer, dir würde nichts daran liegen, weil ich ja noch ein halbes Kind war. Ich hatte Angst, du würdest mich auslachen.« Sie sah wunderschön aus, wie sie im Mondlicht neben ihm stand.

»Ich war mir sicher, daß dein Vater mich hinter Gitter gebracht hätte.« Mittlerweile hatte er erfahren, daß Pat ihn nicht abgelehnt hätte, aber jetzt war sie die Frau eines anderen. Das Ganze war so verrückt.

»Mein Vater läßt dich vielleicht jetzt verhaften, aber ich glaube nicht, daß er es damals getan hätte.« Aber sie fragte sich, ob er ihr Verhalten in diesem Moment nicht doch billigen würde. Er wußte, wie sehr sie sich liebten. Aber jetzt tat sie genau das, wovor er sie gewarnt hatte.

Sie gingen zu ihrem altvertrauten Platz, und da das Gras ein wenig feucht war, breitete Nick seine alte Fliegerjacke darauf aus. Als sie sich gesetzt hatten, schloß er sie in die Arme und küßte sie. Beide wußten sie, warum sie hierhergekommen waren. Sie waren jetzt erwachsen und mußten niemanden um Erlaubnis bitten oder Lügen erfinden. Zumindest nicht heute nacht. Sie waren hier, weil sie sich liebten und weil sie etwas brauchten, das sie mitnehmen konnten.

»Ich will nichts Dummes machen«, sagte er, während sie sich an ihn schmiegte. Es waren dieselben Befürchtungen wie vor seiner letzten Abreise nach England, aber die Dinge lagen jetzt anders, und er nahm das Risiko in Kauf. Irgendwie wünschte er sich fast, sie würde schwanger werden, vielleicht würde sie Desmond dann verlassen müssen.

Und als sie sich neben ihn legte und seine starken Arme um sich fühlte, wünschte sie sich dasselbe. Aber nach wenigen Sekunden spielte die Zukunft keine Rolle mehr, nur noch die Gegenwart zählte. Sie fühlte heißes Feuer in sich aufsteigen, während sie sich küßten, und kurz darauf schimmerten ihre nackten Körper im Mondlicht. Es war eine Nacht, die sie niemals vergessen würden, und sie wußten beide, daß sie sich jahrelang daran klammern mußten, vielleicht sogar für immer.

»Cassie ... ich liebe dich so sehr ...«, flüsterte er zärtlich und spürte ihren Körper in seinen Armen. In Wahrheit war sie noch schöner, als er es sich erträumt hatte. »Was war ich nur für ein Trottel«, sagte er und betrachtete sie, wie sie zwischen den hastig abgestreiften Kleidungsstücken dalag und ihn anlächelte. Im Mondlicht sah sie aus wie eine Göttin.

»Auch ich war dumm«, flüsterte sie verträumt, aber in diesem Augenblick war es ihr einerlei, solange sie nur in seinen Armen liegen und bei ihm sein konnte. Das war alles, was sie wollte. In diesem einzigartigen Augenblick zählte nichts anderes.

»Vielleicht werden wir ja eines Tages klug werden ... oder Glück haben«, sagte er, aber er bezweifelte es, denn es war alles so kompliziert geworden. Ihnen blieb nur diese Nacht im silbrigen Mondlicht.

Lange Zeit lagen sie nebeneinander, und kurz vor Sonnenaufgang liebten sie sich ein zweites Mal. Sie waren eingeschlafen und waren eng umschlungen aufgewacht, und im sanften Morgenlicht verzehrten sie sich nacheinander. Die Sonne ging auf und lächelte auf sie herab, und jetzt sah er ihren schlanken, wunderschönen Körper im goldenen Licht des Sonnenaufgangs. Danach lagen sie noch lange Zeit beieinander und wünschten sich, sie könnten für immer dort bleiben.

Auf dem Rückflug zum Flughafen ihres Vaters erstrahlte der Himmel in sanften Rosa- und Goldtönen. In vertrautem Schweigen brachten sie die alte Jenny zurück in die Flugzeughalle. Als alles wieder an seinem Platz war, sah sie ihn an und lächelte selig, denn sie bereute nicht, was sie getan hatte. Es war ihr Schicksal.

»Ich liebe dich, Nick«, sagte sie glücklich.

»Ich werde dich immer lieben«, erwiderte er. Dann brachte er sie zurück zum Haus ihrer Eltern. Jetzt gehörten sie zusammen, das Band zwischen ihnen war unzerstörbar.

Im Haus ihrer Eltern war es noch still. Es war sehr früh morgens und alles schlief noch. Nick hielt sie in den Armen und streichelte ihr übers Haar, während er versuchte, nicht an die Zukunft zu denken oder an Desmond Williams. Lange Zeit standen sie so da und konnten nicht voneinander lassen. Immer wieder küßte er sie, und immer wieder sagte sie ihm, wie sehr sie ihn liebte.

Als sie hörten, daß ihre Eltern aufgestanden waren, verabschiedete er sich. Sie bereuten nichts. Sie hatten sich einander Kraft gegeben, die sie für ihre weiteren Wege mit all den Gefahren und Herausforderungen bitter nötig hatten.

»Wir sehen uns noch, bevor du abfliegst«, versprach er ihr leise. Dann zog sie ihn noch einmal an sich und küßte ihn ein letztes Mal sanft und zärtlich auf den Mund. Er konnte sich kaum vorstellen, sie gehen zu lassen, besonders, da er wußte, daß sie zurück zu ihrem Ehemann mußte.

»Ich kann dich nicht gehen lassen, Cass.«

»Ich weiß«, sagte sie unglücklich. »Aber wir haben keine andere Wahl.«

Dann verließ er sie, und langsam ging sie zurück in das Zimmer, in dem sie schon als kleines Mädchen gewohnt hatte. Die ganze Zeit dachte sie nur an ihn und wünschte sich, daß alles anders wäre.

Sie duschte und zog sich an, und dann frühstückte sie mit ihren Eltern. Wie Nick bemerkte sie, daß ihr Vater Schwierigkeiten beim Atmen hatte. Aber als sie ihn darauf ansprach, machte er nur eine abwehrende Geste. Direkt nach dem Frühstück fuhr Pat sie und Billy zum Flughafen. Sie versprach ihrer Mutter, vor der Tour noch ein paarmal anzurufen und vielleicht sogar vorher noch einmal zu Besuch zu kommen. Aber sie bezweifelte, daß Desmond es ihr gestatten wurde. Doch nicht zuletzt wegen ihres Vaters, der ungewöhnlich blaß und kraftlos wirkte, hielt sie einen weiteren Besuch für notwendig.

Nick war in seinem Büro, als sie am Flughafen eintrafen. Er sah ihr tief in die Augen, als sie sich verabschiedeten. Dann begleitete er sie zu ihrem Flugzeug und schwatzte ein wenig mit Billy. Aber die ganze Zeit spürte Cassie seine Nähe, konnte noch seine weiche Haut auf der ihren fühlen und dachte an ihre gemeinsamen Wonnen. »Paßt gut auf euch auf, ihr beiden«, sagte Nick mahnend und mußte wieder an die Tour denken. »Paß auf, daß sie nicht in einen Baum fliegt«, warnte er Billy und schüttelte ihm die Hand, während Cassie die Bodenkontrollen durchführte. Nick konnte seine Augen nicht von ihr lassen, und sie genoß seine Nähe.

Dann küßte sie ihren Vater, während Billy sich anschnallte. Und dann kam der schwerste Moment, denn es war Zeit, Nick auf Wiedersehen zu sagen. Sie sahen sich in die Augen und hielten sich an den Händen, dann schloß er sie in seine Arme und küßte sie zärtlich auf den Mund. Es kümmerte ihn nicht, daß die anderen dabei waren. Sie sollte wissen, wie sehr er sie liebte.

»Mach's gut, Cass«, flüsterte er ihr ins Ohr, nachdem er sie geküßt hatte. »Mach bloß keine Dummheiten auf eurer Tour.« Er wünschte immer noch, daß sie nicht fliegen würde, aber er wußte, daß er sie nicht davon abhalten konnte.

»Ich liebe dich«, sagte sie leise. Ihre Augen waren voller Tränen, und er sah darin alles, was sie für ihn fühlte.

»Laß ab und zu von dir hören.« Er nickte, und sie kletterte ins Cockpit, nachdem er ihr ein letztes Mal die Hand gedrückt hatte. Diesmal war es ihnen fast unmöglich, sich voneinander zu trennen. Pat sah sie voller Mitgefühl an, ohne ihnen Vorwürfe zu machen.

Ihr Vater und Nick blieben am Rand des Rollfeldes stehen, als sie Desmonds große Williams-Aircraft-Maschine in Richtung Startbahn steuerte. Sobald sie abgehoben hatten, flog sie eine steile Kurve, und dann waren sie verschwunden.

Lange Zeit stand Nick da und starrte zum Himmel. Pat war bereits zurückgefahren, und das Flugzeug war längst nicht mehr zu sehen, aber er schaute immer noch nach oben. Er konnte an nichts anderes denken als daran, im Mondlicht neben ihr zu liegen. Und in gewisser Weise war er froh, daß er am nächsten Tag zurück nach Europa mußte. Er konnte es nicht ertragen, länger hierzubleiben, jetzt, da sie fort war.

Cassie und Billy redeten kaum miteinander während des Flugs nach L. A. Ihre Mutter hatte ihnen eine Thermoskanne mit Kaffee und gebratenes Huhn mitgegeben, aber sie hatten beide keinen Hunger. Cassies Augen sprachen Bände, aber während der ersten zwei Stunden verkniff er es sich, ihr Fragen zu stellen. Irgendwann hielt er die Stille jedoch nicht länger aus.

»Wie fühlst du dich?« Sie wußte, worauf er hinauswollte, und stieß einen tiefen Seufzer aus, bevor sie antwortete.

»Ich weiß es nicht. Ich bin froh, daß ich ihn gesehen habe. Zumindest weiß er es jetzt.« Sie war voller Hoffnung und gleichzeitig verzweifelt. Sie wußte nicht recht, wie sie es Billy erklären sollte. Zumindest wußte Nick jetzt von

Desmond, aber in gewisser Weise fiel es ihr nach dem Zusammensein mit ihm noch schwerer, nach Kalifornien zurückzukehren.

»Wie hat er es aufgenommen?«

»Wie zu erwarten. Zuerst war er außer sich vor Wut und hat mir einiges an den Kopf geworfen.« Sie hielt inne und blickte ihren Freund grimmig an. »Er glaubt, Desmond hat mich aus Publicitygründen geheiratet, um die Tour noch interessanter für die Öffentlichkeit zu machen.«

»Glaubst du das auch?« fragte er. Sie dachte kurz darüber nach, aber sie wollte es einfach nicht glauben. »Erinnert mich an die Geschichte vom Fuchs und den Trauben. Vielleicht will Nick nicht wahrhaben, daß der Mann dich wirklich liebt.« Aber liebte er sie tatsächlich? Seit einiger Zeit war er so distanziert ihr gegenüber. Alles drehte sich nur noch um die Tour, und für sie schien er sich überhaupt nicht mehr zu interessieren. Vielleicht hatte Nick ja recht. Es war schwer zu sagen, und die Nacht mit Nick hatte ihre Welt erst recht aus den Fugen gebracht. Aber sie durfte sich nicht ablenken lassen, sie mußte jetzt in erster Linie an die Tour denken, denn sie wollte Desmond gegenüber fair sein. Alles andere mußte warten.

Der Gedanke an die Tour erinnerte sie wieder an all die Dinge, die sie Desmond zu verdanken hatte. Nick war ungerecht, und sie glaubte nicht, daß Desmond andere Frauen hatte. Er ging ganz in seiner Arbeit auf, er war besessen davon, und das war in gewisser Weise ihr größtes Problem. Und natürlich Nick Galvin. Aber sie war entschlossen, sich ihrem Ehemann gegenüber fair zu verhalten. Nicks böswillige Unterstellungen würden sie nicht an Desmonds Zuneigung zweifeln lassen.

Aber nach ihrer Rückkehr tat Desmond alles, was Nick vorausgesagt hatte. Er redete von nichts anderem als von der Presse und der Pazifiktour. Er fragte sie nicht einmal, wie es ihren Eltern ging. Sein Desinteresse machte sie argwöhnisch, und dazu kam noch, daß er keine Gelegenheit für pressewirksame Auftritte ausließ. Als sie die Notwendigkeit einiger Interviews, die er für sie arrangiert hatte, in Frage stellte, traten die Spannungen zwischen ihnen deutlich zu Tage.

»Was paßt dir denn nun schon wieder nicht?« fuhr er sie am Tag nach ihrer Rückkehr aus Illinois wütend an. Es war bereits nach Mitternacht, und sie war nach zwölf Trainingsflugstunden und endlosen Besprechungen völlig erschöpft. Als Krönung hatte er ihr noch einen Schwarm von Reportern und Fotografen auf den Hals geschickt.

»Ich bin es einfach leid, ständig über Fotografen zu stolpern. Wenn ich aus der Wanne steige oder morgens aufstehe, dauernd fuchteln sie mit ihren Kameras herum. Sieh zu, daß wir sie loswerden«, erwiderte sie verärgert.

»Worüber regst du dich denn so auf?« fragte er wütend. »Darüber, daß man ständig in den Nachrichten über dich berichtet oder daß du dieses Jahr schon zweimal auf der Titelseite von *Life* warst? Was ist denn eigentlich dein Problem?«

»Mein Problem ist, daß ich erschöpft bin. Und ich bin es leid, wie ein Zirkuspferd behandelt zu werden.« Nicks Warnungen zeigten Wirkung, und ihr wurde klar, daß sie ein gewisses Mißtrauen gegenüber Desmond hegte. Aber sie hatte die Reporter tatsächlich satt.

Desmond ließ sich jedoch nicht gern kritisieren. Er war außer sich vor Zorn, und nachdem sie eine weitere Stunde lang ergebnislos gestritten hatten, nahm er sein Bettzeug und zog in das kleine Gästezimmer neben seinem Büro. Dort schlief und arbeitete er für den Rest der Woche und behauptete, er habe zuviel Arbeit, um zurück ins Schlafzimmer zu ziehen. Aber ihr war klar, daß er sie bestrafen wollte, weil sie sich beklagt hatte. Gleichzeitig empfand sie es jedoch als Erleichterung, denn sie konnte in Ruhe über ihr verworrenes Leben nachdenken. Ihr Zusammensein mit Nick hatte ihre Lage nicht gerade vereinfacht, aber sie hatte es schließlich nicht anders gewollt.

Nach einer Weile glätteten sich die Wogen wieder ein wenig.

Sie standen unter Druck und wurden immer nervöser, je näher der Termin der Tour heranrückte, und er entschuldigte sich bei ihr für seine »Reizbarkeit«. Er erklärte ihr noch einmal die Bedeutung der Presse, und sie fand, daß Nick ihm unrecht tat. Desmonds Standpunkt war tatsächlich einigermaßen logisch, denn die Publicity spielte bei der Pazifiktour tatsächlich eine große Rolle. Ein derartiges Unternehmen hatte keinen Sinn, wenn es in aller Stille abgewickelt wurde.

Desmond war ein anständiger Mann, dessen war sie sich sicher. Er hatte lediglich einen starken Willen und wußte offenbar ganz genau, was er tat.

Aber obwohl der Streit um die ständige Anwesenheit der Presse weitgehend beigelegt war, gab es einige Dinge, die sich nicht besserten. Schon seit Monaten lag ihr Liebesleben völlig brach. Immer wieder hatte sie sich gefragt, woran das wohl liegen mochte, aber sie hätte nie gewagt, ihn danach zu fragen. Er dachte an nichts anderes als an die Tour. Die Leidenschaft ihrer Flitterwochen war längst vergessen, und dies hatte wohl auch ein wenig dazu beigetragen, daß sie so empfänglich für Nicks Zärtlichkeiten gewesen war. Aber mit ihrer Liebe zu Nick hatte Desmond nicht das geringste zu tun, das wußte sie. Aber da sie zu Desmond keine körperliche Beziehung hatte, fiel es Cassie schwer, sich ihm nah zu fühlen, und manchmal hätte sie gern mit jemandem über all diese Dinge geredet. Sie erwog sogar, sich Nancy Firestone anzuvertrauen, aber seit ihrer Heirat hatte sich Nancy von ihr distanziert. Offenbar fühlte sie sich unbehaglich in Cassies Nähe, da sie nun die Ehefrau des Chefs war. Da sie außer Billy keinen einzigen Freund hatte und weil Desmond sich ihr gegenüber so kühl verhielt, fühlte Cassie sich einsamer als je zuvor.

Trotz all der Spannungen lief alles genau nach Plan. Bis zum Beginn der Tour dauerte es nur noch eine Woche, und alles war aufs Beste vorbereitet.

Fotografen folgten ihr auf Schritt und Tritt und dokumentierten jedes Treffen, jeden Trainingsflug und jede Besprechung. Ihr war, als täte sie nichts anderes, als lächeln und winken. Es gab keine private Minute. Nie konnte sie mit Desmond allein sein. Es ging nur noch um die Pazifiktour und um die endlosen Vorbereitungen, und in ihrem Leben war für nichts anderes mehr Platz.

Langsam wurde sie immer nervöser, und Cassie konnte kaum noch schlafen. Fünf Tage vor dem Start wurde Cassie auf dem Flugplatz ans Telefon gerufen. Ihre Schwester Glynnis war am Apparat. Cassie war überrascht über ihren Anruf und ahnte sofort, daß etwas passiert sein mußte.

»Hallo Glynn ... was gibt's?«

»Es ist was mit Dad«, antwortete sie schnell. Dann fing sie an zu weinen, und Cassie fühlte Panik in sich aufsteigen. »Er hatte heute morgen einen Herzinfarkt. Er liegt im Mercy Hospital. Mama ist bei ihm.« O Gott ... nein ... nicht ihr Vater.

»Wird er wieder gesund?« fragte Cassie besorgt ihre älteste Schwester.

»Sie wissen es noch nicht«, erwiderte Glynnis und brach erneut in Tränen aus.

»Ich komme heim, sobald ich kann. Heute abend. Ich

sage nur schnell Desmond Bescheid, daß ich gleich losfliege.« Für Cassie war es keine Frage, daß sie bei ihm sein mußte.

»Geht das denn?« Glynnis klang besorgt, aber sie hatte anrufen müssen. Zuerst war ihr gesagt worden, daß ihr Vater nicht durchkommen würde. Aber während der letzten Stunde hatte sein Zustand sich stabilisiert, und sie wagten zu hoffen. »Wann startet ihr eure Tour?«

»Erst in fünf Tagen. Ich habe genug Zeit, Glynn. Ich komme ... ich hab dich lieb ... sag Dad, daß ich ihn liebe, sag ihm, er soll auf mich warten ... er soll nicht fortgehen, bitte«, schluchzte sie.

»Ich hab dich auch lieb, Kleines«, sagte Glynnis mit gefaßter Stimme. »Bis bald. Paß auf beim Fliegen.«

»Sag Mama, daß ich sie liebe.« Als sie auflegte, weinten sie beide. Dann ging sie zu Billy und erzählte ihm, was geschehen war und daß sie sofort zu ihrem Vater wollte. Ohne zu zögern bot er ihr an, sie zu begleiten. In den vergangenen sechs Trainingsmonaten waren sie unzertrennlich geworden, fast wie siamesische Zwillinge.

»In einer halben Stunde bin ich zurück. Tu mir einen Gefallen und tank die Phaeton auf. Ich sage Desmond Bescheid.«

Er würde bestimmt Verständnis haben, dachte Cassie. Er wußte, wieviel ihr Vater ihr bedeutete.

Aber als sie in sein Büro kam, erlebte sie eine Überraschung.

»Du wirst natürlich nicht fliegen«, sagte er kalt. »Du hast noch genau fünf Tage Zeit. Du mußt noch soviel wie möglich trainieren. Deine Teilnahme an den Vorbesprechungen ist unerläßlich, und ich habe noch zwei Pressekonferenzen anberaumt. Und wir müssen den Kurs noch auf die aktuellen Wetterbedingungen abstimmen.«

»In zwei Tagen bin ich zurück«, sagte sie ruhig. Sie konnte nicht fassen, wie uneinsichtig er war.

»Du wirst nicht fliegen«, erwiderte er bestimmt, nachdem Mrs. Fitzpatrick sich diskret zurückgezogen hatte.

»Desmond, mein Vater hatte einen Herzinfarkt. Er überlebt es vielleicht nicht.« Offensichtlich hatte er sie nicht richtig verstanden, dachte Cassie. Aber er hatte sie ganz genau verstanden.

»Ich muß wohl deutlicher werden, Cass. Du wirst *nicht* gehen. Ich *verbiete* es dir.« Er klang wie ein Oberbefehlshaber. Es war lächerlich. Wovon redete er überhaupt? Sie sah ihn verwirrt an.

»*Was* machst du?« Er wiederholte seine Worte, und sie starrte ihn entsetzt an. »Mein Vater wird vielleicht sterben, Desmond. Ich gehe zu ihm, ob es dir nun gefällt oder nicht.« Ihre Augen bekamen einen harten Glanz, während sie das sagte.

»Gegen meinen Willen, und nicht in einem von meinen Flugzeugen«, erwiderte er kalt.

»Wenn es sein muß, werde ich eins stehlen«, rief sie außer sich. »Ich kann nicht glauben, was du da sagst. Du mußt übermüdet sein, oder krank... was ist nur los mit dir?« Sie hatte Tränen in den Augen, aber er lenkte nicht ein. Die Tour war ihm wichtiger als alles andere, wichtiger als ihr Vater. Was war das nur für ein Mann, den sie da geheiratet hatte?

»Weißt du, wieviel Geld bei dieser Tour auf dem Spiel steht? Das ist dir wohl völlig egal!« schrie er.

»Natürlich ist es mir nicht egal, und ich will sie keinesfalls leichtfertig gefährden, aber wir reden hier von meinem Vater. Ich bin in zwei Tagen zurück, ich verspreche es dir.« Sie versuchte, sich zu beruhigen, und rief sich ins Gedächtnis, unter welch ungeheurem Druck sie beide standen.

»Du bleibst hier«, wiederholte er kalt. Es war lächerlich. Wieso tat er ihr das an? Als sie ihn ansah, fing sie an zu zittern.

»Du kannst es nicht ändern!« rief sie und verlor schließlich doch die Beherrschung. »Ich fliege! Und Billy kommt mit mir.«

»Ich werde es nicht erlauben.«

»Was willst du machen?« Plötzlich sah sie ihn mit ganz anderen Augen. So herzlos hatte sie ihn noch nie erlebt, noch nie war er so grausam zu ihr gewesen. Sie hatte einen ganz neuen Desmond vor sich. »Willst du uns beide rauswerfen? Etwas zu kurz vor der Tour, würde ich sagen. Oder meinst du, daß du so schnell Ersatz für uns findest?« Sein Benehmen entsetzte sie.

»Jeder ist zu ersetzen. Und wo wir schon beim Thema sind, laß mich dir eines erklären, Cass. Wenn du nicht zurückkommst, reiche ich die Scheidung ein und verklage dich wegen Vertragsbruch. Hast du das verstanden? Du hast mit mir einen Vertrag für diese Tour abgeschlossen, und den wirst du einhalten. Wenn nicht, werde ich Konsequenzen ziehen.« Sie konnte nicht glauben, was sie da hörte. Was war er nur für ein Mensch? Wenn seine Worte ernst gemeint waren, dann war er ein Ungeheuer.

Mit offenem Mund hörte sie ihm zu. Nick hatte recht gehabt, für Desmond zählte nur die Tour. Ihre Gefühle kümmerten ihn nicht, und es war ihm einerlei, daß ihr Vater im Sterben lag. Er würde sich von ihr scheiden lassen, wenn sie die Tour absagte, es war unfaßbar. Alles, was er soeben zu ihr gesagt hatte, war unfaßbar.

Langsam ging sie zu seinem Schreibtisch. Sie sah ihn an und fragte sich, ob sie diesen Mann je gekannt hatte. »Ich werde die Tour für dich fliegen, weil ich es will. Aber danach werden wir beide ein ernstes Gespräch miteinander führen.« Er erwiderte nichts, und sie verließ ohne ein weiteres Wort sein Büro. Sie gefährdete die einzige Sache in seinem Leben, die ihm etwas bedeutete: seine heißgeliebte Pazifiktour. Es war ein furchtbarer Schock für sie, daß ihm mehr an der Tour lag als an ihrer Ehe.

Sie sagte kein Wort zu Billy, als sie ins Cockpit kletterte, nachdem sie das Flugzeug ordnungsgemäß abgemeldet hatte. Sie fühlte sich plötzlich wie eine Angestellte, nichts weiter. Ihr Gesicht war angespannt und wütend, als sie starteten, und Billy warf ihr einen besorgten Blick zu. Sie wollte selbst fliegen, deshalb bot er nicht an, die Steuerung zu übernehmen. Mit dem Fliegen wollte sie sich von der Sorge um ihren Vater ablenken, aber er konnte sehen, daß sie an nichts anderes denken konnte. Aber sie sah eigentlich eher wütend aus als besorgt, und er fragte sich, was geschehen war.

»Was hat er gesagt ... ich meine, weil wir nach Illinois fliegen?«

»Desmond, meinst du?« fragte sie eisig, und er nickte. »Er hat gesagt, er reicht die Scheidung ein, wenn ich die Tour absage, und er will mich wegen Vertragsbruch verklagen.« Es dauerte eine Weile, bis Billy ihre Worte begriffen hatte.

»*Was* hat er gesagt? Das kann er doch unmöglich ernst gemeint haben.«

»Er hat keine Witze gemacht. Er war todernst. Wenn wir aussteigen, zieht er uns aus bis aufs Hemd. Mich zumindest. Anscheinend bedeutet ihm diese verdammte Tour doch ein wenig mehr, als ich gedacht habe. Hier geht es nicht um kleine Fische, Billy. Es geht um große Investitionen, viel Geld und hohe Einsätze. Und wenn wir's vermasseln, müssen wir ein Leben lang dafür büßen. Er bringt es fertig und verklagt unsere Familien, wenn wir mit seinem Flugzeug abstürzen«, sagte sie sarkastisch. Ihre Worte klangen zornig und enttäuscht.

»Aber du bist doch seine Frau, Cass.« Er war völlig verwirrt von dem, was sie erzählte.

»Anscheinend bin ich das nicht«, entgegnete sie niedergeschlagen. »Ich bin nichts weiter als eine Angestellte.« Er hatte sie furchtbar enttäuscht. Aber schließlich waren familiäre Bande noch nie seine starke Seite gewesen. »Ich hab ihm gesagt, daß wir in zwei Tagen zurück sind. Wenn nicht, dann sitzen wir in der Scheiße, mein Junge.« Sie grinste ihn an. Auch jetzt saßen sie bereits in der Tinte, aber zumindest waren sie zusammen. Sie war ihm dankbar, daß er sie begleitete, denn er war jetzt wirklich ihr einziger Freund.

»Wir sind rechtzeitig zurück. Und deinem Vater geht es bestimmt schon besser«, versuchte er sie zu beruhigen.

Aber als sie ins Mercy Hospital kamen, ging es ihrem Vater alles andere als gut. Neben seinem Bett standen drei Nonnen und eine Krankenschwester, und der Priester hatte ihm gerade die Letzte Ölung gegeben. Alle seine Kinder und Enkelkinder waren dort, und Oona weinte leise.

Cassie schickte als erstes die Kinder aus dem Zimmer und bat Billy, sich um sie zu kümmern. Sie wußte, daß er mit ihnen fertig wurde, denn er konnte gut mit Kindern umgehen. Dann umarmte sie ihre Mutter und sprach leise mit ihren Schwestern. Pats Zustand hatte sich nicht stabilisiert und er war seit Glynnis' Anruf nicht wieder zu Bewußtsein gekommen. Kurze Zeit später kam ein Arzt und teilte ihnen mit, daß es jetzt doch ziemlich fraglich war, ob Pat durchkommen würde.

Cassie konnte nicht fassen, was mit ihrem Vater geschehen war. Noch vor vier Wochen hatte sie ihn gesehen. Er hatte zwar nicht besonders gut ausgesehen, aber sie hatte keine Ahnung gehabt, daß er so krank war. Er mußte wohl schon seit einiger Zeit Probleme mit dem Herzen gehabt haben, aber trotz Oonas Ermahnungen hatte er seine Beschwerden ignoriert.

Cassie und ihre Mutter und ihre drei Schwestern saßen die ganze Nacht an seinem Bett, aber am Morgen hatte sich sein Zustand noch immer nicht gebessert. Erst am Tag darauf kam er wieder zu Bewußtsein und lächelte Oona kurz an. Endlich schöpften sie erneut ein wenig Hoffnung. Zwei Stunden später öffnete er wieder seine Augen. Er drückte Cassies Hand und sagte ihr, wie sehr er sie liebte. Wie sehr hatte sie ihn als kleines Mädchen vergöttert, wie gut war er immer zu ihr gewesen und wie gern war sie immer mit ihm geflogen … unzählige wunderschöne Augenblicke kamen ihr in den Sinn.

»Kommt er durch?« fragte sie den Arzt, als er am Nachmittag ins Zimmer kam. Es war jedoch noch zu früh für eine Prognose. Aber nach einer weiteren schlaflosen Nacht hatte sich sein Zustand wie durch ein Wunder stabilisiert, und der Arzt sagte, daß er es schaffen würde. Er wies sie jedoch sofort auf eine lange Genesungszeit hin, mindestens zwei Monate strengste Bettruhe. Aber mit etwas Glück konnte er wieder gesund werden. Er mußte sich jedoch vorsehen, nicht mehr soviel rauchen, dem Whisky abschwören und sich Oonas selbstgemachtes Eis verkneifen. In ihrem ganzen Leben war Cassie noch nie so erleichtert gewesen. Zusammen mit ihren Schwestern stand sie im Flur und weinte vor Glück. Ihre Mutter war noch bei ihm geblieben und brachte ihm schonend bei, worauf er zu verzichten hatte.

»Wer wird den Flughafen leiten?« fragte Megan, während sie noch im Flur standen. Pat hatte keinen Assistenten mehr. Seit Nick, Cass und Billy fort waren, lastete die gesamte Verantwortung auf seinen Schultern. Der Arzt meinte, daß diese Belastung möglicherweise ein entscheidender Auslöser für seinen Infarkt gewesen war.

»Kennst du jemanden, der es machen könnte?« fragte sie Billy leise. Er hatte ihnen während der letzten zwei Tage treu zur Seite gestanden, genau wie Chris es getan hätte. Aber auch er wußte niemanden, der aushelfen konnte. Fast alle jüngeren Piloten waren Nicks Beispiel gefolgt und hatten sich freiwillig zur Royal Air Force gemeldet.

»Ich glaube, da sind wir aufgeschmissen«, sagte er. Am Abend mußten sie zurück nach L. A. In drei Tagen sollte die Pazifiktour starten. Billy sah sie an und ahnte, was in ihrem Kopf vor sich ging. »Ich weiß, was du vorhast. Willst du etwa den Flughafen übernehmen?«

»Vielleicht.« Sie sah ihn mit ernstem Gesicht an. Es war eine wichtige Entscheidung, besonders nach dem, was Desmond ihr vor ihrer Abreise gesagt hatte. Möglicherweise ein endgültiger Schritt, aber sie konnte nicht anders. Und wenn er sich deswegen von ihr scheiden lassen wollte, bitte. Hier ging es um ihren Vater. »Du brauchst übrigens nicht bei mir zu bleiben. Du kannst zurückfliegen, damit er nicht böse auf dich wird.« Sie hatte einiges zu erwarten, wenn Desmond von ihren Plänen erfuhr.

»Ich kann nicht ohne dich fliegen«, sagte er ruhig.

»Vielleicht findet er jemand anders.« Das war illusorisch, nachdem Desmond sie im vergangenen Jahr so überaus werbewirksam aufgebaut hatte. Ohne sie würde er mit der Tour nicht einmal halb soviel Publicity erzielen.

»Was willst du machen?« fragte Billy besorgt. Er wollte nicht, daß sie sich mit ihrer Entscheidung Schaden zufügte, aber er wußte auch, wieviel ihr Vater ihr bedeutete, und er kannte ihre Prioritäten. Es stand bereits fest, was sie tun würde, aber wie sie vorgehen wollte, war noch fraglich.

»Ich rufe ihn an und schlage ihm vor, die Tour zu verschieben. Er braucht sie nicht abzusagen, nur verschieben. Ich will nur zwei Monate, höchstens drei, bis Dad wieder auf den Beinen ist. Solange bleibe ich hier und leite den Flughafen.«

»Ich bleibe bei dir. Vielleicht für immer«, sagte er grinsend.

»In zehn Minuten haben wir wahrscheinlich keinen Job mehr.« Aber für sie ging es um mehr als einen Job. Für Cassie ging es um ihre Ehe. Aber nach Desmonds Drohungen vor ihrer Abreise war sie sich nicht mehr sicher, ob ihre Ehe noch Bestand hatte und ob es je eine Ehe gewesen war. Vielleicht hatte Nick ihn ja richtig eingeschätzt, aber vielleicht hatte Desmond ja auch nur aus Enttäuschung die Beherrschung verloren, und mittlerweile tat es ihm leid. Merkwürdigerweise hatte er Cassie nicht ein einziges Mal angerufen, weder zu Hause noch im Krankenhaus. Seit zwei Tagen hatte sie kein Wort von ihm gehört. Als sie ihn fünf Minuten später vom Krankenhaustelefon aus anrief, war zunächst Mrs. Fitzpatrick am Apparat, die ihr mit eisiger Stimme antwortete und das Gespräch durchstellte.

Er nahm fast augenblicklich den Hörer ab, und Cassie bedauerte die fehlende Privatsphäre in der Eingangshalle des Krankenhauses, aber es war nichts daran zu ändern. Sie mußte ihn so schnell wie möglich informieren und wollte nicht erst den weiten Weg zum Flughafen fahren, um vom Büro ihres Vaters aus anzurufen.

»Wo bist du?« lautete seine erste Frage.

»Im Krankenhaus von Good Hope. Bei meinem Vater«, sagte sie, als müßte sie ihn daran erinnern. Er fragte nicht nach seinem Schwiegervater und wollte auch nicht wissen, wie es ihr ging. Ihr Vater hätte inzwischen gestorben sein können, aber er erkundigte sich nicht nach ihm. »Desmond, was ich dir jetzt sagen will, tut mir wirklich leid.«

»Cassie, ich habe keine Lust, mir deine Geschichten anzuhören«, sagte er außer sich vor Zorn. »Denk daran, was ich dir vor deiner Abreise gesagt habe, und vergiß nicht, daß ich es ernst gemeint habe.« Sie hielt einen Moment den Atem an und rief sich ins Gedächtnis, daß dies derselbe Mann war, den sie vor viereinhalb Monaten geheiratet hatte. Er war genau das, wofür Nick ihn immer gehalten hatte.

»Ich weiß noch ganz genau, was du gesagt hast.« Wegen der schlechten Verbindung mußte sie ziemlich laut schreien. »Und ich weiß auch noch, daß ich dich geheiratet habe. Anscheinend hast du es vergessen. Im Leben gibt es wichtigere Dinge als Pazifiktouren. Ich bin nun mal keine Maschine oder ein Testflieger mit Busen und Beinen oder einer von deinen Angestellten. Ich bin ein menschliches Wesen und habe eine Familie. Mein Vater ist vor zwei Tagen fast gestorben, und ich werde ihn nicht im Stich lassen. Ich möchte, daß du die Tour um zwei oder drei Monate verschiebst. Ich fliege dann im September oder im Oktober. Das kannst du entscheiden. Ordne die nötigen Kursänderungen an. Im Herbst müssen wir bestimmt mit anderen Wetterverhältnissen rechnen. Ich tue, was du willst. Aber ich fliege nicht in drei Tagen. Ich werde hier gebraucht und kann nicht weg.«

»Du Miststück«, schrie er sie an, »du egoistisches kleines Miststück! Hast du eine Vorstellung davon, was ich in dieses Unternehmen investiert habe? Wieviel Geld, Zeit, Liebe und Mühe? Du hast ja keine Ahnung, wieviel diese Tour für mich bedeutet, oder für dieses Land. Aber du interessierst dich ja nur für dein eigenes jämmerliches kleines Dasein mit deiner schäbigen kleinen Familie und für den lächerlichen kleinen Flughafen deines Vaters.« Er sprach mit solch unverhohlener Verachtung, daß es ihr die Sprache verschlug. Was war er nur für ein herzloses Scheusal, ihr so etwas zu sagen! Es war kaum zu fassen. Je länger sie ihm zuhörte, desto übler wurde ihr, denn ihr wurde immer klarer, daß ihre Ehe mit Desmond Williams nie auch nur einen Pfifferling wert gewesen war. Für ihn war sie lediglich ein Werkzeug gewesen, mit dem er sich beschaffen konnte, was er wollte.

»Deine Beleidigungen kümmern mich nicht, Desmond«, schrie sie. Inzwischen war es ihr gleichgültig, ob jemand sie hörte. »Verschieb die Tour oder sage sie ab, das bleibt dir überlassen. Aber ich werde jetzt nicht fliegen. Im Herbst fliege ich jede Route, die du willst, aber nicht in drei Tagen. Ich bleibe bei meinem Vater.«

»Und Billy?« fragte er voller Zorn. Am liebsten hätte er beide gefeuert, aber ihm war klar, daß dies unmöglich war.

»Er bleibt hier bei mir, bei meiner schäbigen, kleinen Familie und auf unserem lächerlichen kleinen Flughafen. Und ohne ihn werde ich auch beim nächsten Mal nicht fliegen, Desmond. Wenn du uns willst, dann fliegen wir für dich, aber erst später. Sag mir Bescheid, wenn du weißt, was du tun willst. Du weißt ja, wo du mich finden kannst.«

»Das werde ich dir nie verzeihen, Cassie.«

»Das dachte ich mir.« Aber dann mußte sie ihm doch noch eine Frage stellen. »Warum bist du überhaupt so wütend, Desmond? Schließlich will ich die Tour doch nur aufschieben und nicht absagen.«

»Dieser Aufschub ist blamabel. Und das alles nur wegen deiner kindischen Grillen.«

»Aber ich hätte doch auch krank werden können ... ich bin doch schließlich auch nur ein Mensch. Sag den Presseleuten doch einfach, daß ich krank bin oder so was.« Sie lachte bitter. »Oder sag ihnen, ich sei schwanger.«

»Das finde ich nicht amüsant.«

»Oh, das tut mir leid. Aber glaub nicht, daß ich dich sonderlich amüsant finde. Im Gegenteil, ich finde dich äußerst enttäuschend. Ruf mich an, wenn du weißt, was du tun willst. In den nächsten zwei Monaten bin ich am Flughafen. Du kannst mich jederzeit erreichen«, sagte sie mit Tränen in den Augen, dann knallte sie den Hörer auf die Gabel. Eigentlich hatte sie ihm sagen wollen, wie leid es ihr tat, die Tour verschieben zu müssen, aber er hatte sie so abscheulich behandelt, daß sie sich nicht entschuldigen wollte. Sie bedauerte den Aufschub, da sie wußte, welche Probleme dies für alle Beteiligten zur Folge hatte, aber sie konnte ihren Vater jetzt nicht im Stich lassen. Er war immer für sie dagewesen, und jetzt wollte sie für ihn dasein. Aber nachdem sie aufgelegt hatte, weinte sie vor Wut und Verzweiflung, und ihre Hände zitterten. Dann fiel ihr Blick zufällig auf die alte Nonne in der Telefonzentrale. Sie lächelte ihr aufmunternd zu und nickte anerkennend mit dem Kopf.

»Zeigen Sie's ihnen«, grummelte die alte Frau. »Amerika liebt Sie, Cass. Sie können wohl noch zwei, drei Monate warten. Recht so, daß Sie Ihrem Vater zur Seite stehen. Gott segne Sie.«

Cassie lächelte ihr dankbar zu und ging zurück zu Billy.

»Was hat er gesagt?« fragte er gespannt.

»Ich weiß noch nichts Genaues. Ich habe ihn um einen Aufschub gebeten und ihm gesagt, daß wir im September oder Oktober fliegen würden. Er hat mich beschimpft und war alles andere als begeistert. Ich hab ihm auch gesagt, daß du hierbleibst und daß ich im Herbst nicht ohne dich fliegen würde. Er kriegt uns nur im Doppelpack.« Billy pfiff anerkennend durch die Zähne und klopfte ihr auf die Schulter. »Aber, hör zu, wenn du zurückwillst, ist das in Ordnung. Wenn du willst, kannst du ja auch ohne mich die Tour übernehmen.« Sie hatte jetzt über so vieles nachzudenken: über die Tour, über ihre Ehe, über all das, was er zu ihr gesagt hatte, und über das, was er nicht gesagt hatte. Er hatte sich ihr vollkommen offenbart, und sie hatte nun keine Illusionen mehr. Nach viereinhalb Monaten war ihre Ehe vorüber, obwohl sie auf dem Papier noch weiterbestand.

Womit sie nicht gerechnet hatte, war Desmonds Auftauchen in Good Hope am folgenden Tag. Er war nicht allein gekommen, sondern hatte mehr als hundert Reporter und zwei Kamerateams mitgebracht. Auf den Stufen des Mercy Hospitals erklärte er, daß die Pazifiktour wegen unvorhersehbarer Umstände bis Oktober aufgeschoben werden müsse. Er erklärte, daß sein Schwiegervater ernsthaft erkrankt sei und die Hilfe seiner Tochter brauche. Sie würde zwei Monate lang den Flughafen ihres Vaters leiten und im September erneut das Training für die Tour aufnehmen. Er hatte sie vollkommen überrumpelt und bewies einmal mehr, daß er genau der Mann war, für den Nick ihn immer gehalten hatte. Er war ein gemeiner Schwindler und ein Scheusal. Er besaß sogar die Frechheit, so zu tun, als liege ihm etwas an ihrem Vater. Er war einfach im Krankenhaus aufgetaucht und hatte nach ihr gefragt. Als sie zu ihm gehen wollte, war sie völlig überrascht, als sie all die vielen Reporter in der Eingangshalle sah. Im Treppenhaus des Krankenhauses hatte er eine Pressekonferenz einberufen, ohne ihr vorher Bescheid zu sagen. Sie wirkte abgezehrt, erschöpft und unvorbereitet, und genau das hatte er beabsichtigt. Amerika sollte Mitleid mit ihr haben und ihr verzeihen, daß sie die Tour abgesagt hatte, aber das war gar keine Frage. Sie hätten ihr alles verziehen. Nur Desmond würde ihr niemals verzeihen. Sie war so überwältigt, so müde und so wütend auf ihn, daß sie losheulte, sobald die Reporter sie nach ihrem Vater fragten. Es war genau das, was Desmond gewollt hatte.

Als die Presseleute fort waren, ging er mit ihr nach draußen und erklärte ihr klipp und klar, was er von ihr erwartete. Sie hatte genau zwei Monate Urlaub. Am ersten September sollte sie wieder in Los Angeles antreten, um erneut zu trainieren und an Besprechungen teilzunehmen. Am vierten Oktober sollten sie sich dann auf den geplanten Kurs begeben, der an die aktuellen Wetterverhältnisse angepaßt werden würde. Jede Abweichung von diesem Plan, jedes Versäumnis von ihrer Seite, sich wie vereinbart in L. A. einzufinden, habe ein gerichtliches Verfahren zur Folge. Um ganz sicherzugehen, hatte er Verträge mitgebracht, die von ihr und Billy zu unterzeichnen waren. Schließlich erklärte er ihr, daß er mit dem Flugzeug, in dem sie hergekommen war, zurückfliegen werde.

»Sonst noch was? Was ist mit meiner Unterwäsche und meinen Schuhen? Für die hast du doch auch bezahlt! Meinen Verlobungsring habe ich in L. A. gelassen, er gehört dir. Meinen Ehering kannst du auch haben.« Mit zitternden Fingern hielt sie ihm den Ring hin. Die letzten Tage waren wie ein einziger Alptraum gewesen, und er fixierte sie mit völlig gefühllosem Blick. Er war ein Mann, der für niemanden etwas empfand, nicht einmal für das Mädchen, das er geheiratet hatte.

»Ich schlage vor, du trägst ihn bis nach der Tour. Wir wollen doch keine Gerüchte entstehen lassen. Danach kannst du ihn ablegen, wenn du willst. Das bleibt dir überlassen«, sagte er kalt.

»Das war's dann also. Unsere Ehe war nichts weiter als ein Werbegag für die Pazifiktour. Amerikas Liebling und der große Tycoon. Warum hast du dir überhaupt die Mühe gemacht? Und was ist jetzt mit dir los? Warum offenbarst du deine wahren Gefühle jetzt so bereitwillig? Nur weil ich um Aufschub gebeten habe? Ist das denn so eine furchtbare Sünde? Ich weiß, es kommt ungelegen. Ich weiß, es kostet eine Menge Geld, die Pläne zu ändern. Aber wenn wir nun Probleme mit dem Flugzeug bekommen hätten ... oder wenn ich krank geworden wäre ... Und schließlich hätte ich doch tatsächlich schwanger werden können.«

»Diese Gefahr hat nie bestanden, ich bin zeugungsunfähig.« Auch das hatte er ihr nicht gesagt. Er hatte sie glauben lassen, daß sie eines Tages Kinder bekommen konnten, wenn sie soweit war. Sie konnte nicht fassen, wie skrupellos er sie an der Nase herumgeführt hatte und wie bereitwillig er nun alles zugab. Er hatte seine Karten offen auf den Tisch gelegt, aber es kümmerte ihn nicht. Alles, was er von ihr wollte, war die Tour; er hätte sie natürlich verklagen und ihren guten Ruf in den Schmutz ziehen können, wenn sie seine Pläne boykottierte. Aber das kümmerte wiederum sie kaum. Sie konnte einfach nicht fassen, wie sehr er sie belogen hatte. Er hatte sie gebeten, seine Frau zu werden. Er hatte ihr gesagt, daß er sie liebte, und so getan, als ob ihm etwas an ihr liege. In Wahrheit lag ihm jedoch nur etwas an der Tour und an den Flugzeugen, die er danach verkaufen würde.

»Was willst du von mir?« fragte sie traurig.

»Ich will, daß du fliegst. Das ist alles, was ich jemals von dir wollte. Und ich will, daß sich alle in dich verlieben. Ob ich in dich verliebt war oder nicht, spielte dabei nie eine Rolle.«

»Für mich schon«, sagte sie unter Tränen, denn sie hatte ihm wirklich geglaubt.

»Du bist noch sehr jung, Cassie«, sagte er ruhig. »Eines Tages wirst du die positiven Seiten unseres Arrangements erkennen.«

»Du hättest mich nicht heiraten müssen, damit ich die Tour für dich fliege. Ich hätte es auch so getan.«

»Damit hätte ich in der Öffentlichkeit aber längst nicht dieselbe Wirkung erzielt«, sagte er, ohne sich zu schämen. Seine Ehe mit ihr war nichts als Berechnung gewesen, und Cassie fühlte sich schrecklich dumm, naiv und ausgenutzt. Es war beschämend, an ihre körperliche Beziehung zu denken. Selbst ihre Flitterwochen waren wahrscheinlich nichts als Lug und Trug gewesen, und danach war es ohnehin nur ums Geschäft gegangen. Er hatte nicht viel Zeit für ihre Romanze verschwendet.

»Du hast die Tour niemals ernst genommen. Dein Aufschub ist der beste Beweis dafür. Ich hätte wohl eine andere nehmen sollen, aber du schienst perfekt zu sein.« Er sah sie an, als hätte sie ihn hintergangen und nicht umgekehrt.

»Ich wünschte tatsächlich, du hättest eine andere genommen«, sagte sie und meinte es auch so.

»Jetzt ist es zu spät. Für uns beide. Wir müssen die Sache durchziehen, denn wir sind schon zu weit gegangen.«

»Ja, da hast du recht.« Sie warf ihm einen geringschätzigen Blick zu. Er war mit Sicherheit zu weit gegangen.

Danach hatte er ihr nichts mehr zu sagen, keine Entschuldigung, kein Bedauern, kein tröstendes Wort. Er ermahnte sie, pünktlich am ersten September in L. A. zu sein. Dann unterzeichneten sie und Billy die Verträge, und Desmond verlor keine Zeit mehr und fuhr direkt zum Flughafen. Eine Stunde später war er fort. Er hatte bekommen, weshalb er hergekommen war: die unterschriebenen Verträge und Publicity, für die er Cassie mal wieder schamlos ausgenutzt hatte. Kurz darauf wußte das ganze Land vom Herzinfarkt ihres Vaters, jeder hatte sie weinen sehen und zeigte größtes Verständnis. Die Tour wurde dadurch sogar noch aufregender.

Und im Mercy Hospital wurde ihr Vater mit Blumen, Geschenken und Genesungswünschen förmlich bombardiert. Zuerst mußten sie die vielen Blumen an andere Patienten verschenken, dann karrten sie die Gestecke in andere Krankenhäuser und in Kirchen. Niemals hätte Cassie eine solche Anteilnahme für möglich gehalten. Aber Desmond hatte es vorhergesehen, wie immer hatte er genau gewußt, was er tat. Regelmäßig versorgte er die Presse mit neuen Geschichten. In Interviews berichtete er über Cassies Arbeit auf dem Flughafen und über die Fortschritte, die sie mit ihrem Flugzeug erzielt hatten. Aber seltsamerweise entdeckte einer der Ingenieure Anfang August einen verhängnisvollen Maschinenschaden. Während eines Tests im Windkanal explodierte einer der Motoren und stand augenblicklich in Flammen, und das Flugzeug trug erheblichen Schaden davon. Es konnte jedoch repariert werden, sagte man der Presse. Anscheinend war der Aufschub der Tour eine glückliche Fügung des Schicksals gewesen. Cassie erfuhr aus der Zeitung davon und las Billy den Artikel vor.

»Toll, nicht wahr? Was hätten wir wohl gemacht, wenn das über dem Pazifik passiert wäre? Das Feuer ausgepinkelt, oder was?« fragte sie mit hochgezogenen Brauen.

»Geben Sie mir genug Bier, dann kann ich wahre Wunder vollbringen, Kapitän.« Er grinste, und sie lachte. Aber natürlich waren sie sehr besorgt und sprachen wiederholt mit den Ingenieuren, die ihnen jedoch versicherten, daß das Problem behoben sei.

Es war ein harter Sommer für Cassie. Sie war schockiert über Desmonds wahren Charakter, und ständig dachte sie an Nick. Sie wollte ihm schreiben, aber sie war sich nicht sicher, was sie ihm erzählen sollte. Irgendwie mochte sie nicht zugeben, daß Desmond tatsächlich so schlecht war, wie Nick immer gesagt hatte. Es klang so jämmerlich. Schließlich schrieb sie ihm nur von ihrem Vater und vom Aufschub der Tour und daß sie ihn für immer lieben würde. Alles andere wollte sie ihm später erzählen, wenn sie ihn wiedersah. Sie erwog, sich zur Royal Air Force zu melden, aber sie wollte erst nach der Pazifiktour darüber nachdenken. Vielleicht konnte sie nach der Tour nach Europa fliegen und ihn besuchen. Zwei Monate lang hatten sie nichts von ihm gehört, aber das war nichts Ungewöhnliches. In Europa wütete der Krieg, und falls ihm etwas zugestoßen wäre, hätte man sie benachrichtigt. Sie vermißte ihn sehr und las alle Berichte über den Luftkrieg in England.

An der Tour hatte sie fast gar keine Freude mehr. Sie mußte nun gezwungenermaßen fliegen, während sie es zuvor aus Liebe getan hatte, als gemeinsames Projekt mit ihrem Ehemann. Aber sie wußte, daß es trotzdem eine interessante Erfahrung sein würde. Sie wollte so schnell wie möglich starten und es hinter sich bringen, damit sie ihr Leben wieder neu beginnen konnte.

Ihr Vater machte gute Fortschritte seit er wieder zu Hause war. Er nahm ein paar Pfund ab, hörte auf zu rauchen und trank nur noch sehr wenig Alkohol. Mit jedem Tag wurde er kräftiger, und als er Ende August zurück zum Flughafen kam, schien es ihm besser zu gehen als je zuvor. Er lobte Cassies und Billys Arbeit über alle Maßen, und er war Billy sehr dankbar, weil er ihr zur Seite gestanden hatte. Aber vor allem seine Tochter hatte einmal mehr sein Herz gewonnen. Jedem schwärmte er vor, was für ein großartiges Mädchen sie sei. Nur für ihn habe sie die Pazifiktour verschoben. Aber obwohl sie ihm nichts von ihren Problemen mit Desmond erzählt hatte, spürte er, daß etwas mit ihr nicht stimmte. Er fragte sich, ob es mit Nick zu tun hatte oder ob es etwas anderes war. Erst am letzten Abend vor ihrer Abreise vertraute sie sich ihm schließlich an.

»Bist du wegen Nick so niedergeschlagen, Cass?« Er wußte von der Liebe der beiden, und voller Sorge hatte er bei ihrem letzten Treffen beobachtet, wie nah sie sich offensichtlich noch immer standen. Leider war alles falsch gelaufen für die beiden. »Du kannst dich nicht länger nach ihm sehnen, Cassie. Schließlich bist du jetzt mit einem anderen Mann verheiratet.« Sie nickte und scheute sich davor, ihm die Wahrheit zu sagen, denn sie schämte sich für ihre geringe Menschenkenntnis. Desmond hatte sie schamlos zum Narren gehalten.

»Du verschweigst mir etwas, Cassandra Maureen«, sagte ihr Vater streng, und nach einigem Drängen gab sie nach und erzählte ihm alles. Er war entsetzt. Alles war genauso gekommen, wie Nick es vorausgesagt hatte.

»Er hatte recht, Dad. In jeder Beziehung.«

»Was willst du jetzt tun?« Am liebsten hätte er den Mann umgebracht. Wie konnte er ein Mädchen wie Cassie nur so gemein hintergehen und so schamlos für seine Zwecke ausnutzen?

»Ich weiß nicht. Die Tour werde ich fliegen, das bin ich ihm schuldig. Ich mache keinen Rückzieher, obwohl er das wahrscheinlich befürchtet. Ich fliege. Und dann«, sie holte tief Luft. »Dann lassen wir uns scheiden, nehme ich an. Er wird es bestimmt so hinbiegen, als wäre es meine Schuld. Er wird die Presse manipulieren und sie auf seine Seite ziehen. Er ist viel gerissener, als ich geahnt habe, und viel gemeiner.«

»Wird er dir etwas geben?« fragte ihr Vater. Bei Desmonds Reichtum wäre es ihm ein leichtes gewesen, sie großzügig zu entschädigen.

»Das bezweifle ich. Ich bekomme mein Honorar für die Tour. Er wollte es wegen des Aufschubs eigentlich kürzen, aber nun soll ich doch die vereinbarte Summe bekommen.

Er wollte sich wohl großzügig zeigen! »Ich brauche nicht mehr als das. Ansonsten will ich nichts von ihm. Ich habe schon mehr als genug von ihm bekommen.« Er hatte ihr zu einer großen Fliegerkarriere verholfen, das reichte als Bezahlung. Mehr wollte sie nicht von Desmond.

»Es tut mir leid, Cassie. Es tut mir so leid.« Ihre Offenbarungen hatten ihn zutiefst betrübt, und sie kamen überein, ihre Mutter nicht damit zu beunruhigen.

»Paß gut auf dich auf, Cass, damit dir auf der Tour nichts passiert. Das ist jetzt das allerwichtigste. Alles andere wird sich später finden.«

»Vielleicht fliege ich nach meiner Rückkehr Kriegsflugzeuge nach England, so wie Jackie Cochran.« Im vergangenen Juni hatte sie als Copilotin einen Lockheed-Hudson-Bomber nach England geflogen. Damit hatte sie den endgültigen Beweis geliefert, daß Frauen sehr wohl in der Lage waren, schwere Maschinen zu fliegen.

»Zum Teufel mit dir!« Ihr Vater verdrehte die Augen und seufzte. »Kriegsflugzeuge nach England fliegen! Dann krieg ich einen zweiten Herzinfarkt. Ich verfluche langsam den Tag, an dem ich dich zum erstenmal im Flugzeug mitgenommen habe. Kannst du nicht mal zur Abwechslung was ganz Normales machen, zum Beispiel in einer Telefonzentrale arbeiten oder deiner Mutter beim Putzen helfen?« Aber sie wußte genau, daß er sie nur ein wenig auf die Schippe nehmen wollte. Sie würde die Fliegerei niemals aufgeben, das war ihm klar. »Sei vorsichtig, Cass«, ermahnte er sie vor der Abreise. »Paß gut auf. Benutze all deine Sinne beim Fliegen.« Genau das war ihre große Stärke, und er hatte noch nie einen besseren Piloten gesehen.

Es wurde ein tränenreicher Abschied, da alle wußten, wie gefährlich die Pazifiktour war. Auch Cassie und Billy weinten. Pat flog sie zusammen mit einem anderen Piloten nach Chicago. Von dort nahmen Billy und Cassie einen Linienflug nach Kalifornien. Es war eine nette Abwechslung. Die Stewardessen waren völlig aus dem Häuschen, zwei so berühmte Passagiere an Bord zu haben, und Cassie und Billy redeten über die bevorstehenden Trainingsflüge. Sie hatten den Sommer auf dem Flughafen ihres Vaters genossen, es war fast wie in alten Zeiten gewesen. Aber sie waren jetzt erwachsener geworden, und ein spannendes Abenteuer lag vor ihnen. Trotz ihrer Enttäuschung über Desmond fing Cassie an, sich auf die Tour zu freuen.

»Wo willst du denn in Newport Beach wohnen?« fragte Billy sie.

»Daran habe ich noch gar nicht gedacht. Ich weiß es nicht... ich kann mich wohl schlecht im Hotel einquartieren. Dann wäre ein Skandal vorprogrammiert, und das wäre Desmond bestimmt nicht recht.« Aber sie wollte auf keinen Fall mit ihm unter einem Dach leben, nach allem, was geschehen war. In den vergangenen zwei Monaten hatte er sie kein einziges Mal angerufen. Sie hatte lediglich ein paar Briefe von seinen Anwälten erhalten.

»Du kannst bei mir wohnen, wenn du willst. Wenn jemand dahinterkommt, können wir ja sagen, es sei nur für die Zeit des intensiven Trainings. Was meinst du?« fragte Billy.

»Das fände ich gut«, erwiderte sie aufrichtig. Sie hätte sonst nicht gewußt, wohin.

Am Abend fuhr sie mit ihm in seine Wohnung. Sie hatte nur ein paar Kleider aus Illinois und ihre alten Flugoveralls dabei. Am nächsten Tag fuhren sie gemeinsam zur Arbeit. Obwohl er mittlerweile recht ordentlich verdiente, hatte

Billy sich noch immer keinen anständigen Wagen angeschafft. Er liebte seinen alten Ford, der häufig nicht ansprang.

»Du fliegst doch die modernsten Flugzeuge der Welt. Wie kannst du dich noch immer mit dieser alten Klapperkiste herumärgern?« fragte sie ihn um halb vier in der Früh.

»Diese alte Klapperkiste war mein erster eigener Wagen, und ich könnte mich nie davon trennen«, erwiderte er lachend.

Noch vor Sonnenaufgang begannen sie mit der Arbeit, und erst spätabends machten sie Feierabend. Außerdem wollten sie noch einen Nachtflug proben. Cassie sah Desmond erst am zweiten Tag wieder, als er ihr zufällig in einer der Flugzeughallen über den Weg lief. Sie war überrascht, ihn hier zu sehen. Er führte einen Besucher über das Gelände und kam danach bei ihr vorbei. Er wollte ihr noch einmal nahelegen, der Presse gegenüber nichts Unüberlegtes zu äußern, und er behandelte sie kein bißchen netter als bei ihrem letzten Treffen.

»Wo genau wohnst du zur Zeit?« Es wunderte ihn nicht, daß sie nicht zu ihm zurückgekommen war, und es war ihm auch einerlei, solange sie Stillschweigen bewahrte. Er hatte alle ihre Sachen in Kisten packen lassen und sie im hinteren Teil einer Flugzeughalle verstaut. Nur eines wollte er noch von ihr: Sie sollte auf keinen Fall einen Skandal anzetteln. Aber er kannte sie gut genug, um zu wissen, daß sie das niemals tun würde, dazu war sie viel zu anständig und zu stolz. Sie würde die Pazifiktour für ihn fliegen, und sie würde ihr Bestes geben. Sie hatte nicht die Absicht, ihm zu schaden.

»Ich wohne bei Billy«, sagte sie würdevoll. Sie trug eine ihrer alten Fliegerjacken.

»Häng es nicht an die große Glocke«, sagte er kalt. Aber

so kurz vor dem Start hatten sie ohnehin Narrenfreiheit bei den Presseleuten, und eine kleine Kabbelei hätte ihnen nicht schaden können.

»Warum sollte ich? Ich glaube, kein Mensch ahnt, daß ich bei Billy wohne.« Sie hatte erwogen, sich an Nancy Firestone zu wenden. Aber Cassie schämte sich vor ihr und mochte sie nicht um Unterschlupf bitten. Sie standen sich nicht mehr besonders nah, und sie konnte ja auch bei Billy wohnen. Auf gar keinen Fall hätte sie in ein Hotel gehen können, denn hätten die Reporter herausgefunden, daß sie ohne Desmond in einem Hotel abgestiegen wäre, dann hätte es am nächsten Tag auf der Titelseite sämtlicher Zeitungen gestanden.

Zufälligerweise traf sie Nancy Firestone noch am selben Tag, kurz nachdem sie mit Desmond gesprochen hatte.

Nancy hatte gerade Feierabend, und Cassie wollte vor den abendlichen Vorbesprechungen für sich und Billy schnell etwas zu essen besorgen.

»Jetzt ist es bald soweit, nicht wahr?« sagte Nancy lächelnd. Alle Mitarbeiter bei Williams Aircraft zählten bereits die Tage und Stunden bis zum Start. Cassie lächelte müde und nickte. Durch das Treffen mit Desmond war ihre Laune nicht besser geworden. Aber wenigstens war Nancy seit langer Zeit wieder einmal netter zu ihr, und sie freute sich, sie zu sehen.

»Ja, jetzt wird es langsam spannend«, sagte Cassie. »Wie geht es Jane? Ich habe sie vermißt. Wir haben uns schon eine Ewigkeit nicht mehr gesehen.«

»Ihr geht es gut.« Die beiden Frauen standen sich ein paar Sekunden lang schweigend gegenüber, und plötzlich bemerkte Cassie, daß Nancy sie ein wenig seltsam anschaute. Sie sah aus, als wolle sie etwas sagen, könne sich aber nicht so recht entschließen und Cassie fragte sich, ob sie Nancy womöglich durch irgend etwas verletzt hatte. Es mußte doch einen Grund geben, weshalb Nancy sich ihr gegenüber nach ihrer Hochzeit so kühl und abweisend verhalten hatte, oder vielleicht war sie wegen Cassies neuer Stellung ein wenig befangen. Bei dieser Vorstellung mußte Cassie fast lachen, und wenn das letztere der Grund gewesen war, dann konnte sich Nancy jetzt entspannen.

»Wir sollten uns mal wieder treffen«, sagte Cassie freundlich und erinnerte sich an alte Zeiten. Als sie damals nach L. A. gekommen war, hatte Nancy ihr ein Gefühl von Geborgenheit gegeben und ihr über ihre Einsamkeit hinweggeholfen.

Aber Nancy sah sie nur ungläubig an. »Ja, haben Sie es denn immer noch nicht verstanden, Cass?«

»Was soll ich nicht verstanden haben?« Cassie fühlte sich wie ein Idiot, aber sie hatte zu viele andere Dinge im Kopf, um sich mit Nancy auf ein Rätselraten einzulassen.

»Er war niemals der, für den Sie ihn gehalten haben. Nur sehr wenige Menschen wissen, wie er wirklich ist.«

Cassie wich bei dieser Anspielung auf Desmond unwillkürlich einen Schritt zurück. Sie wollte sich auf keinen Fall von Nancy zu einer Diskussion über ihn verleiten lassen, schließlich war er offiziell noch immer ihr Ehemann.

»Ich weiß nicht, was Sie meinen«, sagte Cassie kühl und sah die andere Frau prüfend an. Und plötzlich entdeckte sie Dinge, die sie nie zuvor bemerkt hatte. Sie sah Wut, Eifersucht und Neid. War Nancy in ihn verliebt? War sie eifersüchtig auf Cassie gewesen? Cassie erkannte plötzlich, wie naiv sie gewesen war. Ihr wurde klar, daß alle ihr nur Theater vorgespielt hatten.

»Ich finde, wir sollten lieber nicht über Desmond reden«, sagte Cassie ruhig. »Wenn Sie etwas zu sagen haben, dann müssen Sie selbst mit ihm sprechen.«

»Das wäre eine Möglichkeit«, sagte Nancy und lächelte herablassend. »Ich wußte, daß er nicht lange bei Ihnen bleiben würde, es war nichts als Show. Leider sind Sie erst jetzt dahintergekommen, Cass.« Was wußte Nancy von der ganzen Sache? Was hatte Desmond ihr gesagt?

Cassie wurde rot und zuckte die Schultern. »Das ist mir ein wenig zu kompliziert. Dort, wo ich herkomme, heiraten die Leute gewöhnlich aus anderen Gründen.«

»Mag sein, daß er Sie zu Anfang zauberhaft fand. Und Sie hätten ihn vielleicht sogar halten können, wenn Sie sich an seine Regeln gehalten hätten. Aber er mag nun mal keine kindischen Spielchen. Ihr schlimmster Fehler war wohl, daß Sie ihn gelangweilt haben, Cass.« Cassie sah sie an, und ihr fiel es wie Schuppen von den Augen. Sie durchschaute jetzt, wie niederträchtig und mies die beiden sie behandelt hatten. »Und Sie haben ihn wohl nicht gelangweilt, Nancy? Wollen Sie mir das sagen?«

»Offensichtlich nicht. Aber schließlich bin ich ein wenig erwachsener. Ich spiele das Spiel besser als Sie.«

»Und was ist das für ein Spiel?« wollte Cassie wissen.

»Bei dem Spiel kommt es vor allem darauf an, genau das zu tun, was er will, wann er es will und wie er es will.« In Cassies Ohren klang das wie der Werbeslogan eines Dienstleistungsunternehmens und nicht wie eine Ehe.

»Sieht so Ihr Vertrag mit ihm aus? Sind Sie so an Ihr Haus und an den teuren Collegeplatz für Janie gekommen? Ich hielt ihn immer für einen großzügigen Mann. Aber wahrscheinlich steckt doch mehr dahinter.« Es war genau das, was Nick gemeint hatte. Desmond Williams hatte Geliebte, die er großzügig dafür entlohnte, daß sie jederzeit für ihn bereitstanden, um alles zu tun, was er wollte. Und Nancys Aufgabe war es gewesen, Cassie unter ihre Fittiche zu nehmen. Schlagartig wurde Cassie klar, wie sehr Nancy diese Pflicht gehaßt haben mußte. Sie hätte laut loslachen können, wäre das Ganze nicht so ekelhaft gewesen.

»Desmond ist mir gegenüber überaus großzügig. Aber ich mache mir keine falschen Illusionen«, sagte Nancy kalt, wobei sie Cassie direkt in die Augen sah. »Er wird mich niemals heiraten oder sich öffentlich zu mir bekennen. Aber er weiß, daß ich für ihn da bin. Und er ist gut zu mir. Wir haben also beide unseren Nutzen davon.« Während Cassie diese kalten Worte hörte, diese berechnende innere Leere, die angeblich seinen Bedürfnissen entsprach, hätte sie Nancy am liebsten geohrfeigt.

»War er mit Ihnen zusammen, als er mit mir verheiratet war?« fragte Cassie mit erstickter Stimme.

»Aber natürlich. Was meinen Sie denn, wo er nachts hingegangen ist, wenn er mit der Arbeit fertig war? Und was glauben Sie, warum er nicht mehr mit Ihnen geschlafen hat? Ich hab Ihnen doch gesagt, daß er sich nicht gern mit Kinderspielen abgibt, Cassie. Und er ist nicht so schlecht, wie Sie denken, aber er sah keinen Sinn darin, noch öfter mit Ihnen zu schlafen, oder Sie noch mehr in die Irre zu führen als nötig. Alles geschah nur für die Tour. In gewisser Weise ist Desmond ein wahrer Purist.«

»Dieser Dreckskerl.« Die Worte rutschten Cassie heraus, ohne daß sie es wollte. Aber als sie Nancy ins Gesicht sah, haßte sie sie und ihn. Es war alles nur ein Spiel gewesen. Ein Teil der Pazifiktour, die wiederum dazu diente, seine Flugzeuge zu verkaufen.

Die Ehe mit ihr war nur ein winziger Teil seines Vorhabens gewesen, ein Publicitygag sozusagen, und die ganze Zeit hatte er mit Nancy geschlafen. Kein Wunder, daß sich Nancy nach ihrer Hochzeit so abweisend verhalten hatte. Vielleicht hatte Nancy ja zu Anfang tatsächlich um ihre

Pfründe gefürchtet. Schließlich war sie zehn Jahre älter als Cassie und nicht annähernd so aufregend oder so hübsch wie sie.

»Hatten Sie nicht ein bißchen Angst, er könnte sich in mich verlieben?« fragte Cassie und warf ihr einen prüfenden Blick zu. Es freute sie, daß Nancy bei der Frage ein wenig zusammenzuckte.

»Nein, im Grunde nicht. Wir haben darüber geredet. Um die Wahrheit zu sagen, Sie sind wirklich nicht sein Typ, Cass.«

»Nach allem, was ich mittlerweile über ihn weiß, fasse ich dies als Kompliment auf.« Cassie wirkte kühl und gelassen. Dann beschloß sie, ihrer Widersacherin einen kleinen Denkzettel zu verpassen. »Sie sind nicht die einzige, müssen Sie wissen. Sie sind nicht die einzige, mit der Desmond Williams ein Arrangement getroffen hat«, sagte Cassie bestimmt und hatte mit ihren Worten genau ins Schwarze getroffen, denn Nancy wurde sichtlich nervös. Ihr Lebensunterhalt und ihre Zukunft hingen von ihrem »Arrangement« mit Desmond ab.

»Was soll das denn heißen?«

»Es gibt andere wie Sie ... mit Häusern ... mit Verträgen ... mit Arrangements ... Oder haben Sie etwa geglaubt, ein Mann wie Desmond würde sich nur mit einer Frau zufriedengeben?«

In Nancys Augen spiegelte sich nackte Angst.

»Das ist ja lächerlich. Wer hat Ihnen das erzählt?«

»Jemand, der es wissen muß. Er hat mir erzählt, daß es eine ganze Reihe anderer Frauen gibt, und die Konkurrenz schläft nicht, glauben Sie mir.«

»Ich glaube Ihnen nicht!« rief Nancy, aber ihre zittrige Stimme strafte ihre Worte Lügen.

»Auch ich habe das alles nicht geglaubt, Nancy. Aber

jetzt glaube ich es doch. Es war nett, Sie wiederzusehen«, säuselte sie. »Grüßen Sie Desmond von mir.« Damit eilte sie zurück ins Gebäude. Sie wollte nichts mehr zu essen; Nancy Firestone hatte ihr den Appetit verdorben. Ihr war übel, als sie sich auf die Suche nach Billy machte.

»Wo ist mein Essen?« In einer halben Stunde mußten sie zu einer Besprechung, und er war halb verhungert.

»Ich hab's unterwegs aufgegessen«, sagte sie schnippisch. Sie war leichenblaß. Er bemerkte es sofort und war sehr besorgt. »Was ist mit dir, Cass? Du siehst aus, als hättest du einen Geist gesehen. Gibt es schlechte Nachrichten von deinem Vater?«

»Nein, es geht ihm gut. Meine Mutter hat mich heute morgen angerufen.«

»Was ist es dann?« Zuerst zögerte sie, aber dann setzte sie sich zu ihm und erzählte ihm, was sie von Nancy Firestone erfahren hatte.

»Dieser Hundesohn!« zischte er. »Ein schönes Spielchen hat er da laufen. Dabei kümmert es ihn wohl nicht, wenn er das Leben anderer zerstört. Es wäre besser, er hielte sich dabei an seinesgleichen.«

»Ich nehme an, das tut er, ab und zu wenigstens.« Nancy Firestone war niemals die Freundin gewesen, für die Cassie sie gehalten hatte. »Wenn das hier vorbei ist, dann will ich weg von L. A. und eine Weile zu Hause bleiben. Ich habe die Nase voll von all dem hier.« Sie wirkte völlig erschöpft, und er hatte Mitleid mit ihr. So etwas hatte sie weiß Gott nicht verdient.

Cassie wußte jetzt, warum er nach der Hochzeitsreise nie wieder mit ihr geschlafen hatte und auch sonst kaum noch an ihr interessiert gewesen war. Er war einfach wieder zu Nancy gegangen. Und der Himmel wußte, mit wem er noch zusammengewesen war. Vielleicht war es ja ein

Glück gewesen, daß er sich nicht die Mühe gemacht hatte, öfter mit ihr zu schlafen. Wahrscheinlich hätte sie sich sonst noch schlechter gefühlt. Jetzt fühlte sie sich hintergangen und unglaublich dumm. Das schlimmste war, daß sie ihm tatsächlich geglaubt hatte, diesem miesen Schurken.

»Und was sollen wir jetzt machen?« fragte Billy und überlegte sich, ob sie wegen Desmonds haarsträubenden Betrugs wohl doch noch das Handtuch werfen würde, Vertrag hin oder her. Aber das war nicht ihre Art. Sie hatte die feste Absicht, das zu Ende zu führen, was sie begonnen hatte, und Billy bewunderte sie deswegen.

»Wir ziehen die Sache durch, du und ich. Deshalb sind wir hergekommen. Alles andere war doch nur das Sahnehäubchen vom Kuchen.« Und für Cassie war der Kuchen seit einer Weile vergiftet. Aber Cassie O'Malley war kein Drückeberger.

»Braves Mädchen.« Billy umarmte sie, und sie fuhren schnell los, um eine Kleinigkeit essen. Cassie bekam jedoch kaum etwas herunter.

Jede Woche wurde eine Pressekonferenz einberufen. In der Öffentlichkeit benahm Desmond sich ihr gegenüber immer betont freundlich. Es gab viele Neckereien und ein paar lustige kleine Geschichten über sie und sogar einen Hauch von Zärtlichkeit. Es war wirklich rührend, wenn man nicht wußte, was hinter den Kulissen vor sich ging. Alles wirkte überraschend glaubhaft.

Cassie wirkte ernster als zuvor, aber das wurde allgemein auf den Druck der bevorstehenden Tour zurückgeführt, denn sie hatte eine wichtige Aufgabe zu erfüllen. Sie trainierte hart, und Desmond erinnerte die Presse immer wieder daran, daß sie den ganzen Sommer auf dem Flughafen ihres Vaters verbracht hatte.

»Wie geht's Ihrem Dad, Cass?« fragte einer der Reporter.

»Ganz hervorragend.« Und dann dankte sie den Amerikanern für all die Geschenke, Karten und Genesungswünsche. »Es hat ihm wirklich sehr geholfen. Er fliegt schon wieder, mit einem Copiloten«, erklärte sie stolz. Die Reporter verschlangen ihre Geschichten. Mittlerweile kannte sie das Spiel, und Billy bewunderte ihre Professionalität.

»Alles in Ordnung?« fragte er sie leise nach einer der Pressekonferenzen. Desmond war besonders nett zu ihr gewesen, und Billy konnte sehen, wie sehr sie sich über ihn geärgert hatte.

»Ja. Es ist alles in Ordnung«, erwiderte sie, aber Billy wußte genau, wie verletzt sie war und wie sehr sie sich hintergangen fühlte. Sie haßte diese Scheinheiligkeit und das unehrliche Getue. Sie bekam davon Alpträume, und manchmal hörte Billy mitten in der Nacht, wie sie im anderen Zimmer weinte.

Bis zum letzten Abend vor der Pazifiktour war sie nie wieder allein mit Desmond gewesen. An diesem Nachmittag hatte er eine riesige Pressekonferenz einberufen, und danach hatte sie mit Billy in ihrem Lieblingsrestaurant mexikanisch gegessen.

Als sie zurückkamen, wartete Desmond auf sie. Er saß in seinem Wagen. Nachdem er ausgestiegen war, ließ er Billy wissen, daß er mit Cassie allein zu reden hatte.

»Ich wollte dir nur für morgen viel Glück wünschen. Ich werde natürlich beim Start dabeisein, aber ich wollte dich nur wissen lassen… nun, es tut mir leid, daß die Dinge sich nicht so entwickelt haben, wie wir es geplant hatten.« Er bemühte sich, großherzig zu wirken, aber sein Benehmen machte Cassie rasend.

»Was hattest du denn genau *geplant?* Ich hatte jedenfalls vor, mit dir zu leben und Kinder zu bekommen.« Er hatte die Welttour und eine Geliebte und eine Marionettenfrau gewollt, die er von einer Pressekonferenz zur anderen zerren konnte.

»Dann hättest du wohl jemand anders heiraten sollen. Ich wollte nicht viel mehr als eine Partnerschaft. Es ging ums Geschäft. Aber ist das nicht immer so bei einer Ehe, Cassie?« Er wollte es so darstellen, als ob die Dinge einfach falsch gelaufen wären, und darüber hinwegtäuschen, daß er sie von vorne bis hinten belogen hatte, auch was seine Zeugungsunfähigkeit anbetraf. Damit hätte sie leben können. Sie hätte sich mit so manchem abfinden können, wenn er nur ehrlich zu ihr gewesen wäre.

»Ich glaube, du hast nicht die geringste Ahnung, was eine Ehe bedeutet, Desmond.«

»Das mag sein«, sagte er und wirkte keineswegs beschämt. »Wenn ich ehrlich bin, muß ich zugeben, daß ich nie sonderliches Interesse daran hatte.«

»Und warum hast du dich dann damit geplagt? Ich wäre für dich geflogen, ohne all diesen Unsinn, all die Lügen... die Hochzeit... Du hättest nicht so weit gehen müssen. Du hast mich benutzt«, sagte sie und war froh, daß er jetzt wußte, was sie dachte.

»Wir haben uns gegenseitig benutzt. In zwei Monaten wirst du die größte Starpilotin aller Zeiten sein, und ich habe dich so weit gebracht. In einem von meinen Flugzeugen. Es war ein Geschäft, Cass. Wir sind quitt.« Er strahlte Selbstzufriedenheit aus. Sie bedeutete ihm nichts, hatte ihm nie etwas bedeutet. Und das war das schlimmste an der Sache.

»Herzlichen Glückwunsch. Ich hoffe, du wirst deinen Erfolg so genießen, wie du es dir erträumt hast.«

»Das werde ich.« Er war sich ganz sicher. »Genau wie du und Billy. Wir werden alle davon profitieren.«

»Wenn alles glattgeht. Warum bist du dir da so verdammt sicher?« fragte sie ernst.

»Ich habe allen Grund dazu. Du wirst ein hervorragendes Flugzeug fliegen, und du bist eine großartige Pilotin. Was brauchen wir mehr? Nur ein bißchen Glück und gutes Wetter.« Er fixierte sie mit seinen Blicken, wie um sie von seinen Worten zu überzeugen, aber im Gegenzug bot er ihr nichts als Geld und Ruhm. Für Liebe war in seiner Vorstellungswelt kein Platz. Er war nicht fähig zu lieben. »Viel Glück, Cass«, sagte er leise.

»Danke«, erwiderte sie und ging langsam die Treppe hinauf zu Billys Wohnung.

»Was wollte er?« fragte Billy argwöhnisch. Er fürchtete, Desmond könnte Cassie erneut verletzt haben.

»Er wollte uns wohl nur Glück wünschen. Auf seine Weise. Da ist niemand in dieser eleganten Hülle ... endlich bin ich dahintergekommen ... der Mann ist vollkommen leer.« Das war nur allzu wahr. Desmond Williams hatte keine Seele. Sein Wesen wurde nur von Habgier und Berechnung bestimmt. Er hegte eine Leidenschaft für Flugzeuge, nicht für Menschen. Cassie war nur ein Werkzeug für ihn, wie ein Schraubenschlüssel, mit dem man den Motor einstellen konnte. Sie war nur ein Mittel zum Zweck, nicht mehr, ein winziges Teilchen in seiner Maschinerie. Er hielt die Fäden in der Hand, er war der Konstrukteur, der lenkende Geist. In seinen Augen war sie ein Nichts.

18

Die *North Star* startete wie geplant am Morgen des vierten Oktobers vor Hunderten von Zuschauern. Der Kardinal von Los Angeles segnete das Flugzeug. Es gab Champagner für alle, und die Maschine verschwand am Horizont. Die Route war so ausgelegt, um Entfernungsrekorde zu brechen, wobei der Verlauf natürlich durch die augenblickliche weltpolitische Lage beeinflußt wurde.

Zuerst flogen sie in südlicher Richtung nach Guatemala City. Die zweitausendundzweihundert Meilen lange Strecke bewältigten sie ohne Zwischenlandung. Nach ihrer Ankunft überprüften sie ihre Karten, hörten sich die Wetterberichte an, schauten sich ein wenig um und sprachen mit den Einheimischen. Die Menschen waren fasziniert von dem Flugzeug und waren in Scharen zum Flughafen gekommen, um sie zu begrüßen. Desmond hatte seine Hausaufgaben gemacht. Auf der ganzen Welt wußte man von Cassies Reise.

Am Flughafen von Guatemala City wurden sie von zahllosen Reportern, Botschaftern, Abgesandten, Diplomaten und Politikern erwartet. Eine Marimba-Kapelle spielte, und Cassie und Billy posierten für die Fotografen. Seit Charles Lindbergh war keinem Piloten mehr soviel Aufmerksamkeit zuteil geworden.

»Kein schlechtes Leben, was?« scherzte Cassie, als sie am Tag darauf nach San Cristóbal auf den Galapagos-Inseln starteten. Für die elfhundert Meilen brauchten sie ganze drei Stunden dank des hervorragenden Flugzeugs, das Williams Aircraft für sie gebaut hatte. Desmonds erster Wunsch war erfüllt worden, denn sie hatten einen neuen Geschwindigkeits- und Langstreckenrekord aufgestellt.

»Vielleicht sollten wir zwischendurch irgendwo Urlaub machen«, schlug Billy vor, und sie grinste, während sie von ecuadorianischen Abgesandten, amerikanischen Militärs und den Insulanern begrüßt wurden. Wieder lauerten die Fotografen auf sie, und der Gouverneur der Inseln lud sie zum Essen ein.

Die Reise verlief ganz nach Plan. Einen Tag blieben sie auf Galapagos, um das Flugzeug einer gründlichen Inspektion zu unterziehen, die Karten zu studieren und auf die Wetterberichte zu hören.

Von den Galapagos-Inseln flogen sie in genau sieben Stunden zu den zweitausendvierhundert Meilen entfernten Osterinseln. Aber diesmal hatten sie mit unerwarteten Windböen zu kämpfen und schafften es nicht, den Rekord zu brechen.

»Hoffentlich haben wir nächstes Mal mehr Glück, Mädchen«, witzelte Billy, nachdem sie auf dem Rollfeld der Osterinseln gelandet waren. »Dein lieber Ehemann bringt es fertig und setzt unser Zuhause in Brand, wenn wir ihm nicht noch ein paar Rekorde liefern.« Desmond schielte bereits voller Argwohn nach Japan, wo man schon seit einem Jahr an einem Flugzeug arbeitete, das nonstop von Tokio nach New York fliegen konnte, eine Entfernung von fast siebentausend Meilen, aber bis jetzt hatte man nichts als Probleme gehabt, und die Japaner waren nicht einmal bis nach Alaska gekommen. In einem Jahr sollte der erste japanische Testflug starten, und Desmond war wild entschlossen, die Japaner auszustechen. Aus diesem Grund hatte er auch so großes Interesse an den langen Flugstrecken über dem Pazifik.

Sie verbrachten nur eine Nacht auf der Insel, um sich für den folgenden Flugtag auszuruhen, an dem sie nach Papeete auf Tahiti fliegen wollten. Diesmal schafften sie den Rekord gerade so. Für den zweitausendsiebenhundert Meilen langen Flug benötigten sie sieben Stunden und vierzehn Minuten, ohne irgendwelche Schwierigkeiten.

Die Landung in Tahiti war wie die Ankunft im Paradies. Als Billy all die Mädchen mit ihren Sarongs und Blumenketten am Rollfeld stehen sah, stieß er einen Freudenschrei aus, und Cassie bekam einen Lachanfall.

»Mein Gott, und hierfür kriegen wir auch noch Geld! Ich glaube, ich traue meinen Augen nicht!«

»Dir läuft ja schon der Geifer aus dem Mund! Reiß dich lieber zusammen, sonst sperren sie dich noch ein!« Er war ein lustiger Kerl, und sie flog unwahrscheinlich gern mit ihm, und vor allem war er ein unfehlbarer Navigator und ein hervorragender Mechaniker.

Tatsächlich hatte er, kurz nachdem sie von der Osterinsel gestartet waren, ein Geräusch bemerkt, das ihm nicht gefiel. Und nachdem er den Inselschönheiten die gebührende Huldigung erwiesen hatte, ging er zurück zum Flugzeug, um nachzuschauen, woher dieses merkwürdige Surren und Zischen kam. Am Abend telegrafierten sie nach L. A. und erwähnten die rätselhaften Geräusche, die jedoch nach Billys Auffassung kein ernsthaftes Problem darstellen konnten. Jeden Tag informierten sie ihren Chef über ihre Fortschritte, und jetzt freuten sie sich, daß sie ihm einen neuen Rekord melden konnten.

In Papeete sprachen fast alle Leute französisch, und Billy kam mit seinem Schulfranzösisch einigermaßen zurecht. Der französische Botschafter richtete ein Essen für sie aus, und Cassie entschuldigte sich, daß sie nichts anderes zum Anziehen hatte als ihre Fliegerkleidung. Jemand lieh ihr einen wunderschönen Sarong, und sie steckte sich eine große pinkfarbene Blume ins Haar. Als Billy sie zum Essen abholte, pfiff er anerkennend durch die Zähne.

»Also mit Lindy hast du ja wirklich kein bißchen Ähnlichkeit«, sagte er bewundernd und legte den Arm um ihre Taille, während sie vom Hotel zum Botschaftsgebäude gingen. Als sie nach dem Essen am Strand entlangschlenderten und über die weitere Reise sprachen, erzählte Cassie traurig, wie sehr sie Nick vermißte. Papeete war ein magischer Ort, und die Menschen waren wunderbar. Noch nie hatte sie etwas Wunderbareres gesehen.

Noch spätabends saßen Cassie und Billy am Strand und redeten über ihre neuen Eindrücke und all die Menschen, denen sie begegnet waren. Das Essen in der Botschaft war sehr vornehm gewesen, und selbst in ihrem hübschen Sarong hatte sie sich unpassend gekleidet gefühlt, aber immer noch viel besser als in ihrem zerknitterten Fliegeranzug.

»Manchmal finde ich alles so überwältigend«, sagte Cassie lächelnd, während sie mit der Blume spielte, die sie im Haar getragen hatte. »Was haben wir nur für ein Glück! Sieh dir nur dieses tolle Flugzeug an, mit dem wir in der ganzen Welt herumfliegen dürfen ... all die Leute, die wir kennenlernen ... die interessanten Orte, die wir zu sehen kriegen ... das alles kommt mir oft vor wie das Leben einer anderen ... wie bin ich nur hierhergekommen? Geht dir so etwas auch manchmal durch den Kopf, Billy?«

Manchmal fühlte sie sich so jung, und dann wieder unsagbar alt. Mit ihren zweiundzwanzig Jahren fand sie, daß sie im Leben schon eine Menge Glück gehabt hatte und nur sehr wenig Pech, wenn man alles bedachte. Das war ihre Sichtweise.

»Ich würde sagen, du hast einen hohen Preis für diese Reise bezahlt, Cass, einen höheren als ich«, erwiderte er ernst, wobei er an ihre Ehe dachte. »Aber du hast recht, auch mir geht so etwas immer wieder durch den Kopf. Ständig habe ich Angst, mich könnte plötzlich jemand am Kragen packen und sagen: ›Was macht dieser Bursche denn hier? Er gehört doch gar nicht hierher!‹ «

»Du gehörst hierher«, entgegnete sie liebevoll. »Du bist der Beste, den es gibt. Ohne dich hätte ich das hier nicht gemacht.« Der einzige, mit dem sie gern geflogen wäre, war Nick, und vielleicht konnte ja später einmal etwas daraus werden.

»Was meinst du, wie schnell alles vorbei ist, Cass. Das wurde mir klar, als wir hierherkamen. Ruckzuck ist es vorbei, zu Ende ... man plant und trainiert und plagt sich ein ganzes Jahr lang ab, und dann ... ganze zehn Tage ... und es ist Vergangenheit.« Die Hälfte hatten sie schon fast geschafft, und Cassie war traurig, wenn sie daran dachte. Sie wollte nicht, daß die Reise schon so bald vorbei war.

Nach diesem Gespräch gingen sie langsam zum Hotel zurück, und zu Billys Überraschung sagte sie: »Wahrscheinlich sollte ich Desmond für das alles hier dankbar sein ... und das bin ich auch. Aber ist es nicht seltsam, plötzlich ist es nicht mehr seine Tour. Er hat all diese Lügen erzählt und seine Ränke geschmiedet, aber es ist unsere Tour. Wir machen sie. Wir sind hier, nicht er. Irgendwie scheint er plötzlich nicht mehr so wichtig zu sein.« Sie wirkte erleichtert, und Billy war froh, daß sie sich nicht mehr über die Hinterhältigkeit ihres Ehemannes grämte.

»Vergiß ihn, Cass. Wenn wir zurück sind, ist dein Schmerz Vergangenheit, und der ganze Ruhm wird dir gelten.«

»Ruhm und Ehre waren mir, glaube ich, nie besonders wichtig«, sagte sie aufrichtig. »Mir ging es um die Herausforderung. Ich wollte wissen, ob ich es schaffe.« Aber niemals hätte sie deswegen das Leben eines anderen Menschen ruiniert.

»Ja, so war es wohl auch bei mir«, stimmte er ihr zu, aber ihm war durchaus bewußt, welchen Trubel sie nach ihrer Rückkehr zu erwarten hatten. »Aber Ruhm und Ehre sind auch nicht zu verachten.« Er grinste wie ein kleiner Junge, und sie mußte lachen, aber dann wurde sie wieder ernst.

»Eigentlich wollte ich noch vor dem Start die Scheidung einreichen, aber dann fand ich es doch besser, damit zu warten, bis wir wieder daheim sind, damit kein neugieriger Reporter Wind von der Sache kriegt. Ich wollte nicht verfrüht handeln und womöglich alles verderben. Aber alle Papiere sind bereits fertig und unterschrieben.« Sie seufzte und dachte an ihren Besuch beim Anwalt. Es war ihr schwergefallen, mit einem fremden Menschen über all die schmerzlichen, privaten Dinge zu reden.

»Wessen willst du ihn beschuldigen?« fragte Billy interessiert. Er konnte sich eine Menge Gründe vorstellen, von Ehebruch bis zu der Tatsache, daß Desmond Cassie das Herz gebrochen hatte, wobei es fraglich war, ob das als offizieller Scheidungsgrund anerkannt wurde.

»Wahrscheinlich Betrug. Es klingt schrecklich, aber der Anwalt meint, damit hätten wir gute Chancen.« Und dann war da natürlich noch Nancy. »Ich glaube, wir werden uns einigen. Am liebsten würde ich nach Reno gehen und mich so schnell wie möglich von ihm scheiden lassen, wenn es ihm recht ist. Dann wäre es zumindest schnell vorbei.«

»Er hat bestimmt keine Einwände«, sagte Billy. Dann verabschiedeten sie sich voneinander und gingen zu Bett. Am nächsten Morgen trafen sie sich auf der Hotelterrasse zum Frühstück.

»Was würden sie wohl sagen, wenn wir ihnen das Flugzeug zurückschickten und hierblieben?« Er lächelte und genoß sein Omelett. Dazu gab es ofenfrische Croissants und starken Kaffee. Alles wurde von einer sechzehnjährigen Eingeborenen serviert, von deren atemberaubender Figur Billy sehr angetan war.

»Meinst du nicht, es würde dir langweilig werden?« Auch ihr gefiel es hier sehr gut, aber sie konnte es kaum erwarten, weiterzufliegen, zuerst nach Pago Pago und dann nach Howland Island.

»Hier würde ich mich nie langweilen«, sagte er und lächelte dem Mädchen zu. »Ich könnte es für immer hier aushalten und hätte nichts dagegen, auf einer Insel zu sterben. Was ist mit dir?«

»Ich weiß nicht.« Sie dachte einen Moment nach und trank noch einen Schluck Kaffee. »Ich glaube, ich werde mein Leben so beenden, wie ich es angefangen habe: unter dem Bauch eines Flugzeugs. Vielleicht könntest du mir ja einen speziellen Rollstuhl bauen.«

»Mach ich.«

»Aber vielleicht solltest du jetzt besser unsere gute *North Star* inspizieren.«

»Und ich hatte mich schon auf einen faulen Tag am Strand gefreut!« Er tat so, als sei er enttäuscht, aber eine halbe Stunde später überprüften sie ihr Flugzeug auf Herz und Nieren und machten keine Witze mehr. Wie immer schauten ihnen Fotografen und Neugierige zu.

An Bord der *North Star* befand sich eine riesige Menge Treibstoff. Ansonsten hatten sie bis auf eine Notfallausrüstung, ein Radio, zwei Rettungswesten und ein Rettungsfloß kaum etwas dabei. Gern hätten sie Souvenirs von den verschiedenen Stationen ihrer Reise mitgebracht, aber sie hatten keinen Platz, und sie sollten kein unnützes Gewicht mitschleppen.

Sie aßen im Hotelrestaurant zu Abend und erlebten einen wunderschönen Sonnenuntergang. Nach einem kurzen Strandspaziergang legten sie sich früh schlafen. Am nächsten Morgen starteten sie dann in Richtung Pago Pago.

Sie schafften es in viereinhalb Stunden und brachen diesmal keinen Rekord. Es war ein angenehmer Flug, wenn da nicht wieder dieses merkwürdige kleine Geräusch gewesen wäre, das Billy schon zuvor gehört hatte. Trotz ihrer sorgfältigen Inspektion war es nicht verschwunden.

Pago Pago war ein faszinierender Ort. Sie verbrachten dort jedoch nur eine Nacht und blieben die meiste Zeit am Flughafen. Billy wollte unbedingt jenem seltsamen Schnurren und Surren auf die Spur kommen, und gegen Mitternacht glaubte er, die Ursache gefunden zu haben. Es störte ihn, aber er war noch immer davon überzeugt, daß es kein ernstes Problem darstellte.

Wie immer telegrafierte er nach Hause, und am Morgen flogen sie weiter nach Howland Island. Sie hatten schon mehr als neuntausend Meilen zurückgelegt, und Cassie wähnte sich schon fast am Ziel, obwohl sie bis Honolulu noch mehr als dreitausend Meilen vor sich hatten. Aber die Hälfte der Tour lag bereits hinter ihnen, und jetzt steuerten sie Howland Island an. Auf derselben Strecke war Amelia Earhart aller Wahrscheinlichkeit abgestürzt, und bei diesem Gedanken wurde es Cassie ein wenig schwer ums Herz.

»Was wirst du tun, wenn das alles hier vorbei ist?« fragte sie Billy zwei Stunden, nachdem sie Pago Pago verlassen hatten. Sie stärkten sich gerade mit einem Sandwich. Die Frau, bei der sie gewohnt hatten, war sehr nett gewesen und hatte ihnen einen Picknickkorb mit köstlichen Früchten und belegten Broten mitgegeben.

»Ich?« Billy dachte darüber nach. »Ich weiß noch nicht, wie ich mein Geld investiere. Vielleicht mache ich so was Ähnliches wie dein Vater. Ich würde gern eine Fluglinie leiten, am liebsten auf Tahiti.« Es hatte ihm dort wirklich sehr gefallen. »Was ist mit dir, Cass?« Sie hatten alle Zeit der Welt, während sie über dem schimmernden Pazifik dahinglitten und die köstlichen Früchte genossen.

»Ich weiß nicht. Ich bin irgendwie hin und her gerissen. Manchmal denke ich, daß ich immer so weitermachen will... Flugzeuge... Testflüge... Flughäfen. Dann wieder frage ich mich, ob ich vielleicht was anderes machen soll... zum Beispiel heiraten und Kinder kriegen.« Traurig blickte sie zum Horizont. »Ich dachte, ich hätte mit Desmond eine Zukunft«, sie zuckte die Schultern. »Wenn ich nach Hause komme, muß ich erst einmal gründlich über alles nachdenken.«

»Er war eben einfach der falsche Mann für dich, das kann vorkommen. Was ist mit Nick?«

»Was soll mit ihm sein?« Sie wußte keine Antwort. Damals hatte er sich strikt geweigert, sie zu heiraten, aber vielleicht würde es jetzt nach ihrer Ehe mit Desmond anders sein. Sie hatte ihm noch nichts gesagt. Und wer weiß, wann sie ihn wiedersah. Wer wußte schon, was die Zukunft brachte? Es hatte keinen Sinn, darüber nachzudenken, statt dessen wollte sie sich lieber auf die Gegenwart konzentrieren, und im Moment war ihr Leben wunderbar einfach.

Während des Flugs nach Howland Island wurde sie sehr sentimental, weil sie ständig an Amelia Earhart denken mußte. Sie hatten einen Kranz mitgenommen, den sie kurz vor Erreichen der Insel ins Meer werfen wollten.

Billy öffnete ein Fenster für sie, und sie ließ den Kranz hindurchgleiten, während sie ein stummes Gebet für jene

Frau sprach, die sie niemals kennengelernt und dennoch ihr Leben lang bewundert hatte. Sie war ihr großes Vorbild gewesen, und sie hoffte, daß sie vor ihrem Tod nicht leiden mußte und daß sie ein glückliches Leben geführt hatte. Bei Menschen wie Amelia Earhart konnte man schwer sagen, wie ihr Leben wirklich war und wie sie sich fühlten. Cassie hatte inzwischen ihre eigenen Erfahrungen mit der Presse gemacht und wußte, daß das meiste nichts als Fassade war. Aber sie spürte eine seltsame Verbundenheit mit ihrem einstigen Idol, als sie und Billy nach einem zwölfhundert Meilen langen Flug sicher auf Howland Island landeten. Es ging so einfach. Warum hatte es für Amelia Earhart nicht auch so sein können?

Billy strich ihr tröstend übers Haar, nachdem sie gelandet waren. Er wußte, was sie fühlte, und er liebte sie deswegen um so mehr.

Auf Howland lauerten schon die Fotografen auf sie. Wie zu erwarten, wurde Cassie mit Earhart verglichen.

Auch hier wollten sie nur eine Nacht verbringen, bevor es noch fast zweitausend Meilen weiter bis nach Honolulu gehen sollte. Dort hatte Desmond verschiedene Feierlichkeiten geplant, bei denen sie ihre Auszeichnungen und Urkunden erhalten sollten. Es würde Pressekonferenzen und Filme geben und sogar einen Schauflug der *North Star* auf dem Hickam-Armeeflughafen, wo sich die Militärs mit dem Flugzeug vertraut machen konnten. Beide fanden diese Pläne sehr aufregend und gleichzeitig ein wenig beängstigend. Hier war alles soviel einfacher. Es würde ihr letzter friedlicher Abend sein, und Cassie mochte gar nicht an ihr Wiedersehen mit Desmond denken. Allein bei der Vorstellung bekam sie Depressionen.

Sie war sehr still, während sie allein zu Abend aßen, und bei alldem, was vor ihnen lag, war Billy nicht überrascht darüber. Außerdem mußte sie wohl immer noch an Amelia Earhart denken.

»Es ist beängstigend, zu all dem Trubel zurückzukehren, findest du nicht auch?« fragte sie nach dem Essen, während sie eine Tasse Kaffee trank.

»Ja ... und aufregend.« Für ihn war das Ganze längst nicht so belastend wie für Cassie. »Wie ein Blitz wird alles vorüber sein«, sagte er strahlend. »Wie das Feuerwerk am vierten Juli. Wie eine Sternschnuppe, die verglüht. Einen kurzen Augenblick werden wir berühmt sein, und dann hat man uns schon wieder vergessen. Spätestens dann, wenn jemand weiter und schneller fliegt.« Aber man würde sich noch sehr lange an sie erinnern. Ihr Ruhm würde nicht so schnell vergehen, wie er dachte. In manchen Dingen hatte Desmond recht, und ihre Mission war bedeutsam.

»Morgen abend um diese Zeit sind wir in Honolulu, Miss O'Malley«, sagte er und prostete ihr mit einem Glas Wein zu. Er trank nur sehr wenig, da sie am nächsten Tag wieder fliegen mußten. »Stell dir die Fanfaren vor, den Jubel.« Seine Augen leuchteten, und sie lächelte schwach.

»Lieber nicht. Bei der Idee wird mir ganz anders. Vielleicht sollten wir einfach umkehren. Das wäre eine Überraschung, wenn wir auf demselben Wege heimfliegen würden, den wir gekommen sind! Was hältst du davon?« Sie lachte über die Vorstellung und er schüttelte belustigt den Kopf. Sie hatten immer viel Spaß miteinander.

»Tut mir leid, Mr. Williams, meine Pilotin war verwirrt, nun, Sie wissen doch ... sie ist eben nur ein Mädchen ... und Mädchen können eben nicht fliegen, das weiß doch jeder ... anscheinend hat sie die Karte verkehrt herum gehalten ...« Sie mußten beide lachen. Aber am nächsten Tag sollten sich ihre Witze zum Teil bewahrheiten.

Etwa dreihundert Meilen nach dem Start gerieten sie

plötzlich in ein heftiges Gewitter mit kräftigen Windböen, und sie beschlossen, nach Howland Island zurückzukehren. Als sie landen wollten, hatte sich der Wind zu einem tropischen Orkan ausgewachsen. Sie hatte alle Hände voll zu tun, um das Flugzeug sicher zu Boden zu bringen. Die Landung erfolgte schnell und ruckartig, und wegen des starken Seitenwindes hätte sie fast das Rollfeld verpaßt. Erst kurz vor dem Wasser brachte sie das schwere Flugzeug zum Stillstand.

»Darf ich dich daran erinnern«, sagte Billy beiläufig, während sie sich bemühte, das Flugzeug zu wenden, »daß Mr. Williams sehr ungehalten sein wird, wenn du die *North Star* unter Wasser setzt?«

Sie mußte über seine Warnung lachen, und es tat ihr nicht besonders leid, daß sie eine weitere Nacht auf Howland Island verbringen mußten. Es war zwar ein ziemlich langweiliger Ort, aber zumindest war es hier ruhig und friedlich. An ihre Ankunft auf Honolulu und die Zeit danach mochte sie gar nicht denken.

Im Laufe der Nacht ließ der Sturm nach, aber am nächsten Morgen entdeckten sie, daß der Richtungsanzeiger zerbrochen war und nicht mehr repariert werden konnte. Beide wollten sie trotzdem weiterfliegen, aber sie telegrafierten nach Honolulu, damit man dort einen neuen für sie besorgte. Es war ein sonniger, klarer Tag, als sie sich zum zweitenmal auf den achtzehnhundert Meilen weiten Weg nach Honolulu machten. Aber nach etwa dreihundert Meilen bekamen sie plötzlich ein anderes Problem. Einer der Motoren schien nicht ganz in Ordnung zu sein. Stirnrunzelnd suchte Billy nach einem Ölleck, während Cassie die Meßgeräte im Auge behielt.

»Willst du zurück?« fragte sie in ruhigem Ton, ohne den Blick von den Instrumenten zu wenden.

»Ich bin mir noch nicht sicher«, murmelte er.

Er machte sich eine Weile an einer der Maschinen zu schaffen, lauschte auf die Motorengeräusche und zog hier und da eine Schraube nach. Nach weiteren hundert Meilen versicherte er ihr, daß alles unter Kontrolle sei. Sie nickte und beobachtete weiterhin die Instrumente.

Cassie überließ nichts dem Zufall, deshalb war sie auch so gut. Billy wirkte viel oberflächlicher, aber auch er war überaus vorsichtig. Was das Fliegen anbelangte, hatte er einen unfehlbaren sechsten Sinn, und aus diesem Grund flog sie so gern mit ihm. Sie waren ein perfektes Team.

Kurz darauf nahm sie eine leichte Kursänderung vor, um einem dunklen Wolkenfeld auszuweichen, das auf eine Schlechtwetterfront hindeutete. Am frühen Nachmittag blickte Billy zweifelnd in den Himmel und dann auf ihren Kompaß. »Bist du sicher, daß wir noch auf Kurs sind? Ich habe so ein Gefühl, als ob wir abgekommen wären.«

»Vertrau auf deinen Kompaß«, sagte sie lächelnd und klang wie ein Fluglehrer. Sie hatte sich auf ihren Kompaß verlassen, außerdem war er ihr einziges Meßinstrument, da der Sextant und der Richtungsanzeiger nach dem Sturm nicht mehr funktionierten.

»Verlaß dich auf deine Augen … deine Nase … dein Gefühl … und dann erst auf deinen Kompaß.« Es stellte sich heraus, daß er recht hatte. Eine frische Brise hatte sie leicht vom Kurs abgebracht, aber sie mußten sich deswegen keine Sorgen machen. Doch nach einem erneuten Blick auf die Instrumente schaute sie nach oben und sah Rauch aus der zweiten Maschine aufsteigen, und an der ersten Maschine lief Treibstoff in feinen Rinnsalen hinab.

»Mist«, murmelte sie und wies ihn darauf hin, während sie den zweiten Motor drosselte und den Propeller auf Segelposition stellte. Sie waren schon ein gutes Stück von

Howland Island entfernt und hatten keinen Funkkontakt mehr.

»Gibt es was in der Nähe?« Er blickte auf die Karte und entdeckte eine kleine Insel. »Was ist das?«

»Ich weiß nicht.« Sie schaute prüfend auf die Karte. »Sieht aus wie ein Vogelschiß.«

»Sehr witzig. Wie ist der Kompaßstand? Wo sind wir?« Sie teilte ihm den Kompaßstand mit, während er die Maschine im Auge behielt. Was er sah, beunruhigte ihn sehr, und beim Gedanken an die achtzehnhundert Liter Treibstoff, die sie an Bord hatten, wurde ihm übel.

Sie flogen noch ein paar Minuten weiter und beschlossen, die Insel anzusteuern, die sie auf der Karte gesehen hatten. Aber Cassie war nicht wohl bei der Vorstellung, die *North Star* dort zu landen. Wenn die Insel zu klein war, würden sie es mit dem großen Flugzeug nicht schaffen. Falls es nicht anders ging, wollten sie auf dem Strand landen, und noch immer hatten sie keinen Funkkontakt. Billy überprüfte nochmals die Maschinen, aber es sah alles andere als gut aus. Dann setzte er die Kopfhörer auf und versuchte, Notsignale an Schiffe auszusenden, die sich möglicherweise in der Nähe befanden.

Aber als sie aus dem Fenster schauten, sahen sie, daß der Motor zu brennen angefangen hatte.

»Na, dann herzlichen Glückwunsch, Cass.«

»So ein Mist!«

»Du sagst es. Wie weit ist es noch bis zur Vogelschißinsel?«

»Etwa fünfzig Meilen oder so.«

»Toll. Noch eine Viertelstunde, und das mit achtzehnhundert Litern Treibstoff im Gepäck! Du lieber Himmel!«

»Am besten, du singst uns zur Beruhigung ein Schlaflied«, sagte sie.

»Du hast ja tolle Vorschläge«, erwiderte er und legte einige Hebel um. Dann kontrollierte er die andere Maschine. »Kein Wunder, daß du keinen anständigen Job findest.« Sie scherzten, aber die Situation war alles andere als lustig. Die *North Star* war in großen Schwierigkeiten.

Zehn Minuten später kam endlich die Insel in Sicht. Keine ebene, freie Fläche, nichts als Bäume und ein kleiner Hügel.

»Wie gut schwimmst du?« fragte er und reichte ihr eine Schwimmweste. Er wußte, daß sie eine hervorragende Schwimmerin war. »Wir werden wohl ein bißchen an den Strand gehen, mein Schatz.«

»Wie du meinst, Cowboy...« Sie mußte ihre ganze Kraft darauf verwenden, die Kontrolle über das Flugzeug zu behalten, das jetzt stark nach links zog. Mittlerweile hatte auch die andere Maschine zu qualmen angefangen. »Was meinst du, was passiert?« Beide wußten sie nicht, was los war. Sie würden es erst erfahren, wenn sie am Boden waren, und bis dahin würde es nicht mehr lange dauern. Zuerst hatte Billy angenommen, die Treibstoffleitungen wären verstopft, aber das war nicht der Fall. Irgend etwas war defekt.

»Zuviel Zündungsflüssigkeit vielleicht?«

»Steck dir jetzt bloß keine Zigarette an«, warnte sie ihn und bereitete sich auf die Landung vor. Zweimal umkreiste sie die Insel, flog einmal dicht über den Strand und zog den Flieger wieder hoch, während beide Motoren lichterloh brannten. Sie hätte Treibstoff ablassen müssen, aber dazu blieb keine Zeit.

»Meinst du, du schaffst es noch bis New York?« fragte er, während sie das schwere Flugzeug über die winzige Insel steuerte.

»Ich denke, ich will lieber nach Tokio«, antwortete sie

und blickte starr geradeaus. »Tachikawa wird uns ein Vermögen für den Testflug bezahlen.«

»Hervorragende Idee. Versuchen wir's. Sind wir etwa auf Desmond Williams angewiesen?«

»Okay, und jetzt noch einmal«, sagte Cassie und konzentrierte sich auf jedes Detail. »Mein Gott, ein verdammt kurzer Strand ... « Und die Motoren brannten immer stärker.

»Ich sage dir das nicht gern, meine Liebe«, sagte Billy und legte seine Schwimmweste an, »aber wenn du deinen Arsch jetzt nicht ganz schnell da runterbringst, wird es eine sehr peinliche Explosion geben, und die Eingeborenen kriegen einen schlechten Eindruck von uns.«

»Bin schon dabei«, erwiderte sie mit zusammengebissenen Zähnen.

»Brauchst du Hilfe?«

»Von einem Burschen wie dir? Bloß nicht.« Sie ging so tief herunter, wie sie konnte, und umklammerte den Steuerknüppel mit aller Kraft. Sie war fast unten, setzte auf dem Strand auf und schoß ins Wasser. Das Flugzeug blieb stehen und sank in das etwa ein Meter tiefe Wasser. Sie durchtrennte die Kabel, in der Hoffnung, eine Explosion zu vermeiden, aber es gab keinerlei Garantie.

»Schöne Landung, aber jetzt nichts wie weg hier.« Er riß sie vom Sitz, um sie aus dem Flugzeug zu schieben. Während er sich an der Tür zu schaffen machte, griff sie instinktiv nach der Notfalltasche. Beide Motoren standen in Flammen, und im Cockpit war es mächtig heiß geworden. »Raus!« Er stieß sie nach draußen, und bevor sie wußte, wie ihr geschah, war sie auch schon im Wasser. Er hatte das Logbuch und einen kleinen Rucksack in der Hand, worin sich ihr Geld befand. So schnell wie möglich wateten sie durchs Wasser. Dann rannten sie um ihr Leben bis zum

Ende des Strandes. In dem Moment erfolgte eine gewaltige Explosion. Sie wandten sich um und sahen, wie das Flugzeug in hellen Flammen stand.

Wrackteile wurden hoch in die Luft geschleudert und fielen zischend ins Wasser. Über dem brennenden Flugzeug stand eine gigantische Feuersäule, und wegen der großen Treibstoffmenge brannte es stundenlang, während sie schockiert zuschauten.

»Adieu, *North Star*«, sagte Billy, als die letzten Überreste im Wasser verschwanden. Alles war dahin. All die Männer, all die Arbeit, all die Monate und Stunden und Berechnungen wurden in diesem Moment ausgelöscht. Elftausend Meilen hatten sie zurückgelegt, und jetzt war ihre Reise zu Ende. Aber sie waren am Leben, sie hatten es überlebt, und nur das allein zählte. »Und hier sind wir nun«, sagte Billy und reichte ihr ein Bonbon aus dem Rucksack, »auf der Vogelschißinsel. Ich wünsche Ihnen schöne Ferien.« Sie sah ihn an und lachte; sie war zu müde und zu verzweifelt, um zu weinen oder zu schreien. Sie richtete ihre ganze Hoffnung darauf, daß man Suchtrupps losschicken würde, sobald ihr Verschwinden offenkundig wurde. Sie konnte sich noch an die Bemühungen erinnern, als man vor vier Jahren versucht hatte, Amelia Earhart zu finden. Es hatte jedoch auch Kritik wegen der immensen Kosten gegeben. Aber schon allein wegen der Publicity und der möglichen Bergung des Flugzeugs würde Desmond nichts unversucht lassen, sie zu finden. Wenn es sein mußte, würde er Roosevelt persönlich anrufen. Daß sie Amerikas Liebling war und von allen geliebt wurde, kam ihm dabei bestimmt zugute. Man würde sie finden *müssen*.

»Nun, Miss O'Malley, was meinen Sie? Sollen wir den Zimmerservice rufen und uns einen Drink bestellen?« Mittlerweile waren sie vier Stunden auf der Insel und hatten zugesehen, wie ihr Flugzeug ein Opfer der Flammen wurde. Jetzt mußten sie auf Rettung warten. »Es wäre keine legendäre Rekordtour geworden, wenn dies nicht passiert wäre«, sagte er zuversichtlich. Er war sicher, daß man sie innerhalb von ein, zwei Tagen finden würde, und malte sich aus, wie beeindruckt seine Verehrerinnen von dieser aufregenden Geschichte sein würden.

»Desmond denkt bestimmt, ich wollte mich hiermit an ihm rächen«, sagte sie grinsend. Wenn sie sich Mühe gaben, konnten sie dem Geschehnis sogar etwas Komisches abgewinnen. Aber gleichzeitig war ihre Situation sehr besorgniserregend. Sie fragte sich, ob es für Noonan und Earhart wohl ähnlich gewesen war oder ob es dramatischer und schneller verlaufen war. Vielleicht waren sie ja beim Aufprall ums Leben gekommen. Oder vielleicht saßen sie auch auf einer Insel wie dieser. Eine schöne Vorstellung, aber sehr unwahrscheinlich.

»Ich hab auch schon gedacht, daß du das Ganze als gemeinen Racheakt geplant hast«, sagte Billy. »Ich könnte es dir nicht mal verdenken. Schade, daß du es nicht in der Nähe von Tahiti gemacht hast. Die Kellnerin war ein verdammt hübsches Ding.«

»Genau wie jedes andere Mädchen auf unserer Tour.« Sie war nicht so fröhlich wie er, aber sie war dankbar für seine humorvolle Art.

»Also hier gibt es jedenfalls keine, mit Sicherheit nicht.« Die Insel war völlig verlassen.

Sie machten sich auf Erkundungstour und entdeckten einen kleinen Bach und viele Büsche, an denen Beeren wuchsen. Für eine einsame Insel hatten sie es noch recht gut getroffen. Es gab einige Früchte, die sie nicht kannten, aber beim Probieren stellten sie fest, daß sie köstlich schmeckten. Es war seltsam, hier zu sein, aber es hätte schlimmer kommen können. Doch die Vorstellung, für immer auf der Insel bleiben zu müssen, versetzte Cassie in Angst und Schrecken und sie verscheuchte den Gedanken daran, während sie am Abend nebeneinander in einer Höhle lagen, die sie entdeckt hatten.

Sie hatten lange wach gelegen, als sie endlich die Frage stellte, die sie am meisten quälte. »Billy?

»Ja?«

»Was ist, wenn sie uns nicht finden?«

»Sie werden uns finden.«

»Und wenn nicht?«

»Sie müssen uns finden.«

»Warum?« Mit weitaufgerissenen Augen starrte sie in die Dunkelheit, während er ihr zärtlich die Hand hielt. »Warum müssen sie uns finden?«

»Weil Desmond dich wegen des kaputten Flugzeugs verklagen will. Er wird uns nicht ungestraft davonkommen lassen.« Er grinste, und sie mußte lachen.

»Ach, halt doch die Klappe.«

»Wie du siehst, mußt du dir keine Sorgen machen.« Er drehte sich auf die Seite und zog sie in seine Arme. Aber er sagte ihr nicht, daß auch er Angst hatte. Noch nie in seinem Leben hatte er sich so gefürchtet, und er konnte nichts für sie tun, als sie im Arm zu halten.

19

Desmond wurde mitten in der Nacht angerufen, genau vierundzwanzig Stunden nachdem sie ihre letzte Reisestation verlassen hatten. Die örtlichen Behörden waren zu diesem Zeitpunkt ganz sicher, daß die *North Star* verschwunden war. Man ging davon aus, daß sie über dem Pazifik abgestürzt war. Aber es hatte kein Zeichen gegeben, kein Signal. Und niemand wußte, was geschehen war.

»Verdammt!« Er rief alle zur Hilfe. Für den Notfall hatten sie einen Rettungsplan vorbereitet. Die Marine wurde informiert, die ausländischen Behörden, das Pentagon. Der Flug der *North Star* war ein weltweit bekanntes Unternehmen, und jetzt wollten alle bei der Suche helfen.

In der Nähe des vermuteten Absturzortes kreuzte ein Flugzeugträger. Man sandte einundvierzig Flugzeuge aus und orderte zwei Zerstörer. Es war nicht viel anders als vier Jahre zuvor, aber jetzt war man besser trainiert und besser vorbereitet. Nichts blieb unversucht, und unzählige Helfer wurden mobilisiert. Der Präsident rief Desmond an und dann die O'Malleys in Illinois. Sie bekamen einen Schock, als sie davon erfuhren, und konnten nicht fassen, daß sie Cassie möglicherweise verlieren würden. Oona fürchtete um Pats Herz, aber er nahm das Ganze einigermaßen ruhig auf. Er hatte schreckliche Angst um seine Tochter, vertraute jedoch auf die Armee. Er bedauerte nur, daß Nick nicht da war, um bei der Suche zu helfen.

Tagelang suchte man ein viele Quadratkilometer großes Gebiet ab, während Billy und Cass sich gegenseitig Mut machten und sich von Früchten ernährten. Cassie litt unter starkem Durchfall, und Billy hatte sich beim Schwimmen an den spitzen Korallen verletzt und sich eine schlimme Wunde am Bein zugezogen, aber ansonsten ging es ihnen einigermaßen gut. Sie fanden reichlich Obst und genügend Wasser. Aber weit und breit war keine Rettung in Sicht, kein Flugzeug, kein Schiff. Nichts. Weil Cassie vor dem Absturz eine leichte Kursänderung vorgenommen hatte und sie durch starke Windböen noch weiter vom Kurs abgekommen waren, konzentrierte sich die Suche auf ein Gebiet, das etwa siebenhundert Kilometer von ihrer Insel entfernt lag. Ihr Funkgerät hatte kurz vor dem Absturz den Geist aufgegeben und war bei der anschließenden Explosion zerstört worden. Deshalb konnten sie niemandem ihre Position durchfunken. Und es war zu dem Zeitpunkt auch kein Schiff in der Nähe, das sie hätte hören oder sehen können. Sie waren sich nicht einmal ganz sicher, wo sie genau waren. Aber sie hätten ohnehin niemanden informieren können.

In L. A. tat Desmond alles, um die Suche in Gang zu halten. Aber die Presse stellte nach einer Weile die immensen Kosten der Suchaktion in Frage. Einzelne Journalisten wiesen auf die Sinnlosigkeit einer fortgesetzten Suche hin und gingen davon aus, daß sie, wenn sie nicht schon beim Absturz ums Leben gekommen waren, mittlerweile mit Sicherheit tot sein mußten. Vierzehn Tage lang lief die Suche auf vollen Touren, eine weitere Woche lang erfolgten noch einzelne Kontrollflüge, zwei Tage später wurde die Suche dann endgültig eingestellt – einen Monat, nachdem sie Los Angeles verlassen hatten. Es war vorbei.

»Ich weiß, daß sie da draußen ist«, sagte Desmond immer wieder, aber niemand glaubte ihm. »Sie ist zu gut trainiert. Ich kann es nicht glauben.«

Aber die Experten vermuteten, daß mit dem Flugzeug irgend etwas schiefgegangen war, möglicherweise hatte ein unbekannter, fataler Defekt vorgelegen. Niemand stellte ihre Fähigkeiten in Frage, aber gegen das Schicksal war auch sie machtlos.

Ihre Eltern waren verzweifelt, als sie erfuhren, daß man die Suche nach Cassie und Billy eingestellt hatte. Sie konnten nicht fassen, ein weiteres Kind auf derart tragische Weise verloren zu haben. Nacht für Nacht lag ihre Mutter wach und fragte sich, ob Cassie noch irgendwo am Leben war und man sie nur noch nicht gefunden hatte. Aber ihr Vater hielt dies für unwahrscheinlich.

An Thanksgiving waren Cassie und Billy seit sechs Wochen verschwunden, und für alle wurde es in diesem Jahr ein trübsinniger Feiertag. Die O'Malleys aßen schweigend in der Küche zu Abend.

»Ich kann einfach nicht glauben, daß wir sie verloren haben«, schluchzte ihre Mutter in Megans Armen.

Und für Desmond war es das Ende seines Lebenstraums. Er fragte sich die ganze Zeit, wie es dazu kommen konnte. Wenn sie es nur wüßten ... wenn sie nur irgend etwas gefunden hätten ... aber es gab keine Wrackteile, keine Beweisstücke, weder eine Spur vom Flugzeug noch von ihrer Kleidung. Deshalb hoffte er noch immer, daß sie irgendwo noch am Leben waren. Ständig bedrängte er das Pentagon, aber für die Militärs und die Behörden war die Suche vorbei. Ihrer Überzeugung nach war die *North Star* ohne jede Spur im Pazifik versunken. An Überlebende glaubte schon längst niemand mehr.

Cassies Foto war überall zu sehen, in sämtlichen Illustrierten und Zeitungen. Selbst sechs Wochen nach ihrem Verschwinden war sie allgegenwärtig. Die Journalisten hatten Cassie angebetet.

Wie zu erwarten, spielte Desmond den trauernden Witwer. Für ihn war Thanksgiving in diesem Jahr kein Feiertag, genausowenig wie für Nick in England. Eine Woche nachdem Cassies Flugzeug verschwunden war, hatte er gehört, daß sie vermißt wurde. Die Tour hatte weltweite Beachtung erfahren, und der vermutete Absturz hatte auch in England für Schlagzeilen gesorgt. Als er die Nachricht erhielt, konnte Nick es kaum glauben. Er hatte sich für die gefährlichsten Aufträge gemeldet, bis jemand seinen Kommandanten über die Situation in Kenntnis setzte. Sie hatten ihm drei Tage freigegeben, denn jeder wußte, was er durchmachte, und er ging einfach zu große Risiken ein. Nick lehnte den Urlaub ab, aber sie wollten nichts davon hören. Zuerst hatte er erwogen, für ein paar Tage heimzufahren, aber er wollte Pat noch nicht in die Augen sehen, nach allem, was geschehen war. Was war er doch für ein blinder Narr gewesen! Was für ein Feigling! Niemals würde er es sich verzeihen, daß er sie nicht geheiratet hatte, um sie von Desmond Williams fernzuhalten. Aber vielleicht hätte er das ja gar nicht gekonnt, und vielleicht hatte sie ja die Tour unbedingt fliegen wollen. Es war auch ihre Entscheidung gewesen, und sie hatte einen sehr starken Willen. Aber daran dachte Nick nicht.

Er konnte sich nicht vorstellen, daß Pat ihm jemals vergeben würde. Wenn er sie geheiratet hätte, wäre vielleicht alles ganz anders gekommen.

Er hatte ein Foto von Desmond gesehen, wie er nach einem Gedenkgottesdienst für Cassie mit versteinertem Gesicht vor der Kirche stand. Er haßte Desmond, weil er schuld daran war, daß Cassie in einem seiner Flugzeuge in den Tod geflogen war. Desmond hatte sie zu der gefährlichen Tour gedrängt, um für sich Ruhm und Profit herauszuschlagen, da war Nick sich ganz sicher. Sie hätte wirklich einen besseren Mann verdient, als sie beide es waren. Davon war er jetzt überzeugter als je zuvor.

Auf der namenlosen Insel servierte Cassie an Thanksgiving Beeren und eine Banane und ein bißchen Wasser. Seit mehr als einem Monat waren diese Früchte ihre einzige Nahrung gewesen. Es regnete nur wenig, aber das Wasser reichte zum Überleben. Billys Bein hatte sich entzündet, und er litt unter Fieberanfällen. In ihrer Notfalltasche war ein Röhrchen Aspirin gewesen, aber das war mittlerweile längst aufgebraucht. Cassie hatte Probleme mit einem Spinnenbiß und außerdem hatten sie einen Sonnenbrand. Ansonsten ging es ihnen einigermaßen, abgesehen von Billys Fieber.

Sie hatten die Tage seit ihrem Absturz gezählt und wußten, daß Thanksgiving war. Sie schwärmten von Truthahn und Apfelkuchen und erinnerten sich daran, wie sie mit ihren Familien und Freunden gefeiert hatten. Billy sorgte sich um seinen Vater. Cassie dachte an ihre Eltern, ihre Schwestern, deren Ehemänner und Kinder. Sie vermißte sie unsagbar. Dann erzählte sie von Annabelle und Humphrey, den beiden Kindern aus England, und dabei fiel ihr Nick wieder ein. Ständig mußte sie an ihn denken, fast immer in letzter Zeit. »Was glauben sie wohl, was mit uns geschehen ist?« fragte sie, während sie sich mit Billy eine Banane teilte. Ihr fiel auf, wie rot er im Gesicht war. Seine Augen wirkten groß und ein wenig eingefallen.

»Wahrscheinlich denken sie, daß wir tot sind«, sagte er offen. In letzter Zeit hatte er nicht mehr so viele Witze gemacht. Sie konnten nichts tun, als dasitzen und warten und nachdenken und Früchte und Beeren essen. Ansonsten gab es nichts Eßbares auf der Insel, und bisher hatten sie noch keine Fische fangen können. Aber zumindest mußten sie nicht hungern.

Zwei Tage später kam ein Sturm auf, und danach wurde es merklich kühler. Sie trug noch immer ihren Flugoverall, der mittlerweile halb zerrissen und schmutzig war. Billy trug nur Shorts und ein T-Shirt, und nachdem es sich abgekühlt hatte, zitterte er sogar, wenn sie in der Sonne saßen.

»Alles in Ordnung?« fragte sie und bemühte sich, nicht allzu besorgt auszusehen.

»Mir geht es gut«, erwiderte er munter. »Ich gehe ein paar Bananen holen.« Dazu mußte er den Baum hinaufklettern, aber diesmal schaffte er es nicht. Sein Bein war dick angeschwollen und eiterte. Humpelnd kam er mit einer heruntergefallenen Banane zurück.

Sie wußte nicht mehr, wie sie ihm helfen sollte. Die Entzündung wurde immer schlimmer, und sein Fieber schien zu steigen. Sie badete sein Bein in Salzwasser, aber dadurch wurde es nicht besser, und sonst konnte sie nichts für ihn tun. Während des Nachmittags döste er fast die ganze Zeit vor sich hin, und als er aufwachte, wirkten seine Augen noch glasiger als zuvor. Sie bettete seinen Kopf auf ihren Schoß und streichelte ihm über die Stirn. Bei Sonnenuntergang zitterte er wieder vor Kälte, und sie legte sich neben ihn, um ihn mit ihrem Körper zu wärmen.

»Danke, Cass«, flüsterte er nachts. Sie hielt ihn in den Armen und betete, daß man sie bald finden würde. Aber mittlerweile war es hoffnungslos. Sie fragte sich, ob sie vielleicht jahrelang hierbleiben würden, womöglich bis zu ihrem Tod. Es erschien ihr sehr unwahrscheinlich, daß sie die Insel jemals verlassen würden. Nach ihrer Einschätzung hatte man die Suche längst aufgegeben und sie für tot erklärt, wie so viele andere Vermißte.

Die ganze Nacht über schlugen seine Zähne vor Kälte aufeinander, und am nächsten Morgen phantasierte er, während sie seinen Kopf mit kaltem Wasser abtupfte. Es war ein stürmischer Tag, und sie trank zuviel Regenwasser und bekam erneut Durchfall. Durch ihre einseitige Ernährung und das Regenwasser hatte sie ständig damit zu kämpfen. Sie mußte schon einiges an Gewicht verloren haben, seit sie auf die Insel gekommen waren, denn ihre Hose schlotterte bereits.

Während des ganzen Tages kam Billy nicht richtig zu Bewußtsein. Nachts hielt sie ihn wieder im Arm und weinte leise vor sich hin. In ihrem ganzen Leben hatte sie sich noch nie so allein gefühlt, und plötzlich spürte sie, daß auch sie Fieber bekam. Sie fragte sich, ob sie sich eine Tropenkrankheit eingehandelt hatte. Billys Bein hatte sich nach der Verletzung entzündet, aber mittlerweile waren sie beide ernsthaft krank.

Am Morgen schien es Billy besserzugehen, und er war auch wieder klar im Kopf. Er stand auf und wanderte in der Höhle auf und ab. Dann erklärte er, daß er baden wolle. Draußen war es ziemlich kalt, aber ihm war heiß. Plötzlich war er sehr entschlossen und beharrlich, und Cassie konnte ihn nicht davon abhalten. Er watete durchs Wasser bis zu dem ausgebrannten Flugzeugwrack. Selbst durch die heftigen Stürme war es nicht fortgeschwemmt worden. Es lag da wie ein ständiger Vorwurf, wie ein Mahnmal für all das, was sie verloren hatten. Für Cassie war es wie ein letzter Gruß von Desmond.

Sie sah, wie Billy am Flugzeug vorbeischwamm, und bald kehrte er wieder zurück. Als er an Land kam, bemerkte sie, daß er sich auch das andere Bein verletzt hatte, aber er schien nichts davon zu merken. Er tat ihre Besorgnis mit einer Handbewegung ab und kletterte auf eine Bananenstaude, um ein paar Früchte zu holen. Er wirkte äußerst energiegeladen, wenn auch seltsam irre. Die ganze Zeit redete er merkwürdiges Zeug. Als es dunkel wurde, bekam er einen wirren Blick und wurde sehr nervös. Er zitterte und redete mit jemandem, den sie nicht kannte, über ein Auto und eine Kerze und einen kleinen Jungen. Sie hatte keine Ahnung, wovon er sprach. Spät in der Nacht sah er sie seltsam an, und sie fragte sich, ob er jetzt wieder wußte, wer sie war.

»Cass?«

»Ja, Billy?« Sie hielt ihn im Arm und fühlte seine Knochen unter dem dünnen T-Shirt. Er zitterte am ganzen Körper.

»Ich bin so müde.«

»Das macht nichts. Schlaf jetzt.« Sie konnten nichts anderes tun, und in der Höhle war es stockfinster.

»Macht es nichts?«

»Es ist alles in Ordnung ... mach deine Augen zu ...«

»Sie sind zu«, sagte er, doch sie konnte sehen, daß sie offen waren.

»Es ist sehr dunkel hier drinnen. Mach trotzdem die Augen zu. Morgen geht es dir bestimmt besser.« Ob es ihnen jemals bessergehen würde? Sie spürte, wie ihr Fieber wieder anstieg, und sie zitterte fast so stark wie er.

»Ich hab dich lieb, Cass«, sagte er leise. Seine Worte klangen wie die eines Kindes, und Cassie mußte an ihre Nichten und Neffen denken, und plötzlich beneidete sie ihre Schwestern.

»Ich hab dich auch lieb, Billy«, erwiderte sie sanft.

Als sie am nächsten Morgen erwachte, lag er noch immer in ihren Armen. Der Kopf tat ihr weh, und sie hatte einen steifen Nacken. Langsam begriff sie, daß sie bald genauso krank sein würde wie er. Billy war wach, dachte sie. Er lag ganz still da und sah sie an; und dann stieß sie einen leisen Schrei aus, denn obwohl seine Augen offen waren, atmete er nicht. In der Nacht war er in ihren Armen gestorben, und jetzt war sie allein.

Lange saß sie da und sah ihn an, und wußte nicht, was sie tun sollte. Sie wollte nicht wahrhaben, daß er sie verlassen hatte. Weinend umschlang sie ihre Knie, während sie sich hin und her wiegte. Aber sie mußte handeln, ihn von hier fortschaffen, ihn begraben, aber sie konnte es nicht ertragen, allein zurückzubleiben.

Am Nachmittag zog sie ihn schließlich langsam aus der Höhle. Mit bloßen Händen hob sie im festeren Sand neben den Felsen eine flache Grube aus und legte ihn hinein. Sie erinnerte sich daran, was er ihr gesagt hatte, daß er sein Leben auf einer Insel beschließen wollte, und so war es auch gekommen. Aber all das schien unendlich lange her zu sein. Es gehörte zu einem anderen Leben, in das sie nie wieder zurückkehren würde, dessen war sie sich jetzt ganz sicher. Sie wußte, daß auch sie bald sterben würde, genau wie Billy. Sie kniete neben ihm nieder und sah ihn an. Seine Augen waren geschlossen. In seinem bleichen, ausgezehrten Gesicht wirkten seine Sommersprossen riesengroß. Ein letztes Mal berührte sie seine Wange und strich ihm übers Haar.

»Ich hab dich lieb, Billy«, sagte sie wie am Abend zuvor, aber diesmal blieb er stumm. Dann deckte sie vorsichtig Sand über ihn und verließ ihn.

In dieser Nacht saß sie allein in der Höhle. Sie war hungrig und zitterte vor Kälte. Den ganzen Tag lang hatte sie keinen Bissen zu sich genommen. Vor Übelkeit und Trauer um Billy konnte sie nichts essen, und Wasser hatte sie auch keines getrunken. Am nächsten Morgen fühlte sie sich schwach und verwirrt und glaubte ständig, ihre Mutter zu hören. Sie war krank und sie würde sterben, genau wie Billy gestorben war. Sie fragte sich, wie lange es dauern würde. Aber welche Rolle spielte das noch? Sie hatte alles verloren, wofür es sich zu leben lohnte. Chris war fort. Billy war fort. Auf Nick konnte sie nicht mehr hoffen... ihre Ehe war zu Ende... sie hatte Desmonds Flugzeug zu Schrott geflogen... sie hatte alle enttäuscht: auf der ganzen Linie hatte sie versagt.

Sie stolperte über den Strand und fiel mehrmals hin. Um Wasser zu holen, hätte sie hinauf zu den Felsen gehen müssen, aber dazu war sie zu schwach. Mittlerweile war ihr alles einerlei. Es war ihr viel zu anstrengend, am Leben zu bleiben, und jetzt redeten so viele Stimmen auf sie ein. Sie sah die Sonne aufgehen, und sie konnte sie hören, und als sie wieder aufstand, sah sie am Horizont ein Schiff. Es war ein sehr großes Schiff, und es kam näher. Aber es spielte keine Rolle, man würde sie sowieso nicht sehen.

Die USS *Lexington* war auf Manöverfahrt in diesen Gewässern. Das Schiff kam in regelmäßigen Abständen an den Inseln vorbei, aber seit dem letzten Mal war schon eine Weile vergangen. Cassie machte sich keine Gedanken über das Schiff, statt dessen schleppte sie sich zurück in ihre Höhle und legte sich hin. Es war zu kalt draußen... zu kalt... und da waren zu viele Stimmen...

Die *Lexington* fuhr weiter an der Insel vorbei. In ihrem Kielwasser waren zwei kleinere Schiffe. Der Ausguck des zweiten Schiffes machte den ausgebrannten Rumpf der *North Star* aus.

»Was ist denn das, Sir?« fragte er den Offizier an seiner Seite. »Sieht aus wie eine Vogelscheuche.« Von weitem sah es tatsächlich so aus. Ein Teil des Wracks war versunken, aber das Metallgerippe schwamm weiterhin oben. Der Offizier schaute genauer hin und gab eine Reihe von Befehlen.

»Könnte es das Flugzeug von O'Malley und Nolan sein, Sir?« fragte der Offiziersanwärter aufgeregt.

»Ich glaube nicht. Sie sind etwa siebenhundert Kilometer von hier entfernt abgestürzt. Ich weiß nicht, was das für ein Ding ist. Wir werden es uns einmal näher anschauen.«

Einer nach dem anderen zog seinen Feldstecher aus der Tasche und warf einen Blick auf das merkwürdige Ding. Aber als sie noch näher herankamen, verschwand das Flugzeuggerippe immer wieder in der sanften Dünung. Jetzt war es jedoch ganz offensichtlich, daß es sich um ein Flugzeugteil handelte. Das halbe Cockpit war noch zu erkennen, und eine Tragfläche war verschwunden. Die andere war bis zum Rahmen abgebrannt und geschmolzen.

»Was steht drauf?« riefen sich die Männer zu.

»Schicken Sie ein paar von Ihren Männern ins Wasser«, befahl der Offizier. »Sie sollen das Ding an Bord bringen.« Eine halbe Stunde später hatten sie die Überreste von Cassies Flugzeug an Deck ausgebreitet. Viel war davon nicht übrig, aber das Teil sagte ihnen alles. Sie hatten es gefunden. Es war leuchtend grün und gelb bemalt. Das waren ihre Farben gewesen, wie sie alle wußten. Sie konnten sogar noch das Wort *»Star«* entziffern. Sie riefen den Kapitän und zeigten ihm ihr Fundstück. Auch für ihn gab es keinen Zweifel. Es handelte sich um die Überreste der *North Star*. Das Flugzeug war völlig ausgebrannt, und es hatte vermutlich eine schwere Explosion gegeben. Aber es war kein Zeichen von Leben zu entdecken, auch keine menschlichen Überreste. Selbst nach sorgfältiger Überprüfung fand sich keine Spur von Cassie und Billy.

Sie informierten ihre Begleitschiffe und andere, die sich in diesen Gewässern aufhielten. Am Spätnachmittag wurde das ganze Gebiet bereits nach treibenden Leichen in Rettungswesten abgesucht. Sie hatten auch einen Funkspruch zur Küste gesandt, und in L. A. gab es eine Sondermeldung im Radio, die Desmond bereits gehört hatte, bevor ihn jemand informierte. Man hatte Flugzeugteile gefunden, aber nirgendwo war ein Lebenszeichen zu entdecken. Seit sieben Wochen waren sie nun schon vermißt. Es war sehr unwahrscheinlich, daß sie noch am Leben waren, aber es war keineswegs unmöglich. Die Suche nach O'Malley und Nolan wurde wieder aufgenommen.

Suchtrupps wurden ausgeschickt, um alle umliegenden Inseln zu durchkämmen. Es gab drei davon, zwei waren recht groß. Die dritte konnte man eigentlich außer acht lassen, denn sie war so klein und die Vegetation war so spärlich, daß niemand dort länger als eine Woche überleben konnte, geschweige denn einen Monat. Der zuständige Offizier befahl trotzdem, auch dort zu suchen. Sie fanden jedoch nichts. Kein Zeichen menschlichen Lebens, keine Kleidungsfetzen oder sonstige Gegenstände.

Und während Cassie in ihrer Höhle vor sich hindämmerte, hörte sie Geräusche und dann Stimmen. Sie fragte sich, ob Billy vor seinem Tod ähnliches gehört hatte. Sie hatte vergessen, ihn danach zu fragen. Da waren Pfiffe und Glocken und rufende Menschen, und sie war sich sicher, daß sie jetzt sterben mußte. Aber dann fiel plötzlich ein helles Licht auf ihr Gesicht. Wieder vernahm sie Stimmen und Rufe, und das Licht schien ihr direkt in die Augen. Dann glitt sie wieder hinab in eine Art Dämmerzustand. Es war einfach zu anstrengend, ihnen weiter zuzuhören. Schließlich spürte sie, wie jemand sie hochhob und sie irgendwohin getragen wurde, so wie sie Billy getragen hatte ...

»Sir! Sir!« Dreimal schrillte die Trillerpfeife, das Signal für dringend benötigte Verstärkung. Sofort stürmten vier Männer in die Richtung, aus der die Pfiffe gekommen waren. Sie liefen auf eine kleine Höhle zu. Davor stand einer der Männer mit tränenüberströmtem Gesicht.

»Ich hab sie gefunden, Sir! ... Ich hab sie gefunden ... «

Sie war nicht richtig bei Bewußtsein und redete unzusammenhängendes Zeug. Immer wieder flüsterte sie Billys Namen. Sie war klapperdürr und totenbleich, aber sie hatten sofort ihren Pilotenanzug und ihr rotes Haar erkannt.

»O mein Gott«, sagte einer der Offiziere. Sie war schmutzig und roch entsetzlich. Offensichtlich war sie sterbenskrank, aber sie war noch am Leben. Ihr Puls war schwach und ihr Atem ging schwer. Er war sich nicht sicher, ob sie eine Chance hatte. Er befahl dem jungen Leutnant, Hilfe zu holen. Drei Männer blieben auf der Insel zurück, um nach Billy zu suchen. Sie legten Cassie ins Boot und brachten sie so schnell wie möglich zum Schiff.

Befehle wurden hin und her gerufen. In einer Art Hängematte hievte man sie vorsichtig an Bord. Dann signalisierten sie der *Lexington,* daß sie medizinische Hilfe benötigten. Sie trug eine Kennmarke am Hals, die sie als Cassie O'Malley Williams auswies. Wenige Minuten später hatte man das Pentagon informiert, daß sie gefunden worden war, gerade noch am Leben. Aber von Billy Nolan fehlte noch jede Spur.

Aber nach einer halben Stunde hatte der Suchtrupp ihn entdeckt. Sie brachten ihn aufs Schiff. Mittlerweile war Cassie auf der *Lexington,* ohne etwas davon zu bemerken. Zwei Ärzte und drei Sanitäter taten alles, was in ihrer Macht stand, um sie wiederzubeleben. Ihr Körper war völlig ausgetrocknet, das Fieber stieg und sank, und sie fantasierte.

»Wie geht es ihr?« fragte der Kapitän die Ärzte.

»Wir können noch nichts sagen«, erwiderte einer der Ärzte.

»Sieht schlecht aus, aber noch ist nicht alles verloren.«

Ihre Eltern wurden informiert, und kurz darauf wurde auch Desmond angerufen. Alle Rundfunkstationen sendeten die Sensationsmeldung. Es war ein Wunder, die Gebete der ganzen Nation waren erhört worden. Cassie O'Malley war in einer Höhle auf einer Pazifikinsel gefunden worden. Ihr Zustand war kritisch, und es war nicht sicher, ob sie überleben würde. Aber man wußte bereits, daß Billy Nolan nicht überlebt hatte. Sein Vater war informiert worden, und die Nachricht hatte ihm einen schweren Schock versetzt. Mit seinen sechsundzwanzig Jahren war Billy bereits ein Held, aber jetzt war er tot. Man ging davon aus, daß er nur ein, zwei Tage, bevor man ihn gefunden hatte, gestorben war. Miss O'Malley hatte noch nichts darüber sagen können. Sie war ohne Bewußtsein.

Im Haus der O'Malleys war es still. Oona und Pat saßen da und starrten sich fassungslos an. Sie konnten kaum glauben, was sie soeben erfahren hatten. Cassie war am Leben und wurde an Bord der *Lexington* nach Hawaii gebracht.

»Oh, Pat... es ist wie eine zweite Chance«, sagte Oona atemlos. »Es ist wie ein Wunder.« Sie lächelte, während ihr die Tränen die Wangen hinunterliefen und sie ein stummes Gebet sprach. Pat streichelte sanft ihre Hand.

»Mach dir nicht zu große Hoffnungen. Wir haben sie schon einmal verloren, und vielleicht schafft sie es nicht, Oonie. Sie ist lange dort draußen gewesen, und wir wissen nicht, was ihr bei dem Absturz zugestoßen ist. Vielleicht hat sie sich verletzt, und das ist jetzt schon über einen Monat her.«

Sieben Wochen hatte sie auf der Insel verbracht, nachdem ihr Flugzeug abgestürzt war. Eine lange Zeit, um sich von Beeren und Regenwasser zu ernähren.

Sie wußten noch keine Details, und sogar für Desmond war es nicht leicht, an Informationen heranzukommen. Selbst im Pentagon wußte man noch nichts Genaues.

Aber was man am nächsten Morgen von der *Lexington* erfuhr, klang nicht besonders ermutigend. Cassie war immer noch bewußtlos, ihr Fieber war noch nicht gesunken, und es gab Komplikationen.

»Was soll das heißen, verdammt noch mal?« schrie Desmond. »Welche Art von Komplikationen?«

»Das hat man mir nicht gesagt, Sir«, sagte die Frau am Telefon höflich.

Cassie sprach auf keines der fiebersenkenden Medikamente an, und ihre Dehydration war äußerst bedenklich. Sie fantasierte noch immer und litt unter heftigem Durchfall. Außerdem hatte sie angefangen, Blut auszuscheiden, was nach Ansicht der Sanitäter ein böses Zeichen war.

»Armes Ding«, sagte ein Besatzungsmitglied. »Sie ist genauso alt wie meine Schwester, und die kann noch nicht mal Auto fahren.«

»Anscheinend war Cassie auch keine Leuchte am Steuer«, scherzte einer der Männer, aber er hatte Tränen in den Augen. Auf dem ganzen Schiff sprach man nur über sie und betete für sie. Im ganzen Land und auf der ganzen Welt wurde für sie gebetet.

In England war Nick ins Quartier seines Kommandanten in Hornchurch gerufen werden. Es hatte sich herumgesprochen, daß er Cassie O'Malley sehr gut kannte, obwohl niemand Genaueres über ihre Beziehung wußte. Seit sie im Oktober verschwunden war, gab seine Verfassung Anlaß zur Besorgnis. Man hatte ihn zwar wieder fliegen lassen, aber er hatte seine Männer mit unerbittlicher Härte behandelt, und schon lange machte es den Eindruck, als sei er blind für jede Gefahr geworden.

»Ich will Ihnen keine großen Hoffnungen machen, Major Galvin, aber ich denke, Sie sollten Bescheid wissen. Wir haben soeben erfahren, daß man sie gefunden hat.«

»Wen?« Nick schaute verwirrt drein. Er hatte zwei Nächte hintereinander Erkundungsflüge über Deutschland geflogen und kaum geschlafen.

»Wie ich hörte, sind Sie mit Miss O'Malley befreundet. Stimmt das?« Klatsch und Tratsch trieben in der Armee die wildesten Blüten und machten auch vor dem Dienstzimmer des Kommandanten nicht halt.

»Cassie?« Nick sah aus, als habe man ihm einen Stromstoß versetzt. »Cassie lebt? Sie haben sie gefunden?«

»Ja. Ihr Zustand ist kritisch. Zur Zeit ist sie noch auf einem unserer Kriegsschiffe im Pazifik. Die Prognose ist wohl nicht allzu gut, wie ich gehört habe, aber wir werden Sie über jede Änderung informieren, wenn Sie es wünschen.«

»Dafür wäre ich Ihnen sehr dankbar, Sir«, sagte Nick. Er war sehr blaß geworden.

»Sie sehen aus, als könnten Sie eine Pause gebrauchen, Major. Vielleicht wäre jetzt der richtige Zeitpunkt für einen Urlaub.«

»Ich wüßte ehrlich gesagt nicht, was ich damit anfangen sollte, Sir«, erwiderte Nick. Er fürchtete sich davor, heimzufliegen. Was hatte er zu Hause schon zu erwarten? Cassie würde bei Desmond bleiben, falls sie überlebte ... wie sehr er das hoffte, er würde sein Leben dafür hingeben. Er hätte alles getan, wenn sie nur leben würde, selbst wenn sie ihr restliches Leben an Desmonds Seite verbringen würde. Alles war besser, als sie tot zu wissen oder um ihr Leben zu bangen wie in den vergangenen sieben Wochen. Im letzten Monat hatte er fast die Hoffnung aufgegeben. Es war ihm unmöglich erschienen, daß sie noch irgendwo im Pazifik am Leben sein könnten. »Was ist mit ihrem Navigator?«

»Man hat ihn auf der Insel gefunden«, antwortete der Kommandant. In dieser Zeit wurden sie alle ständig mit dem Tod von Freunden konfrontiert, aber in diesem Fall fiel es ihm besonders schwer, die Nachricht zu überbringen. »Er hat nicht überlebt. Näheres weiß ich leider nicht.«

»Ich danke Ihnen, Sir.« Nick erhob sich. Er wirkte erschöpft, aber hoffnungsvoll. »Werden Sie mich benachrichtigen, wenn Sie etwas Neues erfahren?«

»Sobald wir etwas hören, Major. Wir werden Sie umgehend informieren.«

»Vielen Dank, Sir.« Sie salutierten, und Nick ging langsam zu seiner Baracke. In Gedanken war er bei Cassie. Er konnte an nichts anderes denken als an jene Vollmondnacht, die sie bei dem verlassenen Rollfeld verbracht hatten. Tausendmal hatte er seit Mai daran denken müssen. Wenn er sie doch nur festgehalten hätte, wenn er sie doch nur zurückgehalten hätte ... wenn sie doch am Leben bleiben würde ... zum erstenmal seit zwanzig Jahren betete er, während ihm die Tränen die Wangen hinabliefen.

20

Drei Tage nachdem sie Cassie in der Höhle gefunden hatten, ging die *Lexington* vor Pearl Harbour vor Anker. Inzwischen war Cassie einmal zu sich gekommen, aber nun war sie wieder bewußtlos. Mit einem Krankenwagen wurde sie ins Marinehospital gebracht, und dort wartete Desmond bereits auf sie. Er war von L. A. aus hergeflogen und hatte Nancy Firestone damit beauftragt, sich um die Presseleute zu kümmern, die auf ihre Rückkehr nach L. A. warteten.

Nachdem die Ärzte sie untersucht hatten, klärten sie Desmond über ihren Zustand auf, und Desmond informierte die Presse. Aber Cassie selbst hatte sich immer noch nicht äußern können.

»Wird sie wieder gesund?« fragten die Reporter mit Tränen in den Augen, auch Desmonds Augen waren feucht. Offensichtlich war er durch den kritischen Gesundheitszustand seiner Frau tief bewegt.

»Wir wissen es noch nicht.«

Etwas später begab er sich an Bord der *Lexington,* um sich die Überreste seines Flugzeugs anzusehen. Bei dieser Gelegenheit sprach er dem Kapitän seinen herzlichen Dank aus, weil er seine Frau sicher nach Hawaii gebracht hatte. Natürlich wurde diese rührende Szene dokumentiert.

»Ich wünschte nur, wir hätten sie schon eher gefunden. Sie ist ein großartiges Mädchen. Wir alle drücken ihr die Daumen. Sagen Sie ihr das, sobald sie mit Ihnen sprechen kann.«

»Das werde ich machen, Sir«, sagte Desmond, während die Fotografen ein weiteres Bild von ihm und dem Kapitän machten. Danach fuhr Desmond zurück zum Krankenhaus, und zwei Stunden später ließen sie ihn endlich zu ihr. Nach allem, was sie durchgemacht hatte, sah sie verheerend aus. An beiden Armen hatte man Infusionen angelegt. Durch den einen Schlauch erhielt sie Medikamente und durch den anderen Glukose. Völlig reglos lag sie da, und er berührte sie nicht. Er stand einfach nur da und starrte sie an, während die Krankenschwestern sich fragten, was in ihm vorging.

An diesem Tag wurden Billy Nolans sterbliche Überreste nach San Francisco gebracht. Der Flug war von Desmond Williams arrangiert worden. Zwei Tage später sollte Billy beigesetzt werden, und in allen Kirchen beteten die Menschen für Cassie.

Mittlerweile war es schon Anfang Dezember, und überall dachte man an Weihnachten, aber die O'Malleys waren in Gedanken bei Cassie, die immer noch im Koma lag. Jeden Morgen riefen sie in Honolulu an und erkundigten sich nach Cassies Zustand. Pat wollte mit Oona hinfliegen, aber sein Arzt riet ihm dringend davon ab. Er hatte sogar schon ihren miesen Ehemann um einen Flieger bitten wollen, aber dann hatte er erfahren, daß Desmond bereits in Honolulu war. Desmond holte aus der Sache soviel Publicity heraus wie möglich. Am fünften Dezember erhielten die O'Malleys dann einen Anruf aus dem Marinehospital. Immer wenn das Telefon klingelte, bekam Oona einen Schrecken, obwohl sie sich natürlich auch jedesmal wieder Hoffnungen machte.

»Mrs. O'Malley?«

»Ja.« Sofort hatte sie an der schlechten Verbindung gemerkt, daß es sich um ein Überseegespräch handelte. »Hier ist jemand, der mit Ihnen sprechen möchte.« Sie dachte, es sei Desmond. Sie hatte zwar keine Lust, mit ihm zu reden, aber vielleicht hatte er ja Neuigkeiten für sie. Und dann hörte sie Cassie. Ihre Stimme war so schwach, daß sie sie kaum verstehen konnte, aber sie war es. Oona schluchzte so heftig, daß sie Pat nicht erklären konnte, was los war.

»Mama?« flüsterte Cassie, und ihre Mutter nickte. Sie mußte erst ein paarmal schlucken, bevor sie sprechen konnte. Als Pat begriffen hatte, was los war, fing er ebenfalls an zu weinen.

»Cassie? ... oh, mein Baby ... meine Liebste ... wir haben dich alle so lieb ... wir haben uns solche Sorgen um dich gemacht ...«

»Es geht mir gut«, sagte sie und zitterte vor Schwäche. Der Arzt nahm ihr den Hörer aus der Hand, und die Krankenschwester erklärte, daß Miss O'Malley noch sehr schwach sei, aber daß es ihr schon viel bessergehe. Aber dann wollte Cassie den Hörer zurückhaben, denn sie wollte ihrer Mutter sagen, wie lieb sie sie hatte. »... und sag Daddy ... «, sie flüsterte, aber er konnte sie trotzdem hören, denn er stand jetzt ganz dicht neben Oona und hatte ebenfalls das Ohr am Hörer. Weinend hörte er seiner Tochter zu. »Sag Daddy ... daß ich ihn auch lieb habe ... « Sie wollte ihnen noch von Billy erzählen, aber ihr fehlte die Kraft, und die Schwester nahm das Telefon an sich. Kurze Zeit später ließen sie Desmond zu ihr. Die Schwester blieb im Zimmer, denn Cassie mußte ständig beobachtet werden. Manchmal war sie so schwach, daß sie kaum atmen konnte.

Desmond stand an ihrem Bett und schaute unglücklich auf sie herunter. Er war zwar froh, daß sie überlebt hatte, aber darüber hinaus wußte er nicht, was er ihr sagen sollte. Für beide war es eine sehr unangenehme Situation, aber er war froh, daß sie am Leben war. Trotzdem fragte er sich, ob ihr beim Fliegen wohl eine Unachtsamkeit unterlaufen war. Oder hatte es einen fatalen Motorenschaden gegeben? Er hätte sie gern danach gefragt, aber jetzt war nicht der richtige Moment.

»... es tut mir leid ... wegen des Flugzeugs ... «, sagte sie mit schwacher Stimme, und er nickte.

»Eines Tages wirst du es noch einmal versuchen«, sagte er zuversichtlich, aber sie schüttelte den Kopf. Sie hatte es nur für ihn getan, weil sie das Gefühl gehabt hatte, es ihm schuldig zu sein. Es war immer seine Idee gewesen, sein Traum, sein Plan. Sie würde es niemals wieder tun, nicht für ihn und nicht für jemand anders und vor allem nicht ohne Billy. »Was ist geschehen?« fragte er, wodurch er sich einen mißbilligenden Blick der Krankenschwester einhandelte. Cassie brauchte unbedingt Ruhe, und niemand durfte sie aufregen, am allerwenigsten ihr Ehemann. Die Schwester bemerkte, daß er sie nicht einmal geküßt hatte. Während er an ihrem Bett stand, kam er ihr nicht näher und berührte sie kein einziges Mal.

Aber Cassie bemühte sich verzweifelt, seine Frage zu beantworten. »... zuerst Rauch, dann Feuer im Motor ... im zweiten Motor«, erklärte sie mühevoll. »... dann Feuer ... im ersten ... zu weit weg vom Land ... zuviel Treibstoff ... hab sie runtergebracht, so gut es ging ... auf einer winzigen Insel ... hab auf dem Strand aufgesetzt ... dann sind wir raus ... und dann kam die Explosion ... «

Er nickte und wünschte, er wüßte, was das Feuer im zweiten Motor verursacht hatte, aber sie konnte es ihm nicht sagen. Die Schwester forderte ihn auf, das Zimmer zu verlassen, da Cassie sich bereits zu sehr angestrengt hatte und dringend ruhen mußte. Er sollte später wiederkommen. Desmond verhielt sich äußerst korrekt, sehr wohlerzogen und höflich, aber er war kalt wie Eis und sagte zu Cassie kein einziges freundliches Wort. Es war kaum zu glauben, daß er ihr Ehemann war. Nachdem er fort war, fragte sich Cassie, ob es für ihn leichter gewesen wäre, wenn man sie nicht gefunden hätte, denn durch eine Scheidung würde er in der Öffentlichkeit nicht sonderlich gut dastehen.

Am Tag darauf saß Cassie im Bett und telefonierte erneut mit ihren Eltern. Sie war noch immer sehr schwach, aber es ging ihr schon viel besser. Sie hatte sich eine rätselhafte tropische Krankheit eingefangen, aber hauptsächlich litt sie unter Dehydration, Unterernährung und Entkräftung. Es würde einige Zeit dauern, bis sie wieder gesund war. Sie war so schwach, daß sie Hilfe brauchte, wenn sie sich aufsetzen wollte. Am Nachmittag tauchte Desmond mit ein paar Fotografen auf, aber die Schwester verweigerte ihnen den Zutritt zu Cassies Zimmer. Er drohte damit, sich bei ihren Vorgesetzten über sie zu beschweren, aber das war ihr vollkommen gleichgültig. Der Arzt hatte sämtliche Besuche für Miss O'Malley untersagt, und sie hatte Anweisung, nur die engsten Verwandten zu ihr zu lassen.

Er platzte fast vor Wut und stürmte davon, woraufhin Cassie einen Lachanfall bekam. »Danke, Leutnant Clarke. Sie bleiben Ihren Grundsätzen treu.«

»Ich kann mir nicht vorstellen, daß Sie große Lust haben, Leute von der Presse zu sehen.« Cassie sah noch immer sehr dünn und blaß aus und außerdem ziemlich zerzaust. Am Nachmittag durfte sie ein Bad nehmen, und nachdem sie sich auch das Haar gewaschen hatte, fühlte sie sich fast wieder wie ein Mensch. Glücklicherweise kam Desmond nicht noch einmal zu Besuch. Er hatte sich anständig verhalten, aber ihre Genesung interessierte ihn nur insoweit, als er der Presse darüber berichten konnte. Er hatte ihnen sogar von dem Blumengesteck erzählt, das ihr die Besatzung der *Lexington* gesendet hatte, bevor sie wieder in See stachen. Ihre Genesung war bereits weltweit in den Zeitungen verkündet worden. Und in Hornchurch hatte Nick geweint, als sein Kommandant es ihm gesagt hatte.

Am Samstag versuchte Desmond erneut, die Presse in Cassies Zimmer zu schleusen, und wieder machte Leutnant Clarke ihm mit ihrer unbeugsamen Art einen Strich durch die Rechnung. Es war wie ein kleines Spielchen, und Cassie war begeistert.

»Warum ist er bloß so versessen darauf, diese Pressefritzen zu Ihnen zu bringen?« sagte Leutnant Clarke und fragte sich, was Cassie wohl in ihm sah, aber sie wollte sie nicht direkt darauf ansprechen. Er sah zwar gut aus und war elegant gekleidet, aber offensichtlich hatte er ein Herz aus Stein. Wie kühl er Cassie gegenüber war! Nur zu den Pressefritzen war er herzlich und nett. Für Cassie war das jedoch nichts Neues. Es freute sie aber, daß ihre Krankenschwester es fertigbrachte, ihn zu verärgern. Bis auf ihre Eltern wollte sie noch niemanden sehen, und sie hatten beschlossen, zu Hause auf sie zu warten, jetzt, da es ihr besserging.

Am Nachmittag lief sie an Leutnant Clarkes Arm zum erstenmal über den Flur, und die Ärzte meinten, Desmond könnte sie Ende der Woche heimfliegen. Bis dahin mußte sie noch ein wenig kräftiger werden, und sie wollten sichergehen, daß sie nicht noch einmal Fieber bekam. Aber den ganzen Tag über war sie nun schon fieberfrei und fühlte sich viel besser.

Einige Männer erkannten sie, während sie langsam durch den Korridor ging. Sie schüttelten ihr die Hand und gratulierten ihr zu ihrer Rettung. Sie war am Leben und wurde als Heldin gefeiert. Billy dagegen war gestorben. Wie sehr wünschte sie sich ihn jetzt an ihrer Seite! Sie hatte ein Beileidstelegramm an seinen Vater geschickt und ihm ihr Mitgefühl ausgesprochen.

»Wir alle beten für Sie, Cassie«, sagten ihr die Menschen in den Fluren, und sie dankte ihnen herzlich. Briefe und Telegramme trafen ein, sogar Präsident Roosevelt und seine Frau hatten sie angerufen. Aber es erschien Cassie so ungerecht, daß Billy es nicht geschafft hatte, während sie sich nun schon wieder auf dem Wege der Besserung befand. Sie wurde von Schuldgefühlen geplagt und war unsagbar traurig. Sobald ihn jemand erwähnte, brach sie in Tränen aus. Sie hatte all die schrecklichen Ereignisse noch längst nicht verarbeitet.

Oft saß sie am Fenster und dachte über alles nach. Dann wollten die Schwestern sie nicht stören, denn sie ahnten, wie erschöpft und deprimiert sie nach all ihren Qualen sein mußte. Sie wußten nur, daß ihr Copilot ums Leben gekommen war, die genaueren Umstände kannten sie nicht, denn Cassie konnte mit niemandem darüber reden. Sie dachte viel nach und schlief häufig. Auch an Nick dachte sie und fragte sich, wo er wohl sein mochte. Sie hatte ihm nie sagen können, wie recht er in bezug auf Desmond gehabt hatte, aber vielleicht spielte es jetzt auch keine Rolle mehr. Er kämpfte in Europa für die Freiheit, und sie brauchte Zeit, um sich von allem, was geschehen war, zu erholen. Aber wenn es ihr wieder besserging, wollte sie Jackie Cochran anrufen und mit ihr über die Flugzeuge reden, die sie nach England gebracht hatte.

Gegen Abend rief Cassie ihre Eltern an und versprach ihnen, daß sie bald heimkommen würde, wahrscheinlich in einer Woche, und an Weihnachten würden sie alle wieder zusammensein. Es gab für sie keinen Grund mehr, in L. A. zu bleiben, und sie wollte nicht mit Desmond fliegen. Bestimmt würde er mit ihr übereinstimmen, daß sie den Vertrag nach bestem Vermögen erfüllt hatte. Es war vorbei.

Ihre Eltern erzählten, sie hätten ein Telegramm von Nick erhalten, in dem er seine Freude über ihre Rettung ausdrückte. Aber er ließ ihr nichts ausrichten, wahrscheinlich wegen Desmond.

»Schreibt er, wann er heimkommt?« fragte sie so beiläufig wie möglich, und ihr Vater mußte lachen.

»Wie gerissen du doch bist, Cassie O'Malley!«

»Wahrscheinlich ist er mittlerweile ohnehin längst mit einer anderen verheiratet«, sagte sie leichthin, obwohl sie hoffte, daß es nicht so war.

»Keine Frau, die richtig bei Trost ist, würde ihn nehmen.«

»Dein Wort in Gottes Ohr«, erwiderte sie lachend. Ihre Stimmung hatte sich erheblich verbessert, und nach einem kurzen Schwätzchen legte sie sich früh schlafen. Sie hatte keine Ahnung, was Desmond in Honolulu tat, denn kein einziges Mal hatte er sie besucht. Wahrscheinlich trieb er sich mit irgendwelchen Presseleuten herum und versprach ihnen Interviews mit ihr, sobald es ihr besserging. Eine Pressekonferenz wollte sie noch über sich ergehen lassen, und die Journalisten sollten alles erfahren, was sie wissen wollten. Danach wollte sie nach Hause, und die Show würde zu Ende sein. Der Preis war zu hoch gewesen. Billy hatte mit seinem Leben bezahlt, und fast wäre sie selbst dabei draufgegangen. Sie wußte noch nicht, wie es weitergehen sollte, aber nie wieder würde sie jemand derart unter Druck setzen können, wie Desmond es im vergangenen Jahr getan hatte.

Sie hatte eine Menge Geld verdient, aber sie hatte einen

lieben Freund und um ein Haar ihr eigenes Leben verloren. Die Risiken waren einfach zu groß gewesen, und jetzt brauchte sie Zeit, um sich zu erholen.

Am nächsten Morgen um sieben kam Leutnant Clarke in Cassies Zimmer, zog die Vorhänge auf und öffnete die Fensterläden. Es war ein herrlicher Tag, und Cassie konnte es kaum erwarten, aufzustehen. Am liebsten hätte sie geduscht und sich angezogen, aber Leutnant Clarke wollte nicht, daß sie sich überanstrengte.

Um Viertel nach sieben frühstückte sie. Es gab pochierte Eier mit gebratenem Speck, und nach dem Frühstück warf sie einen Blick in die Morgenzeitung.

Desmond war nicht untätig gewesen. Er hatte sich vom *Honolulu Star Bulletin* interviewen lassen und über Cassies Gesundheitszustand berichtet. Über die Geschehnisse auf der Insel ließ er jedoch kaum etwas verlauten, wahrscheinlich wollte er die Journalisten bis zu Cassies großer Pressekonferenz schmoren lassen. Er dachte an alles, nur nicht an ihr Wohlergehen. Ihm ging es um nichts anderes als um Geschäfte, Publicity, Flugzeuge und Profit. Nick hatte mit seiner Einschätzung und seinen Voraussagen genau ins Schwarze getroffen.

Sie war noch immer in die Zeitung vertieft, als sie die ersten Flugzeuge hörte. Zuerst dachte sie, es sei eine Übung der Marinepiloten, denn das Krankenhaus lag in der Nähe der Startbahn. Aber dann hörte sie in einiger Entfernung eine Explosion, dann weitere. Neugierig stand sie auf und ging zum Fenster. Da sah sie die Tiefflieger, ein ganzes Geschwader. Augenblicklich wurde ihr klar, daß sie bombardiert wurden. Es war der siebte Dezember um sieben Uhr fünfundfünfzig.

Der Himmel war schwarz von Flugzeugen. Unaufhörlich flogen sie über den Hafen und beschossen systematisch die dort vor Anker liegenden Schiffe. Gleichzeitig bombardierten sie den Flughafen und hinterließen Tod und Zerstörung.

Leutnant Clarke kam ins Zimmer gelaufen, und Cassie erklärte ihr schnell, was los war. Ohne nachzudenken ging sie zum Schrank und nahm die Kleider heraus, die Desmond ihr gebracht hatte. Es waren nicht viele, aber sie fand einen Rock, eine Bluse und ein Paar Schuhe. Schnell streifte sie ihr Nachthemd und den Morgenmantel ab und zog zum erstenmal, seit sie ins Krankenhaus gekommen war, wieder Straßenkleidung an.

In den Krankenhausfluren wimmelte es von Menschen, die aufgeregt umherliefen. Krankenschwestern und Sanitäter bemühten sich, die Patienten zu beruhigen, und instinktiv kam Cassie ihnen zur Hilfe. Eine Stunde hatte der Angriff schon gedauert, und die *Arizona,* einige kleinere Schiffe und große Teile des Hafens standen in Flammen. Im Radio wurde erklärt, daß sie von den Japanern bombardiert worden waren. Wenige Sekunden später brachten die Rettungswagen die ersten Verletzten. Es gab schreckliche Verbrennungen und Kopfverletzungen, einige Männer waren von Maschinengewehrsalven verletzt worden, und viele standen unter Schock. Krankenschwestern rannten aufgeregt hin und her, und Patienten wie Cassie machten ihre Betten frei für die Männer, die vom Hafen hereingebracht wurden.

Cassie arbeitete Seite an Seite mit Leutnant Clarke, riß Verbandspackungen auf und holte saubere Tücher. Sie half dabei, die Verwundeten zu halten und sie ins Bett zu hieven. Sie half, wo sie nur konnte, aber bevor sie auch nur die Hälfte der Verletzten versorgt hatten, starteten die Japaner einen erneuten Angriff, und dieses Mal attackierten sie die *Nevada.*

Plötzlich gab es Tausende von Verletzten, viele waren halbtot und blutüberströmt. Sie wurden ins Krankenhaus oder auf das Lazarettschiff *Solace* gebracht.

Ab und an warf Rebecca Clarke einen besorgten Blick in Cassies Richtung, die den Kranken unermüdlich half. Was für ein Mädchen, dachte Leutnant Clarke, kein Wunder, daß sie im ganzen Land verehrt und geliebt wurde.

»Alles in Ordnung?« fragte die Schwester, als Cassie einen Mann mit einer besonders schlimmen Verbrennung in den Behandlungsraum brachte. Er schrie, und an seiner Wunde hingen verbrannte Fleischfetzen herab, die auf Cassies Rock Flecke hinterlassen hatten.

»Mir geht es gut«, erwiderte sie. Sie mußte daran denken, wie sie ihren Bruder aus dem brennenden Flugzeug gezogen hatte. Die Brandnarben auf ihren Armen würden sie ihr Leben lang an diesen schrecklichen Augenblick erinnern. »Sagen Sie mir nur, was ich tun soll.«

»Sie machen das schon richtig«, erwiderte Leutnant Clarke mit fester Stimme. »Machen Sie weiter so, es sei denn, Ihnen wird schlecht, dann sagen Sie mir sofort Bescheid.«

»Das wird nicht geschehen«, sagte Cassie und kämpfte gegen die aufkommende Übelkeit an, während sie dem Brandopfer und einigen verwundeten Frauen half. Mittlerweile kamen auch mehr und mehr Zivilisten ins Krankenhaus. In der ganzen Stadt hatte es Opfer gegeben, und bald gab es keinen Platz mehr für sie. Die zweite Bombardierung dauerte bis kurz nach zehn Uhr. Dann zogen die Japaner ab, und auf der Insel und im ganzen Land herrschte Fassungslosigkeit und Entsetzen.

Den Nachmittag über arbeitete Cassie fieberhaft und tat, was sie konnte. Als sie sich gegen vier Uhr schließlich einen Moment lang hinsetzte, zitterten ihr die Knie. Seit dem

Frühstück war sie ununterbrochen auf den Beinen gewesen und hatte nichts mehr gegessen. Leutnant Clarke brachte ihr eine Tasse Tee und ein paar Kekse. Dann gingen sie zusammen in die Empfangshalle, um nachzusehen, ob noch mehr Verwundete eingeliefert worden waren. Eine Stunde zuvor hatte man die letzten auf die *Solace* gebracht, weil das Krankenhaus aus allen Nähten platzte.

Im Augenblick gab es nichts für sie zu tun. So ging sie von Bett zu Bett und sprach ein paar tröstende und beruhigende Worte mit den Kranken. Plötzlich kam Desmond mit einem Fotografen an seiner Seite zur Tür herein. Die anderen waren alle zum Hafen gegangen, um die Zerstörungen zu dokumentieren, aber er hatte dem jungen Reporter ein Foto von Cassie O'Malley versprochen und ihn auf diese Weise ins Krankenhaus gelockt. Er bahnte sich seinen Weg durch die Eingangshalle auf sie zu. Leutnant Clarke hatte gerade einen Stuhl für eine junge schwangere Frau geholt, die sich nach ihrem Mann erkundigte, und Leutnant Clarke versprach ihr, ihn ausfindig zu machen.

»Da ist sie!« Mit einer dramatischen Handbewegung deutete Desmond auf Cassie. »Ist alles in Ordnung, Darling?« fragte er und sah sie zärtlich an, während der junge Reporter nichts Besseres zu tun hatte, als sie in ihren blutverschmierten Kleidern zu fotografieren. Sie erstarrte und warf Desmond und dem Fotografen einen angewiderten Blick zu.

»Verflucht noch mal, Desmond!« fuhr sie ihn verächtlich an.

»Hast du denn immer noch nicht genug? Wie lange willst du denn noch der Presse in den Hintern kriechen, statt was Nützliches zu tun? Und Sie«, drohend deutete sie auf die Kamera, und der Mann, der dahinter stand, konnte vor Schreck nichts sagen, »warum helfen Sie nicht einem Verletzten, statt hier rumzustehen und alberne Fotos zu machen? Wir wurden heute morgen bombardiert, Sie Idiot! Bewegen Sie endlich Ihren Hintern und vergessen Sie ihre Kamera!« Und damit rauschte sie zusammen mit Leutnant Clarke aus der Eingangshalle und ließ die beiden Männer einfach stehen. An diesem Tag hatte sie Rebecca Clarkes Herz für alle Zeiten erobert. Niemals würde sie diesen Rotschopf vergessen. Unermüdlich hatte Cassie sich um die Verwundeten gekümmert und Verbrennungen gekühlt, und sie hatte auf ihr Zimmer verzichtet, damit vier Männer darin Platz fanden. Höchstpersönlich hatte sie die Betten hineingeschoben und sie bezogen.

Am Nachmittag sprach ihr der Krankenhausdirektor persönlich seinen Dank aus, und man besorgte ihr ein Feldbett, das sie in einem begehbaren Schrank aufstellte. Es gab jetzt Patienten, denen es schlechter ging als ihr, und sie mochte dem Klinikpersonal keine Umstände machen. Sie blieb noch einen Tag länger, um zu helfen. Aus dem Radio erfuhren sie, daß die USA Japan den Krieg erklärt hatten, und im Krankenhaus brach Jubel aus, als dies bekanntgegeben wurde. Am Dienstag nahm sie sich ein Zimmer im Royal Hawaiian Hotel und rief ihre Eltern an. Sie hatte sich seit der Bombardierung bereits einmal bei ihnen gemeldet, um sie zu beruhigen. Jetzt teilte sie ihnen mit, daß sie so schnell wie möglich heimkommen wollte.

Im Hotel wollte man alles versuchen, damit sie einen Platz auf der *Mariposa* bekam, die am Heiligabend in See stechen würde. Es war das erste Schiff, das sie nehmen konnte, und am wichtigsten war für sie, daß Desmond nicht an Bord war. Sie hegte keinerlei Sympathie mehr für ihn und fand sein Benehmen abscheulich. Sein einziges Ziel war es, ihre Story noch weiter auszuschlachten. Es war ekelhaft.

Am Nachmittag besuchte er sie. Das Pentagon hatte ihm einen Platz in einer Militärmaschine versprochen, die in ein paar Tagen San Francisco anfliegen würde. Seiner Meinung nach wäre es kein Problem, auch für sie einen Platz zu bekommen, da sie schließlich so etwas wie eine Nationalheldin war, aber sie wollte nie wieder mit ihm zusammen irgendwohin fahren.

»Was ist denn schon dabei?« Er war verärgert. Warum mußte sie sich querstellen? Für die Presse würde es viel besser aussehen, wenn sie zusammen heimkämen. Natürlich würde er auch eine Erklärung parat haben, wenn sie ihn nicht begleitete. Er konnte sogar behaupten, daß sie plötzlich Angst vorm Fliegen habe, oder es auf ihren angeschlagenen Gesundheitszustand schieben. Aber sie wollte von all seinen Entschuldigungen nichts hören.

»Ich muß dir etwas sehr Unangenehmes mitteilen, Desmond. Die Welt beobachtet weder dich noch mich. Alle denken jetzt an den Krieg, in den wir geraten sind, aber vielleicht hast du das ja noch nicht bemerkt.«

»Stell dir vor, was du jetzt für dein Vaterland tun könntest«, sagte er hoffnungsvoll und dachte an neue Publicitypfründe und gute Verkaufschancen für seine Flugzeuge. Aber nach Cassies Meinung hatte sie ihrem Vaterland bereits geholfen: drei Tage lang im Marinehospital, wofür ihr Admiral Kimmel seinen aufrichtigen Dank ausgesprochen hatte.

»Ich werde genau das tun, was ich will«, erwiderte sie unwirsch. »Und du wirst mich und mein Leben nicht länger öffentlich machen und ausbeuten. Hast du das verstanden? Wir sind fertig miteinander. Ich habe meinen Vertrag erfüllt.«

»Das hast du keineswegs«, erwiderte er aalglatt. Ungläubig starrte sie ihm in die kalten Augen.

»Machst du Witze? Ich wäre fast für dich gestorben.«

»Du hast es für dich getan, für dein eigenes Prestige«, korrigierte er sie.

»Ich hab es getan, weil ich die Fliegerei liebe und weil ich das Gefühl hatte, es dir schuldig zu sein. Ich dachte, es sei eine ehrenvolle Aufgabe, die Tour für dich zu fliegen. Außerdem wolltest du mich andernfalls verklagen, und diese Sorge wollte ich meinen Eltern ersparen.«

»Und meinst du, sie haben jetzt keine Sorgen? Was hat sich denn geändert?«

Nick hatte vollkommen recht: Desmond war durch und durch schlecht.

»Ich bin elftausend Meilen geflogen, ich hab alles gegeben, ich bin mit deinem verdammten Mistflugzeug abgestürzt und habe es geschafft, fünfundvierzig Tage lang auf einer winzigen Insel zu überleben. Ich bin fast verhungert, und mein bester Freund ist in meinen Armen gestorben. Reicht das noch nicht? Ich würde sagen, das ist mehr als genug. Und ich möchte wetten, daß jeder Richter es ähnlich sehen würde.«

»Vertrag ist Vertrag«, erwiderte er kalt. »Und in deinem Vertrag hast du dich verpflichtet, in meinem Flugzeug fünfzehntausend Meilen über den Pazifik zu fliegen.«

»Dein Flugzeug ist hochgegangen wie eine Knallkörperfabrik.«

»Ich habe andere Flugzeuge. Außerdem stellst du dich laut Vertrag uneingeschränkt für Marketingzwecke zur Verfügung.«

»Es herrscht Krieg, Desmond, keiner interessiert sich dafür. Und wenn doch, dann werde ich es nicht machen. Also los, häng mir eine Klage an.«

»Möglicherweise werde ich das tun. Aber vielleicht denkst du auf dem Rückweg ein wenig darüber nach.«

»Das wäre reine Zeitverschwendung. Sobald ich zurück bin, rufe ich meinen Anwalt an … aus verschiedenen Gründen«, sagte sie spitz.

»Darüber werden wir noch reden müssen. Wie rührend du eben von Billy gesprochen hast … war er nur dein bester Freund, oder war er dein Geliebter? Ich glaube, ich habe dich eben nicht ganz richtig verstanden.«

»Und ob du mich verstanden hast, du Mistkerl! Wenn du über Ehebruch reden willst, warum sprichst du dann nicht mit Nancy Firestone? Sie selbst hat sich mir gegenüber als deine Geliebte bezeichnet, und das habe ich auch meinem Anwalt gesagt.«

Zum erstenmal wurde er blaß, und sie freute sich, daß sie zur Abwechslung ihn aus der Fassung gebracht hatte.

»Ich habe keine Ahnung, wovon du redest.« Er war außer sich vor Zorn, weil Nancy geplaudert hatte.

»Frag einfach Nancy. Ich bin sicher, sie wird dir alles erklären. Sie hat wirklich kein Blatt vor den Mund genommen.«

In seinen Augen stand blanker Haß, aber es kümmerte sie nicht. Sie wollte ihn niemals wiedersehen.

Während der kommenden zweieinhalb Wochen half sie weiterhin im Marinehospital und auf dem Lazarettschiff *Solace* aus. Die Zerstörungen am Hafen waren verheerend. Die *Anzona,* die *Gurtiss,* die *West Virginia,* die *Oklahoma,* die *Chew* und die *Oglala* waren alle von den Japanern getroffen worden. 2898 Menschen waren ums Leben gekommen, und es gab 1178 Verletzte. Es war entsetzlich, und jetzt war das Land im Krieg. Sie fragte sich, was dies für Nick bedeutete. Würde er in der Royal Air Force bleiben oder bei den amerikanischen Streitkräften kämpfen? Das alles war noch nicht geklärt.

Als die *Mariposa,* die *Monterey* und die *Lurline* am Heiligabend ablegten, war Cassie sehr gerührt und überrascht, daß Rebecca Clarke gekommen war, um sich von ihr zu verabschieden und ihr zu danken. Seit die Japaner Pearl Harbour bombardiert hatten, war Cassie unermüdlich zur Stelle gewesen und hatte sich um die Verwundeten gekümmert.

»Es war mir eine große Ehre, Sie kennenzulernen«, sagte Rebecca Clarke ernsthaft. »Ich wünsche Ihnen eine sichere Heimreise.«

»Das wünsche ich mir auch«, sagte Cassie aufrichtig. Sie konnte es kaum erwarten, heim nach Illinois zu kommen und ihre Eltern wiederzusehen. Dann wollte sie schleunigst einen Anwalt aufsuchen, mit dessen Hilfe sie ihre Verbindung zu Desmond so schnell wie möglich beenden wollte.

Zu ihrer großen Erleichterung waren keine Presseleute zum Abschied erschienen. Desmond war eine Woche zuvor mit einer Militärmaschine nach San Francisco geflogen, und so hatte sich an diesem Tag keiner zu ihr bemüht. Sie war froh, daß sie nicht mit ihm geflogen war, obwohl die Seereise länger dauerte und wohl auch ein wenig gefährlicher war. Aus Sicherheitsgründen fuhren sie mit zwei Begleitschiffen.

Leutnant Clarke schüttelte ihr zum Abschied die Hand und verließ das Schiff, und eine Stunde später legten sie ab. Besatzung und Passagiere waren nervös und fürchteten eine mögliche Rückkehr der Japaner. Jede Nacht wurde Verdunkelung angeordnet, und alle mußten ständig ihre Rettungsweste tragen. An Bord waren auch viele Kinder, die sich zum Leidwesen der anderen Passagiere alles andere als ruhig verhielten. Aber wer Verwandte und Freunde auf dem Kontinent hatte, versuchte, Hawaii zu verlassen, denn es war dort zu gefährlich, und jeden Moment war mit einem weiteren Angriff zu rechnen. Die *Lurline,* die

Mariposa und die *Monterey* fuhren still dahin, mit einer Eskorte von Zerstörern, die sie ein gutes Stück begleiteten und dann nach Hawaii zurückkehrten.

Die Schiffe glitten im Zickzackkurs über den Pazifik, um U-Boote zu meiden. Es gab abends keine Bordfeste, da niemand dazu Lust hatte. Alle wollten nur sicher nach San Francisco kommen. Cassie konnte kaum fassen, wie lange die Fahrt dauerte, da sie ihr Leben lang immer nur geflogen war, und sie hoffte, daß es ihre erste und letzte Seereise sein würde. Die Passagiere jubelten, als sie nach fünf Tagen die Golden Gate Bridge passiert hatten und in den Hafen von San Francisco einliefen.

Als sie mit ihrem kleinen Koffer in der Hand die Gangway hinunterging, glaubte sie ihren Augen nicht zu trauen, denn unter all den Menschen am Hafen entdeckte sie ihren Vater. Sie hatte sich unter dem Namen Cassandra Williams in die Passagierliste eingetragen, und es hatte sie kaum jemand erkannt. Die meiste Zeit hatte sie allein verbracht, hatte viel nachgedacht und versucht, über ihre Trauer hinwegzukommen. Aber als sie ihren Vater sah, war sie vor Freude völlig außer sich. Und direkt hinter ihm stand auch ihre Mutter.

»Was macht ihr denn hier?« fragte sie mit Tränen in den Augen. Weinend fielen sie sich um den Hals. Während sie sich umarmten und alle gleichzeitig aufeinander einredeten, sah sie plötzlich Desmond. Zur Begrüßung hatte er eine große Pressekonferenz einberufen, und achtzig Presseleute wollten sie willkommen heißen und ihr Fragen stellen. Aber Cassie bemerkte, wie ihr Vater entschlossen die Zähne zusammenbiß. Er wollte alles tun, um Cassie den Trubel zu ersparen. Desmond Williams war schon viel zu weit gegangen, jetzt reichte es.

»Herzlich willkommen, Cassie!« rief ihr eine Gruppe

von Reportern zu. Aber ihr Vater nahm sie am Arm und schleuste sie durch die Menge, und Oona folgt ihnen auf dem Fuße. Entschlossen steuerte Pat auf ihren gemieteten Wagen zu, und bevor die Reporter etwas sagen konnten und bevor Desmond sie erreichte, schob Pat Cassie in den Wagen.

»Sie sind alle sehr freundlich«, sagte ihr Vater höflich und bestimmt, »aber meine Tochter fühlt sich nicht wohl. Sie ist krank und hat bei der Bombardierung von Pearl Harbour einen traumatischen Schock erlitten. Vielen Dank ... ich danke Ihnen vielmals.« Er winkte ihnen zu, bugsierte seine Frau in das Auto und stieg selbst ein. Cassie freute sich über Desmonds verdutztes Gesicht, als sie ihn mit all den Reportern einfach stehenließen. Diesmal hatten sie ihm die Suppe gründlich versalzen.

»Kriegt dieser Kerl denn nie genug?« grummelte ihr Vater ärgerlich. »Hat er denn gar kein Herz?«

»Nicht daß ich wüßte«, erwiderte sie.

»Dann verstehe ich nicht, wie du ihn heiraten konntest.«

»Ich auch nicht«, sagte sie und seufzte. »Aber damals war er sehr überzeugend, bis er die Karten offen auf den Tisch gelegt hat.« Sie erzählte ihnen von seinen Drohungen, sie zu verklagen.

»Du schuldest ihm nichts!« rief Pat außer sich.

»Denk an dein Herz, Liebling«, ermahnte ihn Oona, aber seit dem Sommer hatte sich sein Zustand stetig gebessert. Selbst als Cassie vermißt gemeldet wurde, hatte er sich erstaunlich gut gehalten. Jetzt war er nur wütend.

»Er soll sich lieber vor meinen Fäusten in acht nehmen«, sagte Pat auf dem Weg ins Fairmont Hotel, wo er eine Suite gemietet hatte. Zwei Tage blieben sie dort, um ihre Rückkehr zu feiern. Bevor sie nach Hause nach Illinois flogen, besuchte Cassie noch Billy Nolans Vater, ein trauriger und schwieriger Besuch. Sie erzählte Billys Vater, daß Billy friedlich in ihren Armen eingeschlafen war, aber auch damit vermochte sie ihn kaum zu trösten. Später mußte Cassie daran denken, wie viele junge Männer durch den Krieg sterben würden.

Dann kam der Tag der Heimreise. Ihr Vater hatte einen Copiloten mitgebracht, und mit der Vega flogen sie zurück nach Illinois. Auf halber Strecke fragte er sie, ob sie die Steuerung übernehmen wolle, ihr Zögern ignorierte er einfach.

»Ich weiß, du bist jetzt all die neumodischen Dinger gewöhnt, Cass. Aber es wird dir guttun, wieder zu fliegen.« Es war ein schönes Flugzeug, und er hatte recht. Es war ein herrliches Gefühl. Seit ihrem Absturz mit der *North Star* vor nunmehr zweieinhalb Monaten war sie nicht mehr in einem Flugzeug gewesen, und jetzt hatte sie ein merkwürdiges Gefühl. Aber sie liebte die Fliegerei noch immer, es lag ihr einfach im Blut, genau wie ihrem Vater.

Auf dem Heimweg erzählte sie ihm von dem Absturz, und sie stellten Spekulationen über die Ursachen des Motorenbrandes an, aber dieses Rätsel würde niemals gelöst werden. Desmond hatte zwar die Überreste des Flugzeugs mit nach Hause gebracht. Die Explosion war jedoch so heftig gewesen, daß die Untersuchung der Trümmer wahrscheinlich ergebnislos bleiben würde.

»Du hast verdammtes Glück gehabt«, sagte ihr Vater kopfschüttelnd. »Du hättest beim Absturz draufgehen können. Und wenn dort nicht zufällig diese Insel gewesen wäre ... «

»Ich weiß«, sagte sie traurig, denn sie mußte an Billy denken, sie würde ihn niemals vergessen können. Als sie ihrem Vater am Abend dabei half, die Vega in die Flugzeughalle zu schieben, bot er ihr einen Job auf dem Flughafen an. Er konnte Hilfe bei den Fracht- und Postflügen brauchen, besonders jetzt, wo sich fast alle jungen Piloten freiwillig zur Armee meldeten. Die meisten seiner Männer waren zwar zu alt für den Kriegsdienst, aber dennoch würde er sie gern in sein Team aufnehmen, sagte er schüchtern. »Es sei denn, du möchtest lieber für Autos und Zahnpasta Reklame machen.« Über diese Bemerkung mußten sie beide lachen.

»Ich glaube nicht, Dad. Von Werbung und Pressekonferenzen habe ich für alle Zeiten die Nase voll.« Sie wußte nicht einmal, ob sie nach dem Tod ihres Bruders weiterhin an Flugschauen teilnehmen würde. Sie wollte einfach nur fliegen, schöne einfache Touren.

»Nun, ich würde dich sehr gern einstellen. Denk drüber nach, Cass.«

»Mach ich Dad. Ich fühle mich geehrt.«

Danach fuhren sie in seinem alten Laster nach Hause, wo ihre Schwestern mit ihren Familien schon auf sie warteten. Es war Sylvester, und sie war noch nie so froh gewesen, sie alle zu sehen. Sie weinten und umarmten einander, und die Kinder liefen wie die Wilden herum. Alle waren sie gewachsen, und Annabelle und Humphrey sahen niedlicher aus als je zuvor. Sie hatte schon gedacht, sie würde sie alle niemals wiedersehen. Als ihr das in den Sinn kam, brach sie in Tränen aus, und ihre Schwestern redeten beruhigend auf sie ein. Sie wünschte nur, daß Chris dabeisein könnte ... und Billy ... und Nick. Sie fehlten ihr, aber sie war daheim. Und sie dankten Gott für seine Güte.

21

Im neuen Jahr arbeitete Cassie wieder auf dem Flughafen ihres Vaters. Aber zuerst suchte er mit ihr einen Anwalt in Chicago auf. Er hatte einen hervorragenden Ruf und war entsprechend teuer, aber ihr Vater bestand darauf, daß er genau der Richtige war, um sie gegen Desmond zu vertreten.

Sie erklärte ihm ihre Situation, und er beruhigte sie. Jeder Richter und jede Geschworenenjury mußte zu dem Schluß kommen, daß sie ihren Vertrag in bester Absicht, unter hohem Risiko und großen persönlichen Opfern erfüllt hatte. »Niemand kann Ihnen das Geld streitig machen, Sie ins Gefängnis bringen oder Sie zwingen, weiterhin für ihn zu fliegen. Dieser Mann muß ein wahres Monster sein.«

»Damit kommen wir zu einem anderen Punkt«, sagte ihr Vater: die Scheidung. Das war komplizierter, aber keineswegs unmöglich. Mit ein wenig Geduld und Fingerspitzengefühl konnte man jeden Scheidungsrichter davon überzeugen, daß ihre Ehe den traumatischen Erfahrungen, die Cassie nach dem Absturz und der Bombardierung Pearl Harbours ertragen mußte, nicht standgehalten hatte. Noch leichter war es, ihn des Ehebruchs und des Betrugs zu beschuldigen, und der Anwalt wollte diese schweren Geschütze gegen ihn auffahren. Danach würde sich Desmond seiner Meinung nach kooperativ zeigen.

Er schickte sie heim und sagte ihr, sie solle sich keine Sorgen machen. Drei Wochen später sandte er ihr einen Stapel Papiere zur Unterschrift, und die Sache kam ins Rollen. Kurz darauf erhielt sie einen Anruf von Desmond.

»Wie geht es dir, Cass?«

»Warum willst du das wissen?«

»Das ist doch eine ganz normale Frage.« Seine Worte klangen freundlich, aber mittlerweile traute sie ihm nicht mehr.

Er wollte etwas von ihr. Vielleicht wollte er ja wegen der Scheidung mit ihr streiten, dachte sie. Aber warum sollte er das tun? Er wollte genausowenig mit ihr verheiratet sein wie sie mit ihm. Und sie forderte kein Geld von ihm. Überraschenderweise hatte er ihr für die Tour die volle vereinbarte Summe überwiesen, obwohl sie nicht die ganze Strecke geflogen war. Ihr Anwalt hatte ihn diskret darauf hingewiesen, wie schlecht er in der Öffentlichkeit dastünde, wenn er sie, nach allem, was sie durchgemacht hatte, übers Ohr hauen würde. Desmond war außer sich vor Zorn gewesen, aber die hundertundfünfzigtausend Dollar waren nun sicher auf ihrem Sparkonto, und ihr Vater war sehr froh darüber. Schließlich hatte sie das Geld mehr als verdient.

»Ich dachte nur, ich könnte dich vielleicht zu einer kleinen Pressekonferenz überreden ... damit die Welt erfährt, was geschehen ist.« Anfangs hatte sie auch daran gedacht, aber inzwischen hatte sie ihre Meinung geändert. Ihre Filmstarkarriere war ein für allemal vorbei.

»Nach meiner Rettung hat der Marinesprecher eine detaillierte Erklärung abgegeben. Mehr gibt es nicht zu sagen. Meinst du wirklich, die Leute wollen hören, wie Billy in meinen Armen gestorben ist? Auch mein gräßlicher Durchfall wird sie wohl kaum interessieren.«

»Diese Dinge kannst du ja weglassen.«

»Nein, das kann ich nicht. Und ich habe nichts zu sagen. Wir sind abgestürzt. Ich hatte Glück und bin zurückgekommen. Billy, Noonan, Amelia Earhart und viele andere hatten nicht soviel Glück. Ich bin wieder hier, und ich will nicht mehr darüber sprechen. Es ist vorbei, Desmond, es ist Geschichte. Such dir eine andere und mach einen Star aus ihr. Wie wär's mit Nancy?«

»Du warst gut«, sagte er wehmütig. »Die Beste.«

»Ich habe dich gern gehabt«, erwiderte sie traurig. »Ich habe dich geliebt«, fügte sie leise hinzu, aber am anderen Ende der Leitung war niemand, den man lieben konnte.

»Es tut mir leid, wenn ich dich enttäuscht habe«, erwiderte er kühl. Sie waren wieder Fremde. Der Kreis hatte sich geschlossen, und er erkannte, daß es keinen Sinn hatte, sie weiterhin zu bedrängen. »Ruf mich an, falls du es dir anders überlegst. Du könntest eine großartige Karriere machen, wenn es dir ernst damit ist.« Sie mußte lächeln. Ihre Lage war mehr als ernst gewesen, und nur durch ein Wunder hatte sie überlebt.

»Rechne nicht damit.« Cassie wußte, daß er Menschen wie sie verachtete. In seinen Augen hatte sie aufgegeben. Aber es war ihr mittlerweile gleichgültig, was er von ihr dachte.

»Adieu, Cassie.« Ende einer Karriere, Ende einer Ehe, Ende eines Alptraums.

Sie legten auf, und er rief sie nie wieder an. Ihr Anwalt teilte ihr mit, daß Mr. Williams in die Scheidung eingewilligt habe. Er hatte sogar eine kleine Entschädigungssumme angeboten, falls sie sich bereit erklärte, nach Reno zu gehen. Sie lehnte die Entschädigung ab, da sie durch die Fliegerei genug verdient hatte. Im März ging sie dann für sechs Wochen nach Reno, und danach war sie wieder frei. Wie zu erwarten, erklärte Desmond in einer Pressekonferenz, daß ihre traumatischen Erlebnisse im Pazifik ihr eine Fortsetzung der Ehe unmöglich machten. »Sie ist zu ihren Eltern zurückgekehrt und führt dort ein zurückgezogenes Leben«, sagte er abschließend.

»Ich bin doch kein Fall für den Psychiater«, ereiferte sich Cassie.

»Was regst du dich auf?« sagte ihr Vater. »Sei froh, daß du ihn endlich los bist!« Nach Desmonds Erklärungen erhielt sie noch einige Anrufe von der Presse, aber sie verweigerte weitere Interviews. Sie hatten sehr mitfühlend über ihr Schicksal geschrieben, aber ihr Interesse erlahmte ziemlich rasch. Vor der Tour hatte sie bei allen Reportern hoch im Kurs gestanden, aber jetzt galt es, anderen Sensationen hinterherzujagen.

Cassie vermißte weder die Presseleute noch Desmond. Aber sie vermißte ihre Freunde. Ohne Billy kam ihr der Flughafen sehr still vor. Sie war so sehr gewöhnt daran, Tag für Tag mit ihm zu fliegen, daß sie sich ohne ihn wie ein halber Mensch fühlte. Als sie im April aus Reno zurückkehrte, waren alle jungen Männer, die sie kannte, entweder eingezogen worden oder hatten sich freiwillig zur Armee gemeldet. Selbst zwei ihrer Schwager waren gegangen, aber Colleens Ehemann war wegen seiner Plattfüße und seiner schlechten Augen verschont geblieben. Ihre beiden ältesten Schwestern waren jetzt ständig mit ihren Kindern bei ihren Eltern. In diesem Frühling kamen die Eltern von Annabelle und Humphrey bei einem Bombenangriff ums Leben. Colleen und ihr Ehemann adoptierten die beiden, und Cassie wurde es plötzlich bewußt, daß auch sie sich gern um die Kinder gekümmert hätte.

Ab und an hörten sie von Nick. Er war immer noch in England und flog Luftangriffe wie ein Besessener. Dabei schoß er so viele Deutsche vom Himmel, wie er nur konnte, »genau wie damals«. Eigentlich war er mit seinen einundvierzig Jahren schon ein wenig alt für derartige Manöver, aber nach Amerikas Kriegseintritt war er jetzt ordentlicher Soldat in der amerikanischen Armee und bekam auch keinen Heimaturlaub mehr. Nicht im Krieg. Cassie wußte, daß er noch immer in Hornchurch war. Er schrieb jedoch nicht an sie, sondern immer nur an ihren Vater. Sie hatte ihm nie geschrieben und ihn weder von Desmonds Verrat noch von ihrer Scheidung in Kenntnis gesetzt, und noch immer wußte sie nicht recht, was sie ihm sagen sollte. Sie wußte auch nicht, ob ihr Vater ihm etwas geschrieben hatte, aber sie bezweifelte es. Pat war noch nie ein großer Briefschreiber gewesen und diskutierte nicht gern über die Sorgen anderer. Wie alle Männer redeten sie über Krieg und Politik. Aber eines Tages wollte sie Nick erzählen, was geschehen war. Die Frage war nur, wann und wie. Aber wenn Nick noch an ihr lag, hätte er ihr dann nicht schreiben müssen? Fast ein Jahr lang hatte sie ihn jetzt schon nicht mehr gesehen. Und nur Gott wußte, was er dachte.

Sie traf sich ab und zu mit Freundinnen und unternahm etwas mit ihren Schwestern. Mit Männern ging sie nicht aus. Aber die meiste Zeit arbeitete sie am Flughafen. Eigentlich war sie recht zufrieden mit diesem Leben, aber manchmal sehnte sie sich doch nach Desmonds exotischen Flugzeugen zurück. Doch man konnte eben nicht alles haben, und sie war froh, daß sich ihr Leben geändert hatte. Die Presse vergaß sie nach und nach, und sie wurde immer seltener angerufen und nur noch selten gebeten, bei öffentlichen Veranstaltungen aufzutreten, aber sie lehnte jedesmal ab. Sie lebte sehr zurückgezogen, und ihr Vater machte sich manchmal Sorgen um sie.

»Sie hat eine Menge durchgemacht«, sagte er zu Oona.

»Sie hat viel Kraft«, erwiderte ihre Mutter zuversichtlich. »Sie wird's schon schaffen.« Und sie schaffte es, manchmal war sie ein wenig still und vermißte die Menschen, mit denen sie aufgewachsen war, ihren Bruder, Nick, Bobby und Billy, sie vermißte deren Freundschaft. Jetzt war sie einfach irgendeine Pilotin, die nach Chicago und Cleveland flog, aber es war schön, wieder bei ihrer Familie zu sein, und daraus schöpfte sie eine Menge Kraft.

Im August erhielt sie einen Anruf, nach dem sie völlig durcheinander war. Ihr Vater war ans Telefon gegangen. Mit blasierter Miene reichte er ihr den Hörer, er hatte nicht einmal den Namen der Anruferin gekannt, und Cassie hätte ihn vor Wut am liebsten geschüttelt. Einige Dinge änderten sich anscheinend nie. Am Apparat war niemand anders als Jackie Cochran.

»Ist das dein Ernst?« Sie dachte zuerst, er wolle sie auf den Arm nehmen. Erst vor wenigen Minuten war sie von einer anstrengenden Tour nach Las Vegas zurückgekehrt, und draußen herrschte brütende Hochsommerhitze. Es war tatsächlich Jackie Cochran, die sich gern mit ihr treffen wollte. Sie sagte, sie bewundere sie schon lange und fragte, ob Cassie Zeit habe, nach New York zu kommen. Cassie sagte begeistert zu und notierte sich alle Einzelheiten. In zwei Tagen wollte sie hinfliegen, da sie an dem Tag ohnehin frei hatte. Und vielleicht blieb ja sogar Zeit zum Einkaufen.

Von dem Geld für die Tour hatte sie bisher noch keinen Pfennig ausgegeben. Eigentlich hatte sie sich schon vor Monaten vorgenommen, mit Jackie Cochran zu reden, aber seit ihrer Heimkehr hatte sie es immer wieder aufgeschoben.

Zuerst erwog sie, ihre Mutter zu ihrem Ausflug nach New York mitzunehmen. Aber dann wollte sie doch lieber allein fliegen. Sie hatte keine Ahnung, was Jackie Cochran von ihr wollte, aber sie ahnte, daß es vielleicht etwas war, von dem ihre Mutter nicht begeistert sein würde.

In New York eröffnete sich für Cassie eine faszinierende Perspektive. Sie gab bereitwillig zu, daß sie sich zu Hause langweilte und sich nach einer neuen Herausforderung sehnte. Acht Monate nach ihrer spektakulären Rettung im Pazifik stand ihr wieder der Sinn nach etwas mehr Aufregung. Und Jackie Cochrans Vorschlag kam ihr gerade recht.

Nach Jackies Plan sollte Cassie innerhalb des Luftwaffentrainings-Kommandos (Army Air Force Flying Training Command) eine kleine Gruppe von erfahrenen weiblichen Piloten leiten, die Kriegsflugzeuge dorthin bringen sollten, wo sie gebraucht wurden. Die Frauen würden als Zivilisten fliegen, jedoch Uniform tragen und einen Ehrenrang erhalten. Cassie sollte als Captain beginnen. Es gab noch ein weiteres Frauenkorps, die WAFS (Women's Auxiliary Flying Squadron), für inländische Transportflüge. Dieses Korps wurde von Nancy Harkness Love, einer weiteren hervorragenden Pilotin, geleitet. Aber Cassie interessierte sich mehr dafür, Flugzeuge an den feindlichen Linien vorbei nach England zu bringen. Ihre Eltern würden zwar alles andere als begeistert sein, wenn sie wieder von zu Hause fortgehen würde, aber dies hier war etwas, an das sie glaubte. Es diente einem guten Zweck, und sie würde damit keine egoistischen und profitgierigen Ziele verfolgen wie bei ihrer Pazifiktour, bei der es im Grunde nur um Geld und Publicity gegangen war. Jetzt konnte sie etwas für ihr Land tun, und wenn sie dabei sterben würde, so war sie bereit, dies zu akzeptieren. Chris war gestorben... Billy... und bedauerlicherweise auch Bobby Strong. Er fiel sechs Wochen, nachdem er sich zur Armee gemeldet hatte. Peggy war zum zweitenmal Witwe geworden und mußte jetzt vier kleine Kinder allein großziehen.

Im September begannen die WAFS in New Jersey mit einem achtwöchigen Training, und Cassie konnte es kaum erwarten. Sie freute sich auf die neue Herausforderung, und zum erstenmal würde sie mit anderen Frauen fliegen. Dazu hatte sie bisher noch nie Gelegenheit gehabt.

Am Abend ging sie mit Jackie Cochran in das berühmte Lokal 21 zum Essen, und sie sprachen über ihre Pläne. Noch nie war Cassie von etwas so begeistert gewesen, nicht einmal von der Welttour, denn dies hier war völlig anders.

Es war genau das, was sie wollte und worauf sie schon lange gewartet hatte. Endlich nahm ihr Leben wieder eine positive Wendung. Während des Heimflugs nach Illinois dachte sie voller Vorfreude an ihre neuen Pläne.

Ihr Vater war am Flughafen, als sie dort eintraf; er summte ein Liedchen vor sich hin und ordnete einige Papiere. Sie wollte ihm nicht gern die gute Laune verderben und beschloß, ihm die Neuigkeit erst nach dem Abendessen zu unterbreiten.

»Wie war's in New York?«

»Toll«, sagte sie strahlend.

»O! Das klingt ja fast nach einer Romanze!« Ja, sie wirkte glücklich, aber er ahnte, daß es um Flugzeuge ging und nicht um einen Mann. Sie war wieder da angekommen, wo sie begonnen hatte: Bis über beide Ohren verliebt in die Fliegerei.

»Nein, keine Romanze«, erwiderte sie geheimnisvoll lächelnd. Sie war dreiundzwanzig Jahre alt und frisch geschieden und fühlte sich frei und unabhängig, und sie würde genau das tun, was sie wollte.

Die Zeit bis zum Abendessen wurde ihr lang, und am

liebsten wäre sie sofort mit der Geschichte herausgeplatzt. Aber sie wartete, bis sie den Tisch abgeräumt hatten. Dann erst erzählte sie ihren Eltern ihre Pläne. Pat und Oona starrten ihre Tochter ungläubig an.

»Jetzt fängt das Ganze wieder von vorne an.« Pat war zornig und ließ sie nicht einmal ausreden. »*Was* willst du jetzt machen?« Ihr Leben lang mußte sie gegen den Strom schwimmen. Die Situation war also weder für Cassie noch für ihre Eltern etwas Neues.

»Das Frauentrainingskommando der Luftwaffe, ich möchte gern dabei sein, das heißt, eigentlich bin ich schon eingetreten«, sagte sie glücklich, und dann erklärte sie ihnen alles.

»Moment mal. Du sollst Bomber nach England fliegen? Hast du eine Ahnung, wie schwer diese Maschinen sind? Stell dir das bloß nicht so einfach vor!«

»Ich weiß, Dad.« Sie lächelte. Bei Williams Aircraft hatte sie bereits die kompliziertesten und schwersten Flugzeuge geflogen. »Ich habe einen Copiloten.« Sie wußte, daß ihn das beruhigen würde.

»Wahrscheinlich eine andere Frau.«

»Manchmal.«

»Du bist verrückt. Patriotisch, aber verrückt.«

Sie sah ihm direkt in die Augen. Er mußte sie verstehen. Sie war erwachsen und hatte das Recht, eigene Entscheidungen zu treffen. Aber sie hatte ihnen natürlich auch schon viele Sorgen bereitet, besonders im vergangenen Jahr. Sie wollte ihnen nicht schon wieder weh tun und hätte gern ihre Zustimmung gehabt, aber ihre Mutter hatte bereits angefangen zu weinen.

»Du und deine verdammte Fliegerei«, schluchzte Oona unglücklich, und Pat streichelte beschwichtigend ihren Arm.

»Komm schon, Oonie ... wir haben doch immer einigermaßen davon leben können.« Und Cassie hatte dadurch ein kleines Vermögen gemacht und war im ganzen Land berühmt geworden.

Sie erläuterte ihnen noch einmal die Funktion des Flugkommandos, und sie versprachen, darüber nachzudenken. Aber sie erinnerte sie daran, daß sie die Papiere bereits unterzeichnet hatte. Pat und Oona sahen sich an. Wieder einmal konnten sie nichts anderes tun, als Cassie zu unterstützen. Immer wieder tat sie ihnen das an. Ständig brachte sie sich in Gefahr und ging bis an ihre Grenzen.

»Wann sollst du anfangen, Cass?« fragte Pat resigniert. Auch er ließ sie nicht gern gehen, da sie ihm auf dem Flughafen eine große Hilfe war.

»In zwei Wochen, am ersten September. In New Jersey.« Dann fügte sie noch hinzu: »Wäre ich ein Mann, würde ich ohnehin eingezogen.«

»Aber Gott sei Dank bist du keiner. Es ist schon schlimm genug, daß unsere zwei Schwiegersöhne dort drüben sind. Und Nick.« Auch er war wie ein Sohn für sie.

»Du würdest auch dort sein, wenn du könntest«, sagte sie zu ihrem Vater, und er warf ihr einen merkwürdigen Blick zu, denn sie hatte recht. Auch Nick hatte sich sofort freiwillig gemeldet, obwohl er diesmal nicht hätte gehen müssen.

»Warum ich dann nicht? Warum soll ich nicht zur Abwechslung mal was für mein Land tun? Fliegen ist das einzige, das ich kann, und ich bin gut. Warum soll ich meine Fähigkeiten nicht in den Dienst meines Landes stellen? Du würdest es tun, warum also soll es mir verwehrt bleiben? Nur weil ich eine Frau bin?«

»O Gott!« Ihr Vater verdrehte die Augen. »Wieder dieses Suffragettengeschwätz. Woher hast du das nur? Deine

Mutter und deine Schwestern haben nicht solche Rosinen im Kopf. Sie bleiben zu Hause, wo sie hingehören.«

»Ich gehöre nicht ins Haus. Ich gehöre zu den Fliegern, genau wie du. Das ist der Unterschied.« Sie war ein schwieriger Diskussionspartner, denn sie war klug und hatte recht. Und sie hatte Mut. Das bewunderte er an ihr, und im Laufe der Jahre hatte sie ihn manches gelehrt, und dafür liebte er sie sehr.

»Es ist gefährlich, Cass. Und du wirst wahrscheinlich die Lockheed-Hudson-Bomber fliegen. Das sind schwere Maschinen. Was ist, wenn du wieder abstürzt?«

»Du könntest genausogut morgen über Cleveland abstürzen. Wo ist da der Unterschied?«

»Vielleicht hast du recht. Ich werde darüber nachdenken.«

Er wußte, daß es sie auf die Dauer langweilte, Postflüge für ihn zu machen. Aber hier war sie wenigstens in Sicherheit.

Tagelang dachte er über die Sache nach, aber am Ende kam er wie schon zuvor zu dem Schluß, daß er kein Recht hatte, sie aufzuhalten. Und im September machte sie sich dann auf den Weg nach New Jersey. Auch Oona war stolz auf sie.

Ihre Eltern begleiteten sie nach New Jersey. »Mach's gut, Dad«, sagte sie zum Abschied. Dann küßte sie die beiden.

»Mach mir bloß keine Schande«, sagte er mit gespielter Strenge, und sie mußte lachen.

»Hals- und Beinbruch.«

»Das wünsch ich dir auch!« Er winkte ihr noch einmal zu und war auch schon verschwunden. Als er sie das nächste Mal sah, platzte er fast vor Stolz. Sie trug die Uniform mit der blitzenden Fliegeranstecknadel, und sie sah reif und erwachsen aus. Ihr langes, rotes Haar hatte sie zu einem adretten Knoten frisiert, und da sie groß und schlank war, stand ihr die Uniform ausgezeichnet.

Ihre Eltern waren nach New York gekommen, weil ihre Abreise nach England unmittelbar bevorstand. Dort würden sie jedoch nur kurze Zeit bleiben, da sie ständig weitere Flugzeuge hinüberschaffen sollten, je nach Bedarf. Bei ihrem ersten Auftrag sollte sie eine Hudson Lockheed nach Hornchurch bringen.

Am Abend vor ihrer Abreise lud sie ihre Eltern in ein kleines italienisches Restaurant ein, wo sie meistens aß, wenn sie mit den anderen Piloten in New York war. Sie stellte einige von ihnen ihren Eltern vor, und sie konnten deutlich sehen, daß Cassie glücklich war. Trotz des harten Trainings hatte sich Cassie manchmal gefühlt wie in einem fröhlichen Sommerferienlager für Pilotinnen. Sie mochte die Frauen, mit denen sie flog, und empfand es als große Herausforderung, die Bomber sicher durch gefährdeten Luftraum zu bringen. Sie war an schwierige Flüge gewöhnt und war somit bestens auf ihre gefährliche Aufgabe vorbereitet. Für den ersten Flug hatte man ihr einen männlichen Copiloten zugeteilt, und sie würden die Route über Grönland nehmen.

»Halt Ausschau nach Nick«, hatte ihr Vater ihr beim Abschied gesagt, und sie hatte ihnen versprochen von England aus sofort zu schreiben. Sie glaubte zwar nicht, daß sie sehr lange dort sein würde, aber sie wußte es noch nicht genau. Auch dort mußte sie wahrscheinlich einige Flüge übernehmen und auf einen Rückkehrbefehl warten. Vielleicht würde sie nur ein, zwei Wochen dort sein, vielleicht aber auch drei Monate, das war schwer zu sagen. Aber während all der Trainingswochen hatte sie fast ununterbrochen an Nick Galvin gedacht.

Nach langem Nachdenken hatte sie mehrere Entschlüsse gefaßt.

Ihr ganzes Leben lang hatte sie darauf warten müssen, daß andere Leute über ihr Schicksal bestimmten. Das sollte jetzt ein Ende haben. Sie hatte ihren eigenen Bruder bezahlt, damit er sie im Flugzeug mitnahm und sie fliegen konnte. Dann mußte sie darauf warten, daß Nick bemerkte, wie gern sie fliegen lernen wollte und schließlich zustimmte, ihr hinter dem Rücken ihres Vaters Flugunterricht zu geben. Dann hatte sie warten müssen, bis ihr Vater endlich Vernunft annahm und sie von seinem Flughafen aus fliegen ließ.

Sie hatte warten müssen, bis Nick ihr endlich sagte, daß er sie liebte, und kurz darauf war er zur Royal Air Force gegangen. Und sie hatte darauf warten müssen, daß Desmond ihr erlaubte, seine Flugzeuge zu fliegen. Belogen und benutzt hatte er sie, um ihr schließlich zu sagen, wie wenig sie ihm bedeutete. Ihr ganzes Leben lang hatte sie auf die Entscheidungen und Beschlüsse anderer warten müssen. Und auch jetzt war es so, denn Nick wußte, wo sie war und was sie für ihn fühlte, und dennoch schrieb er ihr nie. Das einzige, das er dank Desmonds guter Pressebeziehungen wahrscheinlich nicht wußte, war die Tatsache, daß sie ihn verlassen hatte.

Aber sie hatte aufgehört zu warten, diesmal traf niemand anders die Entscheidungen. Jetzt war sie an der Reihe. Und seit sie herausgefunden hatte, was Desmond für ein Scheusal war, hatte sie nach England fliegen wollen. Sie hatte keine Ahnung, was geschehen würde, wenn sie dort eintraf, oder was Nick sagen würde. Und es war ihr einerlei, wie alt er war oder wieviel Geld er besaß oder nicht besaß. Sie wußte nur, daß sie zu ihm mußte. Sie hatte ein Recht darauf zu erfahren, was er für sie empfand. Auf so vieles hatte sie ein Recht, und jetzt war es an der Zeit, ihre Rechte einzufordern. Der Flug war nur der Anfang und genau das, was sie in diesem Moment tun wollte.

Sie starteten am nächsten Morgen um fünf Uhr. Das Flugzeug stellte ziemlich hohe Ansprüche an Cassies Flugfertigkeit, aber zwischendurch kamen immer wieder einfachere Streckenabschnitte und Cassie unterhielt sich ein wenig mit ihrem Copiloten, der sich sehr beeindruckt zeigte, als er erfuhr, wer sie war.

»Ich habe Sie einmal bei einer Flugschau gesehen. Sie haben alle Preise abgeräumt. Drei erste Plätze und ein zweiter, wenn ich mich recht entsinne.« Er sprach von ihrer letzten Schau.

»Ich hab schon eine ganze Weile an keiner mehr teilgenommen.«

»Wird wohl auch langweilig mit der Zeit.«

»Im Jahr darauf habe ich bei derselben Schau meinen Bruder verloren. Danach hatte ich keinen Spaß mehr daran.«

»Tut mir leid, das habe ich nicht gewußt.« Und dann erinnerte er sich an ihr waghalsigstes Kunststück. »Sie haben damals Kopf und Kragen riskiert. Das wäre fast ins Auge gegangen.«

»Ach Quatsch, es sollte nur so aussehen«, sagte sie bescheiden, und er mußte lachen.

»Tollkühne Draufgänger, einer wie der andere. Mumm in den Knochen, aber kein Hirn.« Er lachte, und sie grinste ihn an. Für sie war seine freche Bemerkung fast ein Kompliment, denn sie war stolz auf ihren Mut.

»Vielen Dank auch«, sagte sie und lächelte ihn an. Einen kurzen Moment lang erinnerte er sie an Billy.

»Nichts zu danken.«

Als sie England erreicht hatten, waren sie Freunde geworden, und sie hoffte, bald wieder mit ihm zu fliegen. Er kam aus Texas, und wie die meisten jungen Piloten hatte er mit der Fliegerei begonnen, sobald er alt genug war, ins Cockpit zu klettern. Wenn sie zurück in New Jersey war, wollte er sie besuchen.

Sie hatten Glück, denn in dieser Nacht waren keine deutschen Aufklärer unterwegs. Er hatte bereits einige kleinere Angriffe hinter sich und war froh, daß sie auf Cassies erstem Flug davon verschont blieben. »Aber auch das ist halb so wild«, sagte er beruhigend. Zu ihrer großen Freude ließ er sie das Flugzeug landen, was ihr trotz der Warnungen ihres Vaters mühelos gelang. Es war herrlich, als ebenbürtige Partnerin behandelt zu werden.

Nach der Landung brachte sie die Papiere zur zuständigen Dienststelle.

Man dankte ihr und reichte ihr einen Zettel mit ihrer Barackennummer. Als sie die Dienststelle verließ, lud ihr Copilot sie zum Frühstück ein. Sie lehnte jedoch höflich ab, da sie andere Pläne hatte, war sich jedoch nicht ganz sicher, wie sie vorgehen sollte. Nicks Anschrift hatte sie, konnte aber nichts damit anfangen. Erschöpft nach dem langen Flug, schaute sie gähnend in ihr Adreßbuch, als sie plötzlich angerempelt wurde. Sie blickte verärgert auf und glaubte ihren Augen nicht zu trauen.

Es war ein Witz, unglaublich, es war fast zu einfach. Aber da stand er und starrte entgeistert zu ihr herab. Niemand hatte ihm etwas von ihrer bevorstehenden Ankunft gesagt. In ihrer schicken Uniform stand Cassie plötzlich vor Nick Galvin und schaute ihm in die Augen.

»Was machst du denn hier?« fragte er, als befände sie sich auf seinem Privateigentum. Sie lachte fröhlich, und der Herbstwind fuhr durch ihr kupferrotes Haar.

»Dasselbe wie du.« Mehr oder weniger, obwohl sein Job weitaus gefährlicher war als ihrer. Aber auch ihre Aufträge waren kein Spaziergang, und einige Überführungspiloten waren bereits von den Deutschen abgeschossen worden. »Ach, bevor ich es vergesse, ich wollte mich noch herzlich für deine zahlreichen Briefe bedanken. Hab mich wirklich sehr darüber gefreut.« Sie versuchte den Schmerz, den er ihr durch sein Schweigen zugefügt hatte, zu bagatellisieren.

Statt einer Antwort grinste er sie jungenhaft an. Er konnte ihr kaum zuhören, so überwältigt war er, sie wiederzusehen. Seit ihrer gemeinsamen Nacht bei dem alten Rollfeld hatte er sie nicht mehr gesehen.

»Ich hab sie gern geschrieben«, erwiderte er schließlich frech, aber im Grunde sehnte er sich nur danach, sie zu berühren. Er konnte seinen Blick nicht von ihr lassen, genausowenig wie seine Hände, seine Arme, sein Herz. Ohne es zu wollen, streckte er die Hand aus und berührte ihr Haar. Es war immer noch weich wie Seide und leuchtete wie Feuer. »Wie geht es dir, Cass?« fragte er leise, während Uniformierte an ihnen vorbeigingen. In Hornchurch herrschte um diese Zeit ein ständiges Kommen und Gehen, aber die beiden bekamen davon kaum etwas mit, denn trotz der harten Zeiten, die hinter ihnen lagen, hatte sich zwischen ihnen nichts geändert.

»Mir geht's gut«, antwortete sie, während er sie zu einer niedrigen Mauer führte, wo sie sich hinsetzen und miteinander reden konnten. Es gab so viel zu erzählen, so vieles war geschehen. Plötzlich hatte er Schuldgefühle, weil er so lange nichts von sich hatte hören lassen.

»Ich war krank vor Sorge, als du abgestürzt bist«, sagte er, und sie wich seinem Blick aus, da sie an Billy denken mußte.

»Das war nicht besonders spaßig«, sagte sie aufrichtig.

»Es war ganz schön schlimm, und ... « Sie konnte es kaum aussprechen und instinktiv ergriff er ihre Hand. » ... es war schrecklich, als Billy ... «

»Ich weiß.« Sie mußte es nicht aussprechen. Er verstand sie auch ohne Worte. »Du darfst dir nicht die Schuld daran geben, Cass. Das habe ich dir schon vor langer Zeit gesagt. Wir tun alle, was wir tun müssen. Wir gehen Risiken ein. Billy wußte, was er tat. Er wollte die Tour mit dir fliegen, für sich selbst, nicht nur für dich.« Sie nickte und verstand, was er meinte, aber es war nur ein schwacher Trost.

»Ich fand es immer so ungerecht, daß ich es geschafft habe und er nicht.« Zum erstenmal hatte sie es ausgesprochen, und sie hätte es niemandem sagen können, außer Nick. Nur mit ihm konnte sie über ihre geheimsten Gefühle reden.

»So ist das Leben. Es war nicht deine Entscheidung. Es war seine.« Er deutete zum Himmel, und sie nickte.

»Warum hast du mich nicht angerufen, als ich zurück war?« fragte sie traurig. Sie kamen sofort und ohne Umschweife zur Sache.

»Ich habe oft daran gedacht ... ein paarmal hätte ich es wirklich fast getan.« Er lächelte. »Besonders wenn ich ein paar Bier intus hatte, aber das wäre deinem Ehemann wohl nicht recht gewesen. Wo ist er jetzt übrigens?« Durch seine Frage bestätigte er ihren Verdacht, und sie lächelte. Es war seltsam, hier zu sitzen und mit Nick zu reden, so als hätte er auf ihre Ankunft gewartet. Alles war plötzlich so einfach. Hier waren sie, viertausend Meilen weit weg von zu Hause, und hielten ein Schwätzchen in der Herbstsonne.

»Er ist in Los Angeles.« Mit Nancy Firestone oder ihresgleichen.

»Es wundert mich, daß er dich fliegen ließ ... aber eigentlich ist es gar nicht so überraschend«, sagte Nick bitter. Es hatte ihm das Herz zerrissen, als sie verschollen war. Dieser Schuft hatte ihr Leben aufs Spiel gesetzt, damit sich seine Flugzeuge besser verkauften. Nick hatte Desmond anrufen wollen, um ihm zu sagen, was er für ein Mistkerl war. Aber er hatte es nie getan. »Wahrscheinlich will er mit deinen Einsätzen in den Wochenschauen protzen. Sehr patriotisch. Seite an Seite mit den Jungs. War es seine Idee oder deine?« Er wünschte, es wäre ihre gewesen, weil er sie gern wegen ihrer Tapferkeit geachtet hätte.

»Es war meine Idee, Nick. Ich hatte es schon lange vor, schon seit der Pazifiktour. Aber als ich zurückkam, mochte ich Dad nicht sofort wieder im Stich lassen. Auch jetzt ist es schwer für ihn. Er hat jetzt fast niemanden mehr, der ihm hilft. Vielleicht muß er am Ende doch ein paar Frauen einstellen, aber die meisten werden wohl bei den WAFS oder dem Flugtrainings-Korps eintreten, so wie ich es getan habe.«

»Was meinst du damit, daß du ihn nicht im Stich lassen wolltest? Hast du denn bei deinen Eltern gewohnt, nachdem du zurück warst?« Dieser Schurke hatte nicht mal soviel Anstand besessen, sich um sie zu kümmern! Nach dem wochenlangen Martyrium auf der winzigen Insel mußte sie in einem desolaten Zustand gewesen sein.

»Ja, ich bin zu ihnen zurückgegangen«, sagte sie leise und dachte wehmütig an ihre einzige gemeinsame Nacht im Mondschein. »Ich habe Desmond verlassen, Nick. Ich habe ihn verlassen, als Dad den Herzinfarkt hatte.« Das war schon vor mehr als einem Jahr, und Nick fand es sehr erstaunlich, daß er nichts davon gehört hatte.

»Als ich nach unserem letzten Treffen zurück nach L. A. ging, trat alles genauso ein, wie du es gesagt hattest. Er ließ mir keine Ruhe mehr: Pressekonferenzen, Testflüge, Interviews, Wochenschauen. Es war so, wie du es prophezeit hattest. Aber sein wahres Gesicht hat er mir erst gezeigt, als Dad krank wurde. Er hat mir ›befohlen‹, die Tour pünktlich zu beginnen, und mir ›verboten‹, zu meinem Vater zu fliegen.«

»Aber du bist trotzdem geflogen.« Er wußte, das die Tour verschoben worden war, und er hatte die Wochenschau über Pats Krankenhausaufenthalt gesehen.

»Ja, ich bin trotzdem heim, und Billy hat mich begleitet. Desmond drohte, uns zu verklagen, falls wir die Tour abgesagt hätten, und dann mußten wir uns vertraglich verpflichten, im Oktober zu starten, komme, was da wolle.«

»Wirklich ein netter Bursche.«

»Ich weiß. Ich bin nie wieder zu ihm zurückgekehrt. Seine einzige Bedingung war, daß die Presse vor meiner Rückkehr nichts davon erfahren sollte. Auch mit den anderen Frauen hattest du recht. Nancy Firestone war seine Geliebte. Er hat mich tatsächlich nur geheiratet, um Reklame für seine Tour zu machen, genau wie du es gesagt hast. Ohne die Heirat hätte es nicht dieselbe Wirkung auf die Öffentlichkeit gehabt, sagte er. Unsere Ehe war ein einziger Schwindel. Und nach meiner Rettung sagte er mir auf Hawaii, daß ich immer noch verpflichtet wäre, für ihn zu arbeiten. Er drohte erneut mit einer Klage, da ich den Vertrag nicht erfüllt hatte. Ich hatte ihm fünfzehntausend Meilen mit der *North Star* versprochen. Vor dem Absturz war ich aber nur elftausend geflogen. Auch danach wollte er noch Publicity mit mir machen, aber es war aus und vorbei. Dad hat mir in Chicago einen Anwalt besorgt, und ich wurde von Desmond geschieden.«

Nick konnte kaum fassen, was sie ihm da erzählte. Er hatte Williams zwar schon immer für einen Schurken gehalten, aber offensichtlich war er noch viel schlimmer, als er gedacht hatte.

»Wie hast du all das vor dem Start geheimhalten können?«

»Auf so was versteht er sich meisterhaft. Das ist sein Beruf. Als ich vor der Tour nach L. A. zurückkam, habe ich bei Billy gewohnt. Niemand hat etwas gewußt. Bis zum Start waren es ja auch nur noch wenige Wochen, und Desmond hat alles ins beste Licht gerückt. Ich wollte dir all diese Dinge immer sagen, aber ich wußte nicht, wie. Zu Anfang war ich in meinem Stolz verletzt und mochte nicht zugeben, daß die ganze Sache eine Farce gewesen war. Und dann dachte ich, daß du es vielleicht gar nicht wissen willst. Du hast mir überdeutlich gesagt, daß du mich nicht wolltest. Ich weiß nicht ... ich hielt es wohl für das beste, die Sache eine Weile auf sich beruhen zu lassen. Ich hoffte die ganze Zeit, du würdest heimkommen und wir könnten über alles reden. Aber wahrscheinlich war das nach Pearl Harbour nicht mehr möglich.«

»Wir bekommen keinen Heimaturlaub mehr, Cass. Und was meinst du damit, ›daß ich dich nicht wollte‹? Hast du denn unsere letzte Nacht vergessen?« Offensichtlich hatten ihre Worte ihn verletzt. »Keine Minute habe ich vergessen. Die Erinnerung daran hat mich auf der Insel am Leben gehalten ... der Gedanke an dich ... dadurch hatte ich die Kraft, alles durchzustehen und Desmond zu verlassen. Er war so ein Schwein.«

»Warum hast du mir dann nicht geschrieben und mir davon erzählt?«

Sie seufzte, dann sah sie ihm in die Augen. »Ich hatte wohl Angst, du würdest mir nur wieder sagen, daß du zu alt und zu arm für mich bist und daß ich mir einen Jungen wie Billy suchen soll.«

Er mußte lächeln, weil sie ihn so gut kannte. Vielleicht wäre er damals tatsächlich so dumm gewesen. Aber in der

Zwischenzeit wäre sie fast gestorben, und er war zur Besinnung gekommen. Während er sie anschaute, erkannte er, was er für ein Trottel gewesen war, als er sie verlassen hatte.

»Und, hast du dir einen Jungen wie Billy gesucht?« Er wirkte ernstlich besorgt, und am liebsten hätte sie ihn eifersüchtig gemacht.

»Ich hab den Überblick verloren, bei den vielen Jungs, mit denen ich herumgezogen bin.«

»Komischerweise glaube ich dir nicht.« Lächelnd zündete er sich eine Zigarette an und lehnte sich an die Wand. Wie schön war es, sie wiederzusehen! Seit sie ein kleines Mädchen war, liebte er sie. Und jetzt war sie erwachsen geworden.

»Warum nicht? Meinst du, ich bin so häßlich, daß niemand mit mir ausgehen will?« neckte sie ihn.

»Häßlich nicht, nur schwierig. Ein Mann muß schon ein gewisses Alter haben und ziemlich clever sein, wenn er mit einer Frau wie dir fertigwerden will, Cass. In McDonough County gibt es nicht allzu viele Männer, die diese Voraussetzungen erfüllen.«

»Mach dich nur lustig. Oder willst du etwa damit sagen, daß du neuerdings das richtige Alter für mich hast?« fragte sie, weil sie endlich wissen wollte, woran sie mit ihm war.

»Früher glaubte ich, daß ich zu alt für dich war. Aber im Grunde war ich nicht zu alt, sondern zu dumm«, sagte er aufrichtig. »Nach deinem Absturz mußten sie mich fast aus der Armee entlassen, Cass. Ich wäre fast wahnsinnig geworden. Ich hab mich eine Weile aufgeführt wie ein Verrückter. Ich hätte heimfliegen sollen, als ich davon erfuhr. Dann hätte ich dir zumindest in Honolulu beistehen können.«

»Das wäre wunderbar gewesen«, sagte sie und lächelte,

aber sie machte ihm keinen Vorwurf. Sie wollte nur wissen, woran sie jetzt mit ihm war.

»Ich nehme an, Desmond war sofort mit seinen Reportern zur Stelle«, sagte er verärgert.

»Ja, natürlich. Aber ich hatte eine wunderbare Krankenschwester, die sie mir vom Leibe gehalten hat. Sie hat Desmond aus tiefster Seele gehaßt. Besonders als er drohte, mich zu verklagen, weil ich den Vertrag nicht erfüllt hätte. Wahrscheinlich glaubt er allen Ernstes, ich hätte sein Flugzeug absichtlich in die Luft gesprengt. Es war so entsetzlich, Nick«, sagte sie ernst. »Beide Motoren fingen an zu brennen. Ich glaube, sie wissen noch immer nicht, wie das passieren konnte. Wahrscheinlich werden sie es nie erfahren.« Während sie das sagte, wanderte ihr Blick zum Horizont, und er legte den Arm um sie.

»Denk nicht mehr daran, Cass, es ist vorbei.« Wie so viele andere Dinge. Ihr damaliges Leben war vorbei, und jetzt war es Zeit für einen neuen Anfang. Lächelnd blickte er zu ihr herunter und spürte die Wärme ihres Körpers. »Und wie lange wirst du hierbleiben?«

»Am Donnerstag bekomme ich neue Befehle«, antwortete sie und fragte sich, wie es mit ihnen weitergehen würde.

Was wollte er jetzt von ihr? Würde es so ausgehen wie beim letzten Mal, oder war er mittlerweile endlich erwachsen geworden? »Es kann sein, daß ich nur eine Woche hierbleibe, oder auch drei Monate. Aber ich werde wohl häufiger kommen. Ich bin im transatlantischen Überführungskommando. Unsere Aufgabe ist es, Flugzeuge von New Jersey nach Hornchurch zu bringen.«

»Für deine Verhältnisse ist das ja, Gott sei Dank, relativ ungefährlich. Normalerweise.« Er war erleichtert, daß sie sich keine riskantere Aufgabe ausgesucht hatte.

»Im Moment genau das richtige. Was ist mit dir? Wo stehst du jetzt?« fragte sie ihn und schien ihm in die Seele zu schauen. Es gab keine Möglichkeit, ihrer Frage auszuweichen.

Zuerst verstand er nicht, was sie meinte, aber dann lachte er, und es fiel ihm wie Schuppen von den Augen. Sie war nicht zufällig hierhergekommen. Der einzige Zufall war, daß er ihr so schnell über den Weg gelaufen war.

»Was willst du von mir wissen, Cass?«

»Wieviel Mut hast du? Wie klug bist du geworden, nachdem du ein zweites Mal dein Leben im Kampf gegen die Deutschen aufs Spiel gesetzt hast?«

»Ich bin klüger als vorher, wenn du das meinst. Ich bin ein bißchen älter ... und noch genauso arm ... « Er konnte sich noch gut an seine Worte erinnern. Wie dumm war er damals nur gewesen! »Und wie tapfer bist du, kleine Cassie? Wie dumm? Willst du das wirklich wissen? Nach allem, was du in den letzten zwei Jahren besessen hast, willst du es immer noch? Nur mich und die alte Jenny? Das ist alles, was ich habe, wie du weißt. Und die Bellanca. Luxus werde ich dir niemals bieten können.« Aber sie wußten beide, daß es ihr darauf nicht ankam. Sie wollte ihn, das war alles.

»Wenn ich scharf auf Luxus wäre, würde ich in L. A. sein.«

»Nein, das würdest du nicht«, sagte er mit altvertrauter störrischer Miene.

»Und warum nicht?«

»Weil ich es nicht zulassen würde. Ich werde dich nie wieder dorthin zurückgehen lassen. Ich hätte es auch damals verhindern müssen.« Sie hatten beide Lehrgeld bezahlt, aber jetzt waren sie klüger. »Ich liebe dich, Cass. Ich habe dich immer geliebt«, sagte er leise und zog sie an sich. Lächelnd sah sie ihn an. Wie gut kannte sie dieses Gesicht mit all den Lachfältchen um die Augen, und schon als kleines Mädchen hatte sie es geliebt. Es war ein gutgeschnittenes Gesicht, in dem sich Charakter, Entschlossenheit und Güte spiegelten. Ihr Leben lang wollte sie in dieses Gesicht schauen. Sie war hierhergekommen, um ihn wiederzufinden, und sie hatte ihn gefunden. Sie hatte Nick, mehr wollte sie nicht.

»Ich liebe dich auch, Nick«, sagte sie friedvoll, während er sie in den Armen hielt, ihre Wärme spürte und ihre Nähe, nach der er sich immer wieder gesehnt hatte. Es war die Hölle gewesen, ihr so fern zu sein, und er selbst war schuld an dieser Hölle gewesen, was er bitter bereute. Erst durch Cassies Besuch war Rettung in Sicht.

»Und wenn einer von uns diesen Wahnsinn hier nicht überlebt?« fragte er ernst. »Was dann?« Immer noch wollte er unter gar keinen Umständen ihr Leben ruinieren, sie an sich binden, um dann zu sterben, denn der Tod war manchmal der Preis, wenn man ein Flieger war.

»Dieses Risiko gehen wir beide jeden Tag ein. So war es schon immer. Das hast du mir beigebracht. Wenn wir dieses Leben wollen, dann müssen wir die Gefahren in Kauf nehmen und den anderen tun lassen, was er tun will.« Es war ein hoher Preis für jemanden, den man liebte, aber sie waren immer bereit gewesen, ihn zu bezahlen.

»Und danach?« Immer noch machte er sich Sorgen um all diese Dinge, aber sie hatte längst alle Brücken hinter sich abgebrochen, und es hätte ihr nichts ausgemacht, wenn er keinen roten Heller besessen hätte.

»Wenn alles vorbei ist, gehen wir heim. Und wenn mein Vater irgendwann in Rente geht, übernehmen wir den Flughafen. Und wenn wir in einer Hütte leben müssen, weil du kein anderes Haus hast, ist mir das einerlei. Und wenn uns dieses Leben nicht ausreicht, werden wir es gemeinsam verändern.«

Diesmal stritt er nicht mit ihr. Diesmal wußte er, daß dieses Leben ihnen beiden reichen würde. Sie hatten beide mehr und auch weniger besessen, und es war ihnen nicht wichtig gewesen. Sie hatten alles, was sie brauchten. Einer hatte den anderen und dazu einen Himmel zum Fliegen.

Er küßte sie zärtlich, und danach blickte sie lächelnd in die Herbstsonne und dachte an all die Stunden, die sie in seiner alten Jenny verbracht hatten. Sie erinnerte ihn an ihre ersten Loopings und Sturzflüge, und er mußte lachen.

»Ich hatte dabei immer eine Heidenangst.«

»Stimmt doch gar nicht... du hast mir immer gesagt, ich sei ein Naturtalent.« Sie machte ein beleidigtes Gesicht. Dann standen sie auf, und er begleitete sie zu ihrem Quartier. An diesem Morgen hatten sie nahezu all ihre Probleme beseitigt.

»Das habe ich nur gesagt, weil ich in dich verliebt war.« Er lachte fröhlich und fühlte sich wie ein Kind, und so war es schon immer gewesen, wenn er mit ihr zusammen war.

»Nein, das glaub ich dir nicht. Du warst damals nicht in mich verliebt«, maulte sie grinsend und fragte sich, ob er die Wahrheit gesagt hatte.

»Und ob ich das war.« Er sah glücklich aus, und er war unsagbar stolz, als er mit ihr durch das Militärlager ging.

»Wirklich?«

Sie lachten und neckten sich wie die Kinder. Plötzlich war das Leben so einfach. Sie hatte ihr Ziel erreicht. Sie hatte ihn gefunden. Sie war zu Hause, beide waren sie zu Hause.